用5种杠铃动作极速发展身体实力

力量训练基础

[美] 马克·瑞比托®（Mark Rippetoe®）著　杨嘉辰 译

Starting Strength

Basic Barbell Training

3rd Edition

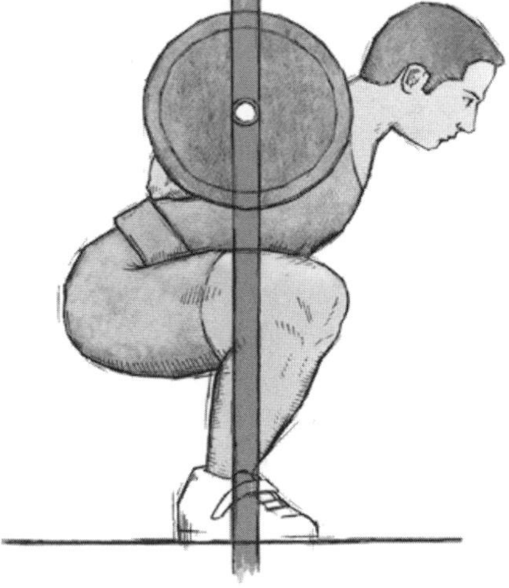

北京科学技术出版社

著作权合同登记号　图字：01-2015-1180

图书在版编目（CIP）数据

力量训练基础：用 5 种杠铃动作极速发展身体实力 /（美）瑞比托著；杨嘉辰译. —北京：北京科学技术出版社，2016.9（2025.8 重印）
ISBN 978-7-5304-8388-6

Ⅰ. ①力… Ⅱ. ①瑞… ②杨… Ⅲ. ①力量训练 Ⅳ. ① G808.14

中国版本图书馆 CIP 数据核字 (2016) 第 100943 号

策划编辑：刘　超
责任编辑：刘　超
责任校对：贾　荣
图文制作：天露霖文化
责任印制：张　良
出 版 人：曾庆宇
出版发行：北京科学技术出版社
社　　址：北京西直门南大街 16 号
邮政编码：100035
电　　话：0086—10—66135495（总编室）　0086—10—66113227（发行部）
网　　址：www.bkydw.cn
印　　刷：北京中科印刷有限公司
开　　本：720mm × 1000mm　1/16
字　　数：514 千字
印　　张：22
版　　次：2016 年 9 月第 1 版
印　　次：2025 年 8 月第 21 次印刷
ISBN 978-7-5304-8388-6

定　　价：89.00 元

前　言

难以想象，自从这本书的第 2 版出版四年以来，我的世界发生了如此翻天覆地的变化。阿斯加特公司的人事部门还为此做出了一番改变，我遇见了一大批教会我很多事情的人，最重要的是我们创作的这本书获得了巨大的成功，我之前还认为这本书会被相关行业、学术界和健身的大众所忽视。我之前对健身行业和那些享有终身职位的人的看法是对的，但是我之前对你们的看法却是错误的。自从 2007 年以来，我们在周末的讨论会上教授了好几千人如何练习本书介绍的五个举重项目，与此同时本书的再版销售量也超过了 80,000 册，这就使之成为有关举重训练的畅销书籍之一。感谢你们!

我们从忙着教授大家训练的四年中学到了很多东西，并且我们现在也发现之前第 2 版的相关内容急需更新。第 2 版中有些部分太陈旧、有些不完整或者干脆是错误的。我们不能放任不管，无视那些急需纠正的内容却还用它赚钱。我们的努力不只是长达一年的重新创作，而是我们长达四年的集中测试计划成果的展示，你们中的很多人都是我们的实验群体。这个计划不仅改善了五项举重练习的教学方法，还增加了一个额外的练习。

这对我来说也是一个长达四年的学习过程。我尝试着通过寻找更好的办法来解释我所了解的关于举重的正确知识，让它们能够被广大的举重爱好者理解——一定要有逻辑性，当然最重要的还是准确性。这本书里的很多内容你在其他书籍中都找不到，同时我也希望本书中介绍的内容不会揭示其他材料中出现的错误。但我相信聪明的你自己能够判断。

再版之后，这本书也需要一个全新的外观。我们希望你能喜欢杰森·凯利（Jason Kelly）为本书绘制的插图，其风格和一大本冗繁的教科书中常规插图的风格是不一样的。我们也希望你们能喜欢斯蒂夫·赫拉克利恩（Stef Herculean）为本书编辑的例图，我觉得这比上一版的外观更好看。

很多人都对这本书做出了贡献，他们应该得到感谢。顺序不分先后（不按字母排序）：

达斯廷·劳伦斯（Dustin Laurence），丹尼斯·卡特博士（Dr. Dennis Carter），菲利普·科尔博士（Dr. Philip Colee），马特·洛里格博士（Dr. Matt Lorig），斯蒂芬·希尔（Stephen Hill），朱莉·彼得森（Juli Peterson），玛丽亚·康诺弗（Marry Conover），凯瑟琳·奥利弗（Catherine Oliver），比尔·斯塔尔（Bill Starr），汤米·萨格斯（Tommy Suggs），马克·塔克（Mark Tucker），托马斯·坎皮特利（Thomas Campitelli），瑞安·休斯曼（Ryan Huseman），瑞安·龙少校（Maj. Ryan Long），戴蒙·韦尔斯少校（Maj. Damon Wells），约翰·韦尔伯恩（John Welbourn），布莱恩·戴维斯（Brian Davis），贾斯廷·鲍尔（Justin Ball），内森·戴

维（Nathan Davey），特拉维斯·谢泼德（Travis Shepard），保罗和贝卡·斯坦曼（Paul and Becca Steinman），迈克和唐娜·曼宁（Mike and Donna Manning），格雷格·阿西纳克（Gregg Arsenuk），迈克尔·斯特里特（Michael Street），卡丽·克伦帕（Carrie Klumpar），斯基普和乔迪·米勒（Skip and Jodi Miller），阿米克·琼斯（Ahmik Jones），海蒂·齐格勒（Heidi Ziegele），林恩·皮茨（Lynne Pitts），凯利·穆尔（Kelly Moore），伊娃·特瓦尔多肯斯（Eva Twardokens），塔拉·穆奇利（Tara Muccilli），丹·杜安（Dan Duane），希恩·海曼（Shane Hamman），吉姆·温德勒（Jim Wendler），丹·约翰（Dan John），吉姆·斯蒂尔（Jim Steel），马特·雷诺兹（Matt Reynolds），查尔斯·斯特利（Charles Staley），瑞安·惠特莫尔少校（Maj. Ryan Whittemore），约翰·谢弗（John Sheaffer），威尔·莫里斯（Will Morris），安迪·贝克（Andy Baker），T.J. 库珀（T.J. Cooper），道格·莱恩（Doug Lane），西玛·帕克（Simma Park），迈尔斯·坎特（Myles Kantor），菲尔·哈默伯格（Phil Hammarberg），巴里·文森（Barry Vinson），甘特·格兰姆斯（Gant Grimes），乔希·韦尔斯（Josh Wells），谢利·汉考克（Shelly Hancock），特里·杨（Terry Young），龙尼·汉密尔顿（Ronnie Hamilton），阿尼尔·科根蒂（Anil Koganti），MD，比格斯先生（Mr. Biggles）。

——瑞比托（Rippetoe）

目 录

1 力　量

身体力量是生命中最重要的东西。不管我们想不想，这都是真理。虽然随着人类历史的发展，身体力量对我们的日常生活来说越来越不紧要，但对我们生命的重要性却从未减弱。相比我们拥有的其他任何东西，我们的力量都在更大程度上决定了我们生存的质量和长度。以前，我们的身体力量决定了我们可以获得多少食物，以及我们的居所有多么温暖、干燥；现在，在人类通过文明的积淀所创造的新环境中，力量仅仅决定了我们的身体在其中会运转得怎样。但我们仍然是动物——归根结底，身体的存在才是唯一重要的。一个人在身体孱弱时不会比身体强壮时活得开心。对于更看重智慧和精神的那些人来说，这个事实可能难以接受。那么，看看他们在深蹲力量提升了之后的情况吧。

当我们的文化本质改变时，我们与身体活动的关系也会随之发生变化。我们之前生活在一个简单的世界中，身体的强壮作为一种素质与自身的生存紧密相连。我们曾经很好地适应了这种生存方式，因为我们别无选择。那些身体足够强壮、能够生存下来的人继续活着并且保持着强壮。这种生存方式塑造了我们的生理基础，并一直跟随我们直到现在。而就在不久前，人类社会才出现了“劳动分工”这种组织生产的新方式，所以我们的基因没有时间去再次适应。而且大多数人已经没有必要去独立地争取个人生存的权利了，身体的活动能力也被看作是可有可无的。从直接的必要性来讲，确实是这样；但我们经历了数百万年的进化所形成的强健的身体，不会因为办公桌的发明而消失。

不管是否喜欢，我们仍然拥有可以变得强壮的肌肉、骨骼、肌腱和神经，这些来之不易的宝贝需要我们的正视。这些东西经历了那么久的时间才得以形成，不能就这样被忽视了——而我们正在忽视它们，我们会自食其果的。它们是我们的肉体存在不可或缺的组成部分；它们的质量取决于我们有意识的、有目标的努力——努力提供它们需要的刺激，让它们保持在对它们来说正常的状态中。而锻炼就是这个刺激。

除了对运动表现的考虑，锻炼还是一种能够使我们的身体回归到原初设计状态的刺激。离开高强度的身体活动，人类的身体就是不正常的。锻炼不是我们针对某一个问题而找到的解决方法——而是我们无论如何都必须做的一件事，一件如果我们不做就会出现很多问题的事情。我们必须通过锻炼来复制出我们的生理功能曾经适应的那个环境，而只有在这样的环境下我们的身体状态才是正常的。换句话说，锻炼是原始人身体活动的替代。这也是我们需要做的、从而能使身在21世纪的我们身心正常的一件事。何况只是身心正常，对有追求的人来说还是远远不够的。

一个运动员决定开始某种力量训练计划的动机，可能只是想要参加一项需要这种力量的团队运动，或者出于某些更私人的原因。但很多人只是感觉自己的力量不够，或者觉得自己还可以继续提高，而不是想要加入某个运动队。这本书就是为这类人创作的。

为什么选择杠铃?

力量训练和人类文明一样，具有悠久的历史。古希腊关于大力士米罗（Milo）的传说证明了自古以来人们就热衷于通过力量训练让身体变强，并且让人们了解了身体变强所需要的过程。据说米罗每天都背着一只牛犊行走，随着牛犊越长越大，他也变得日益强壮。在几千年前，人们就已经认识到发展力量是一个渐进性的过程，但直到现在，人们才通过技术解决了如何才能有效地进行渐进式阻力训练的问题。

杠铃是人们最早发明的进行阻力训练的器材之一——一根长的金属杆两头挂上某种形式的重物。最早的杠铃使用球体作为配重，通过它们可以让杠铃保持平衡，并且能够通过在球体中加入沙子或者铅弹来增加杠铃的重量。戴维·威洛比（David Willoughby）1970年创作的一本畅销书——《超级运动员》（*The Super Athlete*）详细说明了举重和相应器材的历史。

但是威洛比先生没有预见的是，举重器材的发展在20世纪70年代中期发生了剧烈的改变。一位叫作阿瑟·琼斯（Arthur Jones）的先生发明了一种对阻力训练产生革命性改变的器械。不幸的是，并非所有的革命性改变都能够有真正的贡献。琼斯运用了“变化阻力法则”——这个法则利用了四肢在整个动作幅度内的某一位置比其他位置更强的原理——设计出了锻炼不同肢体或者身体部位的机器：一个滑轮与连接重物的铁链组合在一起，在运动过程中给关节提供不同的阻力。这种机器被设计出来的目的是为了训练者能够按照一定的次序来锻炼，一组接着一组，不需要组间休息，因为进行连续练习的是不同的身体部位。这个机器的核心思想（从商业角度来讲）是，如果有足够的机器——每个机器分别锻炼我们的一个身体部位——然后将其全部集合起来组成一个机器组的话，那么我们身体的每个部位都能被锻炼到。这些机器做工十分精细，外观漂亮，很快就成了大多数健身房的标配，这就是价格昂贵的12站式诺德士（Nautilus）牌健身器。

训练机器其实并没有多么新奇。大多数高中都会有一个“环球角斗士”（Universal Gladiator）多站式装置，而腿部屈伸机和锻炼背阔肌的机器对于每个做过重量训练的人来说都不陌生，区别在于新机器背后的市场运作。诺德士公司着重宣传了完整的循环训练会起到怎样明显的效果，而这在以前从未被重视过。他们推出了一系列展示训练者训练前后变化的广告，广告中的凯西·维亚托（Casey Viator）在只使用诺德士牌机器训练后肌肉增长明显。但有一点在广告中被忽略了——作为一名有经验的健美运动员，使用诺德士牌健身器只是让维亚托先生的肌肉恢复到了之前使用传统训练方法就已经达到的效果而已。

琼斯甚至申明，使用诺德士牌健身器所增长的身体力量能转移到诸如奥林匹克举重这样的复合型动作中去，而不需要借助大重量来专门练习这些动作。这种说法与传统的训练理论和训练者的实际训练经验完全相悖。但是其说法还是被越来越多的人认可，因此诺德士公司取得了巨大的商业成功：他们的机器作为现代商业健身器械的标准风靡全球。

诺德士牌健身器之所以如此成功，是因为它的出现让健身房行业给大众提供了一种从未有过的体验。在诺德士牌健身器问世之前，如果健身房的会员需要的训练强度远远大于“环球”机器所能允许的上限的话，那么他不得不学习使用杠铃去训练。必须有人教他使用杠铃，而且还必须有人教会健身房的员工如何教他使用杠铃。这种专业的教育在以前和现在都是很费时间，并且不太普及的。但是如果有了诺德士牌健身器，即使拿着最低薪水的员工也能很快掌握其使用流程。很显然，健身房经营者无须在员工培训上投入太多，就能够为会员们提供一整套全身训练方案。此外，完成整套流程大约只需 30 分钟，这样就大大减少了会员在俱乐部滞留的时间，从而增加了客流量并且能够使营业额最大化。诺德士牌健身器真正使现代健身房的出现成为可能。

但是问题在于，以机器为基础的训练并不像广告中描述的那样有效。完成一个流程的训练几乎不可能增加肌肉的含量。尝试着这样做的人会发现，努力训练了几个月而肌肉量并没有明显的增加。但当他们改用杠铃训练时，奇迹就会发生：在一个星期内，他们增长的肌肉量会比他们在机器上奋斗了几个月增长的还要多。

把不同的身体部位孤立起来，各自独立地进行训练是使用机器训练没有效果的根源所在。而杠铃训练之所以有效果的原因在于，训练者可以同时锻炼全身肌肉。杠铃优于其他任何增长力量的健身器材。人体是作为一个完整的系统来运作的——它以这样的方式运作，它也希望能以同样的方式进行训练。人体不喜欢被分成各个部分，然后各自孤立开来训练，因为训练获得的力量不是以这种方式被使用的。获取力量的模式必须与使用力量的模式相同。神经系统连接、控制着肌肉，当你获取力量的方式没有和实际使用力量的方式对应起来的话，你就没有考虑到这种连接。不幸的事实是，神经肌肉的连接是专一的——锻炼计划必须遵守这个原则，就像遵守重力法则一样。

杠铃和基于杠铃的主要练习远远优于其他的训练器材。**正确实施的、全动作幅度的杠铃练习，实际上是人类骨骼、肌肉系统在负重下的功能性表达**。杠铃练习由每个人特定的运动模式来控制，并由训练者肢体的长度、肌肉的连接位置、力量水平、柔韧性和神经肌肉连接效能来精细调整。在一个杠铃动作中，所有参与的肌肉是自然达到平衡状态的，因为所有参与的肌肉都贡献了它们在人体结构上特定的那一部分工作量。肌肉移动骨骼之间的关节，骨骼则把力传递给杠铃：这样的运作方式是符合人体运动系统的规律的——当人体系统根据自己的设计运转时，它会达到最优状态，所以我们的训练应该遵循其设计。杠铃移动的方式恰好符合人体设计的动作模式，因为动作的每一方面都由身体自己决定。

而在另一方面，机器强迫身体根据它的设计来移动相应的重量，这在很大程度上限制了练习者所获得的能力，使其不能很好地满足某一特定运动的需求。比如说，一个人不可能在任何运动中孤立地使用股四头肌，而把腘绳肌撇开，这种运动方式只存在于专为此目的而设计的机器中——没有任何自然的运动是这样的。股四头肌和腘绳肌总是共同发挥作用，同时从两边来平衡膝关节所受的力。既然它们总是一起运作，为什么要把它们分开来训练呢？仅仅是因为有人发明了一种能让我们这样做的机器吗？

就算机器允许多关节同时运动，也达不到理想的训练状态，因为人体在空间中的运动模式是由机器决定的，而不是基于人体固有的生物力学特点。但是杠铃允许训练者在运动过程中进行微调，从而适应训练者个人的身体结构特点。

不仅如此，在训练时杠铃还要求训练者进行所有必要的调整，以在重量移动的过程中保持控制。这个方面的重要性再怎么强调都不为过——对杠铃的控制、对训练者平衡和协调能力的需求，这些是杠铃训练所独有的，而在以机器为基础的训练中是完全见不到的。因为负重运动的每一个方面都要由训练者自己控制，这样每一个方面都会得到锻炼。

杠铃训练还有其他好处。本书中描述的

所有练习都涉及不同程度的骨骼负载。毕竟，杠铃的重量最终是由骨骼来支撑的。骨骼是有生命的、能够对外界的压力做出反应的组织，就像肌肉、韧带、肌腱、皮肤、神经和大脑一样。它也会像其他组织一样适应外界的刺激，并在经过更大重量的训练后变得密度更大、更结实。从这方面来说，杠铃训练对老年人和女性来说是很重要的，因为骨密度是影响他们健康的一个主要因素。

使用杠铃是非常经济实惠的。购买一套任一品牌的现代训练机器的钱，都可以用来组建五六个非常实用的举重室——你可以在里面做几百种不同的练习。就算对你来说钱不是问题，你也应当考虑实用性。在一个公共机构中，每花一元钱能够在一定时间内让多少人得到训练，也许是你决定购买何种器械的重要考量。正确的选择也许会直接影响你的训练体验。

杠铃训练的唯一问题是相当多的人不知道如何正确地使用杠铃。学习渠道的缺失"名正言顺"地阻止了很多人使用杠铃进行训练。我将通过这本书来尝试解决这个问题。本书中教授的杠铃训练方法已经在健身行业中发展了三十多年，这种训练方法的一小部分内容仍然掌握在这些人手中——他们追求成果、能够坦诚对待真正有用的训练方法，并且尊重久经考验的生物科学法则。我希望它也能对你们有用——就像对曾经的我那样。

这套奥林匹克杠铃片组是在威奇托福尔斯（Wichita Falls）市区的基督教青年会找到的。它有将近50年的历史，被数以千计的男男女女使用过。在这其中有比尔·斯塔尔——著名的力量训练教练、奥林匹克举重运动员，也是最初的力量举比赛的竞赛者之一。比尔是霍夫曼（Hoffman）《力量和健康》（*Strength and Health*）杂志和乔·韦德（Joe Weider）《肌肉》（*Muscle*）杂志的编辑。他是第一批专业级别的全职力量教练的一员，还曾在很多的国家级、世界级的奥林匹克举重队中担任过教练。他是介绍杠铃训练方面最多产的作家之一，在超过50年的时间中出版了很多书籍，发表了很多文章。他的训练伙伴和他训练过的运动员成就非凡，这使他的影响力延续至今。他最初的举重训练就是使用这套杠铃片组完成的。

——摘自德克萨斯州威奇托福尔斯市运动俱乐部的比尔·斯塔尔纪念碑

2

深 蹲

很长时间以来，深蹲都是所有训练项目中最重要的，但它也是最未被人们充分了解的一个项目。深蹲这种全幅度动作的练习是举重室里最重要的单项练习，也是我们用来构建力量、爆发力和练出块头的最有价值的训练方法（图 2–1）。

深蹲的力学原理

在所有的人体负重运动中，深蹲实际上是唯一一个能够直接训练“髋部发力”这种复合运动模式的练习——在这种运动模式中，后链肌肉主动发力。**后链**指的是产生髋部伸展运动的肌肉——它们能够在深蹲的最低点帮助弯曲的髋关节伸直。这些肌肉群——也叫作**髋部伸肌**——包括腘绳肌、臀肌和内收肌（腹股沟肌肉）。因为这些重要的肌肉有助于跳跃、拉、推和其他所有涉及下半身的动作，所以我们需要这些肌肉强壮。使它们变强壮的最好的方法就是深蹲。如果想通过正确的动作来练习深蹲的话，你必须运用“髋部发力”，这个动作可以被认为是在抬起下背部的骶骨区域——也就是臀部正上方的区域。每一次运用这个动作从深蹲的底部将自己的身体推起的时候，其实你都是在锻炼自己身体的后链肌肉。

所有样式的深蹲都会更多地锻炼到大腿前侧的股四头肌，因此股四头肌相比深蹲运动中练到的其他任何肌肉的酸痛感都要更明显。产生酸痛感是因为股四头肌是唯一的膝关节伸肌群，而髋部伸肌包括三个肌群（腘绳肌、臀肌和内收肌）。在正确训练时，还

图 2–1. 深蹲三个角度的视图。中图，全幅度深蹲的深度标记。髌骨（膝盖骨）的顶点（A）和髋关节的顶点（B）——可通过图中训练者裤子上的褶皱加以确认。B 点的高度必须位于经过 A 点的水平面以下

有更多潜在的肌肉来帮助髋部伸肌分担相应的运动负荷。因为人体生理结构的特点，我们希望深蹲能够以某种方式最大限度地使用所有潜在参与这个练习的肌肉，并使这些肌肉在深蹲过程中得到强化。因此，我们需要以一种涉及后链肌肉的深蹲方式挖掘后链的潜能，从而促进我们身体的力量和爆发力的发展。**低杠位**深蹲就是能够达到这种效果的深蹲方法。

如果做得正确，深蹲是健身房中唯一一种能够以循序渐进的方式将整个后链作为一个整体来训练的动作。这也使深蹲成为借助杠铃进行练习的绝佳动作，同时也是最佳的力量训练项目。相比其他可以锻炼后链肌肉群的动作，深蹲更为有效。因为其他任何动作都不会在使用所有后链肌肉的同时，还能够保持足够的动作幅度，也没有任何其他动作以先进行**向心运动**（或者收缩运动），再进行**离心运动**（或者拉伸运动）的方式训练如此大幅度的动作，从而完成一次拉伸－收缩循环，这也被称为**牵张反射**：

深蹲的拉伸－收缩循环的重要性体现在以下三个方面：

1. 牵张反射在肌肉和筋膜的弹性成分中储存能量，而这些能量在深蹲动作达到最低点后起身时被使用。

2. 肌肉的拉伸给神经肌肉系统发出一个信号——肌肉马上就要收缩了。这样的信号致使更多的收缩单元被更有效地激发起来，与没有牵张反射相比，它能够帮助你产生更大的力量。

3. 因为这个独特的负重拉伸动作是在深蹲动作进行到下降阶段所产生的（使用了所有的后链肌肉，而且是全幅度运动），所以随后的肌肉收缩相比于其他的练习动作会用到更多的运动单元。

比如，传统硬拉能够锻炼腘绳肌和臀肌，却无法锻炼很多内收肌，而且该动作是以一个髋部高于深蹲臀位的向心收缩开始的。没有反弹、做功距离更短，这其实做起来很难——事实上比深蹲更难，这是因为从完全静止的状态开始一个动作时，效率是相对低下的，而且对整体力量发展用处也不大。弹震式的跳跃训练可以蹲得很深，也可能用到身体下降时产生的牵张反射，但它不是一种可以改变负荷的练习；对新手来说，这种训练对双脚和膝盖产生的压力很大。此外，从某种意义上来说，弹震式跳跃不能像深蹲那样，用全身的骨骼来承担重量。相比之下，深蹲调用了所有的后链肌肉，而且还运用了膝关节和髋关节的全运动幅度，从而使动作本身就是一个拉伸－收缩循环，并适合所有人练习（只要你能在椅子上坐下），因为我们有很轻的杠铃杆，并且能够以很小的增量逐渐增加杠铃的重量。

“后链”这个术语显然指的是这部分的肌肉在解剖学上的位置。当大多数人试图在深蹲过程中提高自己的运动效率时，“后链”也显示出大多数人在杠铃下感受到的问题的本质。人类是有着适于抓握的双手和对生拇指的双足动物，这种身体结构深刻地影响着我们的感觉和体位。我们习惯于双手在双眼能够看到的区域做事情，同时也总觉得应该用双手来完成各种事情。我们不习惯用下半身来做事，至少是那些与上厕所无关的事情。你很少会注意到自己的头部、躯干和腿部的后侧，除非它们受伤了，即使是照镜子，它们也很难被看到。你在镜子里能看见的部位有手臂、胸部和腹部，如果穿短裤的话你还能看见大腿和小腿。这些部位也是大多数人最喜欢训练的部位，同时它们也是训练者在锻炼时最容易练到的部位，因为它们会使用双手或者方便使用双手。我们是很喜欢用手的动物。

最难正确锻炼的身体部位其实是我们看不见的部位。后链是帮助身体进行整体运动的肌肉系统中最重要的部分，它也是我们全身力量的源头。后链也是我们最难掌握如何正确使用的部位。如果没有手的话，这个问题可能简单一些：失去了抓住物体边缘的能力，你要怎样拿起桌子并将其举起来？最好的方式是钻到桌子下面去用你的上背部将其顶起来，或者屈膝半蹲用髋部顶住桌子并推动桌子，或者躺下来用你的脚将其蹬起来，以上这些是你仅有的几个选项。但是你的双手把你的注意力从这几个选项上转移了，从而让你完全不会去考虑这些选项。所以大多数人并没有深入地探讨过后链的问题，而这就使得正确锻炼后链成为一个开创性的体验。

你会发现在深蹲和硬拉过程中，后链肌肉会出现很多持续性的问题，所以在你训练时需要来自专业教练和训练伙伴最大程度的投入；如果没有外界支持的话，后链肌肉会是导致动作变形的首要因素。对教练来说，后链是肌肉系统中最难理解、最难解释和训练时最难影响的部分。但从运动表现方面来说的话，这是人体运动中最重要的一个方面；而对相关知识的掌握决定了一个好教练和一个稍显被动的观察者之间的差距，也决定了一位成绩卓著的运动员和一个单纯活动的人之间的差距。

"核心区力量"已经相当普及，而一些人已经通过推销训练核心肌群的新方法赚了很多钱。一次正确的深蹲能够平衡所有围绕着髋关节和膝关节的力量，这些肌肉在运动时完全遵照了为它们量身设计的骨骼生物力学，并被精确地使用着，同时完成了全幅度的动作。下背部姿势肌、上背部肌肉、腹肌、侧面躯干肌肉、肋部（胸廓）肌肉，甚至肩膀和手臂肌肉都在等长收缩。它们的等长收缩支撑着躯干，并且把动能从初始发力肌肉群转移到杠铃杆上。躯干肌肉的功能是传递力量，而髋部和大腿则充当引擎。

请注意，身体的"核心区"位于深蹲的中心，肌肉距离"核心区"越远，它的作用就越小，而深蹲正是以这样的优先次序来锻炼各个肌肉群的（图 2–2）。腿部和髋部的姿势肌相互作用，从而为身体提供平衡，力量从双脚开始向上传递到杠铃杆。通过大量的中枢神经系统的活动，运动员能够有意识地控制平衡。另外，当使用大重量进行深蹲时，这个动作的系统性特征能够产生影响整个身体的激素反应。所以，练习深蹲不仅能够强化身体的"核心区"，而且整个人的身心体

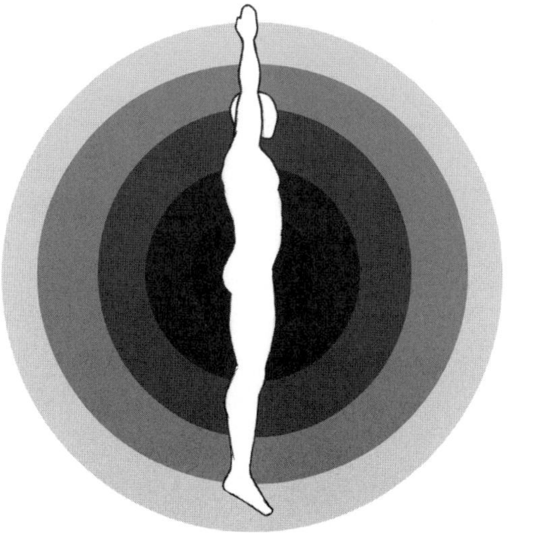

图 2–2. 全身力量源自髋部，而某个部位产生力量的能力会随着它与髋部之间距离的增大而减弱。一个身体部位离身体中心的距离越远，它移动时的线速度就越大（角速度相同），就越能通过加速产生爆发力。这一概念的提出源于戴维·韦伯斯特（David Webster），它的几个版本被汤米·康诺（Tommy Kono）和比尔·斯塔尔所用。这个概念用现代的说法来说就是"核心区力量""核心区稳定性"和"功能性训练"。对原作者来说这是显而易见的：一个能深蹲 500 磅（226.8kg）重量的运动员与他只能深蹲 200 磅（90.7 kg）重量时相比会有一个更稳定的"核心区"

验都会得到加强。

人们并没有充分地认识并理解深蹲这个动作，其实它能够锻炼到很多肌肉——比绝大多数人认为的更多——因此，绝大多数人也从未正确做过这个动作。这就意味着他们不但不能了解这个动作的本质，还无法让所有肌肉以协同运作的方式相互作用。想要真正理解一件事情，你就必须亲自去体验它。学习正确深蹲的人越多，真正理解深蹲的人就会越多。然后，知识和力量就会像水池中的波纹一样传播开来。这个过程就从这里开始，从你开始。

负重人体运动

要理解杠铃训练，需要对负重情况下的人体运动有基本的理解——在身体与周围环境相互作用时，骨骼系统是怎样把肌肉收缩所产生的力量转移到运动中去的。通过观察深蹲动作获得的一些简单的训练经验，也同样适用于与杠铃相关的其他训练项目。最基本的一个要点是：当杠铃杆被加上负重后，赋予杠铃重量的力是重力。重力，无论何时何地，总是作用在垂直于地球表面向下的方向。重力与物体的质量密切相关。在特定情况下，我们会关心自己生活的这个星球的质量，它近似于球体——我们可以忽视掉高山和峡谷等地形特征，因为在浩瀚的宇宙中它们太过微小——并处于重力的影响之下。因此我们可以把地球的表面看成是水平的，这样从山崖坠落的一块石头的运动方向就被我们定义成**向下**。这一点无须争论，这个原则上升到了物理定律的高度：没有一个未受阻的物体会按照“非垂直”的路径下落。重力作用在杠铃上的力总是在一条垂直向下的直线上。所以，对抗重力最有效的方式是给杠铃施加一个同样沿垂直方向的向上的力。所以，不仅两点之间直线的距离最短，而且在一个重力的框架中，一条**垂直**线也是杠铃在空间中移动的最有效的路径。

事实上，一定要以这个框架为基础来分析负重杠铃的做功。**功**的定义是**力**（造成位置变化或者形变的因素）的大小乘以杠铃移动的**距离**。但因为重力只在一个方向——竖直向下的方向上作用（图 2–3），所以克服重力所做的功只与杠铃在竖直方向移动的距离相关。举

图 2–3. 重力在竖直方向并且只在竖直方向上起作用。任何对抗重力的活动都位于重力的反方向上，也就是竖直向上。任何物体在水平方向的运动都不会对抗重力做功

重者给予杠铃的其他任何运动——比如水平方向的运动，无论相对于举重者向前或是向后——都不能被看作是克服重力做功，虽然这样的运动也需要外力才能够产生。**只有当杠铃的高度产生变化时，**杠铃才是在克服重力做功，因为重力只在一个方向上对杠铃的质量产生作用——垂直向下。

然后，当训练者的身体支撑杠铃时，在任何用二者总重量进行的分析中，必须把举重者和杠铃看作是一个完整的系统。在人体处于站姿的常规姿势中，人体的**重心**在髋部中间的某一点上，大概与骶骨的高度相当。当你的大腿深蹲到低于水平位置的时候，系统的几何构型发生变化，此时人体的重心位于空中，在大腿和躯干之间的某一点上。架在背上的杠铃的重心则位于杠铃杆的中点上。而**举重者－杠铃系统**的重心则位于这两点之间。随着杠铃重量的增加，系统的重心会更靠近杠铃（图 2–4），当杠铃的重量非常大时，杠铃本身的重心就几乎等同于整个系统的重心了。实际上，我们可以假定杠铃被加得非常重，当我们在某个动作幅度内移动杠铃时，我们常常必须考虑杠铃本身的平衡性。

请注意在图 2–5 中，一条虚线显示出举重者背上的杠铃和脚的中心在垂直方向上的关系。显而易见——当杠铃杆位于脚中心的正上方时，举重者－杠铃系统处于平衡状态。**脚中心**——正好位于足弓的正下方——是系统与地面相互作用的关键，无论向前还是向后，它距离脚掌边缘接触地面的点都是最远的。简单来说，脚中心正好是鞋底两端的中间点。因此这是人体最稳定的一点，是需要最大限度的运动才能破坏其稳定性的一点。无论人体是否负重，身体都会自然地偏爱这一点。杠铃的重量越重，杠铃杆的位置就会越精准地调整到脚中心的上方。换句话说，当杠铃重量较轻时，举重者自身的体重会占据主导地位，杠铃杆会相对于脚中心水平前移，以保持身体的稳定。随着杠铃重量的增加，杠铃杆越接近脚中心正上方的位置，身体的平衡性越好。

相比于其他的漂亮造型，人体更倾向于获得较好的稳定性。比如说，踝关节——实际上的旋转点——在脚中心之后，它与位于其后方的、连接在脚后跟上的小腿肌肉之间的距离，大概等于其前方的脚中心与它之间的距离。小腿肌肉在脚后跟上施加张力，对抗脚踝和脚中心之间的杠杆效应（图 2–6）。人体选择了脚中心作为身体的平衡点，并通过倾斜胫骨、使用小腿发力的方式来使这个平衡点更为稳定。此外，腓肠肌、腘绳肌和股四头肌全部交汇于膝关节处，它们使膝关节的位置相对比较稳固——相对脚踝的位置而言；而髋部则处在肌肉、肌腱和韧带形成

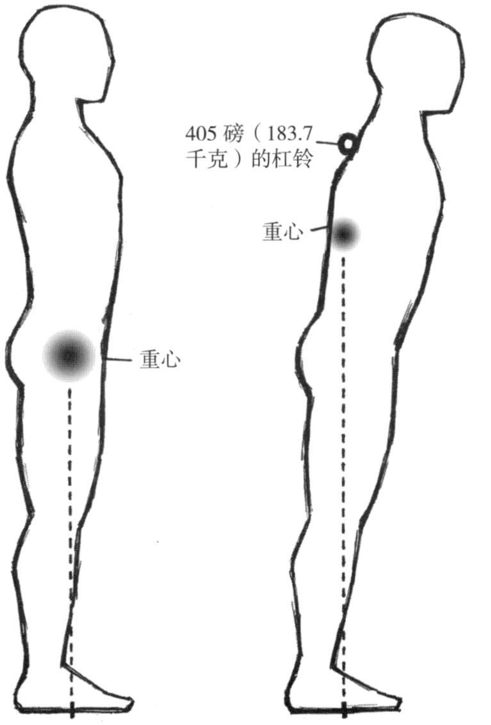

图 2–4. 举重者－杠铃系统的重心朝着杠铃杆向上移动。随着杠铃重量的增加，整个系统的重心更靠近杠铃自身的重心

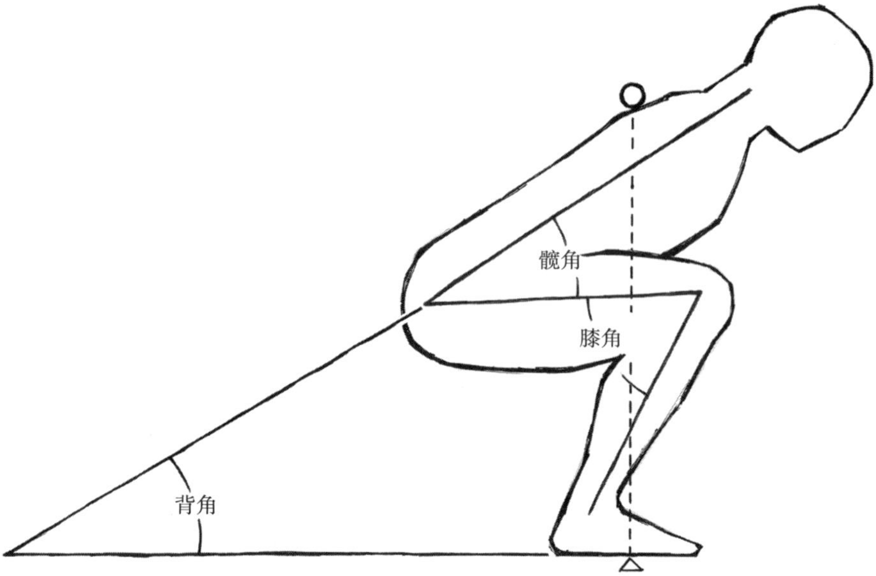

图 2-5. 深蹲的特征角度。髋部角度（髋角）是由躯干平面和股骨形成的。膝关节角度（膝角）是由股骨和胫骨形成的。背部角度（背角）是由躯干平面与地面形成的。请注意杠铃处于脚中心的正上方，所以身体处于平衡状态

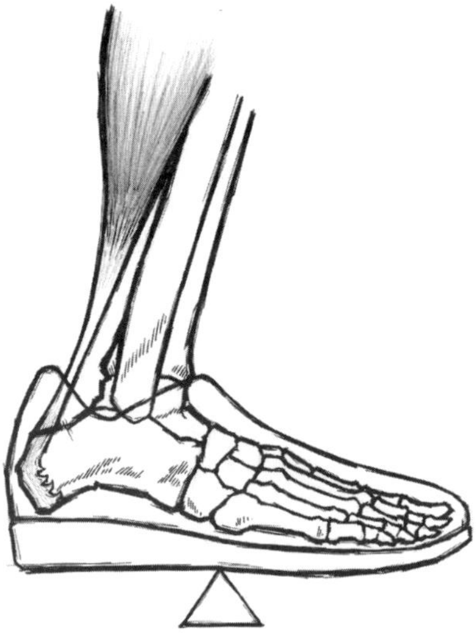

图 2-6. 脚中心平衡点是我们的身体能够保持平衡的关键位置。腿部底端的旋转点——脚踝——不会作为动力链的最后一节来运作，因为要获得稳定性，需要由腿下部、小腿肌肉和双脚组成的整个系统的支持。这个系统维持了胫骨的角度并能够将力量转移到脚底。以这种方式来考虑这个系统能让我们以脚中心（即在地面上有最大稳定性的点）为起点计算平衡性

的网状结构之中，这个结构允许我们直立的身体在负重时能够下蹲，并保持重心处于脚中心点正上方的平衡位置。

考虑一下没有负重的情况：如果身体直立并把双手放在髋部，然后身体前倾，即使只有一点点，你也能感觉到重心前移到了前脚掌。当你试图避免身体向前倾倒时，你会感觉小腿肌肉的张力增加了。如果身体向后仰，你会感觉重量转移到了脚跟上——当你后仰到一定程度的时候，你将不得不把双手伸向身体前方来改变身体的重心，从而避免自己向后摔倒。（我们的身体在进化过程中更习惯向前移动，我们的身体结构能够更自然地处理前倾带来的不平衡。）你会调整到这样一种平衡状态——需要一个最大限度的力来打破这个状态的平衡，或者需要一个最小的力来维持这个状态。当你直立的时候，你的**重心**位于脚中心的正上方；当你下蹲再站起来的时候，你的身体**重心**会沿着脚中心

正上方的垂直线运动，并且保持平衡。因为大多数杠铃练习（除了卧推）是在双脚站立的状态下完成的，这样一来，脚中心平衡点就会成为分析相应技术动作好坏的关键。

让我们假设图 2–5 中的杠铃重 315 磅（142.9 千克）。假定起始时杠铃位于平衡点前方，虽然它仍然重达 315 磅（142.9 千克），但是你需要更多的力气来移动杠铃才能够完成它的运动路程。因为杠铃偏离平衡位置而产生的不良力矩，导致你在杠铃上完成离心和向心运动的难度会更高。而在这个不良力矩的位置中，为了稳定负重所需要的静力也大大增加了你的做功。在整个**动作幅度**中，始终保持杠铃的重心位于脚中心的正上方是最有效、也是人们在深蹲中最**应该**采用的运动方式。当杠铃杆偏离平衡位置时，偏离平衡点产生的力矩会让你不得不消耗额外的能量，从而大大增加深蹲的难度（图 2–7）。

杠铃失衡的程度不必很大，就足以导致不良力矩增加到你完成不了相应的练习的程度。想象一下，当你试图深蹲的时候，你背上的杠铃杆位于脚中心所在垂直平面前方 12 英寸（30.5 厘米）的位置，即使你只使用单次最大负重（1RM）的 30% 做深蹲，这个位置也足够使你备感艰难了；背负的重量越大，你能应对的失衡产生的不良力矩就会越小。你很容易就能够看出来：当你的负重为单次最大负重时，能够允许的不良力矩是**零**。这个原则适用于每一种要求平衡负重的杠铃训练项目。所以，杠铃训练中的“优秀技术”可以通过易于理解的方式定义为：举重者要具备让杠铃杆与脚中心在垂直方向上对齐的能力。保持杠铃与脚中心之间这种平衡关系的能力，是除了杠铃训练以外通过其他方法训练不到的诸多方面之一。鉴于平衡是大多数人体活动的一个重要因素，我们又多了一个理由坚持使用杠铃训练。

图 2–5 从几个不同的角度展示并分析了深蹲过程中位于杠铃杆下方的训练者身体的运动过程。**髋部角度**是股骨和躯干平面之间的夹角。尽管在背负杠铃的正确姿势中脊柱是有曲度的，但在深蹲过程中脊柱仍然保持刚性，所以我们用“躯干平面”这个概念来描述杠铃下方的这部分身体的力学特性。**膝**

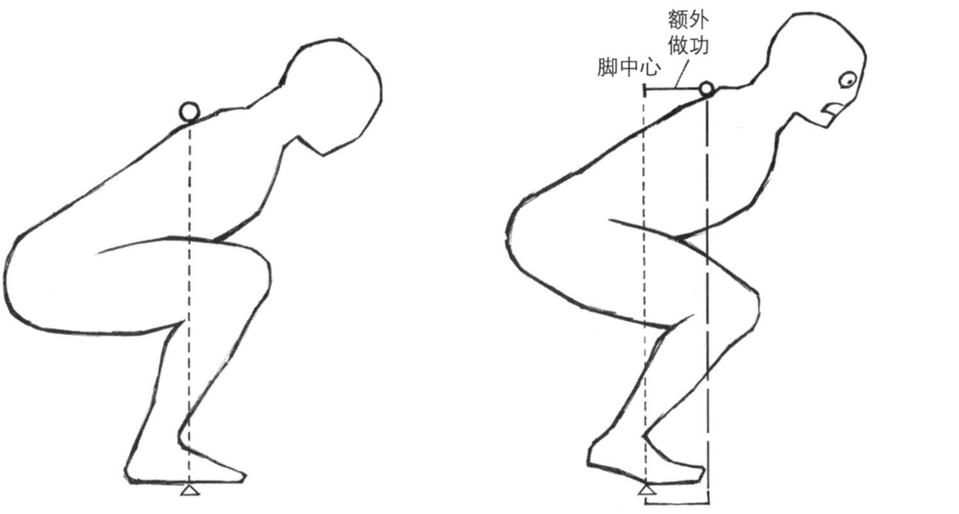

图 2–7. 在一个不平衡的杠铃位置，举重者不得不额外做功

盖角度是股骨和胫骨之间的夹角，它有效地描述了大腿和小腿（也叫作腿下部）之间的位置关系。**背部角度**是躯干平面和地面之间的夹角。我们假定地面是横向的（即水平的，与重力的方向垂直）。

这些角度描述了背负杠铃时人体各部位的位置关系。我们通常用比较**垂直**或接近**水平**这样的表述描述**背角**，用比较开放或比较**封闭**这样的表述描述**膝角**和**髋角**。对这些角度的控制，取决于能够牵动构成这些角度的骨骼的肌肉。我们知道，当杠铃杆位于脚中心的正上方时，举重者－杠铃系统处于平衡状态，杠铃越重，举重者－杠铃系统的重心就必须越精准地保持在这个平衡位置。即使重量非常轻，举重者能够将其保持在一个不平衡的位置上，与处在平衡位置相比，举重者也会消耗更多的能量。

如果像**前深蹲**那样，将杠铃杆置于肩膀前方，并保持杠铃杆位于脚中心正上方的话，杠铃所处的位置就要求举重者有一个非常接近垂直的背角（图 2–8）。需要注意的是，保持这个姿势的时候膝角必须非常封闭。请注意髋角：与背部更接近水平的蹲法相比，它的角度被打开得更大了。在这个深蹲姿势的最低点，腘绳肌缩短了，因为腘绳肌在骨盆处的近端连接点与其在膝关节的远端连接点之间的距离被尽可能地缩短了。在这里，腘绳肌以等长收缩的方式来保持躯干处于一个前深蹲所需的、近乎竖直的姿势。与保持更加水平的背角相比，这个姿势相对容易，因为作用于髋部的力矩变小了（下文会深入讨论这个问题）。但当腘绳肌缩短的时候，它就缺少足够的收缩能力帮助髋关节伸展。简单地说，腘绳肌在前深蹲底部的时候就已经处在一个收缩的状态了，所以它就不能进一步收缩了。这时就只能通过臀肌和内收肌来产生髋部伸展的力量，这也是为什么当你前深蹲并且负重很大的时候，屁股会感到很酸痛——与腘绳肌帮助髋部伸展的正常情况相比，臀部肌肉在前深蹲中独自承担了所有的“工作量”。

这种情况的结果是——前深蹲中腘绳肌

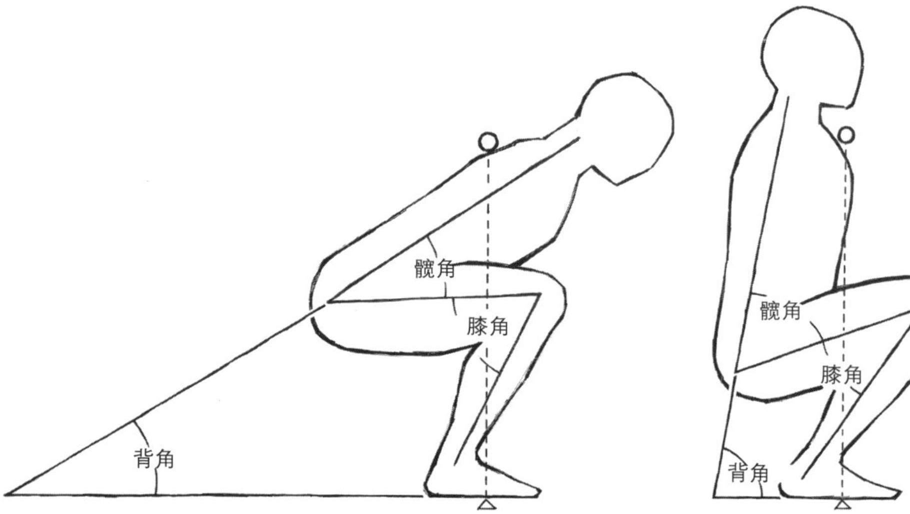

图 2–8. 健身房中常见的深蹲变式。左图，低杠位深蹲，这是我们偏爱的一种训练动作，本书中的“深蹲”指的就是这个动作。右图，前深蹲，被用于翻举中杠铃的抓取和复位，也是奥林匹克举重运动员训练时使用的一种辅助练习

的负荷不大,但我们希望增加腘绳肌的负荷，从而使其变强。所以对锻炼后链来说，前深蹲并不是一个好的选择。为了最好地锻炼腘绳肌，并让它们尽可能地帮助髋部伸展，我们需要一种能够让髋角更加封闭、膝角更加开放的深蹲动作。在这种深蹲的最低点，腘绳肌能发生等长收缩——也就是说，即使腘绳肌的远端因为膝关节的弯曲而缩短了，但是在与骨盆连接的近端它仍然能够被拉伸开来。当膝关节和髋关节在上升的过程中伸展时,腘绳肌必须努力工作以保持骨盆的张力，除此之外还要控制住更接近水平的背角产生的更大力矩造成的影响。背角在很大程度上决定了髋角，更水平的背角使腘绳肌在深蹲中能够贡献更多力量。

当我们训练时使用更接近水平的背角时，杠铃在背部所处的位置必须能够使杠铃杆处于脚中心的正上方。因为杠铃杆在背部所处的位置越靠下，背角就越能接近水平。所以，杠铃杆应该位于背部一个能保证身体稳定性的最低位置。这个位置就在肩胛冈的正下方——在你用手触摸肩膀后面的时候，你能感觉到肩胛骨上隆起的那部分。当杠铃杆放置的位置低于这个点时，你每做一次深蹲，杠铃就会向下滑动一点儿。

如果内收肌（腹股沟肌肉）也参与其中并承担一部分负荷的话，那么这项训练就会涉及更多的肌肉。如果我们使用脚后跟与肩同宽、脚尖外展约 30° 的中等站距的站姿，并且膝关节外展，使大腿与双脚平行，那么当髋部下沉的时候，腹股沟肌肉就会伸展开来。如果肌肉被拉伸，那它们就处于一个必须收缩并且能够助力髋部伸展的位置。保持膝关节外展的肌肉——髋部的外旋肌——也参与其中，这样就会有更多的肌肉参与到深蹲动作中来。

低杠位深蹲，或者说本书所指的深蹲，与那些穿着深蹲服、使用护膝等装备的举重运动员所采用的深蹲动作不同，因为他们想要最大限度地利用自己穿着的深蹲服——一种昂贵并且非常紧绷的举重服，它被设计出来的目的是抗拒髋部弯曲并且在离心阶段储存弹性势能从而帮助髋部伸展。为了达到这个目的，一些力量举运动员会采用一种非常宽的站距和尽可能垂直的胫骨姿势。还有一些力量举运动员则采用一种肘部靠下的**高杠位**姿势，做动作时他们的背角更接近垂直，并且双目注视上方（与本书中的深蹲动作非常不同）。宽站距、垂直的胫骨、更加开放的膝角，更接近垂直的背角——这与我们在这里推荐的深蹲方法是完全不同的。使用护膝的目的在于对抗膝关节弯曲，与深蹲服类似，它们都会在深蹲的离心阶段储存弹性势能。我们的站距根本无须这么宽，这样才能允许膝盖更多地前伸同时使用更多股四头肌的力量。事实上，书中介绍的这个版本的深蹲技术的每个方面都经过了专门的选择，以使得动作幅度和参与的肌肉量都得到最大化，这样我们就可以举起尽可能大的重量同时完成相应的动作幅度，从而使自己变得强壮。

如果杠铃放在背上的位置太高，位于斜方肌上——大多数人一开始训练时都会这样做，因为这比较简单，而且将杠铃放置在这个位置也比较容易——那背角必须更加接近垂直以保证杠铃杆位于脚中心的正上方，从而适应较高的杠铃位置。如果背角更接近垂直，那么膝角肯定会变得更加封闭，因为当髋部打开的时候膝盖会向前移（图 2–8）。换句话说，杠铃的位置越高，**后深蹲**就会越像前深蹲，但我们并不希望通过前深蹲来发展我们的整体力量，因为这样不能够有效地锻炼全身力量的源头——后链肌肉。

几十年来，高杠位深蹲或者叫作“奥林匹克深蹲”，一直是奥林匹克举重运动员所青睐的深蹲动作。其实在很大程度上来说，这是一个传统和思维惯性的问题，因为我们也有很充分的理由来让奥林匹克举重运动员练习低杠位深蹲。深蹲并不是奥林匹克举重的比赛项目，而且奥林匹克举重运动员可以通过前深蹲练习来直接加强深蹲翻举，所以要想让他们使用低杠位深蹲进行训练必须有能够说服他们的理由。低杠位深蹲能够让你变强，而举重是一种力量型运动，尽管它很大程度上取决于技术动作，但是胜者依然是举起最大重量的那个人。高杠位深蹲的姿势看起来更像前深蹲，但低杠位深蹲则会用到更多肌肉，允许运动员举起更大的重量，并帮助他们为举起更大的重量做好准备。

如果基于“专项训练”来考虑问题，那么与高杠位深蹲相比，低杠位深蹲也更加适合奥林匹克举重（抓举和挺举）的力学机制。在低杠位深蹲的姿势中，重量刚好处在肩胛骨之间的脊柱下方，这与杠铃被拉离地面时的姿势（抓举、挺举、硬拉和力量翻的起始姿势）非常相似。正如我们在硬拉章节中对拉力机制所描述的那样，在一次大重量硬拉中，当杠铃离开地面的时候，肩膀刚好位于杠铃杆的前方，并且在杠铃杆被拉到膝盖上方之前肩膀会一直处于杠铃杆的前方。对力量翻、抓举和挺举来说也是这样的，并且与力量翻相比，抓举和挺举的起始姿势更加不像高杠位深蹲。与高杠位深蹲相比，与抓举和挺举有着相似的、相对来说更水平的背角的低杠位深蹲，能够更加直接地训练它们的动作模式；而高杠位深蹲时的背角太大，因为在做这个动作时杠铃杆在斜方肌上更高的位置。此外，与抓举或者挺举的起始位置相比，在做低杠位深蹲时，训练者的髋部会下沉得更深，从而能够通过一个更大的动作幅度使相关的肌肉得到锻炼。

因为低杠位深蹲和从地面拉起杠铃时的背角是相当接近水平的，所以它们是两个非常相似的动作——比高杠位深蹲和任何形式的拉起方式更相似。如果你想要找到一种符合特定运动项目要求的发力方式的深蹲动作，那么低杠位深蹲就是你要找的。如果你不是在找与某个运动项目相似的深蹲动作，那么选择低杠位深蹲仍然有意义，因为你能用低杠位深蹲推起更大的重量。

深蹲深度

对安全性和力量来说，全幅度深蹲是首选的下半身训练动作。**正确的**深蹲不仅对膝关节来说是最安全的练习，而且相比其他的腿部练习，它能够使膝关节更稳定。正确的深蹲意味着要蹲得深——需要髋部下沉到低于髌骨顶端所在水平面的位置（参考图 2–1）。所以正确的深蹲动作是全幅度的。

任何达不到这个深度的深蹲都属于部分幅度的深蹲。部分幅度的深蹲在给膝关节和股四头肌施加压力的同时，其实并没有给臀肌、内收肌或者腘绳肌施加任何压力。在全幅度深蹲中，举重者膝关节外展，髋部后坐，背部在下蹲的时候会形成一个正确的角度，并能够借助髋部的驱动起身，这就使腘绳肌、腹股沟肌肉和臀肌都处于负载状态。在深蹲的最低点，髋部处于紧张状态，这时骨盆会与躯干一同前倾。在这个全幅度深蹲姿势中（图 2–9），以下几个肌肉群会达到完全伸展的状态：内收肌（连接内侧骨盆与内侧股骨的几个点）、臀肌和外旋肌（连接着骨盆和股骨外侧）。在这里，腘绳肌（连接着胫骨和骨盆的坐骨结节）的主要功能是等长收缩，因为在下蹲的时候其长度不会发生改变——这就是为什么腘绳肌虽然在努力地做功，和其他参与该动作的肌肉群一样，但它们并不会感到很酸痛。在深蹲的最低点，紧绷的腘绳肌和其他处在离心拉伸状态的内收肌、臀肌和外旋肌提供了轻微的回复力，就像“反弹”一样，这就是我们之前讨论过的牵张反射。拉伸产生的张力会将胫骨向后拉，

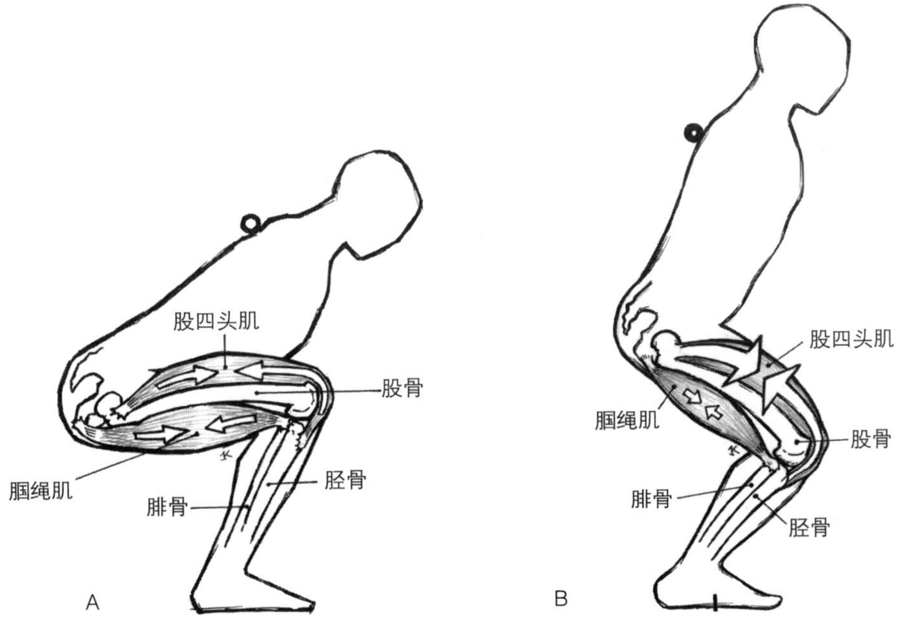

图 2–9. 作用在膝关节的肌肉活动。在全幅度深蹲（A）中，股四头肌产生的向前的拉力被腘绳肌产生的向后的拉力平衡。深度是关键——在部分幅度（较高）的深蹲（B）中，主要是股四头肌在起作用，因此缺少平衡性

同时还能够平衡股四头肌前部连接在胫骨结节上产生的拉力。腘绳肌借助来自股四头肌、内收肌和臀肌的助力，并通过髋部的伸展完成了它们的任务。

大多数人会在深蹲时尝试采用挺直躯干、使背角更接近垂直的姿势——也就是部分深蹲的姿势（图 2–10），因为我们通常会被告知，深蹲时背角必须更接近垂直以减少身体所受的切向力——某个部位在转动时产生的侧向力。椎骨之间的切向力被假定会通过某种方式使我们的脊椎脱节，但这其实是不可能发生的事情，而且也从未发生过。但以错误的方式来保护背部，只会给我们的膝关节增加很多不必要的压力。我们已经讨论过了——接近垂直的背角并不能充分地锻炼腘绳肌。因为这样的动作不可能通过腘绳肌产生身体所需要的向后的力，以对抗和平衡股四头肌及其在膝关节下方、胫骨前侧连接处产生的向前的力。换句话说，这个动作根本不会产生向后的拉力，以平衡将膝关节和胫骨向前拉所产生的力。结果就是做这个动作时膝关节前侧会产生切向力。就像前深蹲一样，部分深蹲会强迫膝盖向前越过脚中心点很长一段距离——比我们使用的低杠位深蹲动作中的相应距离长很多，而低杠深蹲能够保持膝盖向后，并将髋部作为移动重量的主要动力源。后侧拉力的不足使得前侧拉力在膝关节处占据了主导：髋部越靠后，就会使用到越多的髋部肌肉，而膝盖越靠前，就会用到越多的股四头肌。很多髌骨肌腱炎的案例都是由这种不正确的深蹲技术造成的。即使举重者能够采用正确的背角练习部分深蹲，因为动作幅度不足，他们也不能充分发掘深蹲练习的潜力。

深蹲动作本身的运动机制决定了腘绳肌在全幅度深蹲中直接分担了适当比例的负载，从而能获益并变强壮。医学工作者在考虑前十字韧带撕裂及其与训练项目之间关系的时

图 2–10. 常见的不同幅度的深蹲。从左到右，从上到下：四分之一深蹲、半深蹲、一个经常与平行深蹲混淆的姿势——大腿下表面与地面平行的深蹲、以图 2–1 中的标准为基础的平行深蹲，以及“臀部触地”深蹲

候，他们经常会忽略这个事实。前十字韧带能够使膝关节更加稳定：它能够限制胫骨过度向前滑动——相对股骨而言。正如我们已经看到的，腘绳肌也具有这样的功能。缺乏锻炼的、孱弱的腘绳肌是导致前十字韧带受伤的一个因素，而全幅度深蹲能够使腘绳肌变得强壮。就像全幅度深蹲中腘绳肌能够保护膝关节一样，因为练习全幅度深蹲而变得更加强壮的腘绳肌也能保护我们的前十字韧带——在我们使用凭借深蹲练习获得的身体素质做其他活动的时候。有了强壮的腘绳肌以及低杠位深蹲提供的膝盖靠后的姿势，髋部会在运动过程中承受大部分的压力。所以，即使是缺失了一条前十字韧带的运动员，也能够安全地做大重量深蹲，因为在正确的全幅度深蹲中，前十字韧带是不会承受任何压力的（参考图 2–11）。

部分深蹲的另一个问题在于，举重者可以举起非常重的重量，因为相应的动作幅度比较小并且四分之一深蹲姿势中的力学效率更高。做四分之一深蹲的训练者的背部更容易受伤，因为与他在正确的全幅度深蹲中能安全举起的重量相比，在做四分之一深蹲的时候，他扛在背上的重量可能超出前者的 3 倍，从而导致**极端**的**脊柱**负载。很多橄榄球教练喜欢部分深蹲，因为这样做的话，他们就能够向别人炫耀队里的 17 岁锋线队员都能够“深蹲”600 磅（272.2 千克）了。但事实上你想要的是让自己变强壮（至少应该是这样），而不是玩那种毫无意义的数字游戏。如果某一个重量无法使你在深蹲时做到大腿上表面低于水平位置的话，那就说明扛在你背上的重量太重了。

没有任何一项练习——更不要说机器了——能够像正确的全幅度深蹲那样，产生高水平的中枢神经系统活动、改善身体的平衡性和协调性、提高骨骼的负载能力和骨密度、刺激肌肉的生长、刺激结缔组织并使之变强、提高心理承受力和心理韧性，并完成对全身的系统性锻炼。如果没有影响我们练习深蹲的伤病的话，每一个人都应该学习如何正确地深蹲。

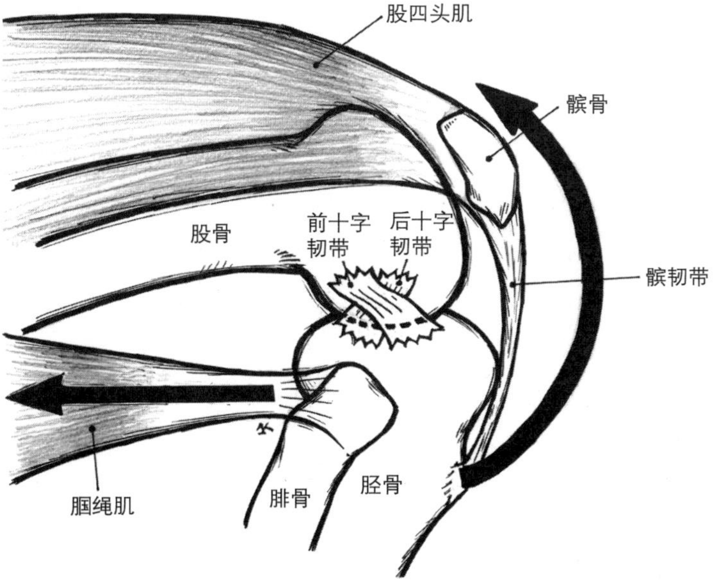

图 2–11. 在深蹲中作用在膝关节的力。腘绳肌和内收肌在胫骨上施加了一个向后的张力，而前侧的股四头肌肌腱会给胫骨一个向前的力。如果深蹲深度足够，并且膝关节处在正确位置的话，作用在膝关节前后的力就是平衡的。前十字韧带和后十字韧带能够稳定股骨远端相对于胫骨近端的前后运动。在正确的深蹲姿势中，这些韧带实际上是不承担负载的

学习如何深蹲

我们把深蹲教学分为两个阶段：首先不负重来解决与底部姿势相关的问题；然后负重，学习如何运用底部姿势通过髋部的发力负载更大的重量。因为大多数练习深蹲遇到的问题都发生在动作的底部，这个方法能够非常有效地促进我们的学习。

髋部发力

我们会使用一种适中的站位姿势——脚跟之间的距离大约与肩同宽，脚尖外展约30°（图2–12）。过宽的站距会导致内收肌过早地拉伸至极限，而过窄的站距又会导致大腿和腹部互相推挤。这两种情况都会阻碍你蹲到适当的深度。对大多数人来说，肩宽与骨盆宽度成正比，而且经验告诉我们，对大多数人来说把这样的宽度作为站距是很合适的。**很多人在站立时脚尖会有明显的内扣倾向，所以你或许需要一个比自己感觉想要的更外展的角度**。低头看一看你的双脚，并在脑海中勾勒出你看到的情景。

现在到了学习这个动作最关键的部分了，你要在没有杠铃负重的情况下设想自己已经处在正确深蹲动作的底部。这个方法很有效，因为在杠铃给这个动作增加新的变量之前，你就已经能够很容易地修正任何的姿势错误了。如果你在**没有**负载杠铃的情况下就已经能够处于正确姿势的底部，那么在正确的姿势中**引入**杠铃负重就简单多了。采取正确的站姿，然后下蹲，最终完成全幅度的动作。不要考虑在较高的位置就停下来，要一直蹲到底。有时你的柔韧性不足或者你的脚尖外展角度不够，这些都会使你在下蹲的过程中改变站位，所以请确保你的双脚站姿是正确的。

接下来，把你的肘部靠在膝关节上，双手合十，使膝关节外展（图2–13）——这通常是一个不错的底部姿势。如果你的柔韧性不好的话，在这个姿势中保持几秒钟就能够起到拉伸相应部位肌肉的作用。请记住，**在练习深蹲时，适当的深度是至关重要的，**这

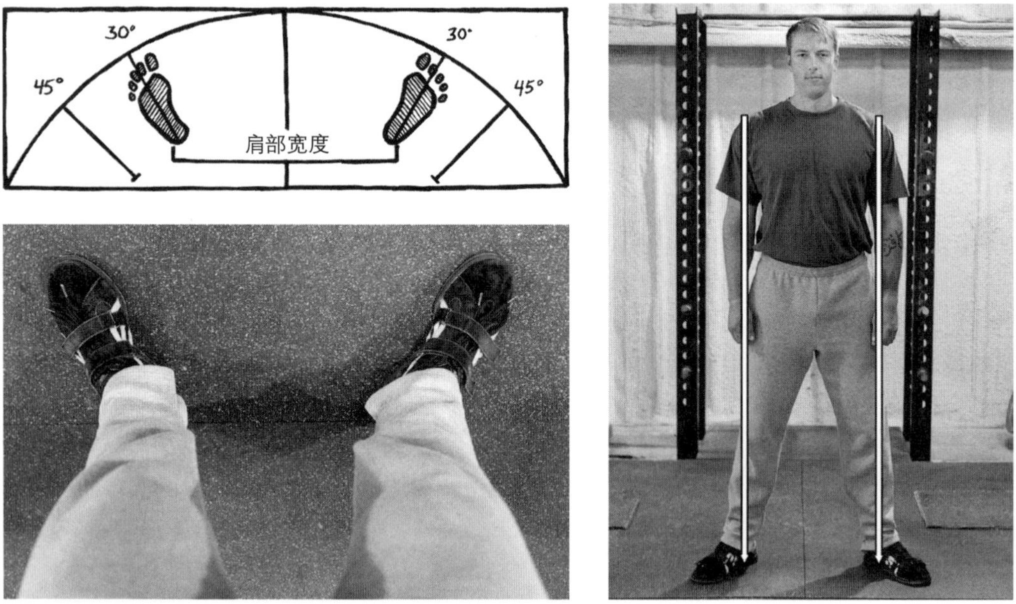

图2–12. 左图，深蹲中双脚位置的示意图，俯视角度。右图，双脚分开，脚跟间距与肩同宽

图 2–13. 在动作的底部，用你的肘部使双腿张开到正确的位置。股骨与双脚平行，双脚以正确的角度平贴地面，髋部后坐，膝盖前伸略微越过脚尖，背部前倾约 45°，这个角度有利于保持杠铃杠位于脚中心的正上方

个底部姿势会为你以后完成足够的深度奠定基础。

保持底部姿势拉伸几秒钟，如果保持这种姿势让你感觉很累，说明你的柔韧性可能还没有达到应有的程度。站起来休息几秒钟，然后蹲下继续拉伸，以巩固你对底部姿势的熟悉程度。这是学习如何正确深蹲最重要的部分，因为足够的幅度正是深蹲和部分深蹲的区别所在。

现在我们来关注底部姿势的一些重要细节。双脚全脚掌着地，膝关节外展并且要与同样外展的双脚平行，膝盖的位置稍稍向前越过脚尖。你应该尽自己所能使背部保持平直，但如果做得不够完美，可以稍后加以纠正。同样需要注意的是，你的背部要向前倾斜约 45°，并非完全垂直于地面。你也许认为背部应该是垂直的，但事实上不会而且也不应该是这样的。双眼向下注视在双脚前方几英尺（1 英尺 ≈ 30.5 厘米）的位置。

当你完成了正确的底部姿势之后，就可以通过驱动臀部直线上升的方式离开底部姿势。**向上**，而不是向前。移动过程中要保证始终是整个脚掌在支撑身体的重量，而不是把重心转移到脚尖。你可以想象有一条末端连着挂钩的铁链在钩着你的髋部，把你从底部姿势中拉起来（图 2–14）。不要想着伸直膝关节，不要想着双脚发力推压地面，甚至不要想着你的双腿。只要向上驱动髋部离开底部姿势，其余的动作自然就会完成。

这个关键点不能被忽视。我们在这里运用了之前所讨论的髋部发力和如何使用腘绳肌的内容。深蹲不是腿举，双脚同时对地面发力这一动作并不能给腘绳肌、内收肌和臀肌发出足够强的信号，也就不能使这些肌肉群产生足够的力量从底部将你的身体拉起。髋部伸展是向上驱动身体离开底部的第一步。当你考虑把臀部从底部拉起来的时候，你的神经系统会以一种简单而又有效的方式激活正确的运动单元以启动这个过程。

训练者双眼注视的方向在驱动髋部运动的时候会起到非常重要的作用，在让杠铃杆成为深蹲的一部分之前，我们就已经介绍过这一点了。在深蹲时向上看天花板这个做法会对正确的技术动作产生很多的不良影响，但是令人吃惊的是，很多人都会建议举重者这样做。这种做法干扰了正确的底部姿势、从底部升起时的髋部发力和正确的胸部姿势。它把焦点从一个近距离、易控制的点换成了一个距离很远的点。这种注视天花板所导致的颈部姿势从本质上来说也是不安全的：这会使颈椎过度伸展，从而把重量直接转移到颈椎下方的斜方肌上，或者说这种做

图 2-14. 一种将深蹲中髋部发力形象化的有趣的方式

法至少是不明智的。当重量变大的时候，采用颈椎的常规姿势——解剖图所展示的颈椎姿势——是我们的首选。

在进行深蹲时，如果向上看已经成为你的一种习惯或者说你这样做已经有一段时间了，这会是一个很难纠正的错误。在我身边，有很多高中橄榄球队的教练会让队员在深蹲的时候向上看，即使我们向他们有效地展示了**向下看**的效果之后，这些队员在改变注视方向时还是会很困难。与接受一个新的动作模式相比，采用一种举重者习惯了的动作模式往往更简单。如果举重者有意识地把控制力转移到另一种新技术动作上的话，那么这种新技术动作就会成为他的默认动作模式。

我们可以通过一两个实验来展示双眼注视方向对完成相应动作所起的作用。采用一种膝关节外展、脚尖外展、脚跟贴紧地面的底部姿势，下巴略微向下收，然后注视双脚前方约 4 ~ 5 英尺（1.2 ~ 1.5 米）的位置。接着从底部姿势驱动髋部抬起，并记下做动作时的感觉。现在，注视天花板做同样的事情。如果你有一个训练伙伴或者教练的话，当你蹲到底部的时候，让他用一只手牢牢地压在你的下背部，并且向下推以阻碍你的髋部发力，这样你就有了一个可以向上推而不是向前推的对象（图 2-15）。首先向下注视地面聚焦点，同时对抗相应的阻力并向上发力，并且注意髋部发力的有效性和髋部产生的力量。然后向上注视天花板，并再次尝试这个动作。你会发现一件不可思议的事情——这种下巴向下（向下看时下巴也要保持朝下的方向）、目光向下的姿势让你的髋部几乎能够自动运转并发挥作用。相比之下，双目注视上方会导致胸部前倾、膝盖前移、髋部也向前移动——虽然只是一点点，但已足够对举重者产生很大的影响了。这种做法使腘

图 2–15. 通过抵住髋部来感受双眼注视不同方向所起的作用。一个向上的注视方向使举重者从底部起身时不能有效地使用后链肌肉

绳肌和所有后链肌群都放松下来，本来我们需要它们保持绷紧并借助它们来驱动髋部向上拉起的。只要你做一次这个实验，你就会确信向下看的姿势其实是更有效的。

这种注视地面的方法也可以为我们的双眼提供一个固定的位置参考点。利用这个参考点，你可以轻松地察觉任何背离正确动作模式的偏差，并对其加以纠正。当然，天花板也可以为我们提供一个参考点，但是这样做的话颈部的姿势是不安全的。而且在你处于深蹲底部时，你向上看的任何一个点相比地面其实都离你更远。很难想象，某个房间中的天花板与地面相比会距离眼睛更近，所以地面是一个更有效的参考点——参考点距离你越近，细小的动作偏差越容易被察觉。

与这个深蹲方法中的其他任何方面相比，大多数人在改变注视方向这方面会遇到更多的问题。为了纠正训练者向上看的问题，你需要将自己的目光聚焦在地面——位于你身前 4 ~ 5 英尺（1.2 ~ 1.5 米）的一点上。如果你训练所处的位置离墙壁很近，那就在墙面上找一个位置较低的点作为你的聚焦点，使你的颈部能够处于正确的姿势。注视这个点，并且养成习惯，直到你不再需要有意识地去注视它。对大多数人来说，如果眼睛向下看的话，他们就不会把头抬起到影响正确的颈部姿势的位置。为此，一些别出心裁的教练会借助网球来向训练者演示如何保持下巴下沉、胸部上挺的姿势（图 2–16）。

加上杠铃杆

现在你已经准备好进行深蹲了。你已经体验过深蹲到底部究竟是什么样的感觉，你现在只是需要加上杠铃杆然后继续练习那个姿势。首先，在你的手上抹上防滑粉——使用防滑粉是一个好主意，因为它能够使皮肤变干燥。与湿滑的皮肤相比，干燥的皮肤不易出现磨损或发生褶皱，因此也不易出现生老茧的问题。如果你的举重室没有配备防滑粉，那你可以自己准备。如果健身房方面向你抱怨训练时使用防滑粉的问题，那就换家健身房。

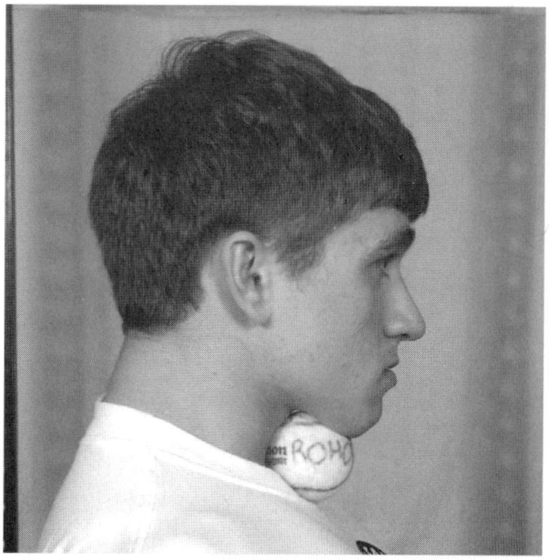

图 2–16. 网球可以帮你保持正确的下巴 – 颈部位置

训练可以从框式深蹲架或立式深蹲架开始。一定要设置好架子的高度，杠铃杆置于架上时要与胸骨的中点处于同一水平高度。很多人会觉得这样的高度太低了，但与其不得不踮着脚把背负的大重量放回架子上，不如开始时从更低的位置起杠。空架子上的这个位置经常会看起来偏低，因为放在架子上的杠铃杆的直径会使我们的双眼对架子的真实高度产生错觉。当杠铃杆放置在架子上的时候，眼睛对这样的设置感觉会更舒服。请记住，我们要把杠铃杆放置在一个比斜方肌顶部稍低的位置，所以你需要的深蹲架也会比你认为的高度低一些。与把架子调高一点儿相比，我们宁可把架子调得低一点儿，而且大多数人其实并没有自己想象的那么高。**很多人在深蹲架上选择放置杠铃杆的位置都过高了**。刚开始的时候，如果因为肩膀的柔韧性不足而不能把杠铃杆放在上背部较低的位置，那你应该先做几个星期的拉伸之后再练习该动作。

面对杠铃杆。在你刚开始进行杠铃深蹲时，你可以总是使用空杆。注意：**总是**。接下来你有足够的时间去添加配重。双手左右对称抓握杠铃杆，并可以根据杠铃杆上的标记估测握距。在一根标准的力量举杠铃杆上，外侧滚花两端之间的距离为 16 ~ 17 英寸（40.6 ~ 43.2 厘米），手指位置的标记之间的距离是 32 英寸（81.3 厘米），滚花中的两条宽 1/8 英寸（0.3 厘米）的缺口指示了符合规则的卧推的握距。深蹲的握距会随着训练者的肩宽及柔韧性的不同而发生明显变化，但一般来说，双手都会处于这种杠铃杆的手指标记之间（图 2–17）。较窄的握距能够让柔韧性很好的举重者使用肩膀后侧的肌肉更好地支撑杠铃，此时举重者的肘部是向后抬起的；而较宽的握距能够让柔韧性较差的举重者更舒服地背起杠铃。无论哪种情况，更窄的握距都更有利于你的肩部肌肉收紧，从而使杠铃杆被肌肉支撑着而不是直接压在你的背上。大拇指应该放置在杠铃杆上方，以确保在握杠时手腕和前臂处在一条直线上（图 2–18）。肘部应该向上抬，从而把杠铃杆夹在双手和背部之间的肌肉上。如果你的胸部和肩部的柔韧性无法实现这个姿势，那就先采用高杠位的姿势，直到适当的拉伸提高了身体的柔韧性，使你能够通过降低杠铃杆位置实现更好的姿势。如果你现在的柔韧性已经足够，那就采用一个足够宽并且允许你在杠铃下伸直手腕的握距，然后每做一组训练就将握距收窄一些，直到你处于一个握杠牢固且安全的姿势。将这个位置标记下来，作为你以后惯用的握距。

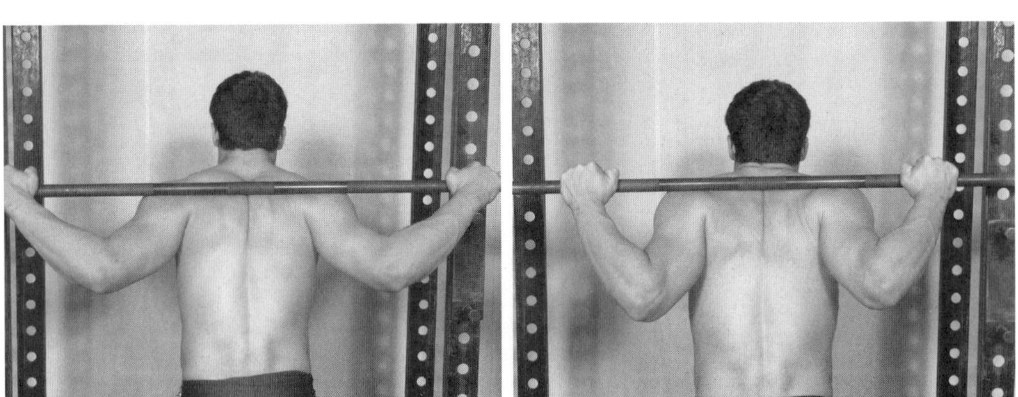

图 2–17. 宽握距和窄握距的比较。请注意上背部肌肉紧绷程度的不同及其所导致的承载杠铃潜力的不同

图 2–18. 杠铃杆上手腕姿势的调整。正确的握法是保持双手处于杠铃杆之上，并且保持杠铃上的所有重量都压在背部。不正确的握法使得一部分应该压在背部的重量转由手腕和肘部承担。注意，大拇指要位于杠铃杆的上方，并且双手位于滚花的内侧缺口与内边缘之间

当你调整好握距之后，要让你的双手和大拇指处于杠铃杆的上方，把头沉到杠铃杆下方，背负杠铃杆进入深蹲姿势。把杠铃杆置于正确的位置，就在你感觉到杠铃杆刚刚能够触碰位于肩胛骨顶端的一块骨头——肩胛冈的下方时（图 2–19），通过同时上抬肘部和胸部的方式把杠铃固定好（图 2–20）。你的感觉应该是这样的——杠铃杆被放在由斜方肌下部、三角肌后束顶部形成的“支架”上。这样的动作不但收紧了你的背部肌肉，还会使你的胸部挺起，从而使胸椎处于既伸展又笔直的姿势。这样就修正了很多因背部拱起导致的问题。今后你能够以这种方式安全举起很大的重量。需要注意的是：**大多数采用这种方法开始训练深蹲的人往往会把背上的杠铃杆放得太高，**可能是把它放在了肩胛冈上面一点儿而不是肩胛冈下面一点儿。训练时请确保杠铃杆处在正确的位置。

首先，也是最重要的，**在起杠时总是向后走。注意：总是。但决不要以向后走的方式来收杠，决不。**因为这样做不安全。你决不应该处于这样一个位置——在一组深蹲结束的时候，你不得不依靠向后走来收杠。你看不见挂钩，就算有保护者帮助你，这样做也难免发生事故。如果你会这样做，或者你允许其他人这样做，那么你就是个傻瓜。

以和深蹲起始姿势完全相同的姿势扛起杠铃，绷紧躯干和肩膀，抬起胸部和肘部，

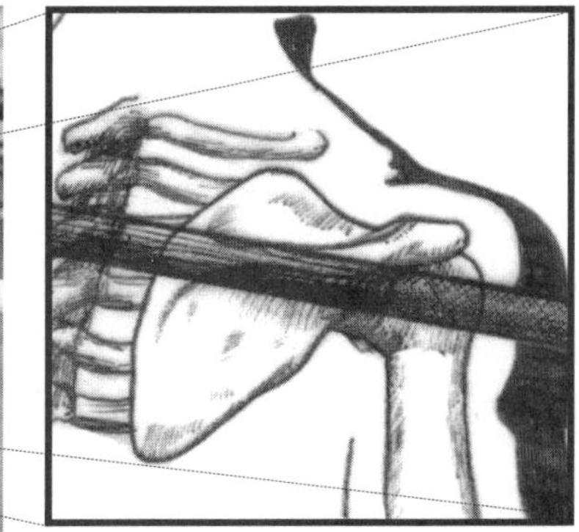

图 2–19. 杠铃杆相对于肩胛骨结构位置的解剖图。杠铃杆位于肩胛冈下方一点儿的位置

图 2–20. 同时抬起肘部和胸部的做法把杠铃杆固定在了双手和后背之间，由此创造出的稳定的背部和胸部位置能够让杠铃杆位于三角肌后束上方的放置点

沉下头部，双脚位于杠铃杆的正下方。所有的动作都应该与全幅度深蹲的要点保持一致，然后就像深蹲到顶部的姿势那样，通过伸展髋部和膝关节把杠铃从挂钩中取下（图 2–21）。以这种方式，任何重量都可以安全地起杠。不适当的起杠动作会导致很多问题。举重者的背部和胸部在起杠时很松垮，在深蹲之前才试图把所有部位绷紧是一种很常见的现象。显然，先绷紧肌肉，**然后**把杠铃置于绷紧的肌肉上是一种更有效的做法，而不是起杠后让重量压在背部并嵌入松弛的肌肉中，直到其触碰到某些关键的骨骼部位后被

图 2–21. 从架子上起杠的正确姿势

迫停下来，然后再试图绷紧压在杠铃下的所有部位。同样的，像蹲弓步一样，采用一条腿在后方一条腿在杠铃下的方式起杠也是一个不好的习惯。当重量较轻的时候，每个人都能够采用这样的方式起杠，但当重量变大的时候，这样做会由于髋部受力不均衡而使背部出现问题。就算杠铃重量很轻，也要完全像深蹲一样地起杠，这样做的话即使今后重量增加了，也不会出现问题。

一旦杠铃离开架子，千万不要扛着它走很多步，在准备深蹲之前只要先后退三四步就可以了。扛着杠铃走很多步是完全没有必要的。如果杠铃比较重，或者保护者不是很可靠，又或者收杠的距离太远了，你还扛着杠铃行走就会出现问题。用正确的方式后退一步来起杠已经能够取下杠铃，也能让保护者顺利完成他们的任务了，同时也会使收杠的难度最小化。

站姿应该和前面那个拉伸动作的站姿是一样的。再说一次，脚跟应该与肩同宽，脚尖外展约 30° 。**大多数人这时会改变他们的站姿，把脚尖向内收**。你要使用与之前未负重时相同的站姿。

这时，你已经准备好借助空杆进行深蹲了。注意，是空杆。所有的基础都已打好，正确的底部姿势在你的脑海中清晰呈现，你现在处于正确的起始姿势中。你想要做的每一件事都与之前拉伸时做的一样。只有两件事情是不同的：第一点，你不会使用肘部来帮助自己把膝盖向外推，你需要通过自己的大脑来做这件事；第二点，不要在到达底部时停顿。只是蹲下，然后马上起身，从底部位置驱动你的臀部笔直上升，而不是向前。现在深吸一口气，然后屏住呼吸，向下注视地面——位于你前方4 ~ 5英尺（1.2 ~ 1.5米）的一个点，然后深蹲。

在深蹲到达底部时你的身体应该保持平衡——之前拉伸的时候你已经做过了，重量应该在脚中心的正上方均匀分布，双眼注视地面上的参考点有助于你在下蹲以及起身的整个过程中保持正确的姿势（图 2–22）。平衡的问题往往暗示了背角过于接近垂直，所以要确保你的髋部后坐并且上体前倾足够的角度。**大多数人在深蹲时都会在脑海中呈现一种躯干竖直挺起的画面**。请记住，背角是不会完全垂直的，你需要臀部后坐、上半身

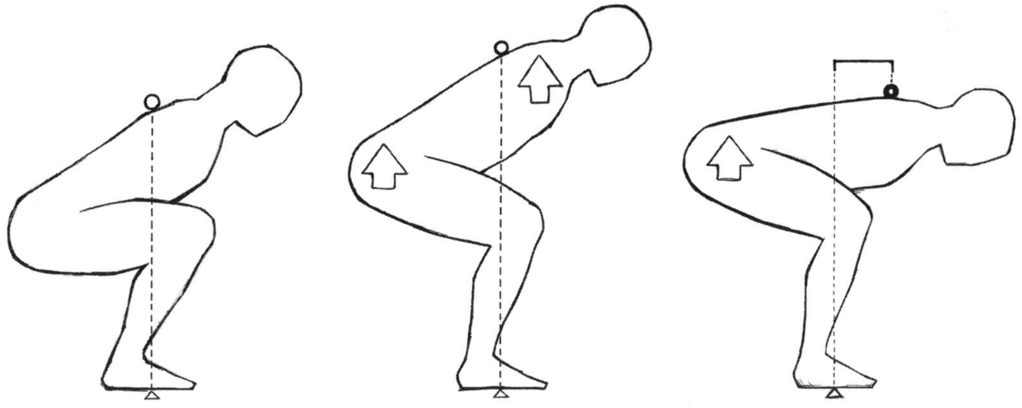

图 2–22. 从深蹲底部起身的过程中，背角对正确使用髋部发力是至关重要的。当杠铃杆刚好处在肩胛冈的下方并位于脚中心的正上方，背部保持紧绷，腰椎和胸椎处于伸展状态，膝关节外展与正确放置的双脚朝向平行，并且深蹲达到正确深度的时候，就会形成正确的背角。身体前移会使得杠铃杆移到脚中心的前方

前倾，并且把膝关节外展。

请人来帮你确认深蹲的幅度是否达标，并且从现在开始永远**不要**接受任何非全幅度的深蹲。如果有人公正客观地告诉你，你的深蹲幅度不够，你必须检查自己的站距并保证站距足够宽——但又不能过宽，同时检查脚尖的外展角度是否足够，膝关节是否外展并与双脚的朝向平行。当有人帮助你时，你要让他检查你双眼注视的方向，并且每次深蹲时都要让他提醒你向下看。如果你确定自己的动作非常正确，那就做一组 5 次的深蹲然后收杠。如果除了幅度之外动作的其他方面都不错，那么深蹲本身就是在进行拉伸，前提是**你的膝关节要外展**。大多数情况下，深蹲幅度不够的原因是膝关节没有外展。**大多数深蹲问题——处在新手阶段或者刚练了一段时间的训练者——往往是因为训练者的膝关节外展得不够造成的**。如果你的深蹲看起来非常糟糕，那就收起杠铃并重复深蹲之前的步骤,专注于膝关节外展这部分的训练。

为了能安全而又简单地收杠，你需要向前走，直到杠铃杆碰到深蹲架的垂直部件。记住，是找到深蹲架竖直的部分，而不是挂钩。你不可能错过深蹲架竖直的部分——如果你碰到它们的话，就说明杠铃杆已经在挂钩的上方了。如果你试着把杠铃杆直接放到挂钩上的话,你可能最终会遗漏一侧的挂钩，从而导致重大事故的发生。

大致的计划是用空杆再做两组每组 5 次重复的深蹲来明确动作，然后增加配重，做另一组 5 次重复的深蹲，每次增加相同重量的配重，直到再增加一次配重后会影响你的技术动作。5 次重复的训练是一种学习深蹲不错的方法——不会发生因为疲劳而影响到最后几次动作的情况，也足以形成并且练习相应的技术动作，同时也能够因为重量足够来使自己变强。组间增重的梯度随着训练者的不同而不同。体重较轻、未经训练的孩子需要使用 10 ~ 15 磅或者 5 ~ 7.5 千克的梯度，年长一些或者更强壮的训练者可以使用 20 ~ 30 磅或者 10 ~ 15 千克的梯度。哪种增幅最适合你，在你第一天练习深蹲时就要保守地考虑一下。**大多数人在这种掌握动作方法的阶段使用的增重幅度往往过大**。增加重量，练习正确的动作并保持足够的幅度，直到下一次加重会使你的动作变形。然后使用现有的重量再做两组——用能够保证动作标准性的最大重量做三组。这就是我们的第一次深蹲训练。

经常会做错的一些要点

深蹲幅度：你很有可能蹲到一个大腿高于水平高度的位置。这种事会发生是因为你没有向下看、没有外展膝关节、双脚站距太窄或者太宽或者是你没有认真地下蹲。

膝关节姿势：当你开始下蹲的时候，你的膝关节没有外展。这会让你很难达到正确的深蹲幅度，并且会在很大程度上影响你的髋部发力。

站姿：双脚站距要么过窄要么太宽，脚尖通常过于朝前（外展不够）。这样会导致深蹲的幅度很难低于大腿水平的位置。

双眼注视方向：你没有向下看。这会在很大程度上影响髋部发力。

背角：你的背角经常会过于接近垂直，可能因为你的头脑中对深蹲时髋部如何发力的想象是错误的，或者因为杠铃杆在你背上的位置是错误的；或者你的背角过于接近水平了，因为你的胸部没有上挺。任何一种错误都会对髋部发力和深蹲的幅度产生负面的影响。

髋部发力：你想要直接抬起上半身而不是髋部。这会让你的背角过于接近垂直，从而在很大程度上妨碍你在深蹲到底部后向上启动时的发力。

杠铃杆的位置：你把杠铃杆放在了背上

图 2–23. 深蹲

过高的位置。这会对你的背角和髋部发力产生负面影响。

架子高度：你把杠铃杆放在深蹲架上的位置过高。这会使你很难将杠铃杆放在背部最合适的位置上。

请注意，这些问题相互间是高度关联的。深蹲是一种复合的、多关节的训练项目，它的正确实施取决于所有部分能否作为一个整体协同运作。任何局部的错误都会扰乱并损害整个系统的运行（图 2–24）。如果你想要理解人体的每个部分对于整个系统的作用，以及系统作为一个整体是如何运作的，那么了解整个系统的运作机制是很重要的。

杠杆作用和力矩

如果你将要学习的杠铃训练体系不只是关于这个主题的意见的汇集，那它就必须不仅仅是这项活动的历史、作者的个人偏好和那些从高水平运动员身上观察到的习惯。历史中充斥着有效果但效率低下的例子。个人偏好在很大程度上反映出了一种难以遏制的偏见。人们在不清楚前因后果的情况下经常能够做好一些事情，但如果清楚原理的话他们也许能做得更好。如果杠铃训练与工程学而不是占星术有更多共同点，如果杠铃训练更像是物理课而不是生日派对，如果杠铃训练是基于力学而不是民俗学发展起来的——那么，杠铃的训练和教学也许能进行得更有效率。

为了对杠铃训练中的动作做出精确地分析，理解那些会影响举重者和杠铃的因素是非常必要的。深蹲、卧推、硬拉、推举和力量翻是潜在的多关节复合训练项目，它们构成了杠铃训练的基本动作。因为这些动作都是人体在做负重运动时身体做出的非常自然的行为——当身体和环境相互作用时，骨骼系统怎样把肌肉收缩产生的力传递到运动中去——因此它们并没有那么复杂。但是，如果想要把这些天然的动作作为训练项目，并将其有效且高效地加以运用的话，必须对其进行专门地提炼，以保证它们能够调动最大量的肌肉并在最大动作幅度中被使用，这样我们才能够举起最大的重量，从而产生最有效的力量发展。

图 2–24. 别这么搞，傻瓜

每个人在负载杠铃的条件下应该怎样完成动作；怎样通过骨骼将肌肉的收缩力传递给杠铃，从而最有效地完成动作；在每种动作模式下，伴随着能应付的重量越来越大，身体还会发生怎样的适应和改变——如果能精确地描述出以上这些方面，我们就能建立每种练习的模型。

这种模型必须以一个身体系统中动作的支配原则为基础。对每个模型的把握使得每个动作的表现和教学更加直接、有逻辑、易于理解。**经典力学**探究了力对物体运动的影响。对这项科学的深入探究显然不在我们的讨论范围之内，但在这里的杠铃训练方法中，对几个概念的基本理解是为每项练习建立精确模型的关键。理解这些概念是很重要的，因为你用来举起杠铃的杠杆系统——你的肌肉使你的骨骼移动，而骨骼是在一个重力框架中承重——遵循力学法则，在你能够分析举重并优化动作方式之前，你必须了解它们。

因此，我们就从最基本的概念开始讨论并建立模型。就像前面提到过的，是**重力**使杠铃产生了重量。重力由我们生活的这个星球所产生，为了方便我们讨论，我们将其看作是一个规则的球体。每一个未受阻的物体都会以垂直于球体表面的方向下落。“水平”这个术语被用来描述一个平行于星球表面的平面，所以一个物体下落时总会垂直于“水平面”，而我们把这个轨迹描述为**垂直**。因此，作用在一个杠铃上的重力也总是垂直向下的，而唯一能够对抗自由下落的杠铃的重力的方式就是提供一个垂直向上的力。水平方向的力也许会在杠铃运动的过程中作用在它上面，但没有任何一种水平作用力会影响杠铃在垂直方向上的运动。所以，对深蹲、硬拉或者推举一根杠铃的动作来说，是垂直方向的分力在发挥作用——对抗重力做功。这意味着在重力框架中，最有效的杠铃运动路径总是一条垂直线，这不仅仅是因为两点之间直线的距离最短，更在于任何作用在其他方向的力不能对抗重力做功（参考图 2–3）。

重力以三种方式在举重者 – 杠铃系统中以基本力的形式被表达出来：张力、压力和力矩（图 2–25）。

张力指的是沿一个物体传递的能使之拉长的力——如果这个物体可变形的话（在正常训练情况下，不是每一样物体都是可变形的）。举个例子，当训练者将他的身体悬挂在单杠上的时候，他的身体就会产生张力。

压力指的是在一个物体上传递的能将其变短的力——如果这个物体可变形的话。压力与张力的方向相反。举个例子，当训练者背负杠铃站立时，他身上就会产生压力。

张力和压力都被看作是**轴向**力，因为它们都以平行于重力轴线的方式被表示出来。

力矩是指在力的作用下使物体围绕某个轴旋转的趋势。就是用扳手旋转螺栓时沿扳手手柄传递的力的作用方式。力矩也能被看作是“杠杆作用”或者“旋转力”。

当杠铃被举重者扛在背部，或者在推举中处于过顶锁定的位置时，重力的作用形式就是压力。当杠铃在硬拉或者翻举中被悬挂在手臂上时，作用在手臂上的力就是张力。骨骼传递压力，而结缔组织和肌肉传递张力；结缔组织和骨骼共同作用传递力矩（杠杆作用）。如果杠铃被举过头顶并锁定，然

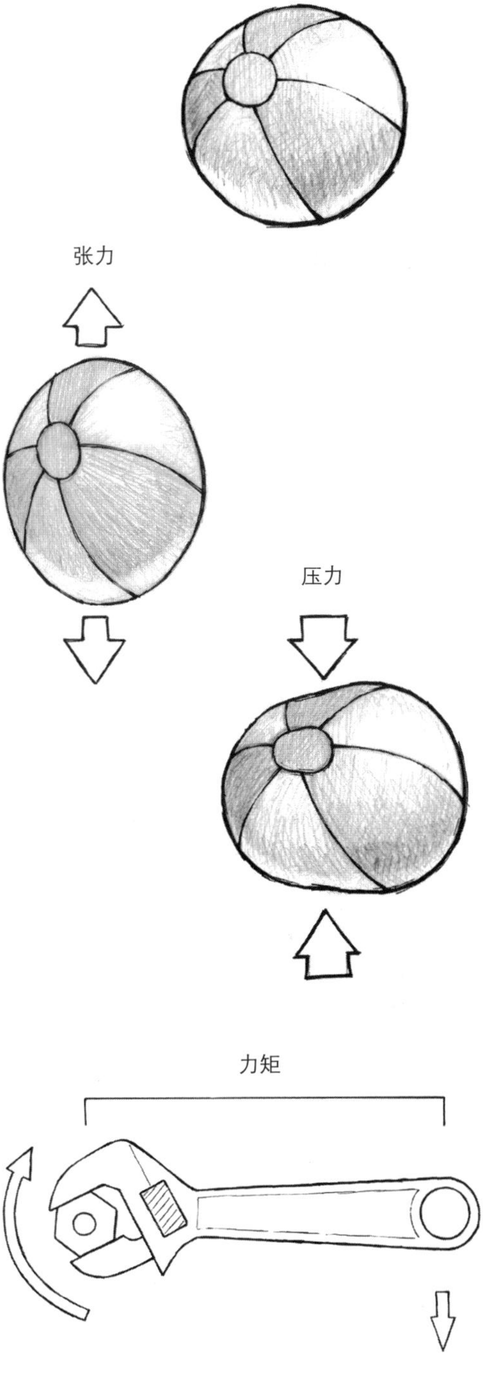

图 2–25. 张力、压力和力矩是重力作用于举重者 – 杠铃系统的方式

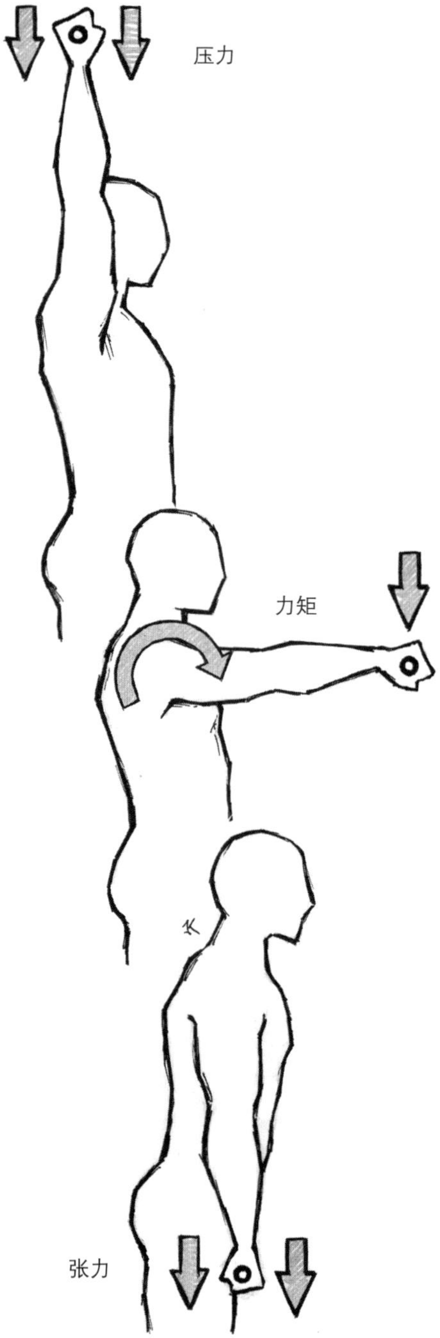

图 2-26. 当举重者手持一根杠铃杆时，压力、力矩和张力在其上半身的表现方式

后沿弧形路径被下放到硬拉的悬挂位置（图 2-26），所有的三种力——顶部的压力、手臂沿弧线运动相对身体产生的力矩和杠铃到达并静止在腿部时的张力——能够顺次被人体感受到。

力臂是旋转点与力的作用点之间的距离，我们从力的作用点出发，做一条与力的方向垂直的线段至旋转点，然后计算这段距离。比如，当你使用扳手的时候，在旋转点（螺栓）和造成旋转运动的力的作用点（你的手）之间，力臂就是从旋转点到力的作用方向所在直线的**垂直距离**。力矩是一种沿刚性杠杆传递的、作用在一个枢轴或者支点上的力。力臂（与“杠杆力臂”同义）是计算杠杆所产生的力矩的必要条件：**力矩等于作用在杠杆上的力与力臂长度的乘积**。在整个运动系统的一边，力作用在杠杆上。而在系统的另一边，被旋转的物体对抗着旋转力。所以沿着刚性的杠杆，力作用在两个方向上。（因此，力矩是一种切向力，与张力和压力所属的轴向力不同。）“力臂”是旋转力作用的有效距离。力臂越长，实际作用在杠杆上的力所产生的旋转力就越大。

拉动扳手最有效的角度是垂直于手柄。这对任何一个使用过扳手的人来说都是显而易见的。你可以轻松地在六角螺栓上调整扳手夹爪的位置——六角螺栓的设计就是为了方便我们转动——无论扳手以哪种角度卡在螺栓上，你都能以一个垂直于手柄的角度来拉动扳手。**如果你用任何一种不是 90° 的角度来拉动扳手的话，力的一部分就会转变成沿着扳手方向的压力或者张力**——90° 是唯一能把所有的力都用于扳动螺栓的角度。因为 90° 是转动螺栓最有效的角度，而对其他角度来说，只有垂直于作用力方向的那部分力臂的长度才是有效的。因此，就有了这样的惯例——以 90° 角来计算力臂的长度（参考图 2-27）。

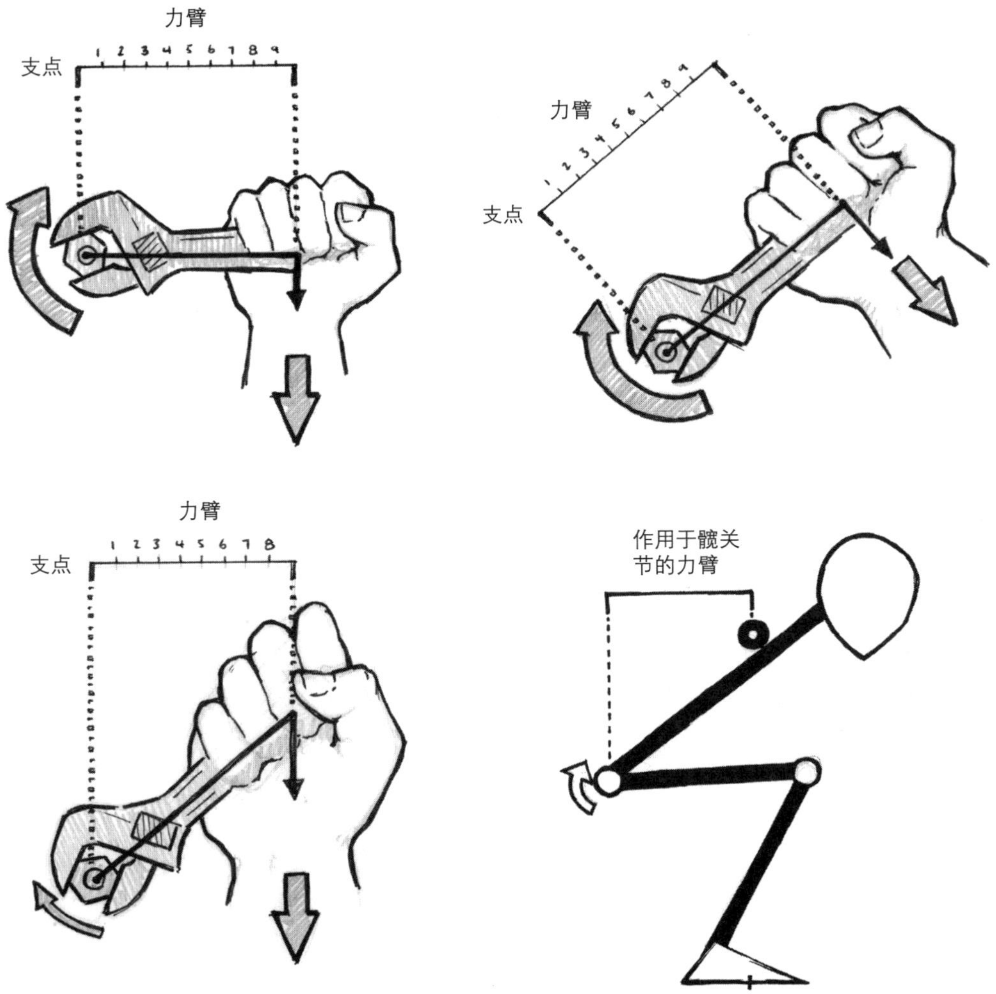

图 2-27. 力臂是旋转点与力的作用点之间沿一条笔直线段的距离；这条线段与力的作用方向成 90° 角。在杠铃训练中，重力提供作用力，并且重力总是竖直向下的

作用在螺栓上的旋转力的大小会随着力臂长度（垂直于作用力方向，扳手的旋转点与你握住扳手的位置之间的距离）和作用在扳手上力的大小（你拉动扳手的力量）的变化而变化。你可以通过两种方式增加旋转力的大小——更用力或者延长扳手的长度——使用一个更长的扳手或者借助“延长套管”来增加扳手的长度。

在杠铃训练中，旋转力是重力作用于杠铃而产生的，而力臂则是杠铃与力沿着相应的身体部位所作用到的关节之间的水平距离。当膝关节和髋关节没有锁定，深蹲时背部、大腿和小腿之间形成角度的时候，杠铃相对于身体的位置与这些身体部位的端点及脚中心平衡点之间就会形成力臂。重力总是竖直向下的——转动这根特殊“扳手”的那只“手”其实就是重力，它总是把杠铃竖直地向下拉。所以，我们需要在一条与杠铃运动路径垂直的线段上计算力臂。

这意味着深蹲中沿背部的力臂长度始

终等于杠铃杆和髋关节之间的水平距离（图 2-28）。对我们的大腿来说，力臂会是杠铃杆与髋关节之间，以及杠铃杆与膝关节之间的水平距离。因为股骨被重力矢量分成了两部分，所以我们需要分别考虑髋关节和膝关节上的力臂。髋部伸肌能“看见”处于髋关节和杠铃杆之间的股骨力矩，而膝关节伸肌能“看见”膝关节与杠铃杆之间的股骨力矩。（实际上，髋关节与杠铃杆之间的水平距离对背部和大腿来说都是一样的，因此作用在这两部分的力矩是一样的。）同样，沿膝盖与脚踝之间的小腿上的力矩可以分别看作是杠铃杆与踝关节之间的力矩和杠铃杆与膝关节之间的力矩。

杠铃和髋关节之间的力臂，会随着杠铃杆在背部的位置和背部倾斜角度的不同而变化（图 2-29）。如果杠铃杆处于我们建议的较低的位置，那与杠铃处于较高位置的情况相比，髋关节和杠铃之间的距离会更短。但因为杠铃杆必须始终处于脚中心平衡点的正上方，所以杠铃位置越低，要求举重者采用的背角就越接近水平。同样的，如果杠铃杆的位置比较高的话，杠铃杆和髋关节之间的距离就比较长，这就要通过更加接近垂直的背角加以补偿。如果膝关节保持在同一位置的话，髋关节与杠铃之间的水平距离——力臂，在这两个姿势中**也许是相同的**。我们并不是因为低杠位姿势能够减少背部的力矩而采用低杠位姿势；**我们采用低杠位姿势是因为更加接近水平的背角、封闭的髋角和打开的膝角能使髋关节位于距离脚中心平衡点更靠后的位置，从而创造出一个更长的力臂来**

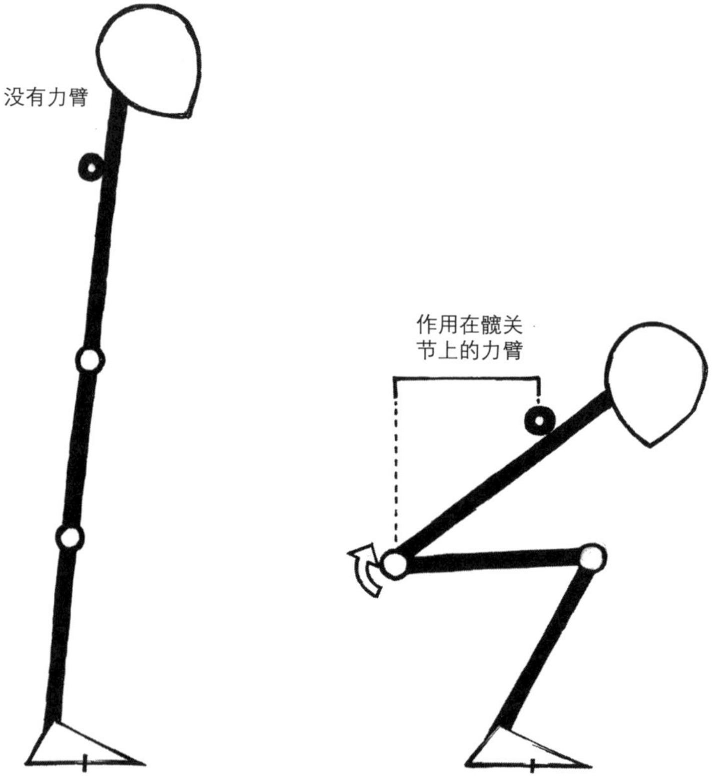

图 2-28. 深蹲过程中沿背部的力臂

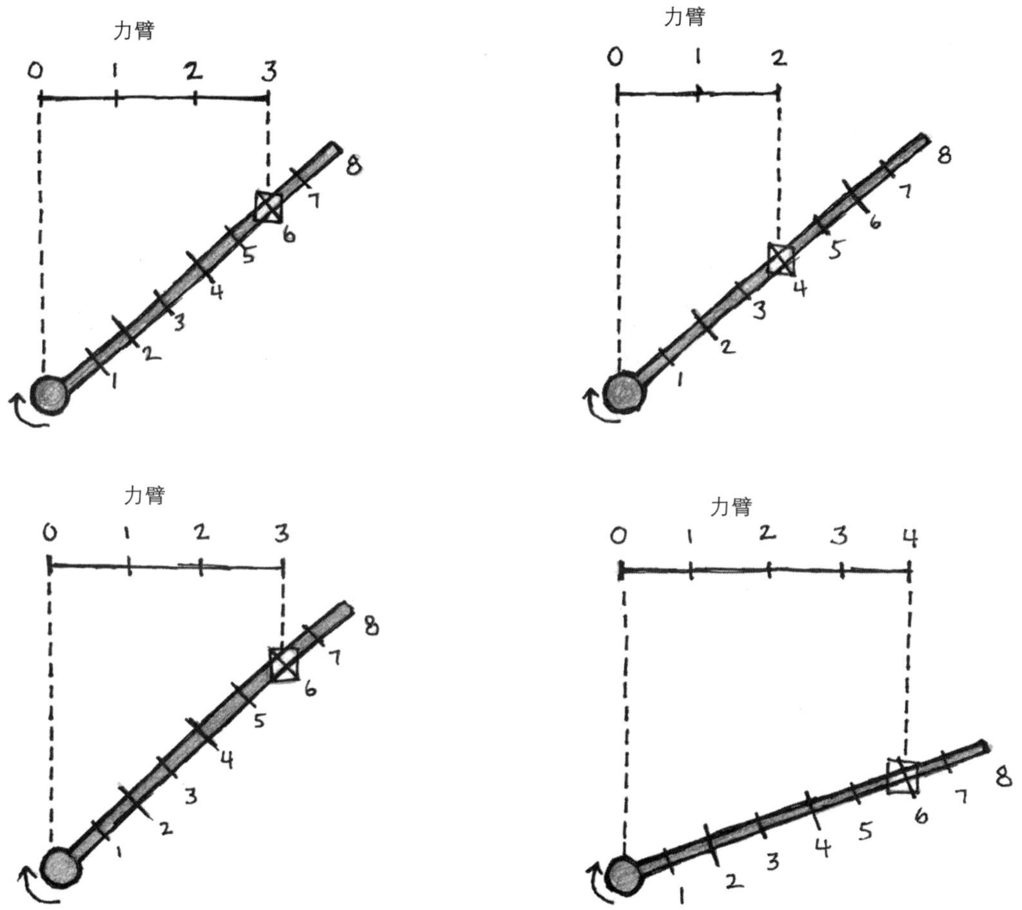

图 2–29. 力臂的长度会随着角度和线段长度的不同而变化。如果线段长度发生改变而角度保持不变（顶部），或者角度改变但是线段长度保持不变（底部）的话，力臂也会随之改变

调动更多的肌肉参与其中，并举起更大的重量。运用这种身体结构增加了参与移动负重的肌肉的量，也就使举重者能够进行更大重量的训练。

我们可以通过另一种方式来考虑作用在举重者 – 杠铃系统上的力矩。在每一种情况中，力臂都牵涉到作用在一端的力、另一端的旋转点和在两者之间传递力的距离。我们要考虑一下肩部的杠铃杆对脚中心平衡点可能造成的影响：如果杠铃杆的位置向前或者向后偏离了位于脚中心平衡点正上方的理想位置——比如，对杠铃施加任意方向的水平力。我们可以把脚中心的平衡点看作是旋转点，然后在杠铃和脚中心点之间就会产生一个作用于整个系统的旋转力。这个水平力在脚中心和杠铃之间形成了一个力臂，它沿着身体竖直地表达出来。

现在你要知道这样一个事实——脚底是一个平面（你的鞋底），它与另一个平面相接触（地面），并且距离地面最近的旋转点是我们的踝关节。但在踝关节被小腿肌肉稳定的情况下，当你的身体或杠铃杆向前或者向后移动时，负重就会相对于脚中心点移动。而举重者 – 杠铃系统就会出现以脚中心平衡点为旋转点的一个力臂，重量越大、距离越长，这个力臂的效果就越明显。当杠铃杆相对于平衡点向前移动时，这个系统就需要举重者付出更多的力量来对抗杠铃的重量。

因为人体结构的一些特点——脚踝位于脚中心点之后、膝关节是向前的、眼睛是向前看的，所以当我们的身体失衡时，我们往往会向前倾倒。大多数人在训练了几个星期之后，就不会肩膀上扛着杠铃、使自己处于一个向后移动的别扭姿势中了。另一方面，当身体处于深蹲或者硬拉的底部时，训练者通常做出的是一种不对称的姿势——更多的身体部位处于杠铃杆的后方。所以我们很容易总结出：杠铃相对脚中心点向前和向后的移动，对这个动作系统的影响是对称的、程度相同的。比如，杠铃向后偏移 3 英寸（7.6 厘米），与杠铃向前移动 3 英寸相比，你需要使出的力是大小相同的（但是方向相反）。

在这种情况下，“失衡”这个术语意味着杠铃和脚中心点之间存在一个力矩（旋转力），举重者必须发出一定大小的力来抵消其产生的效果，以控制它（图 2–30）。如果杠铃处于平衡状态，这种对抗失衡力矩的力量就能更高效地被用于举起更大的重量。所以，控制杠铃杆和脚中心点之间力矩的能力——保持杠铃杆位于脚中心点正上方的能力——就是你在举重过程中运用良好技术的能力（图 2–31）。想着这一点并重读第 12~13 页的内容。

当我们深蹲时，我们必须考虑两个杠杆系统的作用。沿身体部位水平作用的力矩是由作用在杠铃上的重力所产生的。在你背负沉重的杠铃时，无论蹲下还是站起的过程，它们都是固有的存在，并构成了我们练强壮所需要对抗的阻力。不过，在杠铃杆和脚中心平衡点之间，垂直方向上作用的力矩必须保持为零，以避免浪费能被用于举起更大重量的力量。在分析这个系统的生物力学时，你必须考虑这两种力矩（图 2–32）。

常见问题及其解决方法

正确的深蹲都会有一些由骨骼结构和肌肉功能所控制的、特定的、可辨识的特征。任何一种深蹲——无论是后深蹲还是前深蹲，都应满足这些条件，从而让举重者能够较为

图 2–30．“平衡”被定义为在一个垂直取向的体系中，沿水平方向没有力臂的状态

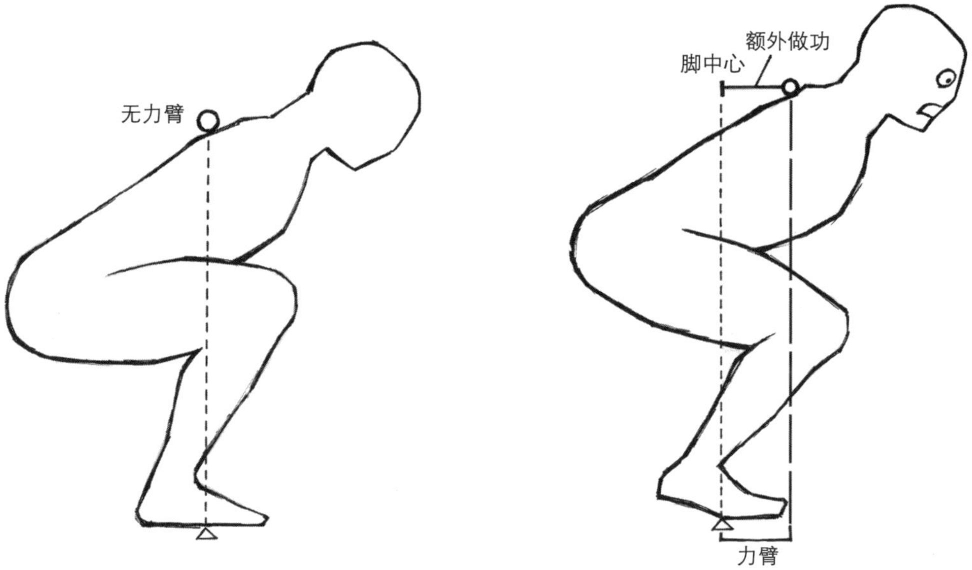

图 2–31. 深蹲中良好的技术指的是保持杠铃杆与脚中心平衡点之间的力臂为零的能力。这就将图 2–7 中的概念补充完整了——因为杠铃杆与脚中心平衡点之间的力臂的存在，举重者会额外浪费很多力量

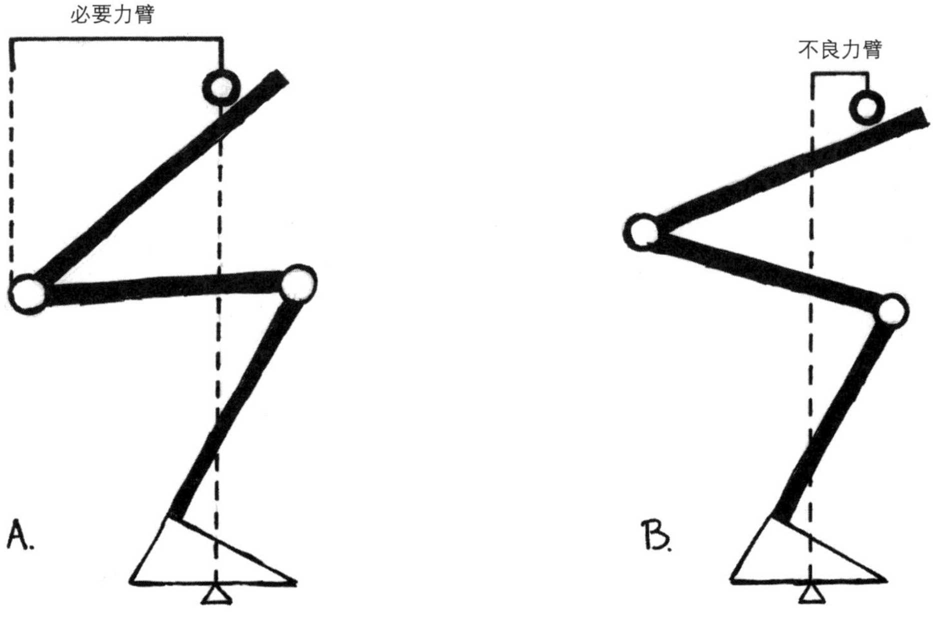

图 2–32. 在深蹲中作用于人体的力矩的概念。（A）沿身体部位的力臂 A 是深蹲动作中固有的，也是我们训练时对抗阻力的来源。（B）为了达到最高的效率，举重者必须保持杠铃杆与脚中心平衡点之间的力臂为零。力臂 B 对举重者对抗力臂 A 的发力有着负面的影响

容易地确定自己的姿势和动作是否正确。在深蹲动作的顶部，所有支撑杠铃的骨骼部分——膝关节、髋部和脊柱——都在伸展状态下被锁定，所以肌肉部分只需要使出足够的力量来维持这个姿势就可以了，因为此时作用在骨骼上的力主要是压力。在这种状态下，肌肉的任务就是保持骨骼正确地排列在一条直线上，从而使它们能够支撑相应的重量。此时，杠铃杆处于脚中心点的正上方。重量越大，这个姿势就显得越重要。

当举重者开始进入深蹲的离心阶段并逐步向底部运动时，所有最终会在向心阶段拉伸髋关节和膝关节的肌肉，以及在这种状态下保持等长收缩、但压力增加的竖脊肌都处于受力状态，而且同时还要与沿身体各部位的力矩进行对抗。举重者在下蹲的过程中，杠铃杆必须保持在脚中心点的正上方。我们可以借助人体解剖学标记的位置来确认正确的底部姿势：

• 脊柱要在腰椎和胸椎处于伸展状态时保持刚性。

• 杠铃杆处于脚中心点的正上方。

• 双脚脚掌平贴地面，保持正确的外展角度和站距。

• 大腿与双脚平行。

• 髋关节处于一个低于髌骨顶端的位置。

任何不符合以上几点的姿势，以及任何在下蹲和起身过程中背离这个姿势的动作，其中都包含了不良的技术。实际上，如果你在下蹲和站起的过程中把杠铃杆保持在脚中心正上方的竖直平面上——就好像杠铃杆在一条垂直于脚中心的狭窄缝隙中滑动——就表明你的动作做对了。你的骨骼会自行解决如何最有效地利用肌肉来完成深蹲的问题。它会在杠铃－人体－重力系统运作机理的限制下完成深蹲动作。

杠铃杆在我们身体上所处的位置会影响我们做动作时的背角，而背角和站姿会影响膝关节向前或向后的姿势。当杠铃杆处在前深蹲位置时，做动作时背角会比较接近垂直，因为这个角度是保持杠铃杆处于脚中心点正上方、避免杠铃从肩膀前方滑落所必需的。此时，髋关节几乎处于杠铃杆的正下方，这样的姿势会迫使膝盖大幅前伸并越过脚尖很多，而脚踝必须通过使胫骨倾斜的方式来适应这种情况（图 2–33）。这意味着对前深蹲

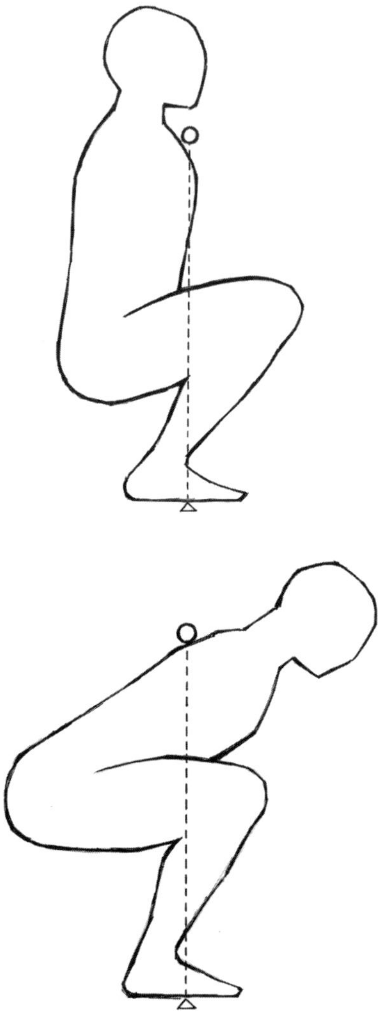

图 2–33. 你可以从前深蹲和低杠位深蹲的比较中看出，杠铃杆的位置最终决定了背角的大小。注意，在两种情况中杠铃杆都位于脚中心点的正上方并保持平衡，而这样的杠铃位置会使背角随之改变。这就是两种不同的深蹲方式产生技术差异的主要原因

来说，背角近乎垂直，髋角打开，但膝角封闭。对后深蹲来说，当杠铃杆处于我们提倡的位置——肩胛冈下方一点儿的时候，背部会处于一个更偏向水平的角度，膝盖会刚好越过脚尖（这要取决于你的身体结构特点），这样髋角会更加封闭，而膝角会更加开放。高杠位深蹲中背部和膝盖的位置会介于这两种更有用的深蹲姿势之间。

就像之前讨论过的那样，无论是处于运动中还是处于锁定状态，只有当杠铃杆位于脚中心点正上方时，在任何需要双脚站立、身体支撑杠铃的训练项目中，举重者－杠铃系统才能处于最佳的平衡状态。但是像杠铃弯举或者站姿躬身这样的辅助练习需要训练者故意把杠铃杆移动到平衡点之外，从而为练习创造一定的阻力。

握法和手臂姿势

即使是有经验的举重者，也经常出现握法错误。握杠的方式是你与杠铃发生关系的**第一步**。如果握法是错误的，那你在一组练习中做的任何一个动作都是不理想的，因为身体相对杠铃的位置首先是由杠铃上的双手的位置决定的。比如，处于你背上的杠铃杆如果没有居中的话，所有处在杠铃下的人体部分都会处于不对称的负载状态——也就是说，一侧的大腿、髋关节和膝关节与另一侧相比承受了更多的重量——脊柱承受的切向力也是如此。如果没有细心地考虑握杠位置的话，举重者会在举大重量时出现问题。大多数人，就像之前所说的，需要使用一种平衡的握距，使双手的位置处于刻痕标记处与滚花的末端之间。

但是也有例外：对两侧肩膀的柔韧性存在明显差异的训练者来说——这可能是一次伤病导致的——对称的抓握方式会导致杠铃杠放到背部时处于不对称的位置。举个例子，如果训练者的左肩比较僵硬，那么左上臂就很难与未受伤的、柔韧的右臂达到同样的角度。僵硬的左肩会把杠铃杆拉向左侧，从而导致杠铃杆不居中——偏向左侧，这就会让处于背部的杠铃杆无法保持水平。如果你的情况是这样的——你也许需要通过同伴或者是一面镜子来确认一下，因为这个问题很不容易被训练者自己察觉——你需要尝试不同的握距，直至找到适合双手的正确位置。在这种情况下，背部负载的重量是否居中应该是你要考虑的主要问题。

就像前面讨论过的，大拇指应该放在杠铃杆的上方，从而使手腕和前臂处于一条直线上。但是，绝大多数人更喜欢用大拇指环绕的方式握住杠铃杆。当重量较轻时，这样做是没问题的，因为杠铃很容易就能保持在正确的位置上。但随着重量的增加，拇指环绕的握法会带来一些问题。大多数人会在脑海中想象双手握住杠铃杆的情景，而拇指环绕的握法经常就是被这样采用的。大拇指环绕杠铃杆时，我们的手腕会不自觉地向前弯曲，肘部处于负重的正下方，这样一来，就没有什么身体部位能够防止杠铃沿背部滑落了。这样做最终会导致肘关节的酸痛——一种位于肘关节内侧的、糟糕的、像头疼一样的酸痛，这会让他们觉得自己是在做弯举的时候受的伤。如果肘部位于负重的正下方，而且重力也是竖直向下的（重力的本质有时候很让人头疼），那么手腕和肘部会不可避免地承担部分重量（图 2–34）。当杠铃的重量很重时，手腕和肘部的负载会很大，与背部相比，这些身体结构几乎无法支撑 500 磅（226.8 千克）的重量。

如果大拇指位于杠铃杆上方，双手就可以与前臂呈一条直线，此时肘关节是上抬的。如果你习惯了手腕处在放松和弯曲的状态，并习惯让肘部下沉的话，那么你所采用的握距可能太窄了（相对于你的肩部柔韧性来说），其实稍宽一点儿的握距更容易使你的手腕保

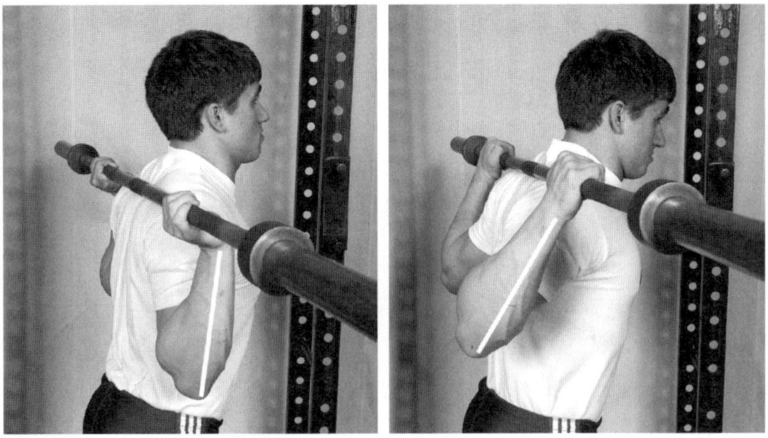

图 2–34. 杠铃杆下，在错误和正确的握法中双手和手臂的位置。举重者应该向后抬高肘部，并让双手处于杠铃杆的上方，而不应该让肘部处于杠铃杆的正下方，这种握法会使肘部承担杠铃的部分重量

持笔直。如果你总是允许手腕被动地弯曲，你可能需要通过主动地“挺直”手腕来使自己感觉到手腕是直的。在正确的姿势中，手腕一定是笔直的——既不会向前弯也不会向后弯，没有任何一部分重量会压在手臂、手腕或者双手的任何位置，所有的重量都压在背上（图 2–34）。试着学习如何把杠铃安全地放置在背上，不要等到力量增加到同样的重量放在你的手中会出现问题时才改变握法——那会对你的手腕和肘关节不利。

偶尔有人会被误导，认为双手的握距可以很宽，手指（甚至手掌）可以接触到杠铃片。这听起来很奇怪，但你最终会在健身房里看到这一幕的。随着握距的增加，上背部肌肉的紧绷程度会降低，而肌肉对杠铃杆的支撑能力也会随之减弱，就像我们之前讨论过的那样。如果三角肌后束、肩袖肌肉、斜方肌和菱形肌因为变宽的握距而放松的话，骨骼就成了身体默认的支撑结构。这不是我们想要的。把双手放在杠铃片上——位于杠铃杆远端的一对能够**旋转**的物体上，这种增加问题严重性的做法是非常愚蠢的。你必须控制好杠铃杆，它必须被安全地放在你的背上，并被你稳稳地抓握在手中。

体育运动中经常会出现这样的情况，一个问题经常会与另一个问题紧密关联，而一个问题解决了另一个问题也会迎刃而解。肩部肌肉紧绷度不够和无法保持胸部上挺这两个问题其实是相关的，举重者必须同时加以纠正。如果你的肘部下沉，肩膀就会放松；而如果你抬起肘部，肩膀就会绷紧。同样的，上挺胸部需要上背部肌肉的收缩，特别是背长肌的上部。胸部上挺是一种需要**胸椎伸展**的背部运动。通过帮助背部的接触点支撑杠铃杆，绷紧肩部的肌肉和抬起肘部有助于能伸展胸椎的肌肉群的绷紧。同时做这两件事情的话，所有处于杠铃杆下方的肌肉就都绷紧了。如果你在把杠铃置于背部之前就这样做了，杠铃杆是不可能下陷到松弛的肌肉中去的，也不可能直接压在肩部的骨骼上而未被肌肉支撑。上抬肘部的同时上挺胸部会绷紧杠铃杆下方支撑着杠铃的肌肉，所以你需要在负重压进背部之前就这么做。

很多人似乎会通过含胸的方式在背部制造出一个平坦的位置，以放置杠铃杆。或许他们觉得只有身体前屈、脊柱略微拱起时，杠铃才不容易从背部滑落。只要你正确地握住杠铃，同时让双手处于正确的位置、肘部抬起的话，杠铃是不会从背上滚下来的。当肘部上抬、胸部上挺时，双手前推，杠铃实际上会被顺势推入背部，并被固定在双手和背部接触点组成的“牢笼”之中，不可能移动到其他任何位置上。这种卡住杠铃杆的效果会形成一个严密、安全的放置结构，并能够承受任何角度、加速和减速的变化。

背部

深蹲有着一个不应有且毫无依据的坏名声，那就是该动作会导致膝关节出现伤病，事实上它对人体最大的威胁在于脊柱。下背部伤病——经常是由一些不经意的动作引发的——比膝关节伤病常见多了，我们必须小心避免。下背部很容易受伤。下背部伤病是最常见的职场伤病，人们每年花费在上面的治疗费和误工费达数十亿美元。举重者也面临着同样的问题，尽管下背部伤病的问题主要与健身房外的活动有关。我们知道，出现这种情况的原因是，每天都有千千万万的年轻举重者在毫无经验的、愚蠢的教练的指导下，采用不良脊柱姿势举大重量杠铃，实际上在专业的举重室中，举重者受伤的概率一直保持在较低的水平。对脊柱来说，最危险的动作是在负重时弯曲和旋转，而我们在杠铃训练中不会这么做——我们把割草机放进卡车后斗的时候会这么做。所以杠铃训练是相对安全的，即使你的动作不太正确。但是错误的动作比正确的动作发生危险的概率要高多了。我们主要关注的是错误的动作**效率不高**，而正确的动作使我们能举起更大的重量并且使我们的身体变强壮，安全性则是一个受欢迎的“附加效应”。

想要理解下背部在举重力学中的作用，你首先需要了解髋部和腿部肌肉的解剖结构。请回忆我们之前所讨论的，脊柱像一根刚性的杆子一样传递着由髋部伸肌和膝关节伸肌产生的力矩。躯干肌肉系统保持着脊柱的刚性，脊柱通过下背部的肌肉被牢牢固定在骨盆里，能伸展骨盆的肌肉则能够使脊柱在空间中移动。

腘绳肌肌群包括股二头肌、半膜肌和半腱肌，这三块肌肉都连接着骨盆的坐骨结节。而它们在膝关节后侧——小腿胫骨上的连接点是不同的。这样的结构意味着腘绳肌肌群跨过了两个关节：髋关节和膝关节（图2–35）。所以从学术角度来说，腘绳肌有两个功能：近端功能（伸展髋部）和远端功能（屈膝）。腘绳肌也能通过等长收缩来对抗两个连接点，从而控制训练者的背角。当你深蹲的时候，你需要伸展髋部——伸直髋关

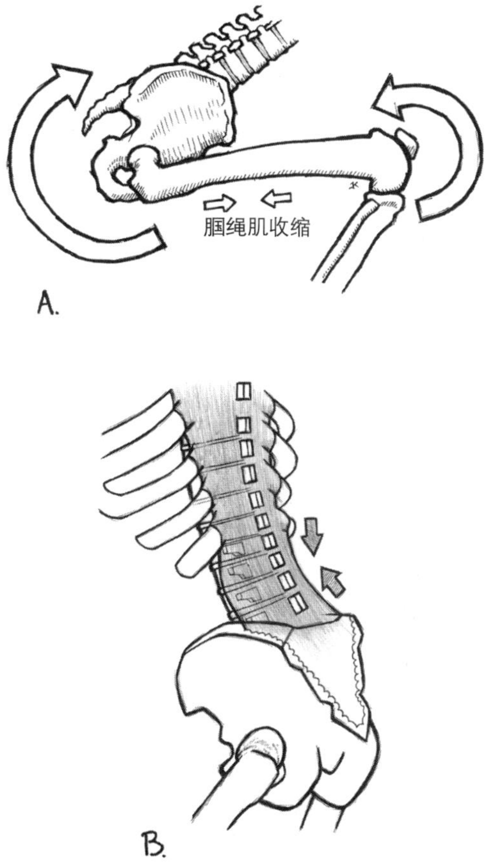

图 2–35.（A）这个解剖侧面图向我们展示了腰椎、骨盆、股骨和胫骨上端之间的位置关系，及使这些骨骼运动的肌肉的作用。深蹲被认为是一种练习股四头肌的动作，但在全幅度深蹲中腘绳肌也得到了有力的训练。（B）竖脊肌附着在骨盆、肋骨和脊椎上，并在收缩时使脊柱伸展。“下背部伸展”这个动作是由下方的多裂肌、回旋肌、棘间肌和横突间肌共同完成的。当这些肌肉收缩的时候，它们会以箭头所示的方式移动脊柱进入相应的位置

节，发挥髋部伸肌的近端功能，从而让腘绳肌与臀肌、内收肌一起产生伸展髋部的力量。（实际上，在离心、向心和等长收缩的时候，腘绳肌都能控制伸展髋部、屈膝和形成背角。其实这些功能的定义是很模糊的，只有当我们在机器上做孤立的单关节运动时，这些单独的功能才会变得真正重要。正常动作的复杂性不能使这些肌群表现出这种结构化的功能差异。）

深蹲的力量由髋部和大腿产生，并通过刚性的躯干部分传递到放置在肩部的负重上。在背部肌肉、躯干两侧肌肉、肋间肌以及腹肌的帮助下，脊柱会保持刚性并处于正常的解剖学状态，从而使力量安全地通过躯干传递到负重上。在举起重物之前，你需要收缩腹肌（实际上，你需要收缩腹部周围的所有肌肉），这样的收缩会使你的躯干转变成一个本质上环绕并支持着脊柱的刚性柱体。这在效果上相当于一个处于收缩的腹壁和脊柱之间的静液柱——一个不能压缩的液体柱，这样才能够有效地传递压力。通过这个液体介质传递的收缩力能够支撑脊柱并使其进入后背肌肉支持的姿势，直到负重大到你不能保持这种姿势的时候。这些肌肉等长收缩——这指的是，它们保持收缩但不产生任何运动——在这个过程中，没有任何运动会产生。

骨盆与脊柱的连接点处于尾骨上方、下背部的 L5–S1（第 5 腰椎 – 第 1 尾椎）区域，下背部肌肉——竖脊肌——嵌入骨盆中并沿脊柱向上有多个连接点（图 2–35）。当这些肌肉收缩时，骨盆相对腰椎来说处于一个不动的位置。竖脊肌和相关的下背部韧带将骨盆和脊柱锁定并形成一个刚性的结构——保护脊柱在负重时不发生运动，并保持所有关节处在正常的位置，从而保护椎间盘不会受损（图 2–36）。在你举重的时候，这些区域需要挺直以保护脊椎的安全。这也是为什么当你的身体前倾时，骨盆必须保持与下背部

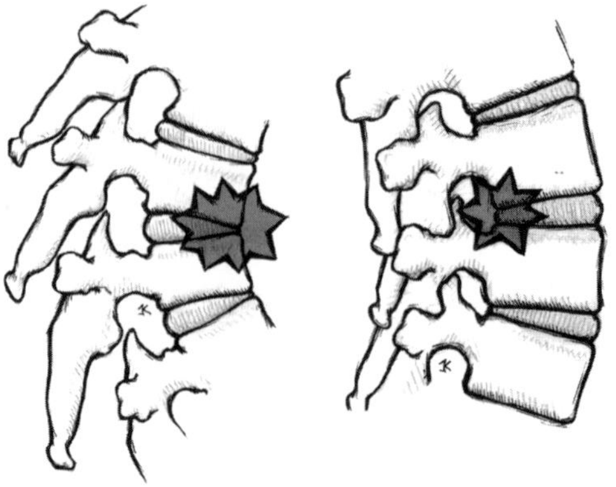

图 2–36. 正确的脊椎排列保证了负重时通过椎间盘的压力能够正确分布。在负重状态下不正确的脊椎位置会导致椎间盘向前或者向后的挤压，并因此导致伤病

相同的角度前倾的原因。

但是，当举重者接近深蹲的底部位置时，躯干必要的前倾会让下背部出现一种弯曲并拱起的趋势。这种趋势是由腘绳肌的结构和大腿的位置决定的。当深蹲幅度变大、躯干处于一个更加前倾的姿势时，骨盆的底部（腘绳肌的起点）会受到来自近端胫骨（腘绳肌的插入点，位于膝关节下方一点儿的位置）的拉力。当腘绳肌达到拉伸能力的极限时，它们会绷得更紧，并对膝盖以及肌肉在骨盆上的连接点施加更多的拉力。如果你的双膝分得不够开，当你靠近动作底部的时候，你的大腿也会和躯干挤在一起。

有两个问题。第一，你的背部肌肉连接着骨盆的顶端，而腘绳肌则连接着骨盆的底端，并且骨盆能以髋关节为中心旋转。所以，下背部肌肉和腘绳肌都能导致骨盆围绕着髋关节运动——它们会争夺对骨盆的控制权。如果你需要有效地保持脊柱的刚性和安全，背部肌肉必须赢得主导权。第二，当深蹲靠近底部的时候，如果两条股骨太靠近的话，大腿和躯干之间就没有足够的空间来让躯干下沉到足够的深度，以完成一次全幅度的深蹲。所以动作的关键在于把握好股骨、骨盆

和下背部的位置，从而使竖脊肌和腘绳肌能够完成功能上的互补。

如果在锁定脊柱并使之进入伸展状态的同时，你的膝关节外展，那你就可以避免下背部弯曲的趋势。在动作顶部解除关节锁定时，外展膝关节的做法能够使股骨处于外旋状态，执行外旋动作的肌肉会在蹲下和站起的过程中保证股骨处于这个状态。在外旋时被拉伸的肌肉会在随后的深蹲中被激活。当膝关节外展避开躯干的运动路径时，腘绳肌的伸长能力对举重者达到某个深蹲幅度不会造成什么影响。因为腘绳肌并没有拉伸得很多，如果深蹲动作正确，大多数人的身体柔韧性足以完成低于大腿水平位置的深蹲幅度。

一般来说，背部姿势最大的问题在于训练者不能识别下背部所处的确切位置。**运动感觉**的缺乏是大多数人常见的问题，所谓运动感觉就是感觉身体或者身体某个部位，相对地面或者身体其他部位位置的能力。有些人根本不知道他们的下背部在深蹲底部时是处于解剖学上正常的伸展状态的，或者在深蹲顶部时是处于正确的挺直下背部的姿势中的，当然也根本不知道他们的背部处于何种状态。他们不能区分上背部的拱起和下背部的挺直是什么样的，而对上背部和下背部间的界限似乎也很模糊。如果你让有此疑惑的人来挺直他的下背部，那他很可能挺起胸部，或者从腰部开始俯身，又或者做一些其他和腰椎伸展完全无关的有趣动作。很多腘绳肌柔韧性不足的人都会有这个问题，但实际上正确的深蹲姿势并不需要腘绳肌有很强的柔韧性，很多柔韧性非常好的人反而不能进入腰椎伸展的状态并在深蹲动作中保持住。有些人——大多是女性，一般来说——会让腰椎处于一种**过度伸展**的状态（图 2–37），这很糟糕，也许比负重时腰椎弯曲更加危险。当你不能借助腹肌提供必要的前侧支撑，以对抗竖脊肌产生的伸展力时，过度伸展就会发生。但与举重者在深蹲和硬拉中不能保持脊椎的伸展以对抗大负重相比，过度伸展并不常见。当这种情况发生的时候，如果你的腰椎竖脊肌不能自动地向心收缩——通常被

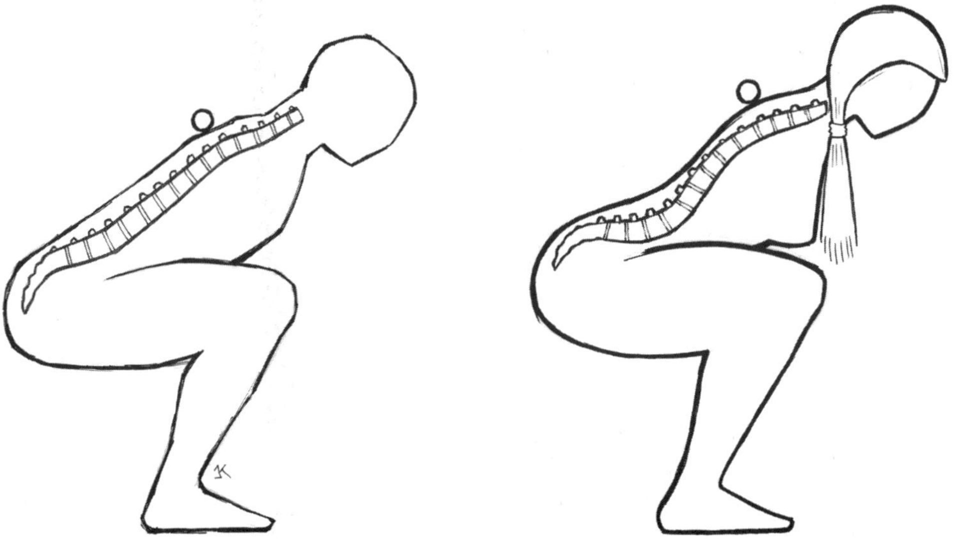

图 2–37. 腰椎伸展过度（右图）不是深蹲要采用的正确背部姿势。这表明举重者没有运用足够的腹部收缩力量从前侧支撑脊柱

理解为挺直下背部的动作——你就不能主动地**保持**下背部伸展的姿势（在此姿势难以维持的时候）。请把这段话再读一遍，并且理解这个要点：**你不应该在深蹲中使用腰椎过度伸展的姿势。但如果你不能主动挺直下背部，你就不能很好地控制竖脊肌以防止脊柱在深蹲的底部或者硬拉和翻举的起始阶段进入弯曲状态**（图 2–38）。

学习掌握正确的下背部姿势的关键在于掌握正确的动作，并记住做这个动作时的感觉，然后每次复制同样的姿势。最好的方法是俯身趴在地面上，双手放在脑后，伸直膝关节，然后把膝关节抬离地面。试着把股四头肌也抬离地面以增强这种感觉（图 2–39）。

图 2–38. 能够让教练最简单地辨别脊柱伸展的方法是——背部挺直，在上背部和下背部交界的地方，寻找你衣服上出现的褶皱

图 2–39. 从上到下，识别下背部挺直姿势的完整过程：趴在地面上、站立、位于深蹲底部以及在拉起杠铃的起始阶段都采用同样的挺直姿势

不要用你的脚趾抵靠着地面发力来抬起膝关节。当你正确实施这个动作的时候，你会用到臀肌和腘绳肌,以及最重要的下背部肌肉。这是让你的下背部处于收缩状态的正确感觉，好好感受一下这种下背部挺直的感觉。然后放松，再做一次。让你的背部处于一个不得不重复收缩竖脊肌的姿势中，同时不做其他任何事情，你能使这种新的动作模式快速并简单地深留在脑海中，并且无须在一个不熟悉的动作中把这点和其他要点区别开来。做一组重复数 10 ~ 15 次的练习，使这些肌肉产生灼烧感。当你站起来的时候，你会感觉到这些肌肉状态良好，这个动作模式在脑海中很清晰，然后你就能复制出产生这种灼烧感的动作。

站起来之后马上重复这个挺直下背部的姿势，多重复几次。现在为了确认一下，不要锁定膝关节和髋关节，进入一个半深蹲的姿势，然后看看你是否仍然能做出这个腰椎伸展的动作。因为你现在能够识别出正确的背部姿势，**所以如果保持膝关节外展不阻碍躯干运动路径的话，**你应该能在整个深蹲过程中保持背部的挺直。

髋部

深蹲是一项重要的练习，因为参与这个动作的骨骼和肌肉之间有着错综复杂的关系。紧贴地面的双脚、小腿、大腿、髋部和支撑着杠铃的脊柱交织在一起，被前侧及后侧的肌肉和结缔组织形成的网状结构控制着，并通过这个网状结构持续地调整着杠铃杆相对于脚中心平衡点的位置。其中的部分肌肉——腓肠肌、腘绳肌和股直肌，连接着两个关节。这几块肌肉的作用尤其复杂，因为它们同时作用在关节的近端和远端的连接处，并能够在保证身体平衡的情况下做出一些精细调整，而这些精细调整对力的输出是非常必要的。

我们用“髋部发力”这个术语来描述这种与骨盆相关的、复杂的相互作用关系。当臀肌、内收肌和腘绳肌打开髋角的时候，髋部提供了从底部站起的力量。当你站起到高于大腿水平的高度且腘绳肌固定住背角的时候，你的股四头肌在向上驱动的过程中会发挥更大的作用。到达深蹲顶部时，臀肌、内收肌、腘绳肌和股四头肌就同步完成了髋部和膝关节伸展的全过程。

从概念上来说，膝关节和髋部是同步运转的，它们被股骨连接在一起。如果你的膝盖过于前伸，那你的髋部也会出现同样的情况。如果你的髋部和膝盖都太靠前了，那你要么会向前失衡，要么会处于背角过于接近垂直、髋角过于开放、膝角过于封闭的姿势，这样就不能从深蹲的底部驱动髋部向上站起。髋部发力是深蹲力量的基础，就算它在解剖学上理解起来比较复杂，你也能很快、很简单地学会髋部发力。

请仔细看图 2-40。当你处于深蹲底部时，想象着有一只手靠在你的骶骨上——就是脊柱的底部，并想象用你的臀部对抗这只手向

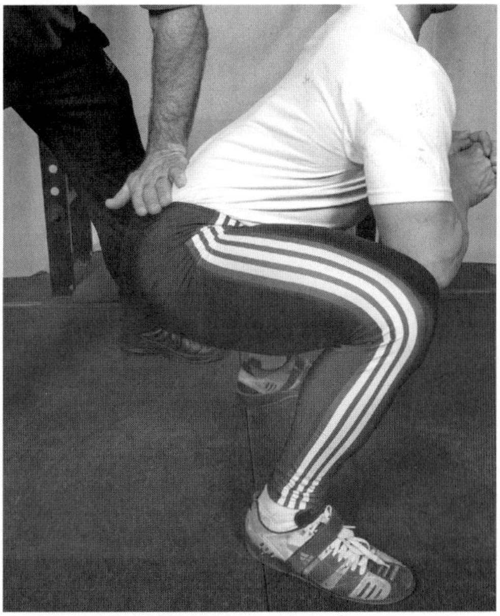

图 2-40. 在教练的帮助下学习髋部发力

上发力，这是我们能给出的对髋部向上发力最清晰的描绘了。如果你有一个训练搭档的话，把本章第一部分的髋部发力课程再学习一遍：让他把手放在如图所示的位置，并在你的髋部发力的时候施加一些阻力，使你能感受到相应的效果。（这也是复习头部－双眼姿势课程的好时机。在对抗手部阻力发力的时候，向下和向上看，然后考虑你更喜欢哪种注视方向。我赌 20 美元你会说向下。）强力的髋部发力与缺乏髋部发力的深蹲动作之间，在外观上只有一点儿细微的差别，但是当你第一次做出正确的深蹲动作时，你就能感觉到这种技术带给你的力量。

一个常见的错误是，有些举重者倾向于髋部向前发力而不是向上（图 2–41）。如果髋部前倾，你的膝关节也会随之向前，这就会使杠铃的重量向你的脚尖移动。这样的前移对肌肉发力是不利的，因为只要膝角是封闭的，腘绳肌的远端和近端之间的距离就会缩短，在肌肉长度不变的情况下，腘绳肌就会松弛——一条松弛的肌肉不是收缩发力的可靠的来源。如果在深蹲底部的起身取决于腘绳肌和内收肌的绷紧的话，那么这些肌肉的任何松弛都意味着被储存的肌肉弹性势能的损失，更不要说这些肌肉收缩发力能力的减弱了。

同样的，髋部向后移动，而不是从底部笔直向上抬起的现象在我们身边也很常见。这种情况发生时，背角往往更接近水平、髋角更加封闭、膝角更加开放，而且杠铃丝毫不会向上移动。这意味着腘绳肌没有通过骨盆近端的连接固定住背角，同时因为腓肠肌没有固定住膝角，所以膝角更为张开，从而使股四头肌不能压缩已经张开的膝角（图

图 2–41. 在深蹲过程中，上挺胸部而不是用髋部直接向上发力在很大程度上减弱了腘绳肌的张力。右图中，封闭的膝角和开放的髋角缩短了腘绳肌起止点之间的距离，从而减弱了腘绳肌对髋部伸展的帮助

2–42）。就像我们经常看见的，很多练习中的动作错误意味着发力能力的丧失，这种能力的丧失是因为练习者没有做出发力所需的身体姿势。当你的髋关节从底部开始持续向上打开的时候，你正处在最佳的发力状态，你的胫骨被腓肠肌固定，并为腘绳肌提供了固定点；你的臀肌和外旋肌保持股骨外展；你的腘绳肌、臀肌和外展肌通过收缩来对抗骨盆，同时伸展髋部以保持不变的背角；你的股四头肌使膝关节开始伸展，然后膝关节和髋关节在深蹲动作的顶部同时锁定。让我们来仔细探究一下这些肌肉和骨骼的作用。

在本章的开头，关于深蹲深度的问题已经被强调过了，那么接下来我们就开始分析髋关节及其与深蹲深度之间的关系。当我们深蹲的时候，标准的动作幅度是低于大腿与地面平行的位置，这被定义为髋关节（髋角的顶点，短裤盖住髋部的“拐角处”）下降到低于膝盖（髌骨顶端）的位置。大多数无法完成深蹲的人都是因为在防止下背部拱起的同时，不能达到足够的深蹲深度。如果人们允许腰椎处于放松的弯曲状态的话，那么基本上任何人都能达到足够的深度。如果人们在深蹲的时候，脚的位置正确并且膝关节外展，那么基本上地球上的每一个人都能蹲到低于大腿水平的位置，同时还能保证腰椎处于伸展的姿势中。在深蹲的底部，会出现一种**挤压**——两根骨头之间的软组织彼此妨碍的情况，外展膝关节可以释放这种应力。这种简单的骨骼位置调整能让举重者下蹲到低于大腿水平位置的深度，与此同时髋部运作的方式也会被大大地改善。

大多数人觉得影响深蹲深度的主要问题在于腘绳肌的伸展性，或者更习惯于将其称

图 2–42. 从底部向上站起的时候，更加水平的背角导致了不良的力学机制，从而导致髋部和大腿肌肉系统没有被充分使用到

为柔韧性——当深蹲深度加大时腘绳肌伸长的能力。事实并非如此，松弛而有弹性的腘绳肌并不是深蹲深度的关键。最佳的骨骼力学才是深蹲动作的关键。

如果你的脚跟间距与肩同宽，脚尖外展约 30°，然后下蹲并保持大腿与双脚朝向平行的话，接下来，随着你的髋角变得封闭且大腿靠近躯干，你的股骨会移动到髂前上棘**外侧**的位置——感觉上位于腰线正下方的“凸点”。但如果你的脚尖朝前，并且膝盖与脚尖的朝向一致，或者深蹲时脚尖朝外，膝关节却内收的话，那么当你接近深蹲底部的时候，你的股骨会靠近髂前上棘。所以当你的大腿挤压髂前上棘的时候，它们会卡住任何可能处于它们之间的软组织或者肌肉，从而使增加深蹲深度变得更为困难（参考图 2–43）。

影响深蹲深度是髋角——躯干和股骨所在的平面形成的角度——的一个功能。如果你在不调整股骨位置的情况下想要蹲得更深，那你只能以拱起下背部为代价来做到这一点。因为如果股骨受到挤压，髋角就不能变得更

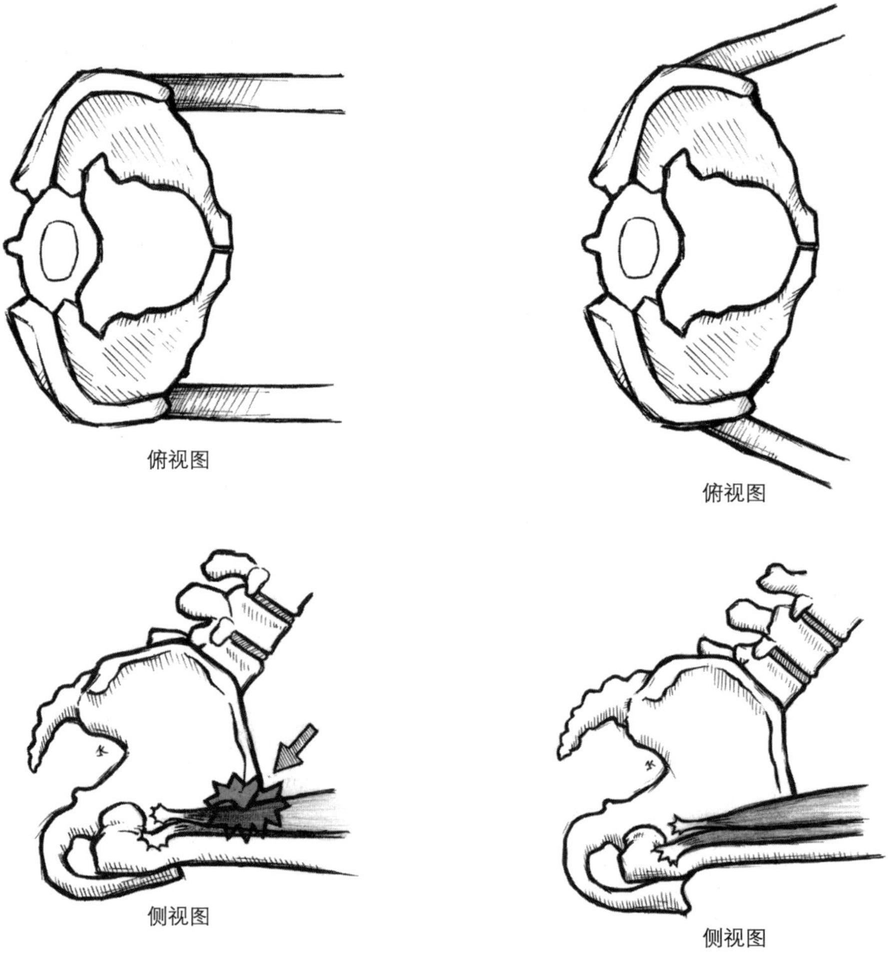

图 2–43. 髋关节的碰撞是限制深蹲深度的主要因素。这与常见的理论——深蹲深度是由腘绳肌的柔韧性决定的——不同，但我们往往乐于接受这种常见的理论

加封闭。骨盆应该与腰椎保持同步状态被锁定，并在竖脊肌的作用下保持刚性。如果骨盆因为受到阻碍而不能通过向前倾斜保持在这个位置的话，继续下蹲的唯一方式就是拱起下背部。每个人，无论他是否有啤酒肚，都会在某种程度上有这种情况，所以如果你在深蹲深度方面有问题的话，外展膝关节经常就可以解决这个问题，而想通过其他方法解决这个问题，往往是徒劳的。

其实大多数人并不会保持膝关节外展，除非身边有人指导。膝关节倾向于向中间移动，因为举重者会感受到股骨内侧的张力。这种张力是由内收肌（腹股沟肌肉）产生的。这五块肌肉（大收肌、短收肌、长收肌、耻骨肌和股薄肌）连接着股骨中间和后侧的不同位点，以及骨盆的坐骨和耻骨。当你向下蹲并保持膝关节外展的时候，这两块骨头之间会产生张力。对这些肌肉来说这是个离心运动，因为它们在举重者下蹲的时候被拉长了——如果股骨保持与双脚朝向平行的话。当你起身并且将髋角打开的时候，股骨内侧与骨盆中部的距离就缩短了，这样一来内收肌群的向心运动就使髋关节得以伸展（参考图 2–44）。

想象一下大腿内侧末端位于膝盖下方的点和一个位于臀部下方、裆部后方连接在坐骨上的点，就可以清楚内收肌的功能了。这些点代表了大收肌在骨骼上的连接点。竖脊肌把背部锁定并使之处于伸展状态，并将骨盆与背部同步锁定，随着身体下蹲，背角更接近水平，坐骨会向后旋转并远离膝盖。如果你的膝关节一直处于正确的位置——与双脚的朝向一致，外展约 30° ——大腿内侧的点与坐骨之间的距离就会增加。如果这个距离在下蹲的时候增加，并且在站起的时候减小，下蹲时被拉长的肌肉在缩短时就会帮助举重者站起来。这就是在正确的深蹲动作中内收肌的作用方式，这也是为什么它们会被看作是髋部伸肌，并与臀肌、腘绳肌一起，组成了后链肌肉的一部分。

既然内收肌倾向于把膝盖拉向内侧，那么当你正确使用髋部肌肉的时候，是什么保持了膝关节的外展呢？如果大腿的**内收**意味着把股骨的远端（膝关节侧）向着身体中线拉动的话，那么大腿的**外展**似乎就是让膝关节外展的动作，而外展肌就是实现这个动作的肌肉。但是外展肌群只包含阔筋膜张肌（一块连接着髋部髂前上棘和小腿的小肌肉）、臀中肌和臀小肌。如果你向外侧、远离身体的方向抬高你的腿，那么外展肌就会共同发力做出髋关节外展的动作。实际上没人会这样做，除非是在生物力学课上想要展示外展这个定义的时候。我们深蹲的时候大概也不会有这样的动作。

当你顺时针旋转右股骨，同时逆时针旋转左股骨时，外旋就会发生；当你站起身并以双脚的脚后跟为轴把双脚脚尖向外旋转时，也是同样的。人体至少有九块肌肉会参与这个功能：臀中肌、臀小肌、臀大肌、小收肌、股方肌、下孖肌、闭孔内肌、上孖肌和梨状肌（注意，外旋肌群中包含两块外展肌）。外旋是在大跨步时使步态保持稳定的关键。就像我们分析的那样，当你向下蹲到底部并外展膝关节时，股骨外旋的动作就会发生。你可以通过自己的动作证明这一点：坐到椅子上，旋转股骨（就像你在站立时以脚跟为轴把脚尖向外旋转的动作那样）。所以，我们是在用外旋肌群将膝盖调整到与双脚朝向平行的姿势中——它们所处的位置正好利于这么做，而外展肌群则没有处在这样的位置上。所以当举重者借助把髋关节向外旋转的肌肉在深蹲的顶部外展膝关节并保持这个姿势的时候，内收肌就可以发挥它们的作用。这些肌肉固定了大腿的位置，从而让举重者能达到良好的深蹲深度，并能更有效地使用髋部的所有肌肉群。

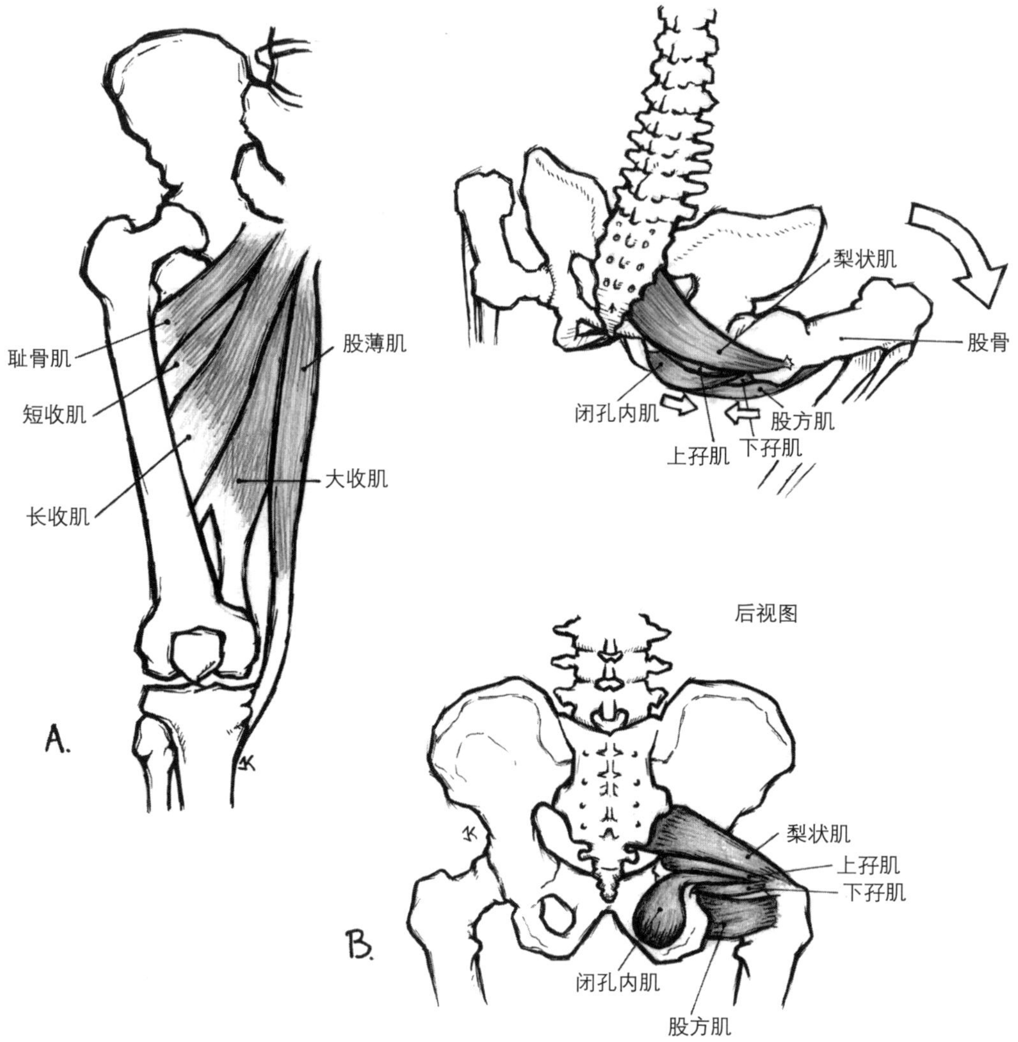

图 2–44.（A）右大腿内收肌解剖视图。（B）右大腿深层外旋肌解剖视图

当你下蹲至深蹲底部时，你可以有意识地外展膝关节，这不仅能够使股骨远离髂前上棘和躯干，而且能够使内收肌在达到伸展极限时被拉伸得更紧，并处于一个能够更有效地收缩的位置。与一块更短、更松弛的肌肉相比，一条紧绷、处在拉伸状态的肌肉能够更有力地收缩，因为拉伸的状态会迅速传递给神经肌肉系统一条信息——肌肉收缩马上就要来了。肌肉在拉伸之后往往伴随着更多收缩单元更为有效地激发。牵张反射是所有的爆发性肌肉收缩过程中必不可少的一部分，优秀的运动员很擅长运用牵张反射。试着去跳高，但起跳前不做任何下蹲动作，这时你会发现自己根本跳不起来，因为牵张反射在任何爆发性的肌肉收缩过程中是不可或缺的。当我们深蹲的时候，我们髋部的外旋肌调整了股骨的位置，因此当腘绳肌处在反弹状态的时候，内收肌和外旋肌都能参与进

来。调用整个髋部的肌肉系统有助于提高深蹲的效率——如果你把膝关节**外展**的话。

当你在深蹲的底部充分伸展腘绳肌、臀肌和内收肌时，你感觉到的反弹并**不是**因为膝关节韧带的紧绷或者反弹而产生的。在正确的深蹲中，前后十字韧带处在受力平衡的状态。这个反弹是由后链中伸展并绷紧的部分和正确负载的股四头肌提供的，这对膝关节是绝对安全的。

在这里，时机的掌控很重要。如果你正确运用了反弹，紧随其后的是来自髋部的强力向上的发力。重要的是，你不能在反弹后停顿一下，然后再发力向上。这个反弹必须与发力的过程融为一体——它必须**作为发力过程的启动部分而存在**。在下蹲的全程中都要不断地想着"向上"发力。记住：在下蹲的时候也不要想着身体在向下运动——要时刻想着向上的运动。这样做可以避免把向上发力与反弹割裂开来，因为在反弹出现之前向上的发力已经被预见了。对下蹲和反弹时机的掌控是完成高质量深蹲的关键。如果下蹲的速度合适，反弹的运用就会达到最佳。如果你的下蹲速度太快，反弹的效果就会打折扣，而且也很不安全，因为快速下落只能通过放松某个身体部位来实现。在下蹲的过程中，绷紧的肌肉储存了弹性势能，并能保证你的背部、髋部和膝关节处于正确和安全的位置上。如果你的肌肉足够放松，以至于你下蹲到底部的速度比你站起的速度快很多的话，你需要在下蹲的时候更加绷紧你的肌肉，这样可能有助于你减慢下蹲的速度。一个肌肉放松的下蹲过程会让关节进入它们不应该在的位置，而这也是大多数人在深蹲过程中受伤的原因：他们下蹲过快，从而偏离了正确的姿势，随后也就无法保持正确的技术了。这可能就是深蹲背负着一个不应有的坏名声的原因。如果你是以"俯冲轰炸"的方式蹲到底的，就不要把由此产生的问题归结到深蹲上。

正如之前介绍的那样，内收肌和腘绳肌的伸展极限能够使大腿处于低于它与地面平行的位置。不管怎样，腘绳肌的长度是不会改变很多的，因为在下蹲的时候膝关节和髋关节会同时进入弯曲的状态。随着深蹲幅度的加大，作用在髋关节的力矩就会增大，从而使处于等长收缩状态的腘绳肌上的张力加大。腘绳肌就以这种方式控制背角并在反弹发生时提高牵张反射的效果。少数人的后链肌肉缺乏足够的伸展性，有些人的关节囊韧带比较僵硬。但其实很多人根本不需要通过拉伸肌肉，只需要正确的站姿、位于髂前上棘外侧的正确膝关节位置和大声的提醒就能够让他们保持膝关节外展。负重深蹲和那些需要**拉伸**的训练项目相比是有一些优点的。虽然深蹲前还是需要拉伸的，但深蹲所需的拉伸实际上在我们练习几组下蹲（运用正确的膝关节外展的姿势）后就能被搞定。

现在你就能在一个更全面的背景下理解之前我们对下背部姿势的讨论了。一般来说，在运动中对脊柱位置的敏锐感觉对高效的力量传递和优异的运动表现来说是必要的。当使用的重量很轻时，举重者依靠韧带的张力和整体躯干的绷紧完成动作是没问题的，但对负重较大的训练来说这样做确实是不利的。如果腰椎和骨盆没有很好地保持在刚性的状态，也就是未处于"骨盆锁定"的位置的话，力量沿脊柱向上的传递就不会那么的高效，后链肌肉的反弹就会很无力，因为放松的腰椎与骨盆以及连接在骨盆上的肌肉没有处在高效的位置关系中。刚性的腰椎伸展状态使骨盆处于一个更好的角度，并能够在深蹲的底部拉紧腘绳肌，同时尽可能地创造出更高效的反弹，因为力量没有被放松的腰椎吸收。当举重者处于低杠位深蹲中的背角，并使腰椎保持刚性状态时，腘绳肌能产生更高效的牵张反射过程。要这么想：这是竖脊肌与腘绳肌争夺骨盆控制权的斗争，如果背部处于刚性状态并想要有效地使用腘绳肌的话，竖脊肌**必须赢得**这场争斗。

如果没有腘绳肌张力的干扰，你也不知道如何通过收缩竖脊肌来挺直下背部的话，这就意味着你不知道自己该如何做出这种姿势。你缺少这种感觉，因此不了解背部什么时候是挺直的，什么时候不是。你不能在硬拉的底部姿势中使背部处在这个位置，也不能在深蹲的底部、当腘绳肌中的张力达到最大时把背部保持在这个位置。如果你遇到上述情况，那么你需要首先学习如何控制下背部的姿势。

复习一下：对深蹲中正确使用髋部的完整概念的理解是——举重者既要主动锁定腰椎的伸展状态，又要主动外展膝关节，从而以尽可能优化的方式运用所有的后链肌肉，在利用牵张反射的同时，使大腿下蹲至低于与地面平行的位置。这种动作模式使大腿避开了骨盆的运动路径，从而使举重者能够更容易地获得较大的深蹲深度。同时，这也使得举重者的深蹲更有力，因为对外旋肌的主动使用，使股骨被保持在使外旋肌和内收肌能够同时帮助髋部伸展的位置。这种髋部伸展过程使更多肌肉在更大的动作幅度中得到了更有效地使用。

膝关节

在这里所提倡的正确后深蹲中，膝关节处在正确的位置：它们的投影直接与双脚分别处在一条直线上，从而使股骨与双脚保持平行。对大多数人来说，膝盖会前伸到稍稍越过脚尖的位置，而确切的位置则由个体的身体结构所决定。这基本上意味着，当从正上方向下俯视的时候，举重者的股骨和双脚应该分别投影于一条直线上，这样就不会产生膝关节的扭转。如果你的股骨短、胫骨长的话，你的膝盖可能处在脚尖稍向后的位置；如果你的股骨长、胫骨短的话，你的膝盖可能位于脚尖前 3 ~ 4 英寸（7.6 ~ 10.2 厘米）的位置，或者介于上述两种情况之间（图 2–45）。这取决于你的股骨、胫骨和躯干的

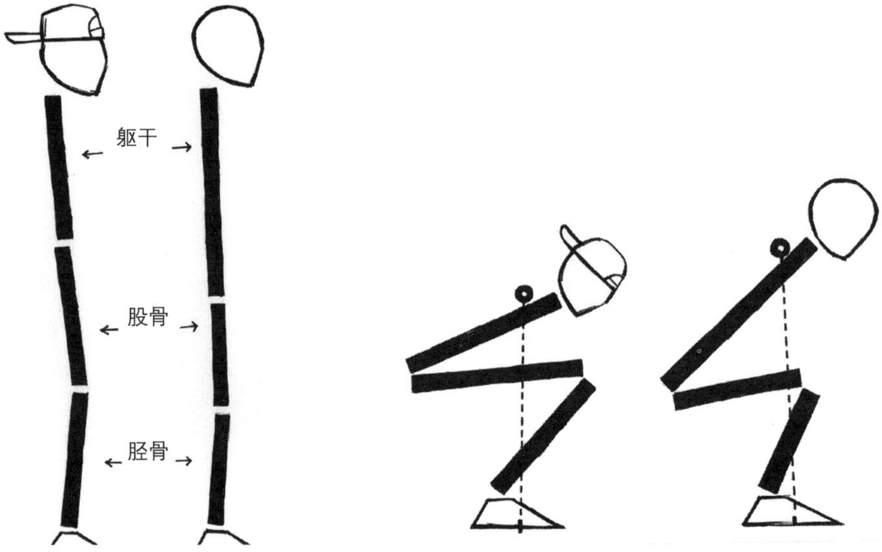

图 2–45. 举重者在身体结构上的差别产生了深蹲底部姿势在外观上的不同。这两种情况都是正确的，二者的不同在于腿部和躯干长度的差异

尺寸。因为膝盖的投影与你的脚尖处在同一条直线上，所以双脚外展的角度也会决定膝关节外展的角度。虽然也需要因人而异，但对大多数人来说，脚尖从正对前方的位置外展约30° 是比较合适的，如图2–12所展示的。这个角度能让髋部正常运作。

截至目前，两个最常见的与膝关节有关的错误是：①膝关节内收太多；②膝盖前伸太多，无论是在下蹲的起始阶段还是在动作底部。新手们在首次深蹲时不出现其中的一种或者两种错误，实际上是很难的。这两个错误都与髋部的功能和位置意识有关。

如果在深蹲的任何阶段你的膝盖都靠在一起的话，股骨内侧和外侧肌肉的功能就会被弱化。但如果这个问题没有被察觉的话，举重者就不可能去纠正这个问题。为此，你在深蹲的时候，眼睛要比平时更向下看，盯着地面上正好位于双脚脚尖之间的点，这样你就能清楚地看到自己的膝盖，并检查膝盖的位置了。如果在深蹲过程中的任何一点，你的双膝彼此靠近的话，你都要提醒自己将其外展。你可能不得不夸大这个外展的幅度来使你的膝关节处在正确的位置，因为当它们内收的时候，你仍会感觉它们处在正确的位置（图2–46）。把膝关节外展到与双脚平行的位置并保持住，然后做几组动作，之后你会发现内收肌——也许最外侧的臀肌也会，有酸痛的感觉。这些我们之前讨论过，你已经知道个中缘由了。

膝盖前伸太多会给身体带来一些挑战。这虽不会明显地损伤膝关节（虽然对膝盖也不会特别好），但会对从底部位置起身时的髋部发力产生负面影响。膝盖前伸会使膝角更为封闭，导致远端缩短的腘绳肌缺少足够的空间从另一端收缩。已经收缩的腘绳肌与一个更长的、处在伸展状态的腘绳肌相比，对髋部伸展的助力就大打折扣了。这也意味着在脚踝–脚中心平衡点上有更大的力矩，

图2–46. 上图，除非有教练看着，否则大多数人都会采用的膝关节内收姿势；下图，教授膝关节外展的方式

因为胫骨的角度更接近水平了。这种在腘绳肌发力和小腿力学机制上的差异会导致一个明显的后果——举重者使用的重量变小。这就是在前深蹲中发生的事情。

在前深蹲中，为了保持杠铃杆位置所要求的更为接近垂直的背角，你必须闭紧膝角并打开髋角，所以在底部位置，腘绳肌不得不更为缩短。前深蹲和低杠位深蹲的主要区别在于前深蹲中的膝盖前移。如果膝角太封闭的话，前深蹲中固有的一些膝盖问题就会开始显现——受到剧烈挤压的股骨髁和胫骨髁之间的半月板软骨的后侧会受到不该有的冲击。这种错误的膝盖位置通常是由于对深蹲中背部位置的错误理解导致的。

如果你想象的低杠位深蹲有着更为接近竖直的背部，那么你对于你要做的事情的认

识还是错误的（图 2–47），这会导致你的膝盖过度前伸。如果躯干过于接近垂直的话，膝盖会被迫前伸来保持身体处于杠铃 – 脚中心的平衡点。门外汉的建议——“举起重量靠你的大腿，而不是背部”——可能就是问题的一部分，因为大多数人把这则建议理解为：要让躯干处于接近垂直的姿势并用腿发力蹬地。正确的说法应该是“举起重量靠你的髋部，而不是背部”，因为“举起重量靠你的背部”只有在你弯腰捡起地上的东西、拱起你的脊柱并使之处于弯曲状态时才会发生。身体前倾是深蹲中的一个正常部分，它是杠铃杆在你的脚中心点正上方保持平衡所必需的。脑海中的正确图像——我们会在第

图 2–47. 在头脑中形成像前深蹲那样躯干过于接近垂直的图像很常见，这样的躯干位置会扼杀后链肌肉的作用。正确的背角要足够接近水平，这样才能有效地利用髋部发力的机制。形成正确的背角意识需要在头脑中形成躯干在深蹲中的正确图像。不要担心，只管俯身、后坐、外展膝关节，并且你的乳头要指向地面

60 页讨论——经常能帮助你解决这个问题。

如果这种方法不能解决这个问题，还有其他的方法能让你把膝盖向后移动。如果在深蹲中重心处于脚跟正上方的话，膝盖就不可能太靠前。想象一下把重量压在你的脚跟上保持平衡的感觉。调整好你的站姿，把脚尖翘起来，然后把重心后移到脚后跟的正上方。一旦你的重量转移到脚后跟上，你就需要外展膝关节，然后深蹲。当你从脚后跟发力开始深蹲时，你的膝盖会靠后，如果想保持平衡的话，你的背角也会被调整到更接近水平的位置。现在，你不能继续依靠脚后跟负担重量深蹲了，因为这并不是一个平衡的姿势。但在做了三四次之后，这个小技巧完成了它的任务，而你的重心也要重新回到脚中心平衡点，但是你的膝盖会处在正确的位置——不会越过脚尖太多。这个姿势让你感觉平衡而有力。按照上述方法做几次，这个就会成为你今后首选的姿势。

水平更高的训练者经常会碰到这样一个问题：在深蹲靠近底部的时候，他们倾向于让膝盖向前滑动（图 2–48）。举重者通常在经过一段时间的练习后会养成这个习惯，如果他长时间放任这种错误姿势的话，这种深留脑海中的运动模式会变得很难纠正。这个问题具有潜在的复杂性（图 2–49）。如果你的膝盖在到达深蹲底部时前移，用来保持膝关节开放状态的股四头肌可能放松下来；更为闭合的膝角会使腘绳肌缩短，继而导致腘绳肌的远端变得松弛，最终使腘绳肌不能被有效地用于近端髋关节的伸展。如果股四头肌保持住了合适的膝角，那么腘绳肌会被锚定，并在深蹲深度加大、髋角更封闭的时候绷紧，这样的腘绳肌状态有助于举重者在起身的时候伸展髋关节。或者你可能放松了腘绳肌作用于胫骨上的张力，背屈了你的踝关节，把重心从底部前移到了脚尖上。比目鱼肌从远端固定膝角，腓肠肌穿过膝关节到达

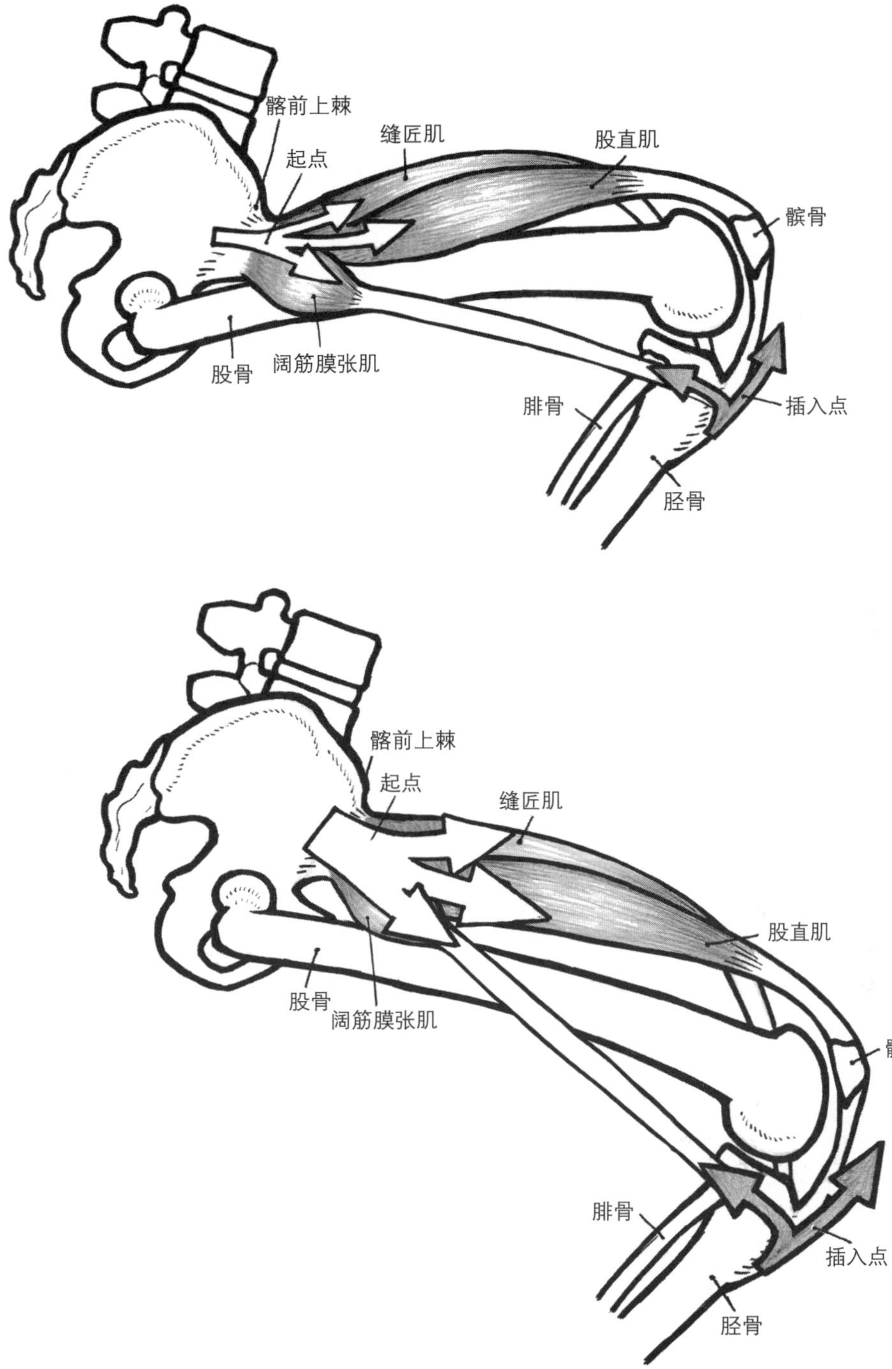

图 2–48. 如果膝盖向前滑动——请注意在这种部分深蹲中胫骨的倾斜度——来自膝关节的、增强的拉力会在骨盆的连接处产生很大的张力，这会导致一种特别的肌腱炎的发生

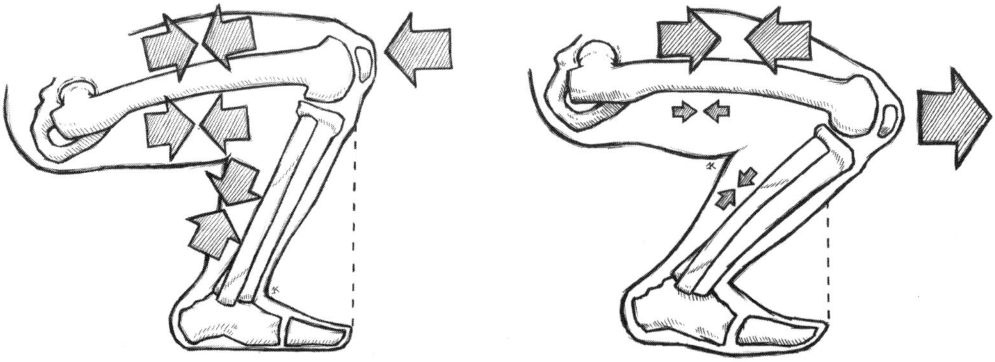

图 2–49. 在深蹲底部，股四头肌、腘绳肌和腓肠肌之间的关系。它们共同运作来保持膝角，而让膝盖向前滑动表明这些肌肉之间的关系出现了问题

股骨远端（这样把膝关节相对于脚踝固定起来），从而让膝角更稳定。如果在深蹲的底部这些肌肉是松弛的，那么举重者不得不再次收紧这些肌肉来有效地使用它们，而在深蹲底部——这个非常低效的骨骼位置中，这样做是很难的。

事实上，大多数人在靠近深蹲底部的时候，并不喜欢保持股四头肌、腓肠肌和后链肌肉上的张力。随着这些部位之间的角度变小，肌肉达到了伸展极限，肌腱被拉伸并保持绷紧，举重者确实需要花很大力气来保持这些部位的张力。举重者也许会尝试着向前放松，但这么做显然是不高效的，因为当这些可伸展的部分拉伸开来并且更靠近牵张反射激活点的时候，这样做就降低了举重者在这些部位中储存弹性势能的可能性。而当运动方向反转的时候，这样做就会影响牵张反射的效果。此外，向前放松也增加了肌肉受伤的风险,因为下背部的放松往往随之而来。

解决这个问题的方法就是学习在深蹲中如何使膝盖处于正确的位置，并且学习在下蹲时如何使它们正确地运动。在一次正确的深蹲中,如果膝盖随着股骨的外旋向外移动，那么膝盖前伸的程度也会被限制在一个对你的身体结构来说正常的位置，并且所有的膝盖前伸都发生在下蹲过程中的前半段或者前三分之一段。之后，膝盖只需保持在合适的位置上，髋关节就会接手这个动作余下的部分。所以，从最高点开始，把膝盖前伸**并**外展到它们的最终位置——越过脚尖一点点，然后锁定膝关节的位置，下蹲的剩余部分由髋关节向后向下的运动完成。把下蹲分成这样两部分动作做几次，然后把它们合并成一个流畅的动作（图 2–50）。有一种学习这样做的有效方法——如图 2–51 所示——把一个木块放在膝盖前方。

为了使这种膝关节控制技巧发挥作用，你需要确实地向下看着你的膝盖，从而了解在你的控制下膝盖做出的具体反应。在深蹲的站姿中，在最高点，当杠铃杆处在你背上的正确位置时，你向下看着地面上双脚脚尖之间的一点。你会看到双膝相对于双脚的位置，在你下蹲的时候，你会明显地察觉到膝盖相对于脚尖的运动。使用空杆，在下蹲站起的全程中看着你的膝盖，并重复几次。你需要多做这个练习，因为它一开始看上去会很别扭。但是随着你通过动作过程观察膝盖位置的变化，随着负重的逐渐增加，你会确切地察觉到问题的所在，并会立刻对如何纠正这些问题形成认识。如果你对深蹲的概念

图 2–50. 请注意，一旦膝盖前移到越过脚尖的位置，它们就不会在深蹲余下的过程中再次移动了，直到举重者站起并把它们带回到起始的位置

图 2–51. 非常有用的木块。碰到木块，但不要碰倒它

理解正确的话，那么这个技巧会是纠正你出现的问题的最佳方式。

双脚和站姿

正如之前所说的，双脚与地面的相互作用是整个深蹲概念的核心。脚中心点是双脚对抗地面的平衡点，杠铃杆必须位于这一点的正上方,这样整个系统才能处于平衡状态。请记住我们推荐的站姿——脚跟之间的距离大约与肩同宽，脚尖外展约 30° 。站姿具有高度的个体特征，而且会随着髋部的宽度、髋关节韧带的紧绷程度、股骨与胫骨的长度和比例、内收肌和腘绳肌的柔韧性、膝关节的对齐和踝关节的柔韧性的不同而变化。每个人的站姿都有些许不同，但采用脚跟与肩同宽、脚尖外展 30° 的站姿是一个好的开始。

正如之前所述，站姿会影响膝盖的位置。比如，你的身材比较高，有着很长的股骨和相对较窄的肩膀，你需要的站距会比通常所推荐的站距更宽。如果你的躯干较长、腿较短（并不是一种罕见的身体类型），你需要一个比我们所预计的站距更窄的站距。有时脚外展的角度需要根据个体情况来调整：如果你的脚是内八字脚，与我们推荐的站姿相比，双脚外展的角度也需要略微内收；更常见的情况是，如果你有外八字脚，你的双脚需要更加地外展。这些纠正对保持股骨和胫骨之间正确的中立关系是必要的，同时也能够保证膝关节的囊韧带、内侧韧带和外侧韧带上不会产生扭矩。较窄的站距会使膝盖相对脚尖处在更为前伸的位置，较宽的站距会使膝盖的位置更靠后（参考图 2-52）。强调一遍，脚跟间距与肩同宽的站距对一般的力量训练来说效果是最好的。

窄距深蹲，比如肌肉杂志上经常展示的那种，会锻炼出一对美观的股四头肌。但是因为我们同样想要使用其余的髋部肌肉，把它们从训练计划中移除似乎是不明智的。对柔韧性一般的训练者来说，采用窄站距来蹲得足够深是很难的，腘绳肌不能像在使用更为普遍的较宽站距中那样被充分地利用起来。另外，如前所述，在窄站距中举重者不会使用腹股沟肌肉。因此，如果举重者的腹股沟处有伤，窄距深蹲就会有用处，或者当内收肌处在恢复期时，举重者可以练习几周的窄距深蹲。但是，如果总是使用窄距深蹲，你会更容易遭受腹股沟伤病，因为这种深蹲动作缺乏对相关肌肉群的训练。

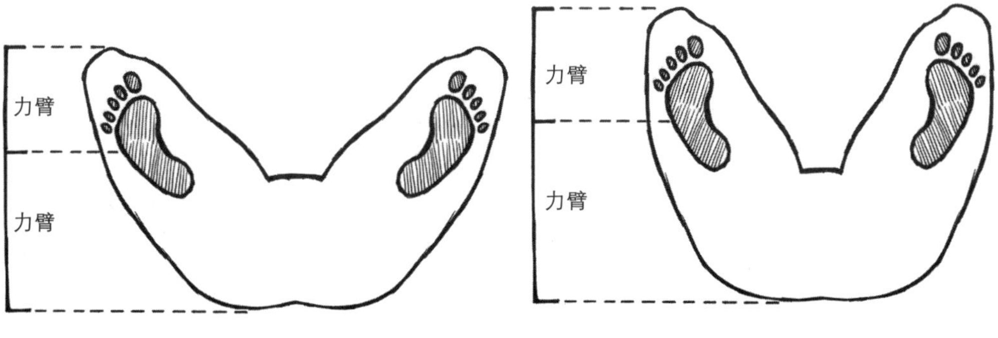

图 2-52. 双脚站距、脚尖外展角度和膝关节外展角度之间的关系。站距越宽，脚尖外展角度越大，因为当站距变宽时，股骨在骨盆处的角度改变了。通过改变双脚的角度来适应旋转，能够保持胫骨和股骨对齐，并且减少膝关节受到的压力。正如 34 页所解释的，股骨上的力臂是从脚中心点正上方的杠铃杆位置起始计算的。膝关节“看见”了从膝关节到杠铃杆的力臂，而髋关节“看见”了髋关节到杠铃杆的力臂

人们有时会看到力量举运动员在深蹲时会采用一种脚尖几乎完全朝前的宽站距。一些非常强壮的力量举运动员通过这样做来增强关节的牢固度，并通过在膝关节和髋关节的韧带上施加额外的扭力来获得由此产生的反弹。其他人这么做只是因为他们复制了这些强人的深蹲方式。这种方式最好留给经验丰富的力量举运动员。对你来说，避免肌腱和韧带出现问题，使所有腿部和髋部的骨骼处于最佳的位置来发力才是重点。有一种方法用来观察双脚和膝盖朝向的关系：坐在一把椅子上，膝关节微曲，向前移动双脚并使之处于你的身前，双脚不要用力推地，双腿并拢，同时要让你的脚尖笔直指向前方。然后双脚向两侧移动,你的脚尖也会指向外侧。在这两种姿势中，你的双脚自然地采用了与股骨平行的姿势，你的膝关节处于解剖学上的没有扭转的、不受力的状态（见图 2–52）。当膝关节外展的时候，你的脚尖也会跟着指向外侧。膝关节的间距越大，脚尖外展的角度就越大。当膝关节间距变大时，股骨向外旋转，胫骨也会跟着向外旋转来保持膝关节韧带处于其正常的位置，脚尖更为外展是因为它们连接在胫骨的末端。举重者必须理解并且尊重它们的关系才能避免膝关节受伤。

把一块木板放在脚跟下面是很常见的做法。大多数健身房都有类似的工具。人们借助这种板子使全幅度深蹲变得更容易，在理解了它为什么有效后，你就知道你不应该这样做了。垫在脚跟下的板子抬高了踝关节，并使得膝盖在不拉伸脚踝的情况下前伸，从而使小腿前倾。这样的小腿角度使膝角更加封闭，并导致腘绳肌位于胫骨后侧的连接点更靠近它在骨盆上的起点，从而使肌肉略有放松，继而减少了达到全幅度深蹲所需要的腘绳肌的拉伸幅度。鞋跟厚度 ½ ~ ¾ 英寸（1.3 ~ 1.9 厘米）的举重鞋稍微抬高了你的脚跟，帮助你的胫骨获得足够的前倾幅度，从而让你能更多地借助股四头肌的力量。但是 1.5 ~ 2 英寸（3.8 ~ 5.1 厘米）厚的鞋跟与木板一样，会对举重者产生不良影响。如果你的“柔韧性”问题严重到需要在脚跟下放置一块板子来让你达到足够的深蹲幅度的话，那你的问题很有可能在于站姿和膝盖位置，正如我们之前所讨论的。

大师级提示法

你可以借助一个重要的心理技巧来纠正大多数与深蹲中杠铃路径有关的问题以及由此导致的身体姿势的错误。这个技巧非常简单，它能纠正很多种技术问题——从膝盖到背角，从脚跟下的空当到摆动的杠铃杆运动路径。这个技巧就是——通过想象保持杠铃杆处于脚中心正上方的方式，把杠铃杆真正保持在脚中心的正上方（图 2–53）。

通过以平衡为理念的杠铃训练的实例，我们观察到，保持杠铃杆处于脚中心垂直面上的动作是最高效的。如果你这样做，杠铃杆在背上的位置会决定背角。进一步来说，如果要保持脊柱的刚性，并使杠铃杆沿着想象中的脚中心正上方的直线上下运动的话，那么膝关节、髋关节和踝关节必须完成它们要做的事以保持这种对齐关系。身体会解决这种做法中的任何问题，满足轻微调整的任何要求。同样地，如果你在硬拉时让杠铃杆沿着一条垂直路径运动的话，拉力的生物力学就是正确的，因为为了让杠铃杆沿一条垂直路径运动，你要用“身体”来解决问题，而不是用“大脑”。这个概念是**杠铃杆提示法**的一个例子，能够让身体本身以跳过分析直达结果的方式解决复杂的技术动作问题。你的一生都在解决各种运动的问题。如果你是天生的运动员的话，你在这方面一直做得很好。通过给身体设定一个整体的目标，而不是一个特定的任务，你就可以不用大脑，

图 2-53. 大师级暗示法

而是凭借积累的运动技能来解决问题。如果你要求杠铃杆沿一条垂直路径运动，它就会这么做；你会以某种方式移动你的背部、大腿和胫骨来完成这个动作，并且不需要分析具体的问题。

对深蹲来说，你可以通过想象空中存在一个实体的滑槽或是杠铃杆在进行上下滑动来做到这一点。想象着脚中心正上方的这个窄槽，把它延伸到你上方的空中。然后想象杠铃杆在这个窄槽中运动，接下来不可思议的事情发生了：杠铃杆真的会这样运动。基于想象能力的不同，杠铃杆运动路径的精准度也会不同。杠铃杆会沿着通过身体平衡点的垂直路径运动，因为你的膝关节和髋部会做好它们该做的事情以促成这种运动模式的发生。就像其他能力一样，你的想象能力也是能被训练出来的。这个技巧对所有始于地面的拉起和推举来说都是有用的。因为平衡的机制和杠铃杆的运动路径都是一样的。

呼吸

在训练中使用何种呼吸模式存在很大的争议。有些人会认为“下蹲时吸气，起身时呼气”是在做一组深蹲的过程中降低血压峰值的好方法，并能降低训练过程中脑血管发生意外的概率。这样的建议其实是对相关机理的误解，夸大了与运动相关的脑血管疾病（实际上非常罕见）的发病概率，却低估了一种非常常见的骨科疾病的发病概率。如果我们停止关于这个问题的争论，我们理应来理解深蹲中瓦式呼吸法的运用。**瓦式呼吸法**指的是举重者屏住呼吸、封闭声门，同时用腹部和胸部肌肉对腹腔施加压力的方法。

如果你的汽车在十字路口没油了，那你不得不首先把车推到路边，不然你就会被车撞死。你会打开车门，肩膀靠在门框上，深吸一口气，然后推汽车。除非为了快速吸另一口气，你大概不会呼气，直到人和车都离开了路面。再说明白一点儿，你甚至不会去想这些，因为我们的祖先花了几百万年来推动重物，而这教会了我们的中枢神经系统在推重物时的正确呼吸方式。你也许会发现，你在发力的时候会发出咕噜声——一种由于声门处的气道受到明显压制而发出的声音。这种压制产生了类似于部分呼气法中的气压上升。这也许类似于武术中的“咿呀”——一种在瞬间集中力量并释放惊人打击力的发声方式。

吸气的时候你的膈肌收缩，胸腔的体积会增加。随着空气流进扩张的肺部，胸腔内外的压力达到平衡。当你强制屏住呼吸并绷紧躯干肌肉的时候，你会在身体内外建立一个压力差。当肌肉收缩的强度增大的时候，压力也会显著增加。因为胸腔和腹腔之间只有膈肌分隔，所以腹腔的压力也会增加。脊柱在背部肌肉的作用下被保持在正确的位置。通过根本不可压缩的腹腔，静态压力传递到了脊柱上，使脊柱的正确位置得以巩固（图2–54）。因此，你的腹腔和胸腔中的压力会从前侧和两侧传递到脊柱上。这时，竖脊肌会从后侧向脊柱施加压力。当你屏住一大口气的时候，胸腔中的压力增加了，腹直肌和腹斜肌的紧绷进一步增强了这种压力。对脊柱的支撑就这样被建立起来，就像一个刚性的柱体那样围住了脊柱。举重腰带增强了这种效果，它的主要功能是从前侧和两侧支撑这个柱体，而不是从后侧施加压力。

传统观念认为，胸腔和腹腔的这种压力也会作用于躯干中的心血管系统，这种压力的增加会通过血管被传递到头部，并可能导致脑血管意外，比如中风或脑动脉瘤破裂。

但是，这种假定忽视了几个事实。其中最重要的是，如果横跨一个隔膜的压力会破坏隔膜的话，就必须存在一个**压力差**，也就是隔膜两侧的压力是不同的。否则隔膜是不可能破裂的。当我们在举起重量、使用瓦式呼吸法的时候，整个系统的压力同步升高了，任何分界处都不存在压力差。沿颈部血管向上进入头部动脉中的压力与椎管中作用于脑脊液的压力是一样的。这种液体由下而上通过头骨中的硬膜下腔，并向整个脑室系统传递压力，平衡了血液–大脑交界面的心血管压力，详细论述可参考海科斯基（Hagkowsky）等人在2003年发表在《运动与锻炼的医学与科学》（*Medicine & Science in Sports & Exercise*）第35卷，第1期65～68页的内容（图2–55）。

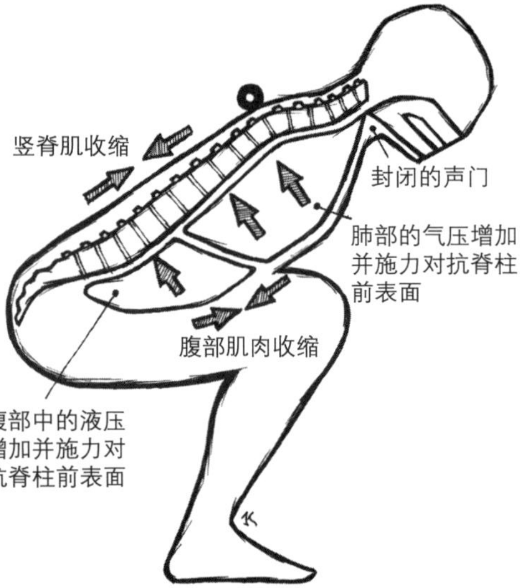
竖脊肌收缩
封闭的声门
肺部的气压增加并施力对抗脊柱前表面
腹部肌肉收缩
腹部中的液压增加并施力对抗脊柱前表面

图2–54. 在负重时，肺部（胸腔内部）的压力增加、腹部肌肉收缩导致腹腔内部压力增加和竖脊肌收缩一起产生了稳定脊柱的综合效果。瓦式呼吸法增强了举重者产生这种压力以及稳定性的能力。在使用大重量时，呼气使人不能形成足够的内部压力来稳定脊柱。最好在举起大重量的时候屏住一大口气

传统的想法也忽视了这样一个事实——头骨实际上是一个压力容器，像一个丙烷罐一样，能够承受很高的压力。想象一下，把一只气球塞进一个玻璃瓶中，并试着把气球吹大并使之爆裂——这显然是不可能的，除非你能够使瓶子同步炸裂。压力容器阻止了气球和瓶子之间压力差的产生。头骨中跨膜的压力在骨骼容器的承受范围之内，后者能够控制并防止压力的变化。而压力变化是脑血管意外疾病中内层膜破坏所必需的。因此在颅骨内部所有跨结构的压力都会保持相同，除非你呼气。

传统的认识还忽视了一个事实——作为一种血管壁缺陷，脑动脉瘤与基因有关，在极罕见的情况下也与疾病（比如三期梅毒）有关——后者在血管壁上造成了慢性炎症。人们身上出现脑动脉瘤不是因为他们进行了举重训练，这样的人在用杠铃训练时动脉瘤破裂的概率，与他在自家前院散步时的概率几乎是一样的。

现在，让我们用一些实际的证据，来帮助我们判断在使用杠铃锻炼时正确的呼吸是怎样的。比较一下脑血管意外发生的实际概率和骨科伤病的概率，我们有充分证据证明骨科伤病的发生风险更大。里瑟尔在1990年对参加所有运动项目的初高中运动员进行的

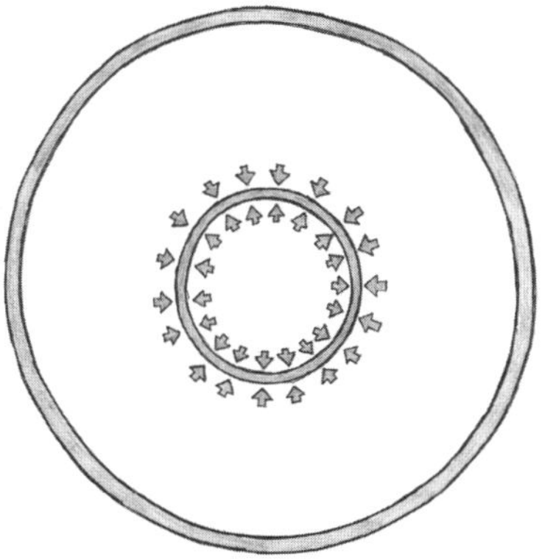

图 2–55. 脑血管压力确实会随着血管张力和瓦式呼吸法强度的增加而升高。但是，血管破裂的风险由于压力沿椎管中的脑脊液柱向上传递至脑室，从而使压力得到了同步的增加而缓解，并且椎管中的压力与血管中的压力是一样的。头骨限制了这两种压力，并且稳定了血管结构，而不是使它们更容易破裂

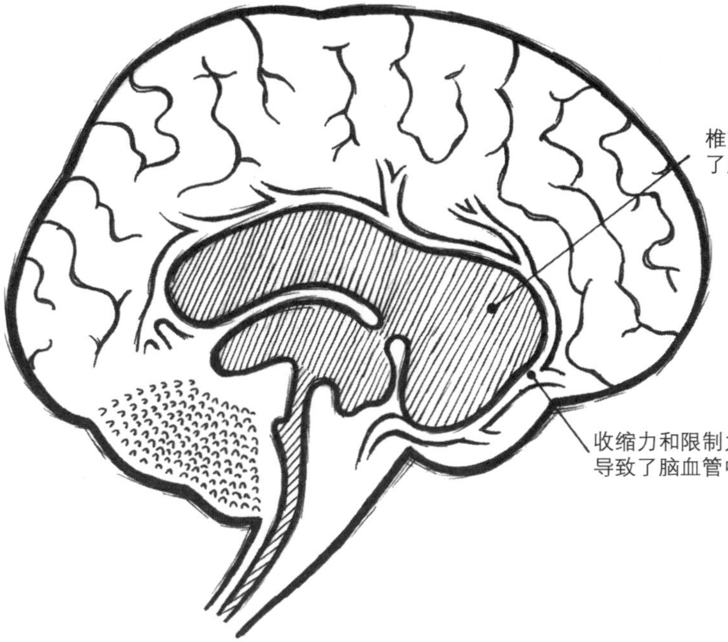
椎管中液压的向上传递导致了脑室中脑脊液压力的增加
收缩力和限制力的共同作用导致了脑血管中的血压增加

学术研究中发现，7.6% 的运动员遭遇过伤病，不得不停止训练长达 7 天。所有原因造成的受伤概率达到每年 0.082 次伤病。74% 的伤病就是扭伤和拉伤，并且所有**伤病中的** 59% **被归类为背部伤病**。

相比之下，2004 年脑血管意外的死亡率是**美国全体人口**（2004 年的总人口为 2.93 亿）的 0.000512（共 150,074 人），脑血管意外的存活率是 0.00305（895,000）。所以，即便我们只考虑少数从事专业训练的特定人群中骨科伤病发生的概率，与整个美国人口中脑血管意外发生的概率相比，骨科伤病的常见度仍然是脑血管意外的存活率的 27 倍。而运动中伤到背部的可能性是死于脑血管意外（即使你不运动）的 94 倍。

实际上的差距更为巨大，因为与普通人群相比，运动员患有遗传性脑血管问题的可能性更小。我们没有在举重室中的训练者发生脑血管意外的实际数据，**因为这种事情是非常罕见的，以至于在统计学上可以忽略不**

计。自从杠铃被发明以来，与杠铃训练有关的中风事故比每年淹死在装有 5 加仑（19 升）水的水桶里的人更少。

当我们在举重或用力推的时候，由前侧胸腔－腹腔压力提供的对脊柱的支持，就是我们很自然地使用瓦式呼吸法的理由。当战斗机飞行员在特技飞行中处于高重力加速度状况时，他们会使用瓦式呼吸法。增强的支持力可以保持血管通路的畅通，为大脑供应足够的血液，从而在短暂的高重力加速度的情况下，使飞行员能够保持知觉。否则的话血液向大脑的传输会中断，这会导致飞行员暂时丧失意识。处于沉重的杠铃之下的举重者会遇到同样的问题。举重者的背部必须得到支持，这样当你的背上压着 405 磅（183.7 千克）重的杠铃、血液从心脏的泵出变得很困难时，由瓦式呼吸法提供的血压增量才能保持血液向大脑的供应。

最重要的是，没有人不经过足够的训练就能够扛着 405 磅（183.7 千克）重的杠铃做深蹲。就像身体中的其他组织和系统一样，心血管系统也会适应阻力训练，这种适应随着力量的增长而产生。任何能够用大重量做极限深蹲的人已经通过所有必要的方式来适应这一点了。没有哪一位举重者会在硬拉 800 磅（362.9 千克）的同时呼气的。对任何一位训练者来说——当然也包括任何一位运动员——遵从“下蹲时吸气，起身时呼气”的建议实际上更可能导致骨科伤病，而不是预防中风。

实际上，在进行最大负重的练习之前，你都会尽量地深吸一口气并屏住呼吸——这是一种很好的做法。在使用轻重量训练的时候，你就要养成正确的呼吸习惯，这样当负重增加时，这种模式已经被很好地建立起来——成了你的一种习惯。与瓦式呼吸法可能导致的问题相比，它避免了很多的问题。在举重室中,这是一个必要并且重要的技术。

保护深蹲

举重室中负责保护举重者的保护人员经常会让训练者出现更多的问题，而不是给予他们帮助。经验缺乏、注意力不集中、愚蠢的工作人员会给训练者带来伤害。在本书介绍的基础训练计划中，只有深蹲和卧推这两个训练项目需要有人保护。如果他们的做法是错误的，你靠自己会更好些。当重量增加的时候，深蹲和卧推的危险性也会增加，所以对每个训练者来说——尤其是在训练中的某些关键时刻，优秀的保护者的存在是很有必要的。

深蹲中使用的重量会很大，在这样的局面中，只安排一个保护者单独工作是不安全的。任何你不确定能否完成的试举或训练组，或者你只是有一点点担心，都应该找两个人负责保护你。记住：**深蹲需要两个保护者**。保护者需要学习如何观察对方并细心地协作，从而把两个人对同一物体施加力的可能的不良效果最小化。当一个保护者向上拉杠铃，而另一个保护者没有这样做的时候，举重者身上就会产生负重失衡，这就可能导致事故发生，很多举重者的背部伤病就是这样产生的。但是如果保护者掌握了正确方法的话，这种情况就能避免。保护者应该在杠铃杆上均衡地施加外力，并通过他们的协调尽可能地保持杠铃杆的水平，同时也在这个过程中把对举重者的伤害概率降至最低（图 2–56）。

对深蹲的单人保护不可能安全地完成。如果一个保护者站在举重者身后，把他的双手从后向前围住举重者的胸部靠下的位置，这不仅仅是一个尴尬的姿势，也是一个效果很差且不安全的姿势。毕竟，如果杠铃从举重者的后背落下的话，单独一个保护者又能做什么？用他的肘部接住？如果你是那个举重者，保护者在这个姿势中用双手向你胸部提供的任何力，都会在最糟糕的时机改变你

图 2-56. 深蹲的保护需要专注、团队合作还有一些技巧。保护者在训练开始前就应该到位。如果举重者的某次重复失败，那保护者就需要用双手和靠近杠铃杆一侧的弯曲的手肘接住杠铃杆的两端。来自两名保护者的力道必须平衡且协调，否则举重者的负载会失衡，还可能扭伤。任何试举失败后就试图走开，让保护者站在那里架住杠铃杆的举重者都该被捶打

的姿势。这样你就能明白，这种尴尬的、无效的且不安全的单人保护为什么在深蹲中是个糟糕的主意了（图 2-57，左图）。

在一种**极端**的紧急事态中，一位保护者也许能帮上忙：保护者站在你的正后方，并且均衡地把双手放在你握杠位置的外侧同时向上推举杠铃（图 2-57，右图）。如果重量太重，或者试举失败很难挽回的话，这种方法就无法奏效了。无论哪种情况，每个人都需要尽可能安全地远离杠铃杆，首先照顾好自己。事实上，有些教练会教他们的运动员在试举失败的时候，让杠铃从背上掉下来——当他们使用的是橡胶缓冲杠铃片并且没有保护者的时候。这种方式不会伤到保护者，因为你身边根本就没有保护者，同样的，保护者也不会伤到你。但是这种动作需要经过练习、需要有缓冲杠铃片，同时还要征得健身房老板的同意。在没有优秀教练示范的情况下，你千万不要尝试这样做。

但这种情况是完全可以避免的，因为出现这种情况意味着要么杠铃杆上的重量不合适，要么就是在举重室里没有足够的人来帮助。你必须做出一些改变以防这种情况再次发生，因为这样做受伤的概率会很高。要么配备保护者为深蹲训练做好准备，要么改变你当天的训练计划。

框式深蹲架

有时选择在框式深蹲架中深蹲是必要的（图 2-58）。如果举重室没有被正确地设置好——如果深蹲架周围的地面没有与架子自身的底板齐平（所以你不能像在平整地面上那样向后撤一步起杠）或者你的深蹲架根本没有底板——你就需要待在深蹲架内，以避

图 2–57. 左图，保护深蹲的错误方式。单人保护深蹲的方式是棘手的。保护的目的在于保护者在试举中承担部分重量，从而帮助举重者完成试举。施加在举重者身体上的力不能安全地完成这项任务。右图，如果需要的话，这是一种单人保护深蹲的更好方式。施力于杠铃杆，而不是举重者

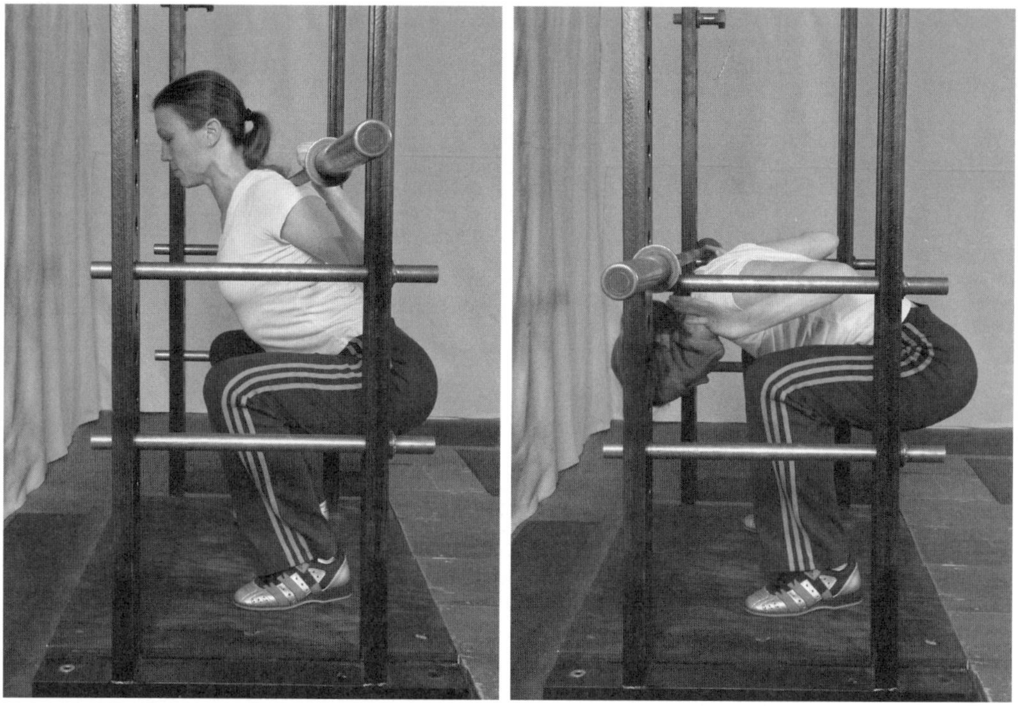

图 2–58. 在框式深蹲架中深蹲。如果需要的话，杠铃可以被下放到保险杠上

免在背着杠铃时一脚踩低了或者踩高了。如果举重室里没有任何保护者，正好又赶上你要做深蹲训练，你也许需要在框式深蹲架中完成练习，并把保险杠调整到正确的位置：足够低，保证大腿低于水平高度时杠铃杆不会碰到它们；足够高，一旦试举失败杠铃不会把你带倒到地面上。

框式深蹲架需要遵循的设计原则是：①深蹲架底部有一块沉重的底板并与周围的地面齐平，这样在大多数情况下举重者都能够起杠离开架子；②立柱之间有着合适的间隔距离，使举重者可以在架子里深蹲；③保险杠插孔之间的间距为 2.5 ~ 3 英寸（6.4 ~ 7.6 厘米），使举重者能够根据个人的身体尺寸

把保险杠调整到正确的高度——4 英寸（10.2 厘米），或者更大的间距是没有用的。如果深蹲架和举重台被设计得很糟糕，或者如果你单独训练，你也许需要经常在深蹲架内练习深蹲。但是当你在健身房中练习大重量深蹲的时候，深蹲架会对保护者和他们的双手造成潜在的威胁。对举重者来说，周边可见的立柱也许会分散他们的注意力；当举重者试图避免碰到它们时，它们的存在也许会改变杠铃的运动路径。虽然你能够适应这些立柱的存在，但是在深蹲架外深蹲依然是首选的。因为在一个设计合理的举重室中，保护者的存在消除了唯一一个在框式深蹲架内深蹲的理由。

在史密斯机上"深蹲"是矛盾的。不管健身房的前台人员是怎么对你说的，史密斯机都不是深蹲架。你不能在史密斯机上做深蹲，就像不能在一个小衣橱里让一只仓鼠做深蹲一样。不好意思。一个能够帮助你保持垂直的杠铃杆运动路径的机器，与你通过正确地做动作来保持杠铃杆垂直运动路径的深蹲之间是有很大差别的。保持杠铃杆运动路径垂直的任务应该由肌肉、骨骼和神经系统来完成，而不是由润滑装置、滑轨和底板螺栓来完成。

一个腿举机器——"雪橇式髋部训练机"——对一个已经足够强壮、能够深蹲的举重者来说，没有多少用处。在深蹲中，举重者是通过关节的运动来调整深蹲姿势的，但是这种机器限制了关节的运动，同时也影响了常规生物力学特点的表达。对老年训练者或者那些不能把深蹲当作一项有效练习的特殊人群来说，腿举也许是有用的，但对健康的年轻人来说会产生不良的影响，因为它允许健身者使用很大的重量，这就助长了那些本应该去练深蹲的人盲目的自信。1000 磅（453.6 千克）的腿举和 500 磅（226.8 千克）的四分之一深蹲一样是没有意义的。

个人装备

专业的运动装备，比如说深蹲服、深蹲短裤、力量举筒袜、卧推服和其他装备，是为了帮助力量举运动员在比赛中举起更大的重量而设计的，这些装备在比赛中是允许使用的。因为这些装备的使用，力量举也成为一项非常具有技术性的运动，但这种装备对以竞技运动和健身为目的的力量训练者来说就没有用处了。请记住：**举起更大重量并不总是等同于身体变强壮**。想想我们已经讨论过的深蹲和力量的法则，这一点就应该很明确了。

腰带和护膝

腰带和护膝的作用还没有那么明确。当你在做大重量深蹲的时候，一条设计合理并被调整好的腰带作为一种安全装置来说是有用的。腰带通过增加压力的方式保护举重者的脊柱，同时支持腰带的肌肉能向腰带施加压力，而且腰带本身也加强了腹肌围绕脊柱产生的"柱体"。此外，腰带能够在本体感受层面提示你将腹部肌肉更有力地收缩（图 2–59）。与没有腰带相比，系上腰带确实能够更有力地收缩腹肌，就像与对抗扫帚发力相比，你能更有力地对杠铃发力一样。这样的效果最终能造就更强的腹肌，因为腰带能够帮助腹肌更有力地等长收缩；它还能让你在深蹲时背负更大的重量，因为更稳定的脊柱使更重的负载成为可能。

与腰带相比，深蹲服就不同了。与不穿深蹲服相比，穿着深蹲服确实能让你举起更大的重量。穿着深蹲服下蹲时，杠铃负重所形成的离心收缩的部分动能会转变为弹性势能储存在深蹲服，以及深蹲服下被压缩的皮肤和肌肉之中。当举重者反弹站起的时候，就能利用这些能量。所以，深蹲服实际上就是一种辅助举重者举起杠铃的工具。人们也争论过使用腰带是否也会这样，但与深蹲服不同，腰带不会以收缩、牵张反射，然后伸展的方式跨过我们的关节发挥作用。对我们综合力量训练的目的来说，脊柱的支持和安全性是必要的，但借助外力使举重者增加30% 的深蹲重量就没有必要了。把深蹲服留到以后你参加比赛的时候用吧！

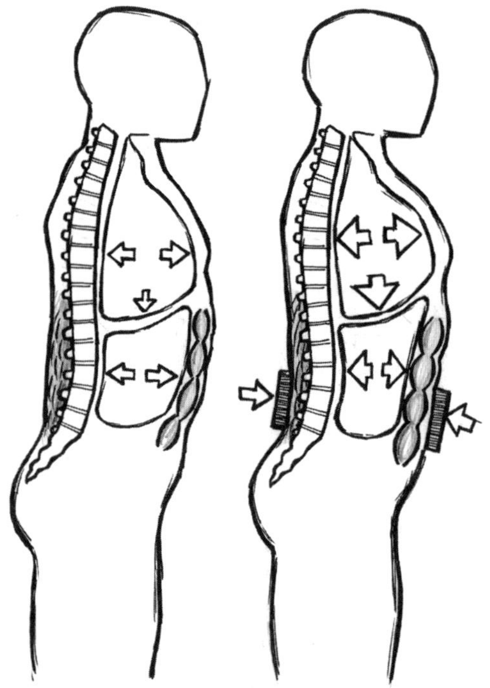

图 2–59. 增大作用于脊柱的压力对举重的安全性和高效性来说是必要的。腰带提供了一个平面来产生本体感受，从而增加腹肌收缩的强度，最终促进了作用于脊柱的压力的增加。举重者对抗腰带阻力的发力产生了更有力的腹肌收缩。并且腰带提供的容积限制促进了腹腔和胸腔压力的升高

设计合理的腰带会有一致的宽度，通常是 4 英寸（10.2 厘米），并且一整圈都是这么宽（图 2–60）。人们已经生产出了几百万条便宜的、劣质的腰带——这种腰带前侧宽 2 英寸（5.1 厘米）并带有皮带扣，后侧宽 4 英寸（10.2 厘米）或者 6 英寸（15.2 厘米）。这种腰带的设计者其实并不理解腰带发挥作用的方式。要让腰带正确地发挥作用，它就必须是一整圈地作用于人体，没有任何理由需要腰带的后侧比前侧更宽。4 英寸（10.2 厘米）是大多数人能将腰带放置于肋骨和髋部之间的最大宽度。如果你的身高比较矮或者腰部比较短，你也许需要一条 3 英寸宽（7.6 厘米）的腰带。对腰带来说，厚度很重要，所以在背负大重量时，一个非常厚的多层皮革腰带感觉非常好——它几乎完全没有伸展性，而这能够让深蹲变得很舒服。但是这种腰带很昂贵，其实那种有着优质皮带扣的、单层的、4 英寸（10.2 厘米）宽的腰带已经足够了。就算是一条做工优良的尼龙搭扣腰带也比没有腰带好得多。

在你训练生涯的早期，可能并不需要腰

图 2–60. 不同种类的举重腰带。它们以不同的方式被生产出来，但是对推举杠铃有帮助的腰带的宽度是一致的。那些把腰带的后侧设计得更宽的人其实并不理解腰带真正的作用

带。如果你的腹肌很强壮而且背部没有受过伤，也许你从不用腰带。肯定也有不用腰带举起大重量的举重者。这要靠你自己判断。如果你对安全性有疑惑，或者之前你的背部受过伤，那么你很可能会过于谨慎地考虑安全方面的因素从而判断错误。举重者应该有节制地使用腰带，也许应该把对腰带的使用限制在最后一个热身组和正式组的训练中。作为一项基本原则，不要在正式组中加入新的变量。如果你打算在正式组中使用腰带，确保你在最后一个热身组中戴上它，以保证你的动作模式不会改变，或者在当天的最大重量下你的注意力不会被转移。

正确地使用腰带需要一次次地实践。举重者必须把腰带调整到正确的松紧度，并戴在正确的位置来让它发挥作用。如果腰带戴错了，其实会把试举弄糟，而不能按照它的设计初衷为举重者提供支持。采用一种舒服的松紧度戴上腰带，并让它围绕你的腰部（比你穿裤子的位置更高些），然后调整好站姿，深蹲进入底部姿势。腰带会调整到它应该在的位置，并在这个位置最有效地发挥作用。在杠铃的重量对它产生影响之前，腰带已经调整好位置了。换句话说，如果你需要腰带，不要在第一次深蹲的底部进行这种位置的调整——要在这之前做。后退并站立，把腰带收紧让腹部感受到一些压力。

对腰带的使用存在常见的误解：很多人听说过要把“腹部”外推以挤压腰带的说法。但是，这样做经常会导致脊柱弯曲，而这种情况正是我们在负重时佩戴腰带所要避免的。戴上腰带并系紧，忘记它的存在，然后就像没有腰带时那样使用腹肌的力量。其实你无须刻意“使用”腰带，腰带就会自行发挥作用，因为它提供给腹部的压力能够使腹肌更有力地工作，同时无须你对这种情况进行调整。

合适的腰带松紧度取决于个人喜好，但一般来说，有经验的举重者与新手相比，往往会选择更紧的腰带。把腰带系的太紧也是很有可能的。如果你不得不收紧腹部来把腰带的叉齿插进某个孔里，那么你的腹部肌肉能产生的压力就会减少，因为它们必须通过一定的收缩的空间才能产生力。你需要试一下——当你在系腰带的时候，你会发觉存在一个最佳的张力点，系的太紧还不如系松点儿。你最终会发觉腰带的调整会随着你的体重、穿着的衣服，甚至身体中水分含量的变化而变化。如果腰带插孔之间的距离设计的足够近，你就能够精细地调节腰带的松紧，这样使用起来很方便。

与对此的习惯看法不同，腰带不会妨碍你的身体变强或者保持强壮。理解这一点对外行或者缺乏大重量深蹲经验的教练来说是很难的。但在一次负重 600 磅（272.2 千克）的深蹲中，整个人体中没有一个单独的肌肉群是放松的，特别是那些负责稳定脊柱的肌肉，所以并不是说戴上腰带后你的躯干肌肉就可以休息了。实际上，与没有腰带时相比，腹肌能够更有力地收缩以对抗来自腰带外部的阻力，就像你的手臂在弯举杠铃的时候会比弯举一根扫帚时更有力地收缩一样。与没有佩戴腰带时相比，佩戴腰带能够帮助你更安全地举起更大的重量。因为当你深蹲的时候，一个绷紧的背部能更好地支撑起更大的重量。而深蹲时背负更大的重量，能让你在同样的动作幅度中做更多的功，你也会因此变得更强壮。

使用护膝就是另一回事了。当举重者使用紧绷的护膝（那种长达 1 米甚至更长的、弹力很强、有多色条纹的）时，他这样做就是为了举起更大的重量。护膝的运作机制和深蹲服其实是一样的。如果举重者没有伤病的话，护膝必须被看作是举重过程中的支持性装备，不应该被使用。但是如果举重者的膝关节有伤病，**正确使用**护膝就会对他很有帮助（图 2-61）。如果你之前的韧带伤病恢复了，或者将要恢复，护膝能够对你的膝关节施加一定的压力，从而增加膝关节的稳定性。一个较松的护膝会给整个膝关节的外周增加足够的压力，就像一个外部的关节囊那样发挥作用，同时也会保持膝关节的温度，并且能够向皮肤和表面组织输入更多的本体感觉。警告：如果你的护膝太紧，以至于你在完成一组练习后必须马上松开它们，那么这时护膝的作用是辅助，而不是支持。如果你在整个训练过程中一直戴着护膝，不会有护膝阻碍小腿的血液循环的感觉，那么这样的护膝就是足够宽松的，可以被看作只是举重的一种支持性装备。

一些有劳损等膝关节疾病的年长举重者发现，与较松的护膝相比，护膝绑紧一点儿能够使无痛深蹲成为可能。通过向老化的、动起来不再灵活的膝关节施加更多的支持，使深蹲变成了一项富有成效的练习，而不是一个引起炎症的源头。当举重者练习大重量深蹲的时候，正确使用护膝所提供的压力，似乎能够避免一些未戴护膝时的问题，比如膝关节炎症。

一些弹性更强的力量举护膝的弹力是非常强的，以至于它们不能被当作较松的支持性护膝来使用；它们的弹性如此强劲，以至于当它们被拉伸开来时，就算将其绑得较松，弹力也不能完全释放，所以，这种护膝因为太紧而不能被看作是举重时的支持性装备。在大多数运动品商店中，宽松的护膝都有销售。如果主要用于保暖，那么使用由橡胶和布料做成的套筒式护膝就足够了。

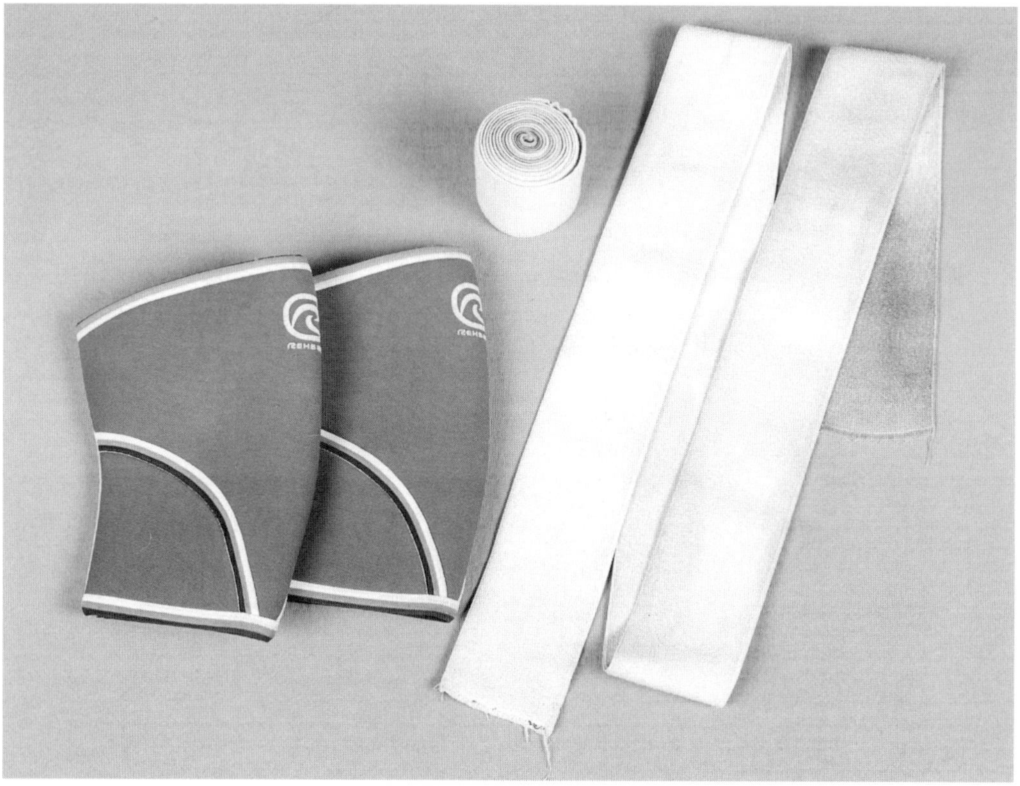

图 2-61. 通过向膝关节提供类似关节囊的支持，当举重者有小伤病的时候，护膝能够帮助举重者继续训练。套筒式护膝是由织物覆盖的橡胶制作成的，它主要被用于保暖

鞋子

鞋子是唯一的必备装备（图 2-62）。只要穿上深蹲鞋做一组 5 次重复的深蹲，就能向任何做过不止一次深蹲训练的人证明这一点。考虑到运动效率的提高，花较高的费用购买一双优质的深蹲鞋是值得的。从 50 美元一双的二手鞋，到超过 200 美元一双的最新的阿迪达斯举重鞋，一双合适的鞋子大大改变了举重者对深蹲的感受。力量举深蹲鞋的鞋底比较平坦，而奥林匹克举重鞋在脚跟处略有抬高，这是为了使膝盖能够更容易地前伸，直到稍越过脚尖。你的选择取决于你的深蹲风格和你的身体柔韧性。鞋跟的高度不要超过 1 英寸（2.5 厘米），因为用这种鞋子做硬拉比较困难。如果举重者采用上述提倡的方法，这种鞋子就会产生很大的影响——效果与在脚跟下垫上木板一样。大多数深蹲鞋带有能够增加横向稳定性的跖骨绑带，它可以为举重者提供很重要的足弓支持，并且能够让举重者的双脚贴紧鞋跟来减少双脚在鞋内的挪动。

深蹲鞋的主要好处在于它的鞋跟不会压缩。从深蹲底部开始的发力过程始于地面，而在这个过程中双脚是动力链的起始点。如果双脚与地面之间接触的部分是那种柔软的胶质或者跑鞋的气垫的话，部分驱动力就会被收缩的鞋底吸收。这种收缩降低了力量的传递效率和双脚的稳定性。不稳定的立足点影响了这种运动模式的可靠性，事实上导致每一次深蹲都成为一次新的体验，从而阻碍了举重者养成良好的技术动作习惯。穿跑鞋深蹲的感觉就像在床上深蹲一样。很多人练了几年举重都不会去购买一双深蹲鞋，但是认真的举重者会舍得在深蹲鞋上投资。与崭新的名牌运动鞋相比，它们其实并没有那么昂贵，最重要的是它们能大大地改变你的深蹲感受。

从平衡性的角度出发，我们花了很多时间构建出了杠铃训练的模式。设计糟糕的鞋

图 2-62. 举重鞋是举重者最重要的个人装备。它们为举重者提供了双脚与地板之间的稳固接触，并能消除鞋底的可压缩性和地面的不稳定性对举重者产生的影响。买一双吧，这会是你花在训练装备上的最有价值的钱

子或者错误使用鞋子的方式会完全破坏你对这种模式的运用。买双优质的鞋子吧！

衣服

对举重时着装的简短描述就是整齐。最好穿着T恤衫深蹲，而不是背心，因为T恤衫能够比背心遮盖住更多的皮肤。当你出汗的时候，你的皮肤是湿滑的，而湿滑的皮肤不利于保持杠铃杆处在正确的位置。T恤衫应该是100%的棉质，或者50%涤纶与50%棉质的，不能是全人工合成的材质。因为这种高科技材料在杠铃杆下总是很滑的。短裤和运动裤应该是由具有伸缩性的材料制作的。这很重要，因为如果汗水导致你的裤子粘在腿上，而没有伸展性的衣服会限制你的腿部运动，从而阻碍膝关节的外展和髋部发力的能力。对那种末端刚好处于膝盖下方的短裤来说，即使它们有足够的伸展性，也会出现同样的问题。末端处于大腿中部的伸展性短裤，或者只是简单的运动裤，对训练来说是最合适的。并且，你要确保把裤子提上去。如果裤子的裆部下垂到大腿中间的话，同样会影响你的膝关节姿势。衣服的穿着不应该以任何方式影响你的动作（图2-63），并且决不应该让一件已经很难的事情——正确地深蹲——变得更难。

镜子

对着镜子深蹲真是一个糟糕的主意。很多举重室的墙上都有镜子，而且为了方便会把深蹲架放置在墙边，这让你不可能不对着镜子进行深蹲。在你练习举重时，镜子是一个很差劲的工具，因为它只能为你提供一个平面的视角——正面，一个最不能为你提供关于姿势和平衡信息的平面。当你向前正对着镜子的时候，你会很难察觉自己在前后方向的运动状态。你也很难从这个方向判断深蹲的深度；你需要一个有一定倾斜角度的平面来观察骶骨和髋关节之间的位置关系，但一块倾斜的镜子需要举重者在负重下略微扭

图2-63. 举重者选择合适的训练服的原则是——它不会阻碍你的表现，或者影响教练对你的技术动作的观察。宽松的裤子和衬衫也许很流行，但在举重室中它们很不实用。举重者应该优先选择T恤衫，而不是背心。举重者应该以功能性的优劣，而不是外观来选择短裤和运动裤。但是，设计巧妙的图案总是不错的选择

动脖子才能看到这两者之间的关系。在一根沉重的杠铃下，颈椎旋转和颈椎过度伸展一样，都是非常糟糕的。

镜子同样也会分散举重者的注意力。因为当你向前盯着地面看的时候，镜子会向你展示那些出现在背景中的本不应该看到的东西。人脑对运动现象是很敏感的。当你正在尝试集中注意力练习大重量深蹲，某个家伙却在你身后边走边欣赏他的硕大的肱二头肌时，这种敏感绝不是有益的。

不对着镜子深蹲的最重要的理由是：你需要在深蹲的时候培养肌肉的运动感觉。当你的注意力集中在感受地面上位于你前方的聚焦点、双脚上的压力、背角的感觉、在你手里并压在背部的杠铃杆，以及整体的动作平衡性的时候，与镜子提供的可见的图像相比，本体感觉提供的感官信息更加丰富。

教学提示法

还有一个问题：在这本书中，我们会用到“提示”这个术语。提示是一种运动信号，也是运动教学法中一个重要的概念。教练会在运动员身上运用提示法，运动员自身也可以使用提示法。

就像之前讨论的，对一个教练来说，一条提示可以帮助一个运动员纠正他动作中可能出现的错误。运动员在教练的指导下学习动作的过程中，这种提示就已经植入运动员对动作的理解中了。这种提示法将运动员的注意力集中到他当时应该考虑的事情上，而不是他可能在想的所有其他事情。一条提示不是举重者在尝试刷新个人纪录前的一段冗长、细致并介绍了某个全新概念的解释。相反，一条提示通常只有一两个词，也许三个，很少有四个的，它的作用是**提醒**运动员，而不是向运动员解释什么。举重者在接收了一条提示后不应该在这上面思考太多，而是要把它向下传递到等待这个指令触发动作的某个地方。

一个提示的例子是“挺胸”。相比之下，“挺起胸部来让你的背部变得平直”就不是一条提示。前者在举重者进入起始姿势后、开始拉起杠铃之前就能使用，后一条必须在举重者进入起始姿势之前使用，此时他要思考一下自己接下来要做什么。

在训练中，提示法在运动员和教练之间的交流中是有效的。当两个人交流有关某个动作的时候，提示法就自然而然地形成了。在一个教练的教学生涯中，他会形成自己最喜欢的一种提示——如何向运动员解释关键性的概念。他会根据正在接受训练的个体的需求来调整这些解释,提示法就会逐步形成。一些提示法，比如“挺胸”，是很常见的，因为它们非常有用、简洁、合理。它们几乎等于在向运动员喊出正确姿势。其他的提示法貌似不能确定是否有用(比如说“现在！”),但它们实际上是教练和举重者之间的一种特殊约定，是针对特殊情况的极端个例。提示必须在正确的情境中和恰当的时机下使用，不然它们就不能触发任何有用的东西。

提示也可以是你给自己的提醒。没有必要把提示大声说出来，尽管有时这样做会对你有帮助。这与相同情境下教练对你提示的效果是一样的，它会提醒你已经克服过的、但你还需要在做动作之前注意的姿势问题。在你学习这本书中讲述的训练项目时，你应该建立起自己的一套提示法，帮助你巩固良好的技术动作。随着你的经验更为丰富，你会发现，把提示法在每个项目中建立起来是有必要的，这样能解决你在做每个动作时遇到的问题。你会发现每个项目都能够与其特有的提醒方法相互呼应。如果你单独训练的话，你需要提醒自己。

你会发现，有两种基本的提示法：身体提示法和杠铃杆提示法。**身体提示法**是指与杠铃相互作用的身体部位有关的提示法，比如说“挺胸”“向前看”或“伸直，伸长手臂”。这类提示法能够把举重者的注意力吸引到做动作的身体部位或者需要纠正姿势的身体部位上。相比之下，**杠铃杆提示法**的指向对象是移动的物体。比如，如果你在将杠铃硬拉离开地面时出现了背离正确姿势的问题——这个问题经常会在你急速移动杠铃时发生，相应的杠铃杆提示法或许是“慢点拉”。

一般来说，身体提示法能够让举重者的注意力集中到做动作的身体部分，而杠铃杆提示法会涉及整个动作，或者几个参与发力的身体部位。“伸直肘部”也许能让举重者把注意力集中到某个特定问题上加以纠正。相比之下，“保持杠铃杆垂直”描述了调整动作中的三个特征性角度的复杂过程。举重者可以通过想象一件简单的事物来轻松地做到这一点。杠铃杆提示法通常意味着：如果你要对杠铃做一些特定的事情，你的身体会自行解决相关的问题。与身体提示法相比，有些人能更好地运用杠铃杆提示法。对某个训练项目有效的方法不一定对另外一个起作用。决定使用哪种提示法，是你需要在训练中锻炼的众多能力之一。

3

推 举

推举是最古老的上半身杠铃训练项目。在杠铃被发明出来的那一天，发明者就想出了一个把它提起来并举过头顶的方法。毕竟，这是合乎逻辑的使用杠铃的方式。在过去的数百年中，举重器材改变了不少：我们现在的杠铃配有可拆卸的杠铃片，深蹲架能让我们放置杠铃并将其调整到不同高度，使我们不需要总是先把杠铃翻举到肩膀上，杠铃片也可以由橡胶来制作，以应对我们需要扔杠铃的状况。在举重室中，把杠铃举过头顶仍然是最有用的上半身练习动作。

推举与卧推

在健美运动兴起之前，测试上半身力量的标准是推举，或者更准确地说是**双手推举**（图 3–1）。卧推的普及对那些从未在推举中获益的运动员和举重者造成了不良影响，而推举是一种比卧推更加均衡的练习动作。卧推，作为力量举中的一个比赛项目，实际上是在 20 世纪 50 年代、当巨大的胸肌成为形体比赛中的潮流时，首先在健美运动员中风靡起来的。在 20 世纪 60 年代中期，卧推成为力量举运动的一个标准比赛项目，而过头推举的重要性就在那些以力量为主要训练目标的动作中减弱了。在 1972 年的奥林匹克运动会之后，提举这个项目在奥林匹克举重比赛中被取消了——这是把推举送进棺材的最后一根钉子。这种发展改变了奥林匹克举重的本质，并直接导致大多数举重教练把上半身力量训练从他们的必备训练项目列表中剔除了。推举的普及度和人们对它的熟悉程度都在不断地走下坡路，现如今到了何种程度呢？在当今的大卖场式的健身房中，你可能经常听到私人教练把坐姿颈后推举描述成“实力举”。

接下来我们学习一些举重术语。推举指的是举重者在站姿下只使用肩膀和手臂的力量，把重量过头举起至手臂伸直的动作。如果使用杠铃作为负重，这项训练就应被叫作**双手推举**，虽然人们将不规范的术语“推举”也理解为是用双手完成的杠铃推举练习（因为单手举起一根杠铃不是这种器材的正常使

图 3–1. 比尔 · 斯塔尔，现代力量教学之父，正在健身房里推举 350 磅（158.8 千克）的杠铃

用方式）。任何与这种描述背离的项目都要有一个限定语。**坐姿推举**指的是举重者以坐姿完成的杠铃推举。完成这项练习需要专门的长凳，除非举重者能够翻举杠铃到肩膀上，接着坐下，然后在完成一组练习后把杠铃下放至地面。这限制了举重者能举起的重量，也最终限制了这项训练的发展。**哑铃推举**是站姿下的双手同步动作，除非举重者特别使用双手交替或者单手的训练版本。任何仰卧在长凳上完成的推举都属于卧推。除非特别说明是**哑铃卧推**，否则杠铃会被认为是默认的器材。如果举重者把杠铃置于颈后，这个位置就会成为训练项目名称的一部分——颈后推举。**实力举**是这项练习最严格的形式。举重者在做实力举的时候，不会通过任何髋部或者背部的弯曲来启动向上推起重量的过程，有时脚跟也会靠在一起。颈后推举比推举难度大，而**坐姿颈后推举**则难度更大。通过弯曲和伸直膝关节帮助杠铃杆启动离开肩部意味着举重者完成了一次**借力推举**。

推举在奥林匹克举重比赛中被取消的原因之一是，大多数裁判会感觉很难给某种过于诡异的推举动作亮一盏红灯（图 3–2）。“奥林匹克推举”指的是在过去几年的比赛中发展起来的一种动作。在动作中，举重者把由过度伸展而产生的大幅的髋关节弯曲动作和由斜方肌产生的耸肩动作组合起来，从肩膀上驱动杠铃上升。一些技术非常熟练的举重运动员能够让身体后仰到几乎与卧推相当的程度，这样一来我们对这个项目的描述——“从肩部推起”——就显得不准确了。我们介绍的推举动作版本从奥林匹克推举演变而来，保留了这个项目的全身运动，但去除了过分的后仰动作。

推举是运动训练中最有用的上半身练习动作，因为它不只是能够训练我们的上半身。除了力量举和游泳，在所有需要使用上半身力量的运动中，运动员都会从地面开始让力量沿着一条动力链向上半身传递。“所有运动”指的是，一位运动员推压对手、扔一件器具、使用球拍或球棒击球，或者向一个物体传递力量，力量的传递都是从站在地面的双脚开

图 3–2. 在 1968 年的全美锦标赛中，汤米 · 萨格斯在展示一种身体适度后仰的动作。推举在奥林匹克比赛中被取消的原因是“裁判困难”——国际管理协会不愿对后仰程度建立适当的标准并加以实施。实际上推举被取消的原因可能是他们想要缩短比赛时间，并避免由裁判标准统一性的缺乏所引起的争议

始的。在推举中，**动力链**——在支撑点和被移动的负重之间，负责力的产生和传递的肌肉骨骼系统——始于地面，止于双手中的杠铃杆。

相比之下，卧推中的动力链始于杠铃杆正下方的上背部与长凳之间的接触点，止于双手中的杠铃杆。熟练的卧推者会把双脚踩在地面上，使用下肢支撑动力链。但这并不意味着动力链延伸到了地面上，因为举重者可以把双脚放置在长凳上，甚至双脚腾空来完成卧推。就像双手是深蹲练习中很重要的一部分，但它并没有真正发力来移动杠铃那样，下半身也是卧推练习的一个重要部分，但它实际上不是动力链的组成部分。对一位非常熟练的卧推者来说，就算他能尽可能高效地使用躯干和双腿，但仍然是通过反推长凳发力推起杠铃的。他不会用双脚来平衡负重，上推的时候也不会用整个身体反推地面发力。对推举来说，把整个身体作为动力链是这个动作的本质。

基本的卧推和推举不同，它是一个主要训练上半身的项目。这种发力的情况在运动项目中实际上是不常见的：把背部靠在一个不动的物体上,然后借助它来推动其他物体，只有当橄榄球比赛结束，你被压在人群之下的时候才会发生这种事情，这在其他情况中并不常见。推举涉及我们的整个身体：双脚站在地面上发力，所有躯干肌肉（腹肌和背部肌肉）的使用，髋部、腿部、脚踝、手腕和双脚对身体的稳定作用，以及肩膀、上胸部和手臂协同发力把杠铃举过头顶。这样的动力链，从过头伸直的双手到地面，是人体可能达到的一条最长的动力链。这样的特点使推举成为一个训练你在负重条件下提高稳定性的极佳的动作。

另外的不同点在于动作模式的基本特征和肌肉的收缩方式。卧推从顶部开始向下，首先要经历一个离心收缩的过程，这有利于举重者利用动作底部的牵张反射来帮助他完成动作上升阶段的向心收缩。相比之下，推举就像硬拉一样，是将静止的杠铃驱动向上（推举从肩膀位置开始），因此这个动作最难的部分是起始阶段。在包含多次重复的练习组中，推举的方式可以调整一下，第一次推举之后的每次重复都从顶部开始——下放杠铃，然后在动作的底部利用牵张反射让杠铃向上弹起，在杠铃到达顶部时呼吸，就像你在卧推或者深蹲中做的那样。但是，在最大负重下完成的基本动作仍然是从完全静止在肩膀上的杠铃起始的。

如果一项训练作为某项运动的训练工具是有用的，那么它必须使用与这个运动项目所涉及的相同的肌肉和同样类型的神经激活模式，**而不必做与其完全相同的动作**。事实证明，如果一个慢速训练项目的动作路径与需要快速移动的运动的动作路径过于相似的话——比如说投一个负重的篮球——还会影响训练者在实际运动中运用正确的技术动作。实际上，你只是在用比正常情况更慢的速度练习投篮；而且因为你不会以完全相同的方式去扔不同重量的物体，所以你仍然会以与实际运动中稍微不同的方式扔更重的篮球。针对任何运动项目的有效力量训练，都应该以一种协调的方式，把该项目中涉及的所有肌肉整合在一起训练，并通过这种具有普适性的动作模式增强我们的身体力量。杠铃训练同样遵从这种普适性的动作模式，**由此练出的力量没有任何特别之处**。然后，新获得的力量会被运动员整合到该项运动的实践中去，就像力量在实际运动中产生的那样。像橄榄球这样的运动，需要运动员使用身体的所有肌肉，因为运动员的髋部和腿部对抗地面所产生的力量会通过躯干向上传递，进而通过手臂和肩膀作用于对手。通过**循序渐进的训练**，推举、深蹲、硬拉、卧推和力量翻会发展出更大的力量，并且随着运动员变得更加强壮，这些力量能被以正确的模式准确地应用在橄榄球比赛中。

特别是对推举来说，懂得力量不只是由上半身产生的很重要。肩膀和手臂参与了力量的产生，但是它们在用力的时候其实完全依赖于通过双脚对抗地面的髋部和双腿做出的反应。在橄榄球运动中，动力链始于地面，因为双脚最先移动；在推举中，动力链始于杠铃杆。在这两项运动中，力量都是通过躯干沿着动力链传递的，而且躯干等长收缩的运作方式也是一样的。推举提供了一种动力模式，这种模式对所有有效的、实用的练习来说都是相似的（图 3–3）。虽然卧推不具备这一点，但是它允许举重者使用更大的重量。在制定训练计划的时候，我们需要兼顾这两点，但是我们必须意识到每项训练的优点和局限性。

一般来说，训练涉及的身体部位越多，这项训练越好。推举能够锻炼躯干肌肉——腹直肌、腹斜肌、肋间肌和背部肌肉，以及肩部和手臂的肌肉。在手握大重量站立并将其举过头顶的过程中，举重者整个身体的平

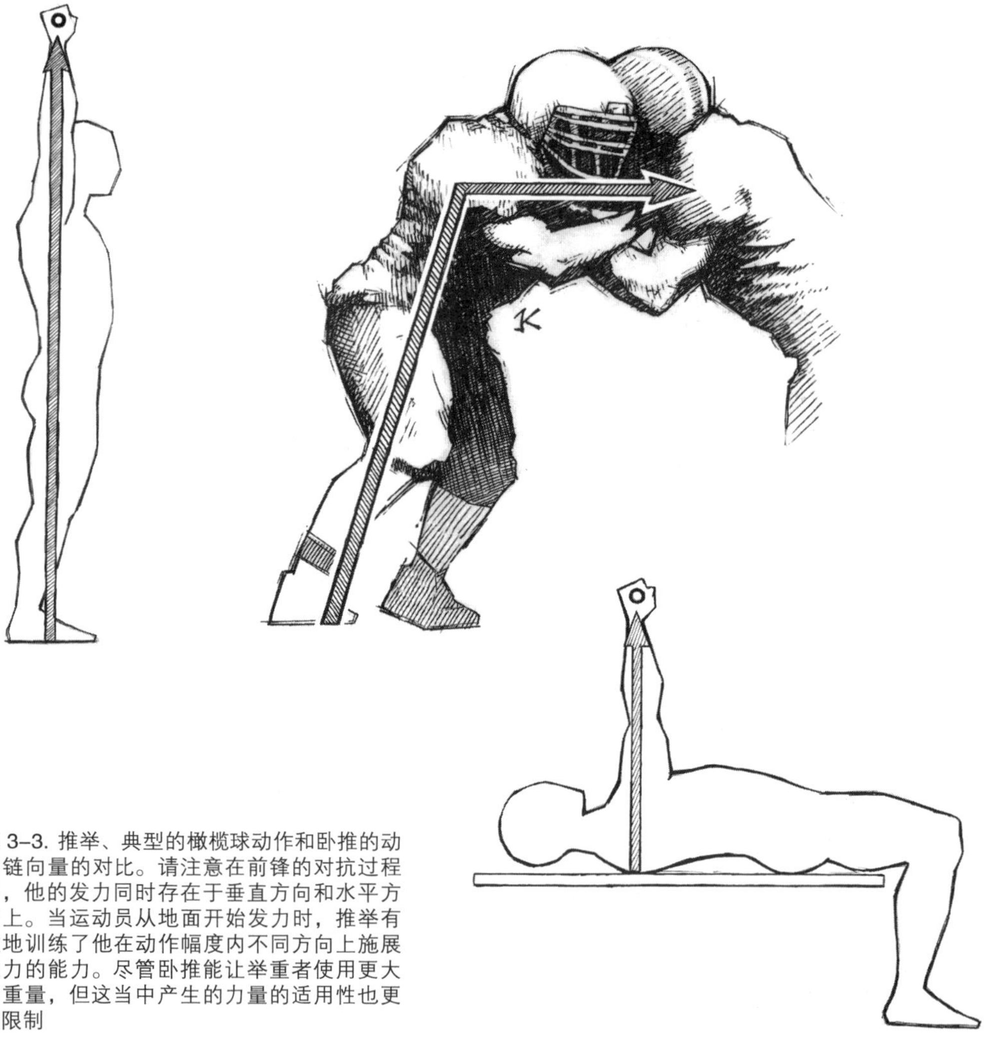

图 3–3. 推举、典型的橄榄球动作和卧推的动力链向量的对比。请注意在前锋的对抗过程中，他的发力同时存在于垂直方向和水平方向上。当运动员从地面开始发力时，推举有效地训练了他在动作幅度内不同方向上施展推力的能力。尽管卧推能让举重者使用更大的重量，但这当中产生的力量的适用性也更受限制

衡能力都会得到锻炼。与任何其他上半身训练相比，推举能够涉及更多的肌肉和中枢神经系统的活动。推举过程中产生的力量能够作用在一个更有用的方向上，而卧推过程中产生的力量只能够作用在垂直于躯干向外的方向上。在橄榄球运动中，运动员的手臂经常处于远大于与躯干呈 90° 的角度。在推举中，举重者的手臂是越过头部垂直向上发力的，这与橄榄球运动员的发力模式并不完全相同，但与卧推相比，推举的发力方向更接近一个有用的发力方向。更重要的是，如果橄榄球运动员把背部靠在倾斜的固定物体上，那么你也许会认为上斜卧推对他们来说是一项不错的练习。但事实并非如此。如果因为教练员认为上斜卧推能够发展出有助于运动表现的力量，从而把训练项目换成上斜卧推的话，那他就忽略了推举中重要的动力链要素，而恰恰是这个要素使推举成为了一项如此重要的训练。

事实上，与手握杠铃站立时相比，躺在卧推凳上有可能举起大得多的重量。所以，对简单的上半身力量训练来说，卧推是更好的选择。如果运动员同时练习这两种项目的话，那么他就能把卧推打造的力量以一种更有效的方式运用到专项运动中。与那些同时练习过头推举的运动员相比，只练习卧推的运动员可能遇到更多的肩膀问题。当所有的推举训练重点都集中到肩膀前侧的时候，肩膀后侧就会变得相对薄弱。尤其是运动员经过多年的练习能够卧推起很大的重量，这样一来这种力量的失衡就会变得非常明显。

肩膀后侧的肌肉组织包括很重要的肩袖外旋肌群——在投掷动作中负责减慢肱骨内旋速度的肌肉（图 3–4）。肩袖肌肉基本上包含了肩胛骨前侧和后侧的肌肉。肩胛下肌覆盖在肩胛骨的前侧，它位于肩胛骨和肋骨之间，作用是使肱骨内旋 。冈上肌、冈下肌和小圆肌与肩胛骨后侧多个位点相连，并连

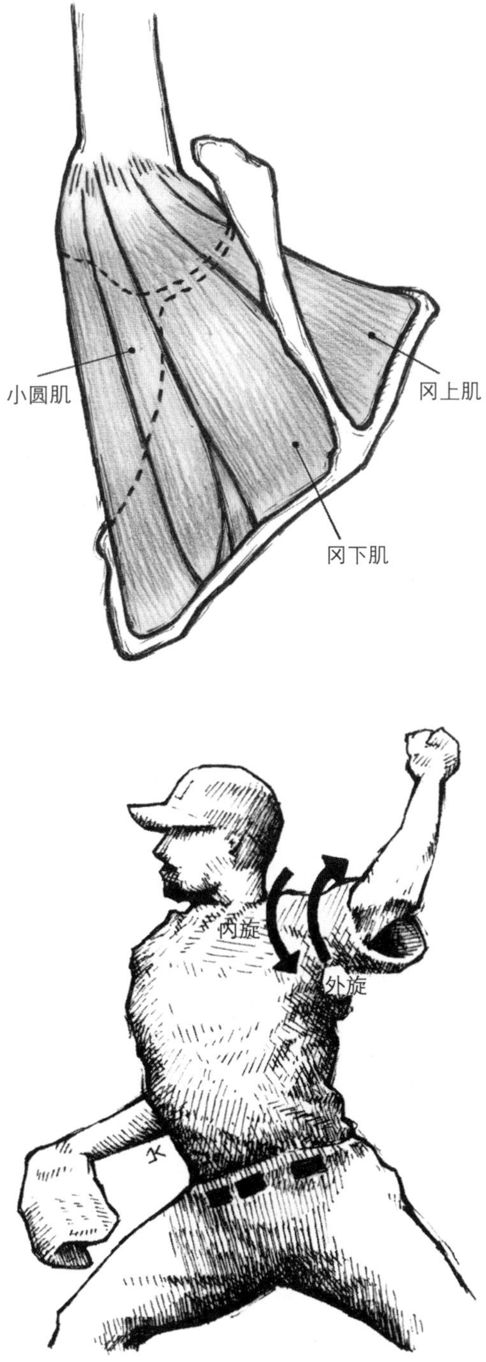

图 3–4. 左图，肩袖肌肉的后视图。右图，在投掷某个物体的时候，这些肌肉对肱骨的内旋有减速作用

接着肱骨，这些肌肉的作用是使肱骨外旋，同时控制内旋动作的速度（做扔球动作，当球离手的时候）。把它们作为肱骨外旋－内旋的肌肉分别进行训练是可能的，但这不是它们正常的作用方式，因为孤立的旋转不是正常的运动模式。在推举过程中，内旋肌不会像主要的发力肌肉那样直接产生运动，但举重者要借助它们来稳定动作，这样的话，这些肌肉在这方面的能力也因此得到了强化。相比之下，卧推对外旋肌的训练并不多，外旋肌也绝对没有胸肌和三角肌前束的负载那么大,而这两者是产生肱骨内旋的主要肌肉。如果内旋肌变得不成比例地强壮，以至于投掷过程中产生的力量超过了外旋肌降低肱骨内旋速度的能力，伤病就会经常发生。

理疗师和一些医务人员经常把一种叫作**肩关节夹挤症**的伤病归咎于推举。大多数情况下，理疗师们反对练习推举的原因是：他们认为肩袖肌肉的肌腱有被卡在肱骨头和肩胛骨突出处——喙突和肩峰之间——的可能。而这些骨质突出处是以下肌肉和韧带的连接点：肱二头肌、胸小肌、喙肱肌和在肩锁关节处保持肩胛骨和锁骨连接在一起的韧带。喙突和肩峰悬突于肱骨头与肩臼关节衔接的位置。因为外旋肌，特别是冈上肌和冈下肌处于肱骨头上、肩峰下关节囊和其他骨质突出处之下，所以大多数理疗师认为，在推举中骨骼互相挤压，同时使骨骼之间的肌腱受到夹挤的潜在风险非常高。因此，他们觉得这项训练比较危险，运动员不应该练习这个项目。

图 3–5. 推举顶部的锁定状态。重力作用使肱骨处于肩胛盂中

这些教条主义者忽视了被正确完成的推举动作在解剖学方面的一些事实。肩胛骨和上肢带其余的部分只有一个连结点——肩锁关节上的锁骨处。除了肩锁韧带，肩胛骨实际上是在一个由筋膜和肌肉组成的护套中，在整个动作幅度内它都是自由地“漂浮”着。所以相对于背部的其他结构和肱骨，肩胛骨的位置是能够改变的。肩胛骨能从一个极端外展的状态（就像卧推动作中的那样）转换到一个被向前拉的状态（就像杠铃划船中的起始状态，参考 288 页），还能转换到推举顶部的向上耸肩和顶部内旋的状态。

当你过头推举的时候，你需要朝着杠铃杆向上耸肩来完这个动作。这个动作用到了斜方肌，斜方肌连接着颈部和上背部的脊椎棘突到肩胛骨上，它能够主动加强对肩膀和杠铃杆的支持。实际上，杠铃杆在过头的位置中是被锁定成直线的手臂支持着的，而肩胛骨支持着手臂，斜方肌则支持着肩胛骨，所以上耸的斜方肌主动支持着杠铃的重量。当斜方肌收缩的时候，它们会在顶部拉动肩胛骨内收（相互靠近）并使之内旋，然后通过耸肩动作把肩胛骨向上拉（图 3–5）。这

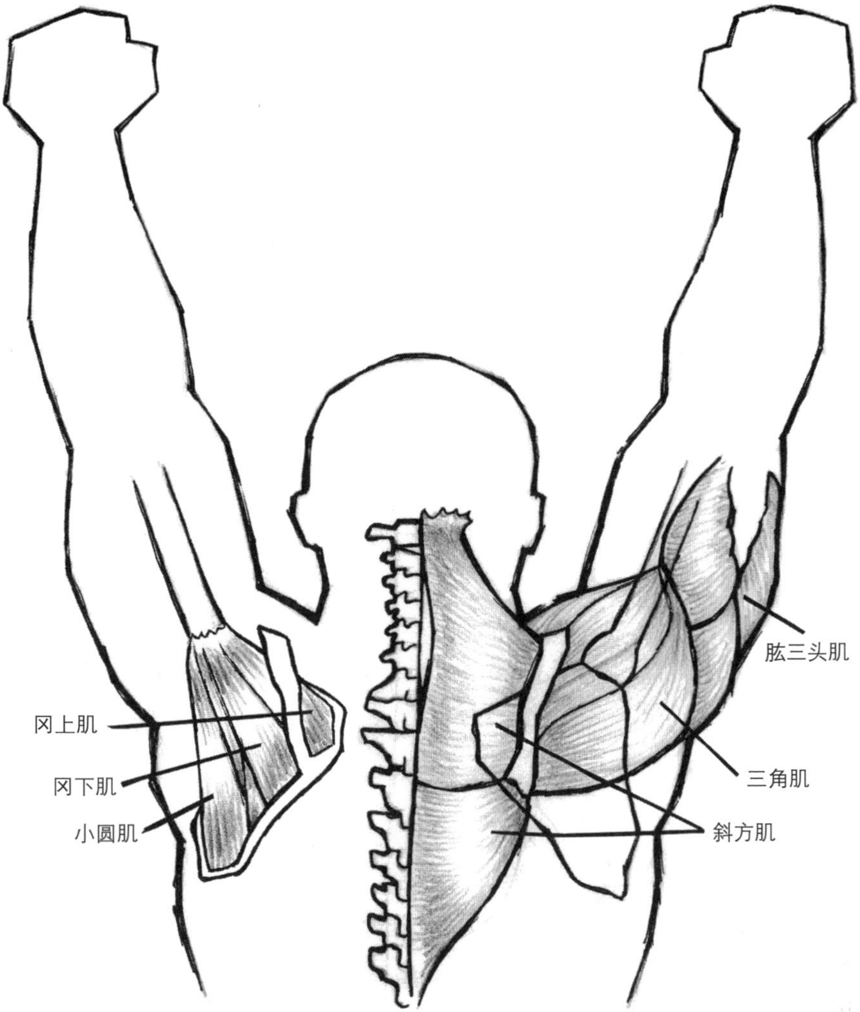

图 3–6. 在推举中，斜方肌、肩胛骨、手臂和杠铃在人体结构上的位置关系

样的动作使肩胛盂能够朝上直接从下方支持肱骨，并将喙突和肩峰**拉离**肱骨。如果你正确地推举的话，肩胛骨就会被耸肩的动作向上拉，从而被调整到一个支持手臂和过头杠铃杆的位置，这样一来肩袖肌腱的夹挤就不可能出现了（图 3–6）。

所以，推举造成肩关节夹挤症的说法是不正确的。**错误的**推举和推举不能相提并论——你不能自己重新定义这个训练项目，然后就说它是危险的。这与你故意开车撞向一块巨石，然后说开车是危险的道理一样。

有几种动作会造成肩关节夹挤症，但没有一个与推举有关。你只需要保持肩胛骨的位置，同时让肱骨楔入骨性突起处就行了。采用不正确的肘部姿势卧推，以及在力量准备不足的情况下做一些体操动作，比如吊环屈臂撑、吊环俯卧撑，很容易让你的肩膀处于一种在解剖学或者力学机制上难以控制的

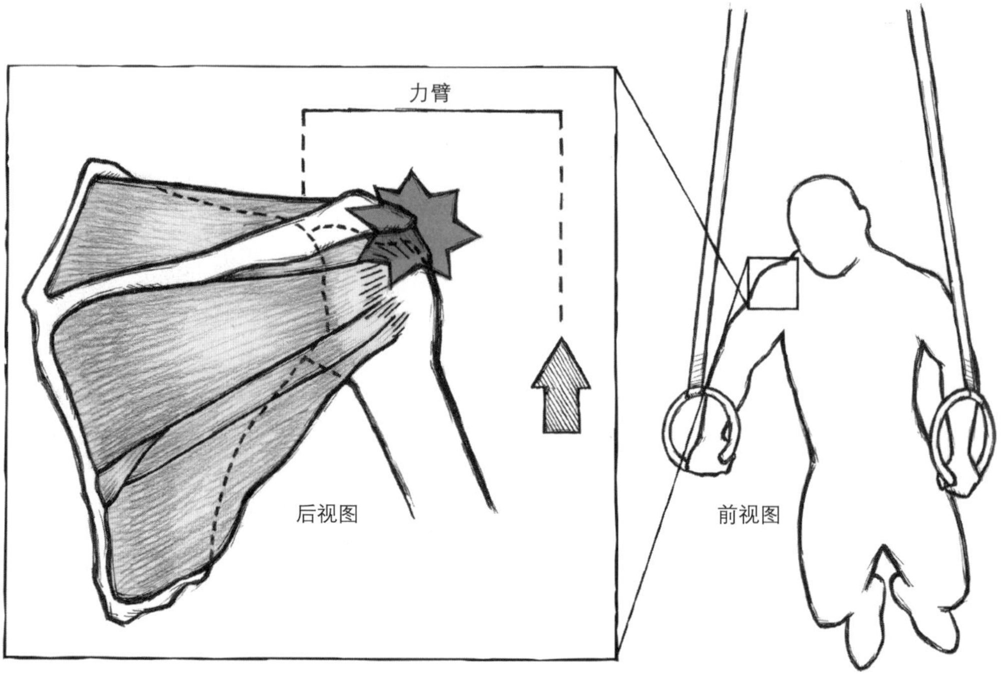

图 3–7. 在吊环屈臂撑中，不正确的肩膀姿势所造成的肩关节夹挤。重力推动肩锁关节向下紧靠肱骨，而手臂的侧向运动产生的力矩会造成严重的肩膀问题

危险状态（图 3–7）。力量举会对肩膀的长期健康带来严峻考验，而近期一些新手运动员对体操训练的痴迷是很多本来不必要的外科手术的罪魁祸首。采用过头姿势的运动，比如网球、游泳以及排球，都不是典型的利用推举让身体做好准备以应对过头姿势对肩关节造成的压力的项目，从事这些运动的运动员遭受肩关节伤病和外科手术修复的风险很高。令人吃惊的是，在奥林匹克举重运动中，肩关节的伤病却非常罕见。这项运动的目的就是把尽可能大的重量举过头顶。举重运动员很快就能学会如何把重量保持在过顶姿势中，而与此同时，网球运动员也许已经主动放弃了学习使用这个姿势的正确方法。

肩关节伤病发生的概率很高，而在过去的数十年中很多人都在使用推举修复受伤的肩膀——特别是受伤的肩袖。推举是安全的，因为它能够强化肩袖肌肉，同时这也是它被用于肩关节损伤康复的原因。物理疗法通常用弹力带和重约 2 磅（0.9 千克）的哑铃直接训练肩袖肌肉，以实现肩关节的康复。这是一种“有趣”的疗法，因为这些孤立的动作不会作为典型的人体运动模式的一个常规部分而存在。但是当你把杠铃推举过头并正确完成锁定时，肩膀上的所有肌肉都是绷紧并收缩的。当经过一段时间的锻炼重量增加之后，完成推举的力量也会增加，同时所有收缩的肌肉产生的力量也会相应增长。因为推举动作能够通过肩袖肌肉的等长收缩稳定顶部的锁定姿势，与此同时正确的动作也保证了肩袖肌肉在这其中是主动收缩的，而且这种姿势**与肩关节夹挤的姿势相比是安全的**，所以正确地推举其实是一种增强肩袖肌肉的合理的方式——即使是在肩袖肌肉的力量因为伤病或者外科手术修复而减弱的时候。在正确的推举锁定姿势中，健康有力的肌肉支持着较薄弱的肌肉。如果运动员采用足够轻的重量并能够正确运用相应的技术动作的话，那些受伤的肌肉就能恢复到一个能够承受更大负荷的正常训练状态。采用这种方法时，受伤的肌肉是通过**发挥其正常功能**的方式来恢复其功能的。实际上，这些肌肉在正常行使功能的时候并没有其他选项可选，只可能康复。

因为推举能够强化肩膀的力量，所以作为一个有活力的成年人，把正确推举作为训练中的一部分，是你在整个运动生涯和生活中保证肩膀健康的关键所在。大多数肩关节有问题的举重者并没有接受这条建议，正因为他们忽略了这项最重要的上半身训练所以才付出了代价。事实上，在卧推成为健身房中上半身训练的唯一关注点之前，肩关节伤病并不常见。其实在进行卧推训练的同时，搭配相同训练量的过头推举训练，就能够使训练者的身体达到平衡，这样我们就能在肩袖出现问题之前，在训练过程中将其解决。对每一次卧推练习来说，你都应该匹配一次推举练习。

一个很关键的事情是，推举对技术的要求非常高。用大重量做推举是很难的，大多数人投入了很多年的时间去提高自己的推举技术能力——以良好的技术动作完成大重量推举。我们最好现在开始学习。

学习如何推举

你在深蹲架旁用空杆开始练习推举。杠铃杆应该放置在与深蹲时相同的高度上，大概与胸骨中部的高度相当。如果你是一位女性、一位年轻的训练者、一位老年人或者是一个受过伤的人，那么将 45 磅（20.4 千克）重的杠铃杆作为这项训练初始的重量可能太重了。确保你能用合适的器材进行训练，否则你将永远没有机会正确地学习推举。

推举的握距是由我们已经知道的简单力学原理决定的。使用这种握距时，无论是从前面看，还是后面看，前臂都处于一种垂直的状态中（图 3–8）。这种握距让你的食指处于滚花末端与滚花之外 ½ 英寸（1.3 厘米）之间的位置。体型特别巨大的人需要更宽的握距来保持前臂的垂直状态，但这样的人并不多。过宽的握距会在杠铃杆的握点与训练

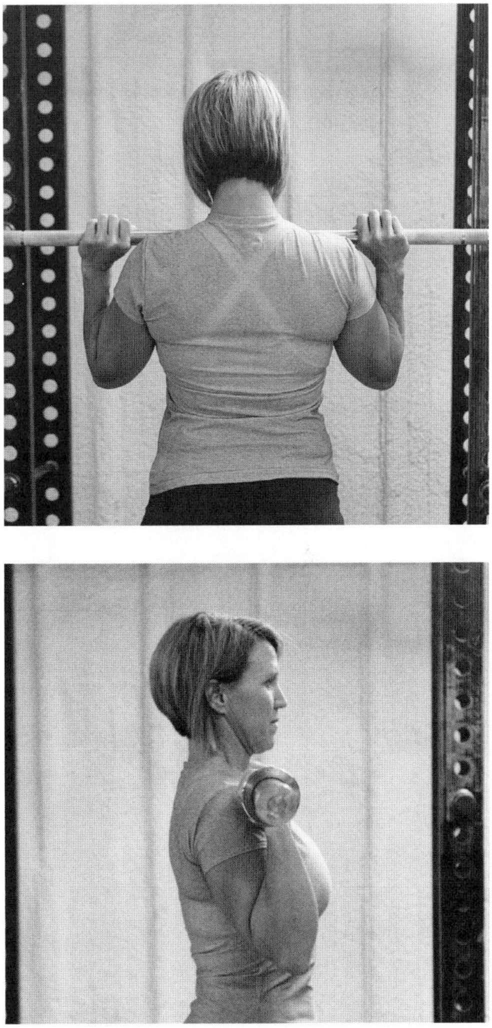

图 3–8. 调整握距使其略比肩宽，以使前臂处于垂直状态

图 3–9. 不正确的握姿产生的力臂。（A）双手和肩关节之间以及肘关节和肩关节之间的力臂。（B）沿矢状平面，肘关节和肩关节之间的力臂。（C）腕关节和杠铃杆之间的力臂

者肘关节之间、肘关节与肩关节之间，以及握点与肩关节之间产生力臂；这样的话你不得不去克服这些力臂所产生的力矩，而这些力矩是你根本不需要的（图 3–9）。训练场所的器材选择可能并不取决于你，大多数人只能使用健身房中现有的器材。所以，请注意在一根标准的奥林匹克举重杠铃杆中，滚花之间的距离大约是 16.5 英寸（42 厘米）——力量举杠铃杆没有标准的中心标志，但大多数与奥林匹克举重杠铃杆比较接近。如果你根据这种长度标准在你所使用的杠铃杆上做好标记的话，调整握距就变得简单多了，这样你每次就能够使用同样的握距。

你所采用的握姿要让前臂骨处于杠铃杆的正下方，以消除由于杠铃杆在手中的位置过于靠后而产生的作用于腕关节的力矩。有效调整握距和握姿的最佳方式是这样的：根据你食指的位置来调整握距，然后通过让大拇指向下指向双脚的方式将双手前旋。这样的调整是要使杠铃杆处在你手掌的**鱼际纹**处，介于**鱼际隆起**（靠近大拇指的隆起）和手掌另一侧的内侧（**小鱼际**）隆起之间——通俗来讲就是与你的“生命线”平行。然后，把手指握在杠铃杆上，并用指尖挤压杠铃杆。当你起杠的时候，杠铃杆会靠在你的手掌根部，并处于前臂骨的正上方，如图 3–10 所示。请注意，这种握姿会产生一个 10° ~ 15° 的腕关节伸展角度，这个角度也是紧握的拳头的伸展角度，并且是前臂伸肌和屈肌收缩最有力的位置。你可以自己检验一下——通过过度伸展或者过度弯曲你的手腕，并尝试在每种极端情况下握紧拳头。正确的腕关节角度允许前臂肌肉产生最大程度的“紧缩”，并能够让起始姿势的发力更加高效。

从架子上取下杠铃杆——**空杆**，根据你自己的能力选择合适的重量。正确的握姿能够让杠铃杆处在手掌根部，而且从侧面看时你的肘部应该移动到稍稍向前越过杠铃杆的

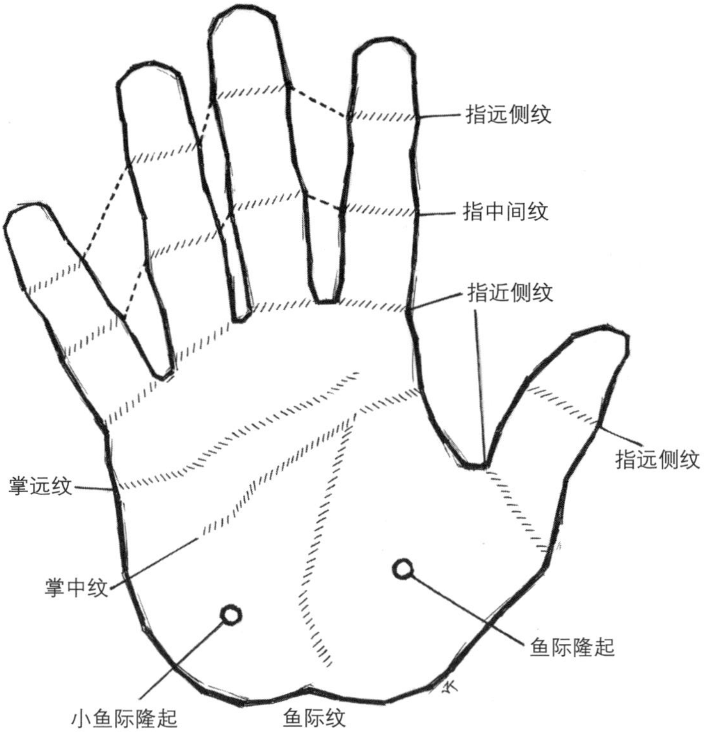

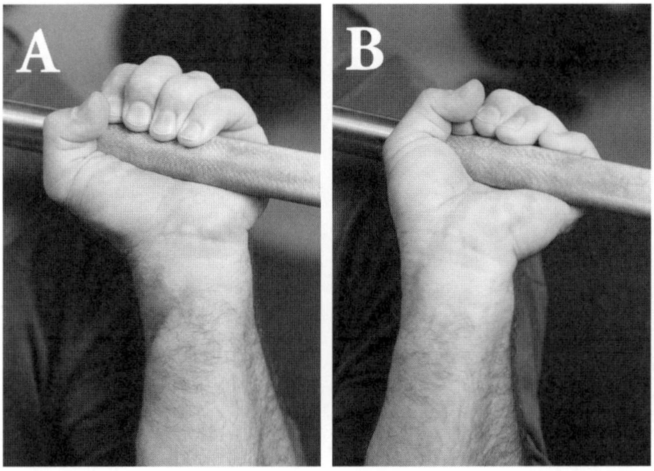

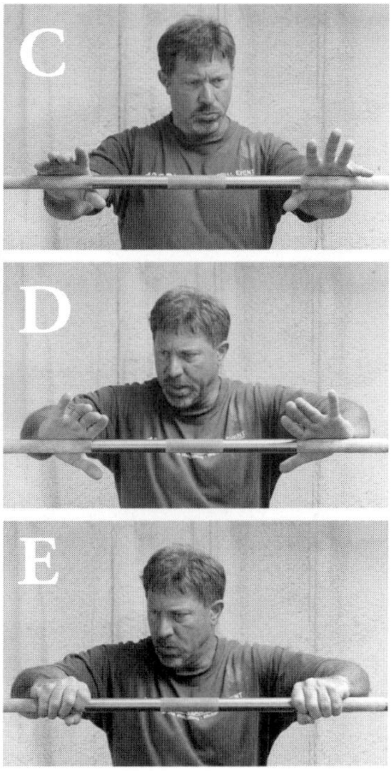

图 3–10. 上图，手掌表面纹理。下图，（A）杠铃杆在手中的正确位置：靠近手掌根部，而不是靠在手指上（B）。调整握姿的正确方法（C–E）。请注意 A 图中腕关节的角度与握紧拳头的腕关节角度是一样的——伸展 10° ~ 15° ，这是产生最大握力的最佳姿势

位置。这样的位置会让前臂的桡骨处于垂直状态（图 3–11）。（大多数人会让肘部处于杠铃正下方或者稍向后的位置，但是这样的位置会让你在推举的时候，倾向于驱动杠铃杆远离身体。）略微向前、向上耸肩。在这个动作开始的时候，这个想法会让杠铃杆处在三角肌前束的顶部——肩部肌肉集中的位置（图 3–12）。

图 3–11. 肘部在杠铃杆前方。这样的姿势能够让桡骨处于垂直状态，并且为举重者提供向上发力的正确方向

图 3–12. 可能的话，要把杠铃杆停靠在肩膀的肌肉——三角肌前束上。上图，常规尺寸前臂的姿势。下图，前臂长度相对于肱骨长度较长时的姿势。举重者采用一种“漂浮”在三角肌上的杠铃杆位置开始推举。在这种情况下尝试着把杠铃杆下放至三角肌上对起始姿势的力学机制会产生不利影响

柔韧性不足的人在刚开始训练时也许不能让肩膀足够靠前、靠上，让杠铃处于上面所说的位置；如果只是柔韧性方面的问题，那你很快就能通过拉伸解决这个问题。有些人的前臂长度相对于他们上臂的长度来说很长，这样的人体结构不可能在肘部处于正确位置且保持一个较窄握距的同时，把杠铃杆放在三角肌上。把杠铃杆放在三角肌上是一个理想的状态，但用一种不那么完美的姿势做这个动作实际上也是没有问题的。柔韧性很好的人应该确保肘部不要抬得太高，因为这样做会将肩胛骨前拉，削弱肩胛骨的紧绷度和稳定性，不利于举重者有效地完成推举练习。

与深蹲动作中的站姿相比，你在推举动作中的站姿并没有那么关键。采用一种舒服的站姿即可，一般来说你都会找到一种合适的站姿。深蹲的站姿实际上在进行推举动作时也适用。站距太窄会影响身体的平衡，而采用比深蹲站距更宽的站距会让人感觉相当怪异。我们在做这个动作时不会借助地面的反作用力（因为这不是借力推举），所以不要想着在这个动作中使用类似垂直跳的站距。事实上，当你不确定的时候，你可以选择宽一点儿的站距。

正确的双目注视方向能避免很多起始阶段的姿势问题。向前注视墙上与双目平齐的一点。（这是假定你的训练场内有墙壁。如果墙壁离你太远的话，一个器械也能起到同样的作用。）在整组训练的过程中，你都要注视着那一个点。有时候你也许需要自己动手制作一个注视的点，如果是这样，你可以在纸上画一个很大的点，然后把它挂在能让你的双目保持正确注视方向的位置。

接下来，挺起你的胸。你通常可以通过

收缩竖脊肌的上部来做到这一点。向下巴的方向上抬胸骨，或者是炫耀你的胸部——虽然这个比方有些粗俗，但你不得不承认这样做有用——参考图 3-13 中的姿势。“挺胸”实际上是一个背部收缩的过程，而推举和前深蹲是强化和发展这些肌肉控制力的两项最好的训练。挺胸使上背部和整条动力链的肌肉绷紧，从而让你和地面之间的连接更加稳定，进而在总体上改善你的推举力学。

当你把肘部正确地向上抬起并挺胸时，其实你已经准备好推举杠铃了。学习推举分为两步：第一步，你把杠铃杆推起到推举动作的完成位置。这一步包含学习锁定姿势以及采用这种姿势的解剖学和力学原理。第二步，你将学习如何正确地把杠铃杆举到锁定位置。这一步包含了学习如何通过力学知识高效地控制杠铃杆的运动路径，以及如何让身体完成这个过程。

第一步：深吸一口气，并且保持住（我们的“朋友”瓦式呼吸法），然后将杠铃杆举过头顶。大多数人在把杠铃杆举过头顶并锁定该动作的时候，会让杠铃杆处于额头前的正上方。请确保杠铃杆处于颈部后侧的正上方，也就是使杠铃杆与盂肱关节、脚中心点处在同一个垂直于地面的平面上（图 3-14）。当杠铃杆处在这个位置的时候，动力链的主要部位——肩关节与杠铃之间，以及肩关节与脚中心点之间——的力矩是最小的。如果杠铃杆处于肩关节的正上方，那么负重对肩关节就没有产生力矩。如果肩关节处于脚中心点的正上方，那么背部和双腿相对平衡点就没有产生力矩。如果杠铃杆处于脚中心点的正上方，那么整条动力链就被简单地压缩在同一平面内，主要的身体部位上都没有力矩。

图 3-13. 上图，正确的上背部姿势提供了一个驱动杠铃杆向上的稳固平台。下图，放松的上背部

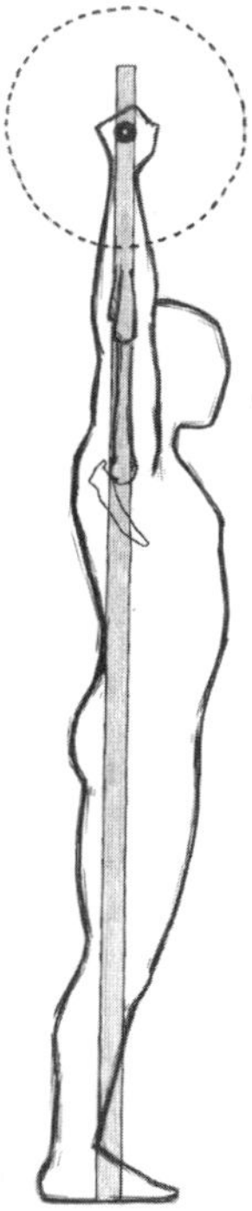

图 3-14. 推举中骨骼结构上的标记。当杠铃杆、盂肱关节和脚中心点全部处于同一平面——即垂直于地面的时候，锁定姿势就是正确的

当杠铃杆处在头顶上方正确的位置时，锁定肘关节并且向上耸肩为杠铃杆提供支持。肱三头肌和三角肌使手臂中的骨骼处在一个笔直向上的柱体中；肩部和斜方肌同步上耸；手臂和斜方肌必须共同运作来支撑被举过头顶的大重量。正如图 3–15 所示，就好像有人在你的背后轻轻把你的双肘向里推，并同时向上拉。当杠铃杆处于双耳正上方时，肘关节锁定与斜方肌上耸并锁定的组合，在这个动作的顶部产生了一种非常稳固、平稳的姿势。而这种姿势能够让举重者运用所有上肢带上的肌肉，与此同时还能防止肩关节夹挤的出现。

把锁定阶段想象成是向上推举动作的延续，对举重者来说是很有帮助的，就好像你把杠铃向上推举的过程从不会结束那样。当负重变大的时候，这种提示法为举重者提供了最后一点必需的力量把杠铃杆推入锁定位置。做这个动作时你可以想象着把杠铃向天花板推举。

第二步：当你确保锁定姿势是正确的之后，就该学习如何以最佳的方式把杠铃杆驱动到这个位置了。这一步包含了纠正杠铃杆的运动路径和建立身体相对于杠铃杆的正确动作模式。因为杠铃杆在三角肌上，且位于颈部前方，而它必须被向上移动到肩关节的正上方，在起始位置后方几英寸的位置，所以在杠铃杆上升的过程中，相对于杠铃杆人体肯定会横向移动几英寸（图 3–16）。但是杠铃倾向于沿垂直线上下运动，特别是当重量很大的时候。所以我们必须创造出杠铃杆垂直运动的路径：把负重从一个位于肩膀前面的位置移动到处于肩关节正上方的锁定位置。我们可以通过髋部的移动做到这一点。

首先，把你的双手放在髋部并收缩股四头肌使其绷紧，从而强力地锁定处于伸展状态的膝关节（图 3–17）。然后收缩并绷紧腹肌，从前侧固定腰椎。身体从胸廓向下，一直到膝关节处的收缩产生了一系列的张力，我们能够利用这些张力产生回弹效果。一旦这种紧绷的状态被建立起来，就要把你的髋部向前推，使身体的重心转移到脚尖上。**你绝对不能通过屈膝或者弯曲腰椎的方式来做这个动作，**只能通过将髋部向前推，并在腹肌和股四头肌处于紧绷状态时做这个动作。当你通过只移动髋部的方式成功地学会该动作之后，你要快速地推动身体进入这个状态，并感受一下达到紧绷状态时的回弹效果。你的重心应该会先移动到脚尖，然后在身体反弹回复到原位后再重新回到脚中心点的正上

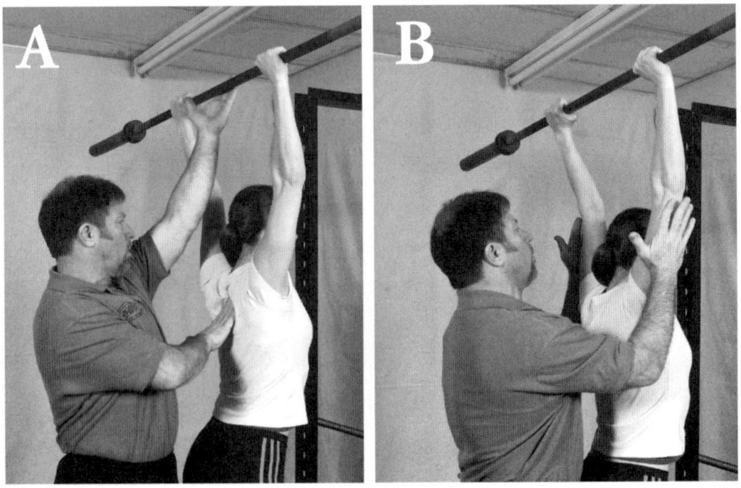

图 3–15. 锁定阶段的提示法。（A）杠铃杆的位置靠后并处于肩关节的正上方。如果颈部处于正常的人体解剖学位置的话，杠铃杆会明显地处于额头后方。想象着杠铃杆是被你从身后拉回到这个位置的也许对你会有帮助。（B）肱三头肌、三角肌和斜方肌支持着杠铃杆，并使之处于这个位置。想象一下，肱骨两侧受到向上、向内的轻微挤压，同时还会听到教练员“耸肩举起杠铃”的提醒——这样的做法也许会对你有帮助

方。在这个动作中，你**不应该**把髋部向后拉，而应该利用紧绷的身体让髋部回弹。就像拉弓一样，这个动作中最大的张力会处于身体距离中心最远的点上，而这种张力会驱动髋部向后。这个动作会在前侧让紧绷的身体产生一定的反弹，而这种反弹会使肩膀在这个过程中上下小幅移动。

把空杆从架子上取下，确保你的握姿和手肘姿势是正确的，然后握住手中的杠铃杆并重复相同的动作。当你能够正确地完成这个动作的时候，你会发现髋部前推时杠铃杆会略微下沉，而当髋部回弹时，杠铃杆会反弹向上。让杠铃杆反弹几次，然后趁杠铃杆向上弹起的时机将其举过头顶并锁定。推举的动作发生在**髋部利用身体前侧的张力回弹之后**，而不是之前。如果你很难把握住时机，那就不断尝试让杠铃杆多反弹几次。大多数人会觉得紧随反弹力完成推举是很自然的。

一旦杠铃杆越过额头的高度，**就要让身体回到杠铃杆的下方**。将身体前移至杠铃杆下方，并驱动杠铃杆进入锁定状态。不要后移杠铃杆，而是要用力将自己前推至杠铃杆

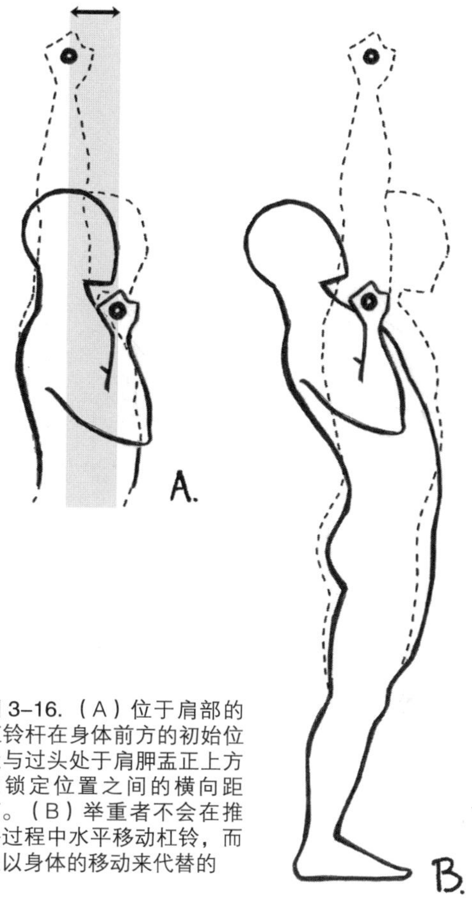

图 3–16.（A）位于肩部的杠铃杆在身体前方的初始位置与过头处于肩胛盂正上方的锁定位置之间的横向距离。（B）举重者不会在推举过程中水平移动杠铃，而是以身体的移动来代替的

图 3–17. 推举中运用的髋部动作。把双手放在髋部，前后推挤骨盆来模拟推举中运用的躯干运动。始终锁定你的膝关节和下背部

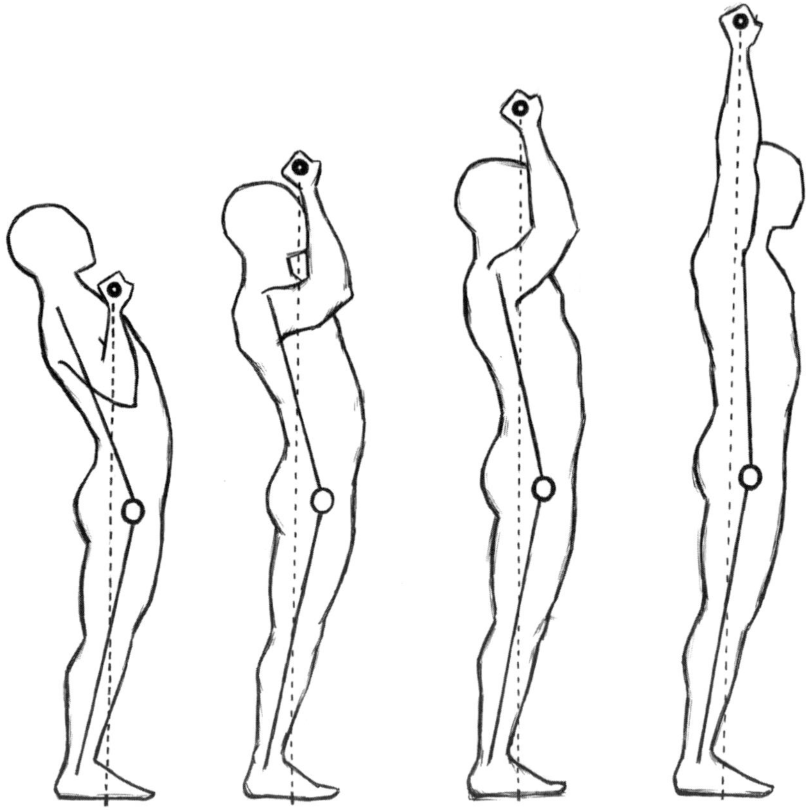

图 3–18. 当杠铃杆被驱动向上的时候，躯干会被驱动向前

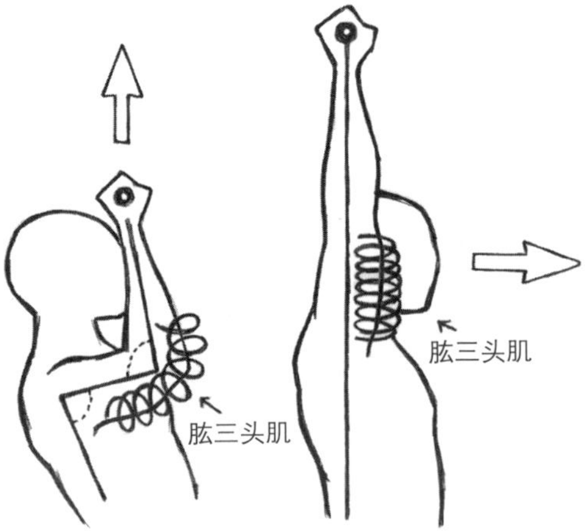

图 3–19. 躯干的前移有助于杠铃杆的锁定。当肩关节和肘关节伸展开的时候，肩膀的前移会驱动肱骨的远端向上，并帮助肘关节伸直

的下方（图 3–18）。当你能够正确地做到这一点的时候，你会发现躯干前移的动作有助于杠铃杆在顶部的锁定：当你驱动肩膀向前的时候，收缩着的三角肌和肱三头肌会让上臂和前臂处在一条直线上，这样能够驱动杠铃杆向上运动（图 3–19）。

做一个包含 5 次重复的组练习这个动作然后收杠。此外，还要用空杆练习足够多的组数来弄清楚，如何利用身体前侧的张力回弹，并将身体前移到杠铃杆下方，而不是移动杠铃杆回到肩关节上方。你在开始推举**之前**就要把髋部向前推，因为以一种躯干竖直的姿势开始推举，然后在杠铃杆开始上升的时候出现身体后仰的情况是非常普遍的。**髋部前移和利用身体前侧张力产生的反弹必须发生在推举开始之前**，否则杠铃杆会在你的下巴附近**向前**移动，而不是在一个高效的垂直路径中**向上**运动。

为了进一步强化这种垂直的杠铃杆运动路径，你可以想象着在推举向上的时候让杠铃杆靠近自己的脸部。也就是当杠铃杆离开肩膀的时候，是对准你的鼻子向上运动的。然后，当你为了下一次重复向下收回杠铃杆的时候,杠铃杆也要对准你的鼻子向下运动。在你弄清楚这一点之前，你可能真的会让杠铃杆撞到鼻子上,但你大概也只会撞到一次。当你为这个动作的向心运动和离心运动过程构建出了一条靠近脸部的杠铃杆运动路径时，你就可以在最初的几组训练中开始练习这种垂直的杠铃杆运动路径了。

在用空杆练习足够多的组数之后，就要根据你的年龄和力量水平选择每组增加 5 磅（2.3 千克）、10 磅（4.5 千克）或者 20 磅（9.1 千克）的重量——直到杠铃杆的移动速度在组内的第 5 次推举时明显降低时结束，这就是第一次训练。

错误和纠正

推举动作中遇到的问题不会像深蹲或者硬拉动作中遇到的那么多，因为主动参与到杠铃杆运动中的肌群比较少。大多数问题要么是起始姿势的问题，要么是杠铃杆运动路径的问题，这两个问题之所以会导致推举失败其实只有两个原因：

- 你不能将杠铃杆推离胸部。
- 肩关节与杠铃杆之间的水平距离过长，导致做动作的过程中出现了一个无法克服的力臂：杠铃杆运动路径的问题。

第一个问题产生的原因是你在起始姿势中丧失了**紧绷度**。这可能是因为错误的呼吸方式、错误的身体姿势（胸部没有挺起，肘部没有抬起等）、精神不集中，或者只是因为你太累了，抑或者是因为重量太大了。第二个问题产生的原因是你制造了一条**不正确的杠铃杆运动路径**。你把杠铃杆向前推而不是向上推，当你把杠铃杆向上推起的时候，并没有保持住杠铃杆下方的身体姿势；或者是当杠铃杆越过额头高度的时候，你的身体并没有回到杠铃杆下方。让我们看一下这些错误发生的情况，并搞清楚如何预防这些错误的发生。

失去紧绷度

有两种上背部松弛的情况经常会对推举造成负面的影响。第一种情况非常常见，那就是胸部内收而上背部拱起造成的绷紧度丧失。推举中的大重量已足够让人不舒服了，而此时支撑力的缺乏更加剧了这个问题。保持胸部挺起，并让胸椎处于正确的人体解剖学姿势中，这一点主要是通过上背部的肌肉和你的呼吸模式完成的（图 3–20）。当竖脊

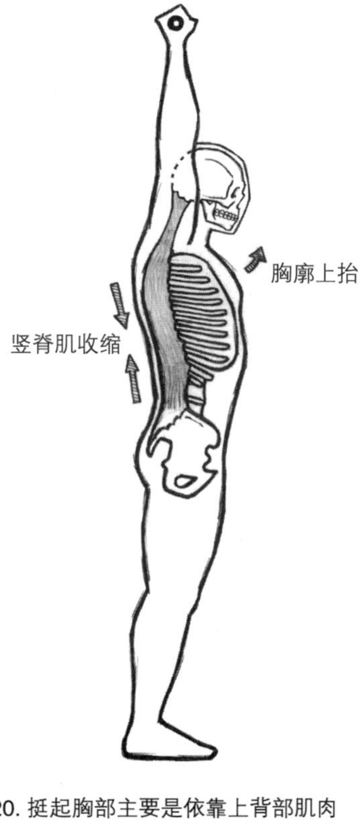

图 3–20. 挺起胸部主要是依靠上背部肌肉

肌上部收缩的时候,它们能够让胸廓向上抬，并能够对抗肩部的负重，从而保证胸腔处于正确的姿势中。你需要时刻想着“挺起胸膛”，但大多数人需要在每一次推举时都花点儿时间才能真正注意到这一点。处在杠铃下的举重者的注意力集中的时间很短，特别是当肩膀前侧放着一根很重的杠铃时。当重量变得更大的时候，专注于技术动作就会变得更加困难。深吸一口气——能够在所有杠铃训练项目中使用的瓦式呼吸法在推举练习中是你最好的朋友。气体会为我们提供支持——在推举过程中，气体会为我们的胸廓和脊柱提供支持力。绷紧肌肉和挺起胸部的动作，是人体在大负重下深吸气时所固有的，这两个动作本质上是不可分的。它们同时发生，并相互传递信号以保证动作协同发生。

你需要在每一次推举前都重新吸一口气，否则在使用大重量的时候你就会有暂时丧失意识的风险。**血管迷走神经性晕厥**就是用来描述暂时丧失意识或者晕厥情况的术语。这种状况由交感 - 副交感神经系统对以下三种情况的响应所导致：①杠铃对颈部产生的压力；②耸肩的锁定姿势；③作用于身体前侧的杠铃负载对颈部血管组织——即**颈动脉窦**——造成的影响。这三种情况中的任意一种对颈动脉窦施加的压力都会在错误的时机降低心率，从而让敏感的人暂时丧失意识（有趣的是，这种事极少发生在女性身上）。这种现象与瓦式呼吸法本身并没有直接的关联。因为对健康人来说，负载下的瓦式呼吸法在深蹲、卧推和硬拉中并不存在问题，并且瓦式呼吸法能够让更多的血液流向大脑。如果你在每次重复之间不通过重新吸一口气的方式来释放压力的话，暂时丧失意识的概率就会明显增加。

在杠铃下丧失意识是个问题，因为如果你跌倒了，举重室对举着杠铃的你来说，永远不会是一个能让你舒服倒地的地方。推举和翻举的支撑姿势是仅有的两个经常会出现暂时丧失意识问题的动作，所以你要做好应对这种情况的准备。在这种情况发生之前，你会感觉到些许改变。如果可能的话，你要赶紧收杠或者把杠铃扔掉。如果这种感觉一直持续或者变严重的话（你的膝关节会开始摇晃），赶紧跪在地上，这样你跌倒的距离就会缩短。暂时的意识丧失本身无害，它会在几秒钟内消失,并且没有后续的负面效果。但跌倒会是个问题，所以一定要小心。

另一种放松身体的方式就是让肘部和肩部下滑，或者从不让它们抬起处于正确的姿势中。当你没有保持肘部抬起的时候，你的肩膀也会下沉。这种组合不仅让肘关节处于一种对推举来说不利的力学位置中，并且会让杠铃杆在胸部略微下沉，这就增加了推举过程中杠铃的运动路径。更长的杠铃杆运动路径意味着举重者要从一个不利的姿势中克服负重做更多的功，这会减少你用这种方式所能举起的重量。保持肩膀上耸，肘部向前稍越过杠铃杆——肱三头肌踏实地接触着背阔肌，即紧绷腋窝——这样杠铃杆的运动路径会更短更有效，每次推举之间的底部姿势也能被更好地支持着。

采用低效的杠铃杆运动路径

第二个主要的问题是低效的杠铃杆运动路径。杠铃最好是沿垂直方向运动，你的任务其实就是调整自己身体的动作，让杠铃能够垂直移动（图 3–21）。你需要在推举开始之前，把髋部向前推并且让身体产生反弹，而 95% 的人都无法运用足够的髋部力量，在不使杠铃杆前移的情况下把杠铃杆举过下巴进入正确的路径中。记住，使用髋部力量能让你高效地完成推举动作。下定决心，在你开始每一次推举**之前**都把髋部向前推。重量越大,你把髋部向前推的决心就必须越坚决。

重量越大，杠铃杆的运动路径偏离肩关

节的倾向就越明显。保持杠铃杆靠近肩关节是至关重要的。当肩关节和杠铃杆之间的水平距离大到你的力量无法对抗由这个力臂产生的杠杆作用时——就算杠铃重量本身没有超出你的力量允许的范围——你的上举过程也会卡住。三种常见的杠铃杆路径问题都会导致这种情况的发生。虽然杠铃杆被推离预设的正确路径、在杠铃杆被举过额头之后没有能让身体处于杠铃杆之下，以及身体后仰远离杠铃杆是三个不同的问题，但它们都会以同样的方式影响着你的推举动作。

第一，使用轻重量时最常见的动作问题是使杠铃杆远离脸部，过于靠前；这个问题是由远离脸部、发生弯曲的杠铃杆运动路径所导致的（图 3–22）。大重量最好是沿垂直方向运动，因为与更长的弯曲路径相比，这样的运动方式代表着更少的能量消耗，这对所有杠铃训练项目来说——从简单的推举到更复杂的抓举和挺举，都是一样的。在推举动作中，大重量必须沿着一条垂直且笔直的杠铃杆运动路径运动，因为你不能以一条弯曲的路径推举大重量。如果杠铃杆前移的话，你的背部必须后移才能让整个系统的重心始终在脚中心点的正上方，以保持身体的平衡。这种控制力的丧失削弱了举重者完成爆发式上推所必需的姿势的作用。而在这个姿势中，三角肌和肱三头肌会驱动肘部向上运动并靠近身体，更短的力臂能够使这个姿势的力学

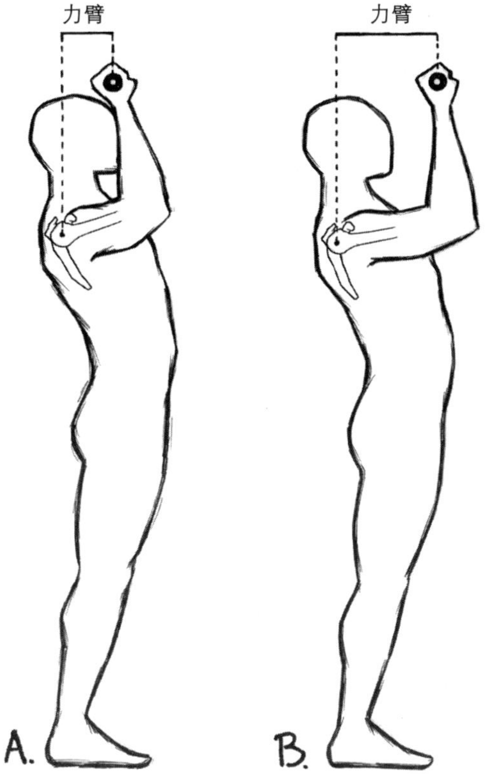

图 3–21. 推举姿势的力学特征强烈地影响着推举的效率。杠铃杆和肩膀之间的距离越短，力臂就越短。左图，驱动杠铃向上靠近面部产生了这种良好的力学姿势。右图，身体或者杠铃杆的任何偏移都会增加力臂的长度，对推举效率产生负面影响

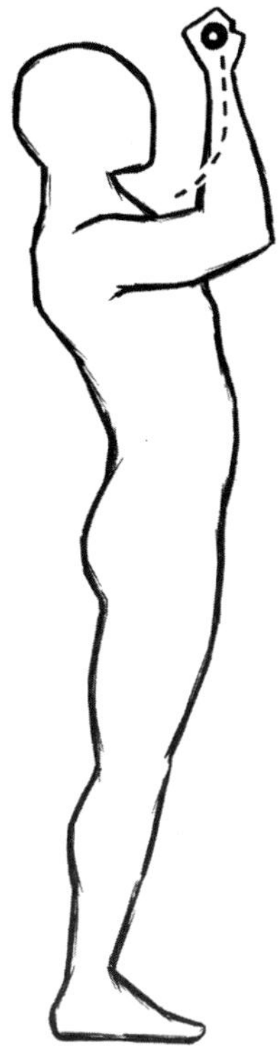

图 3–22. 问题 1：把杠铃杆推离脸部产生了低效的推举动作和弯曲的杠铃杆运动路径。如果举重者因为后仰不足将杠铃杆前推避开下巴的话，这种错误就会发生

效率更高。有时，举重者会让肘部下沉并使之处在一个较低的位置，这样做会使上臂无法保持垂直。如果你能够早一点儿认识到这个问题，其实是很容易纠正的：抬高你的肘部直到它们稍越过杠铃杆，保持你的肱三头肌贴在背阔肌上，并且将杠铃杆对准鼻子向上推举。当你在顶部位置锁定杠铃杆之后，再对准鼻子放下杠铃杆，这样你就能够在一个 5 次重复的组中，练习保持杠铃杆贴近身体 10 次。

第二，让杠铃杆处于身体前方——而不是身体移动到杠铃杆下方——是另一个问题，而它最可能发生在使用大重量的时候。当杠铃杆开始沿垂直线被完美地举起并越过头顶的时候，举重者却没有前移到杠铃杆的正下方（图 3-23）。这样的话，同样的姿势问题就会在杠铃杆运动路径上的更高位置产生。你必须养成在杠铃杆被举过额头之后马上用力前推身体，让身体回到杠铃杆下方的习惯。这种动作模式必须在举重者刚开始学习推举的时候就根植于脑海中。在每次训练中，举重者都必须从空杆开始有意识地重复练习这种动作模式。

图 3-23. 问题 2：当杠铃杆被举过头顶之后，举重者的身体没有移动到杠铃杆的正下方，这样就在杠铃杆与肩关节之间产生了举重者难以对抗的较长力臂。出现这种错误，举重者就不能利用躯干的向前驱动帮助锁定肘关节了

这是采用产生牵张反射的水平反弹法所解决的问题之一。举重者快速前推髋部并使之处于由膝关节和胸部所产生的紧绷状态中，由此造成的反弹会将髋部向后拉——这是一种自然反应。髋部向后的运动方式能够将杠铃杆前移的趋势减至最小。胸部和肩膀的前移或者髋部的后移，相对杠铃杆产生了相同的净效果——杠铃杆向后移动回到肩膀的正上方，这样举重者在使用大重量时就能够把会明显影响推举完成的不良力矩消除。本书的旧版本在这个阶段推荐了一种有意识后移髋部的方法，但经验证明这个方法既不能有效地产生向上驱动杠铃杆的力，也不利于保持杠铃杆处于脚中心点的正上方。髋部产生的、被推入紧绷的“前链”肌肉中的有力反弹让髋部产生了足够的后移，这会使你的身体回到杠铃杆的正下方。

但刻意将身体前移至杠铃杆下方会导致平衡的问题——在向上举起和锁定杠铃杆的时候，重心倾向于转移到前脚掌。身体与地面的良好接触要求重量均匀分布在整个脚掌上，即使在推举开始之后，杠铃杆处于脚中心正上方的时候也是一样。在推举过程中，身体的任何前移必须以整个身体在杠铃杆下保持平衡为前提。如果身体前移的程度过大，以至于让整个系统处于不平衡的状态的话，你将不得不通过前移一只脚或者双脚来抵消这种效果。让身体处于杠铃杆下方是由躯干位置的变化导致的，而不是由整个系统的重心移动所产生的。过大的动作幅度会扰乱动力链和推举动作的正常运作。举重者可以通过想象着把重量转移到脚尖，并收缩臀肌的方式完成髋部位置的起始前移。一旦举重者开始向上推举的时候，整个系统必须回到脚中心点的正上方以保持身体平衡。在杠铃杆被向上举起时，把脚中心点与杠铃杆的关系想象成它们处在同一个垂直狭槽中，是纠正有关平衡问题的最佳提示法。

第三个杠铃杆路径问题是你将自己推离杠铃杆的趋势。在杠铃杆离开肩膀起始向上时，身体的后仰是一个问题（图 3–24），而且杠铃的重量越大问题就会越严重。在推举过程中，髋部是一个至关重要的部分，因为它产生了驱动杠铃杆向上的反弹过程。如果你没有掌握好时机,就会先驱动杠铃杆向上，然后从髋部开始后仰，而不是先驱动髋部向前，然后再驱动杠铃杆向上。杠铃杆与肩关节之间的水平距离变长，这在开始时不足以使推举失败，但当重量变大时就足够破坏推举了。杠铃杆的运动路径可能起始时是垂直的，但随着身体回复到直立姿势，杠铃杆会前移。

这个问题通常都是因为举重者对下背部姿势的控制力不足造成的。出现这个问题的时候，初始动作会退化为腰椎过度伸展，而不是一种髋部运动。在极端负重时，腰椎过度伸展是非常危险的，所以要始终保持对背部的控制。这其实是腹肌控制的问题，出现上述问题可能是腹肌较为薄弱导致的。腹直肌,通过在胸廓与耻骨之间产生张力的方式，直接对抗腰椎的过度伸展，并通过增加腹内压的方式，从躯干前侧巩固正确的腰椎曲度（图 3–25）。负重仰卧起坐能帮助举重者锻炼出一组强壮的腹肌，但其实推举动作本身已经能给大多数人提供足够的腹肌训练了。

正如大多数使用大重量训练过的人都知道的那样，大重量会使举重者对技术动作和姿势要点的关注淡化。我们依赖根植于正确运动路径的训练和指导——当我们能找到教练的时候——以保持我们的技术动作正确并且高效。当你在身前推举一个大重量失败的时候，你很可能根本不知道为什么会这样，因为在大重量下偏离几英寸的姿势错误是很难被察觉的。最有可能的原因是你的身体没有移动到杠铃杆下方。你必须在做热身组的时候就练习这种动作模式，无论是在驱动杠铃杆向上的时候，还是放下杠铃杆的时候，这样才能保证你在做正式组的时候能够不假思索地完成动作。

保持杠铃杆靠近肩膀的重要性不能被忽视，“贴近鼻子”只是我们为了完成这个姿势使用的提示法。当重量变得很大时，为了让自己靠近杠铃杆，你能给自己的最重要的

图 3–24. 问题 3：过度后仰与将杠铃杆前推不同。注意杠铃杆的位置，它仍处于脚中心点的正上方，只是躯干相对杠铃杆过于靠后了，这就增加了力臂的长度，同时也会在锁定过程中让杠铃杆水平移动过多

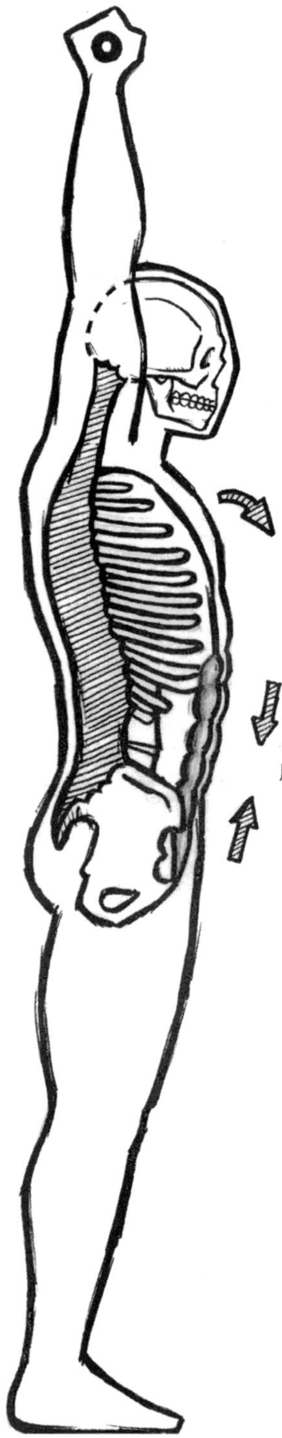

图 3–25. 薄弱的腹部肌肉组织会造成过度后仰。非常强壮的推举者有着很厚实的腹直肌

提醒是：①深吸一口气——气体能给你支持；②大力挺髋，也就是用力向前驱动髋部进入前链肌肉的紧绷状态，以最充分地利用动作产生的反弹推起杠铃杆离开肩膀；③保持杠铃杆尽可能贴近鼻子。当举重者使用大重量的时候，最高效的髋部发力需要股四头肌和腹肌高度绷紧。这些肌肉绷得如此之紧，以至于你感觉它们可能要抽筋了一样。屏住一大口气能够大大缓解这个问题。这同样要求足够的身体前移幅度，从而使这个系统的重心在髋部前推的顶点处移动到你的脚尖上，然后在推举开始时用力将髋部拉回到脚中心点的正上方。髋部前推进入紧绷状态的程度越大，反弹的效果就越好，杠铃杆也就越能被有力地推离肩膀。

当杠铃杆被推离肩膀之后，杠铃杆的垂直运动路径——尽可能靠近肩膀的——即使只是出现了最细微的偏离，也会让你的试举失败。**推举的时候，你必须时刻想着让杠铃杆靠近肩膀**。如果你有胡须的话就简单多了——每次推举时都让杠铃杆触碰你的胡须，这样你就能够更好地控制杠铃杆的运动路径了。在这方面，女性和无毛发的举重者会有一些劣势了。

正如之前所述，双眼注视方向对良好的身体姿势是很重要的。同时这也是保持良好颈部姿势的关键点，而且你的颈椎会从中获益。如果你有任何方面的问题，特别是无法预测的杠铃杆运动路径或者锁定姿势的问题，那么你要经常检查并确保自己的双眼注视着正确的位置。或者是在训练的时候让别人来监督——当你将杠铃杆从架子上取下之后，时刻提醒自己做到这一点可能有些困难。在本书的训练项目中，正确的双眼注视方向能够解决训练项目中的很多问题。

采用借力推举作弊

另一个常见的问题是：当重量变大的时

图 3–26. 推举

候，大多数人在将杠铃上举的时候会借助屈膝上推的力量,这就把推举变成了借力推举。这是一种合乎逻辑的作弊方式——毕竟髋部和双腿比肩膀和手臂强壮多了，而且这种稍显剧烈的、类似深蹲的反弹能产生很多力量。如果借力推举是举重者的既定训练项目，那么至少要把它做对——把杠铃杆稳稳地放在三角肌上，这样举重者才能稳稳地把力量传递到杠铃杆上，然后猛然下蹲，借助膝关节和髋关节的反弹向上举起杠铃，而不是通过缓慢的屈膝上推提供力量。与推举相比，借力推举能够使用更大的重量，经过专业训练的人能够使用的重量还要大得多。但如果你要学习推举的话，你必须采用正确的推举技术动作——收紧股四头肌并且锁定膝关节，借助髋部前推产生的反弹驱动杠铃杆起始向上。如果重量太大，导致你不能采用正确的推举技术动作，那就只能减重了。

有些人不情愿承认他们在杠铃杆上加载了太大的重量，同样，他们也有可能在每次训练中采用过大的重量增幅。过于自负影响了举重者的思考，并导致举重者尝试举起一个采用正确动作根本无法举起的重量。对所有训练项目来说，正确的动作对真实的进步和安全性来说都是非常必要的。借力推举允许举重者举起更大的重量，这是对的，但在做借力推举的动作时肩膀的参与程度减少了，同时肱三头肌在锁定杠铃杆这方面承担了更多工作量。不过从某些角度来看，借力推举还是不错的。对推举来说，借力推举是一种不错的辅助练习，但它不能替代推举。采用规范动作的严格练习才能使目标肌群的力量被打造出来。更重要的是，你需要学习如何不作弊地承受并完成一次艰难的动作过程——坚持一项艰巨的任务并通过正确的方式完成它，这样做能够培养你的坚强意志。这是举重者能够从体育运动中间接获得的一种收获。如果你没有从训练中学到任何其他东西的话，那么至少应该认识到你往往会高估自己的极限水平。

4 硬 拉

下背部力量是体育训练中一个重要的部分。在负重下保持腰椎刚性的能力无论是对力量的传输，还是对动作的安全性来说都是至关重要的。硬拉能更好地构建我们的背部力量，其他任何练习无一能比（图 4–1）。而且由硬拉构建的背部力量对我们也是很有用的：就拿举重物来说，杠铃是最符合人体工学的友好型工具，完成 405 磅（183.7 千克）的杠铃硬拉能够使你更容易地抱起 85 磅（38.6 千克）的形状别扭的箱子。

腰椎肌肉的基本功能是让下背部处于正确姿势，保证力量能够通过躯干进行传递。所有的躯干肌肉——腹肌、腹斜肌、肋间肌和上背部、下背部的所有后链肌肉——都会帮助腰椎肌肉完成这项任务（图 4–2）。这些肌肉以等长收缩的方式发挥作用——它们的主要任务是防止骨骼在它们所支持的结构中移动。当躯干保持刚性的时候，这些肌肉能够作为一根坚固的柱体发挥作用——由髋部和腿部产生的力量会沿着这根柱体传递到负重上，在深蹲或推举中，负重位于肩膀上；而在硬拉中，力量跨越肩胛骨，通过手臂传递到双手。练习硬拉没有轻松的方式——一种不需要举重者实际地提起杠铃的方式——这也解释了为什么硬拉在全世界的大多数健身房中都不受欢迎。

正确认识硬拉

硬拉是一个简单的动作。举重者伸直手臂拉住杠铃杆，将杠铃拉离地面，并拉起到腿部的高度，直至膝关节、髋关节和肩关节都被锁定。非常强壮的人曾经以这种方式拉起过巨大的重量（图 4–1）。在力量举比赛中，硬拉是最后一个项目，“当杠铃被放在地面上时比赛才开始！”这句话很能说明问

图 4–1. 由野蛮的壮汉们完成的硬拉。从左到右，约翰·库克（John Kuc），道尔·肯尼迪（Doyle Kenady）和安迪·博尔顿（Andy Bolton）

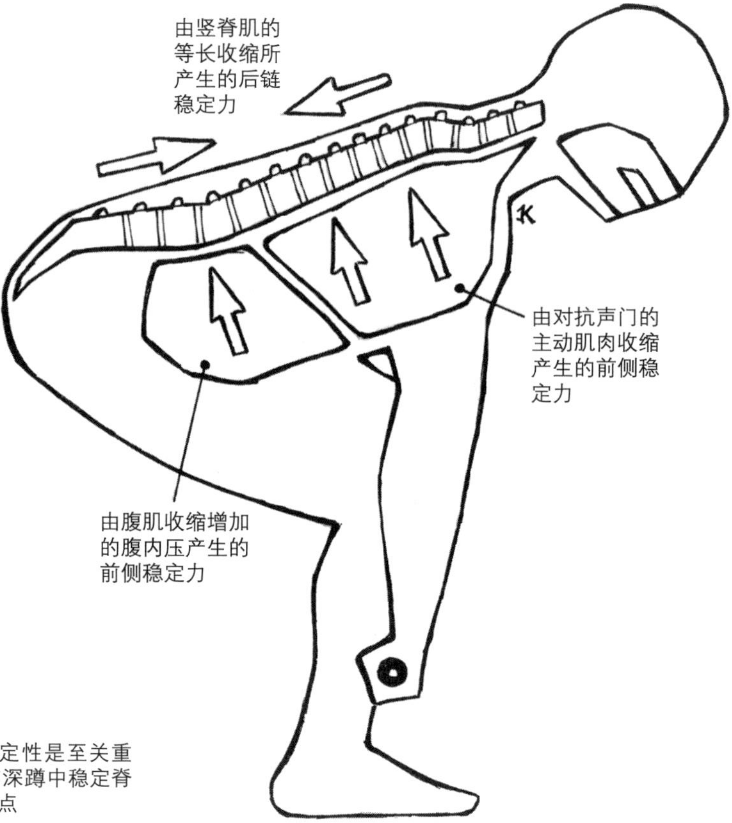

图 4–2. 硬拉中脊柱的稳定性是至关重要的，举重者可以使用与深蹲中稳定脊柱的相同方式来做到这一点

题。很多时候，强力的硬拉成绩颠覆了由深蹲和卧推所铺垫下来的优势，特别是在深蹲服和卧推背心被发明出来之前。力量举比赛通常会由一位硬拉成绩比深蹲成绩强得多的举重者赢得。要忽视一位能够完成超过 800 磅（362.9 千克）硬拉的男性的力量是很难的，而这通常只能由顶尖的举重运动员完成。与之前相比，900 磅（408.2 千克）的硬拉在比赛中更加常见了，尽管更多的举重者需要借用助力带来完成（消除了该项目中的握力因素的影响）。

硬拉非常困难。如果举重者没有使用正确的训练方法的话，就会使训练复杂化。把硬拉做错很容易，而错误的硬拉是一个潜在的危险事物。少数的训练者会因为之前的伤病，或者不能正确地做出相应动作，因而不能安全地用大重量完成硬拉。硬拉也很容易训练过度；一次大重量训练需要很长时间来恢复，当你设计训练计划时必须牢记这一点。

对大多数举重者来说，硬拉是训练中必不可少的组成部分。它是主要的背部力量练习动作，而且对深蹲，特别是对翻举（对翻举来说，硬拉是身体姿势和拉起机制方面重要的入门课）来说，是一项重要的辅助练习。硬拉也锻炼了举重者完成困难任务的心理承受能力。

在比赛中有两种方式来完成硬拉：一种是传统硬拉，双脚在双手之间。另一种是“相扑”风格的硬拉，双脚在双手之外。相扑风格的宽站距产生了类似双腿变短的效果，从而允许背角更接近垂直和沿躯干产生更短的力臂，因此减少了躯干上的有效负载（图

4–3）。这种变短在效果上类似于奥林匹克举重中的抓举握距。抓举握距人为地产生了“更短”的手臂，从而减少了杠铃杆被举过头顶到达锁定位置的距离。因为我们的目的是有效地采用锻炼下背部肌肉的练习动作来构建下背部的力量，所以在我们的计划中相扑硬拉不会被用到。

图 4–3. 站距和握距对举重者与杠铃之间关系产生的力学效应。顶部，传统硬拉的起始姿势。中间，宽（抓举）握距缩短了杠铃杆被举过头顶需要的距离。但因为这种握距本质上人为地“缩短”了手臂长度，这也改变了硬拉时的背角。底部，同样道理，硬拉中的宽站距（相扑式，双手在双脚内侧）人为地“缩短”了腿长

首先，我们来大致观察一下硬拉这个动作，不分先后。如果伤病使举重者不能深蹲的话，硬拉可以作为一种腿部练习动作。作为腿部练习，硬拉并没有深蹲那样有效，因为硬拉起始姿势的髋部深度不及深蹲（图4–3，上图）。而这也是为什么，当膝关节或者髋部伤病让深蹲变得太困难或者痛苦的时候，举重者能练习硬拉的原因。这能让举重者在伤病恢复的同时至少做一些腿部训练动作。就算某些伤病——比如说腹股沟拉伤或者不太严重的股四头肌拉伤——让举重者不能做大重量、低次数的硬拉，高次数的硬拉训练也能提供足够的训练量来保持某种程度上的腿部训练。

举重者能在硬拉的起始姿势（实际上达到了半蹲的深度）运用巨大的腿部力量，所以硬拉的难点经常是保持背部紧绷以将杠铃拉离地面。股四头肌的力量很少成为硬拉的限制因素，而腘绳肌的力量却经常会成为一个限制因素。如果杠铃杆被拉过膝盖，而背部仍能保持足够平直，腿部就能伸直并锁定背部能支撑的重量。如果杠铃停留在地面上，那问题很可能出现在以下几个方面：握力、某些伤病产生了足够使举重者不能集中注意力的疼痛感、硬拉大重量的经验不足导致无法将杠铃拉离地面，或者只是因为杠铃的负重过大。

硬拉需要举重者在**完全静止**的姿势中发力。硬拉和深蹲的区别不只是底部姿势的动作幅度的差异：硬拉以向心收缩开始，并以离心收缩结束。在深蹲中，当杠铃杆从锁定位置下降的时候，这个动作是以离心收缩开始，然后以向心收缩的方式回到锁定位置——卧推的过程与之类似。回顾一下，离心收缩发生在肌肉在张力作用下伸长的时候，而向

心收缩发生在肌肉在张力作用下缩短的时候——肌肉不会“弯曲”，它们只能收缩。关节能够弯曲和伸展。有时候离心阶段会被说成是“反向阶段”，在这个阶段负重被放低，而向心阶段负重则被抬升。牵张反射是在下降阶段和上升阶段的衔接点上发生的。很多研究指出，一块肌肉在拉伸之后会更有力地向心收缩，而肌肉拉伸则是由之前发生的离心收缩提供的。你可以自己验证这一点：尝试不借助身体的下蹲启动跳跃动作，完成一次垂直跳。或者是从顶点而不是从底部开始，应用这一原理试着练习杠铃弯举。如果举重者能熟练地利用下降阶段，就能让上升阶段变得更容易。但无论举重者在硬拉之前做多少准备活动和髋部运动，硬拉动作发生之前没有任何负重产生的牵张反射。离心 – 向心转换产生的大部分效果来自于举重者向运动路径的底部运动过程中，储存在负重条件下被拉长的肌肉和韧带中的弹性能量。如果这个运动过程中没有负载的话，就没有能量的储存。硬拉从力学上最难发力的位置起始动作，需要举重者在没有任何反向阶段或者其他辅助的条件下，全程产生必要的爆发力将杠铃拉离地面，并使其向上运动。

握力对硬拉来说是至关重要的，而且相比其他主要的训练项目，硬拉能更好地锻炼我们的握力。这对很多双手较小、手指较短，或者在训练时过分依赖助力带的举重者来说，是个限制因素。很多人在硬拉时都会采用正反手握法，在某种程度上，他们采用这种握法的原因是他们觉得硬拉的时候就该这样做（图 4–4）。其实尽可能多地使用双手正握的方式能够使双手变得更强壮，同时还能保证两侧肩膀受力均衡。正反手握法可以防止杠铃杆在手中滚动，因为它在一只手中上滚的程度总是与在另一只手中下滚的程度一样。相比之下，简单的双手正握法能够让你的双手不得不用力挤压杠铃杆。所以，如果采用双手正握的方法完成所有的热身组，并在做大重量正式组的时候转换成正反手握法，那么你的握力会快速增长。新手经常能采用双手正握法完成最大负重的正式组，因为他们的双手比背部更有力。当重量变得非常大的时候，更进阶的训练者会发现，他们需要翻转一只手，也就是使用正反手握法。（大多数举重者倾向于使用非惯用手作为正反手握法中掌心向上或者说反握的那只手。）

对那些不想参加硬拉比赛的举重者来说，助力带或许对完成大重量正式组来说是一个合乎逻辑的选择（图 4–5）。因为一只手的掌心向上，另一只手的掌心向下会导致肩膀受力不均衡，对某些人来说会导致或者加剧反握手的肱二头肌的肌腱问题。除此之

图 4–4. 正反手握法。大多数人倾向于让非惯用手的掌心向上

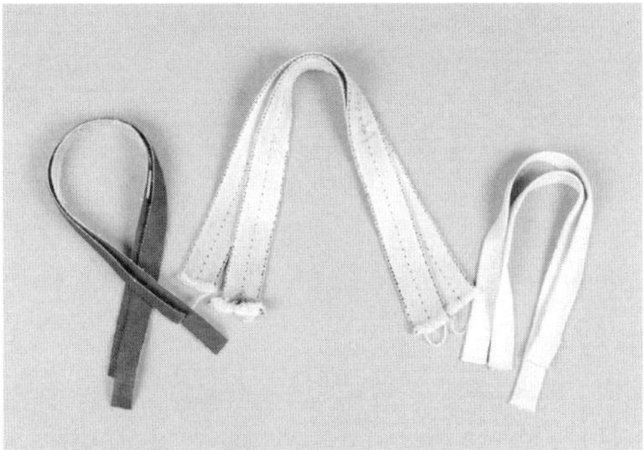

图 4–5. 当助力带被正确地用作辅助工具时，它能消除握力的限制。当助力带被不正确地使用时，它会阻碍举重者增强握力

外，肱二头肌的拉力很可能使举重者在手掌反握的一侧出现杠铃杆向前推离脚中心点的趋势。是否在大重量正式组中使用助力带，取决于举重者个人的喜好、其身体的柔韧性和其训练目标。如果你不用助力带做热身组，并能够以这种方式完成尽可能大的重量组的话，你的握力会从这项训练中大大受益，同时也消除了正反手握法可能带来的反握侧肩膀的问题。

任何训练硬拉一两个月的人都会有这样的经历：采用双手正握法时，某个重量貌似太重，他不能将其拉离地面。但当采用正反手握法的时候，他却惊讶地发现，这个重量很容易就被拉起来了。背部不能拉起一个双手无法握住的重量，因为人体产生的本体感受反馈会告诉背部"那个重量太大了"。但是当握法翻转、双手不会因为负重的增加而让杠铃杆滑走的时候，背部就不会接收到让它停止硬拉的信号。举重者能采用任何一种风格的握法把一根长的、沉重的杠铃从较高的腿部位置放下来，但大多数举重者不能把一个重得可能在硬拉开始阶段无法握住的重量拉离地面。硬拉助力带在训练中有它的作用，但我们在这里必须评判几句：它们导致的问题和它们能解决的问题一样多。如果握力是限制因素的话，助力带允许举重者使用更大的重量进行背部训练。另一方面，如果举重者在拉起轻重量的时候过于**频繁**地使用助力带，那么它们会**阻碍**握力变强，并导致握力成为一个**限制因素**。

手上容易形成老茧是训练中出现的正常现象。所有举重者都有老茧，老茧能够保护他们的双手，避免双手出现水泡和撕裂。就像所有其他组织一样，皮肤也能够适应一定的刺激，但是皮肤受到磨损和起褶刺激的位置会变厚。只有当老茧过多的时候才是不好的，而错误的握杠方式会导致过多的老茧生成。其实，很多举重者都丝毫没有意识到错误的握杠方式在老茧形成过程中的作用（图4–6）。厚的老茧经常会撕裂，这种情况通常发生在远端横向掌纹上（老茧经常会延伸到无名指根部，因为即使是戴戒指，长期的

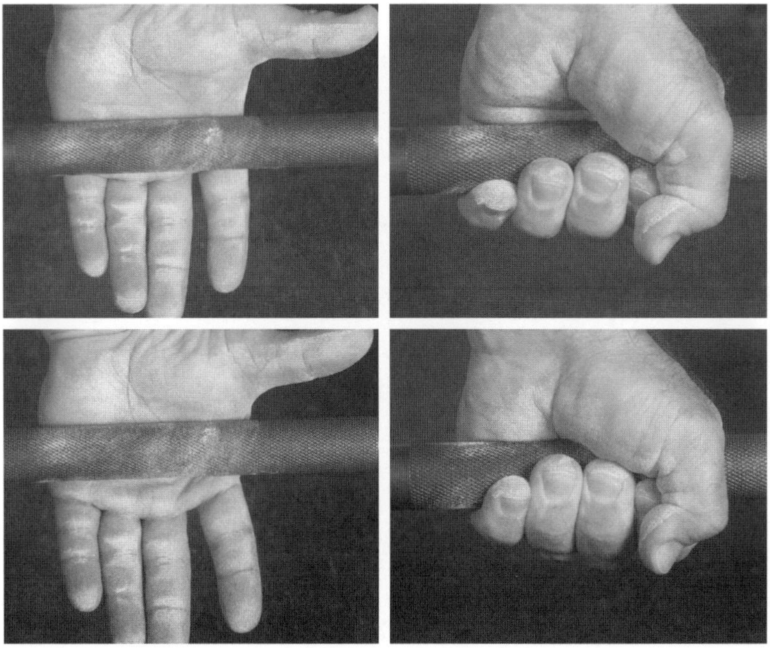

图 4–6. 顶部，正确的握杠方式——杠铃杆恰好位于手指形成的挂钩中——能减少老茧的形成。底部，握杠的位置过于靠上会使杠铃杆向下滚到手指中，并在向下滚落的时候使手掌的皮肤起褶。手掌远纹与指近侧纹之间区域的皮肤起褶形成了大部分老茧。如果它们变得过厚的话，老茧在大重量硬拉中会撕裂，这会毁了你一天中余下的时间

摩擦也会对其产生影响——那里容易形成老茧)。老茧的撕裂让剩下的比赛成为一种挑战，只能通过某种利多卡因凝胶让举重者的双手得以缓解。如果你之前碰到过这种事情的话，你也许会在训练包中放进这种凝胶。但如果你的握杠方式正确的话，老茧的形成会是最低限度的，问题根本不会变得那么严重。

在你调整握姿的时候，如果把杠铃杆放置在手掌中部，并将手指环绕在杠铃杆上，那么你的手掌远端——手指根部的近侧——会形成皮肤的褶皱。当你将杠铃杆向上拉起的时候，重力会向着手指的方向用力向下挤压这块褶皱的皮肤，这就加重了作用在这部分皮肤上的压力和褶皱的程度。这样一来老茧就形成了，随着老茧变得越来越厚，皮肤褶皱问题也会变得越来越严重。如果你开始时握杠的位置更靠下，更靠近手指的话，杠铃杆就不可能下滑很多，因为它**已经**处在那个位置上了——这实际上是杠铃杆应该在的位置（图 4-7），因为重力最终会把杠铃杆拉到这个位置。既然杠铃杆无论如何都会停留在那个位置，你应该从动作一开始就用这个位置来抓握。这样的话你也会受益于硬拉杠铃杆时更短的距离——如果杠铃杆靠下处于你的手指中，你的胸部可以抬得更高，同时你将杠铃拉离地面时的姿势也更容易，杠铃杆会在大腿上更靠下的位置锁定，并且在锁定之前杠铃杆的运动路程也会缩短。

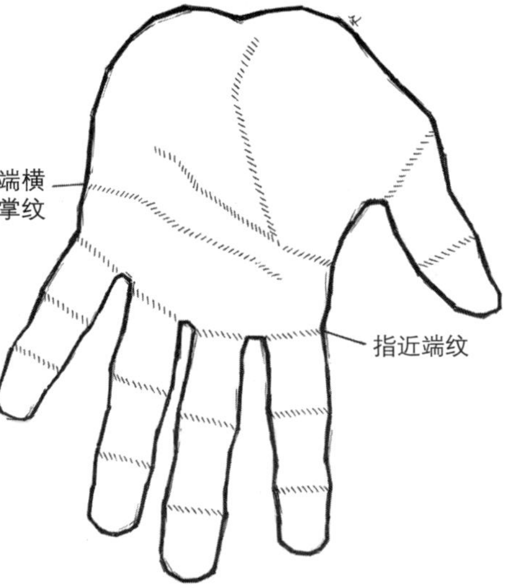

图 4-7. 手部表面示意图。杠铃杆应该处于远端横向掌纹和指近端纹之间

器材会加速老茧的形成，所有的举重练习都是如此。在举重室中，不得不使用带有过分尖锐滚花的杠铃杆是一件令人恼火的事情。相比崭新的杠铃杆来说，旧杠铃杆的滚花通常会更好。一方面是因为旧杠铃杆被磨得比较光滑，另一方面是因为它们的制作工艺更好——似乎是从 1990 年开始，杠铃公司决定开始制作“德州电锯杀人狂”滚花。我们可以用一个大扁锉，然后花一个小时时间去改善糟糕的滚花。

涂抹防滑粉对保护双手很重要。它能够让皮肤保持干燥并紧绷，从而减轻负重时皮肤出现褶皱的问题。对所有举重项目来说，你都应该在每天开始训练之前涂抹防滑粉。如果你选择的健身房因为卫生问题或者是因为对此有成见而不允许训练者使用防滑粉的话，你需要重新评估自己所选择的健身房。

在一个严肃的训练计划中，举重者不会使用手套。手套只是一块处于双手和杠铃杆之间的松散的东西，它减弱了双手握杠的安全性，同时也增加了杠铃杆的有效直径，也就是说手套会让握杠变得更加困难。手套与护腕配合使用会阻碍手腕适应相应的训练强度。唯一一个正确使用手套的情况是：某次训练是如此的重要，以至于你必须带伤训练，而且不把伤口处遮住——比如说老茧撕裂形成的伤口——你就不能完成训练。防止老茧生成并不是一个使用手套进行训练的正当理由。如果你训练的健身房通过卖手套赚了很多钱，你就有了寻找其他健身房的另一个理由。如果你坚持要使用手套，买个自己能买得起的就行了。

硬拉是很难的。很多人都不喜欢做硬拉。大多数人，就算是那些经常正确地做大重量深蹲的人，也很容易受人唆使把硬拉从他们的训练计划中剔除。这是大多数的力量举运动员深蹲成绩高于硬拉成绩的原因——在他们的训练计划中经常没有“时间”做硬拉。但是练习硬拉能够增强训练者的背部力量，而较强的背部力量对其他的举重项目、其他的运动项目以及我们的工作和生活来说是非常必要的。所以，让我们学习如何硬拉吧！

学习硬拉

杠铃杆上添加的负重应该比你实际能够拉起的重量轻一些。适合 55 岁女性新手的较轻的负荷与适合体重 205 磅（92.3 千克）、18 岁的年轻运动员的较轻负荷是不同的。你选择的健身房应该配有 55 磅（24.9 千克）这样较轻的负重组合，或者是更轻一点儿的，以满足不同力量水平的人群的需求。所以准备 5 ~ 10 磅（2.3 ~ 4.5 千克）重的塑料杠铃片是非常必要的，这样训练者就可以把塑料杠铃片装到 20kg、15 kg 或者 10 kg 的杠铃杆上，同时保证杠铃杆处在与装配标准杠铃片时相同的高度上（标准杠铃片的尺寸是 $17\frac{3}{4}$ 英寸或者 45.1cm）（图 4–8）。如果没有这样的杠铃片，你可以在 10 磅（4.5 千克）或者 25 磅（11.3 千克）的铁质杠铃片的下面垫些木板，或者把杠铃杆放在框式深蹲架内正确的高度上。这些小的铁质杠铃片会使杠铃杆距离地面更近，因此大多数人的身体柔韧性并不能适应这种杠铃的位置，同时以正确的姿势起始。我们必须对此做出判断；起始的重量必须足够轻，这样即使你的姿势不正确或者万一你没有足够确切地按照指令做动作，也不会伤到自己。所以 55 磅（24.9 千克）或者更轻的重量是适合一些人的初始重量，40 千克（88 磅）的重量适合大多数女性和轻重量新手，135 磅（61.2 千克）的重量适合运动员和经验丰富的训练者。除了竞技性的举重运动员，不建议任何人将起始重量设置在 135 磅以上（61.2 千克）。

这种学习硬拉的方法包含 5 步。学习的时候你要认真注意每一步。当这些步骤对你来说已经非常熟悉和熟练的时候，它们就会融合为一组连续的动作模式。

图 4–8. 标准杠铃片的直径显示了杠铃杆处于地面之上的标准高度。有着标准直径的不同重量的杠铃片，能够让不同力量水平的训练者以同样的标准高度（杠铃杆底部与地面之间的距离是 $8\frac{1}{8}$ 英寸或者 20.5 厘米）为起点练习硬拉

第一步：站姿

硬拉的站姿与全脚掌着地垂直跳的姿势相同——双脚脚后跟相距 8 ~ 12 英寸（21.3 ~ 30.5 厘米），具体数值取决于训练者的身材，同时脚尖向外。体型高大、髋部较宽的训练者应按比例使用更宽的站距。硬拉的站距与深蹲的站距相比窄了很多，因为这两种运动是不同的：深蹲是从顶部姿势起始，髋部先向下再向上运动；而硬拉是从底部开始直接站起，双脚发力蹬地，背部锁定，双脚蹬地“推离”杠铃杆。这两种练习在站距上的不同，是因为髋关节和膝关节在这两个动作中存在的力学差异。除此之外，硬拉还需要采用较窄的握距以提高拉起的效率（图 4–9）。

杠铃杆应距离你的小腿胫骨 1 ~ 1.5 英寸（2.5 ~ 3.8 厘米）（图 4–9）。对几乎所有的人类来说，这样的距离能够让杠铃杆处于脚中心的正上方，并且能够让杠铃杆从开始硬拉到锁定的整个过程始终都处于这个位置的正上方。大多数人都不情愿在拉起和放下杠铃的时候让杠铃杆离他们的腿部足够近，在杠铃杆离地之前做准备活动的时候也是如此。这种不情愿经常是源自训练者对小腿和大腿表面损伤的恐惧，以及对硬拉过程中身体平衡的重要性认识不足。最有效率的杠铃杆运动路径是垂直于地面的直线；如果杠铃杆一开始从脚中心正上方的某个位置启动，并始终在脚中心正上方竖直向上运动至锁定位置，举重者就完成了一次最有效率的硬拉。一个常见的错误是人们经常把**前脚掌**的中心点（位于胫骨和脚尖之间）与**整个脚掌**的中心点搞错，但实际上杠铃杆应该处于整个脚掌的中心点，脚掌的一半在杠铃杆前面，另一半在杠铃杆后面，这样杠铃杆才能正好位于足弓中央的正上方，这一点也正好位于指向地面并穿过脚底中心的人体 – 杠铃系统重心的正下方（图 4–10）。

图 4–9. 在硬拉的起始站姿中，脚跟间距 8 ~ 12 英寸（20.3 ~ 30.5 厘米），脚尖略微外展

当你把杠铃杆放置在这个位置时，脚尖要适当外展。这个角度至少应该达到 10°，或许能达到 30°，你可以从图 4–39 中乔治·赫克托（George Hechter）的站姿得到一些直观的认识。脚尖外展的程度也许会比你想要的程度更大。就像深蹲动作中的那样，这样的站姿让髋部处于外展的状态，并产生了相同的作用：外展肌和外旋肌更多地参与到运动过程中，这也在两条股骨之间创造出足够的间隙，从而能让躯干处于一个良好的起始姿势中。

第二步：握姿

在你进入正确的站姿后，握住杠铃杆：双手正握，大拇指环绕杠铃杆。握距以双手靠近双腿，但不要过于靠近双腿——硬拉时大拇指不会蹭到腿——为宜（图 4–11）。这种握距会在杠铃被拉起到锁定位置时产生最短的距离（通过我们之前对抓举握距的讨论，这一点应该是显而易见的）。一根标准的奥林匹克举重杠铃杆上的滚花能够起到标记的作用。这种杠铃杆中部经常会有一段光滑的区域，这段光滑区域的中央可能有一段 6 英寸宽（15.2 厘米）的中央滚花。作为标准杠铃杆上的标记，这段光滑区域的宽度大概是 16.5 英寸（41.9 厘米），举重者可以依据这

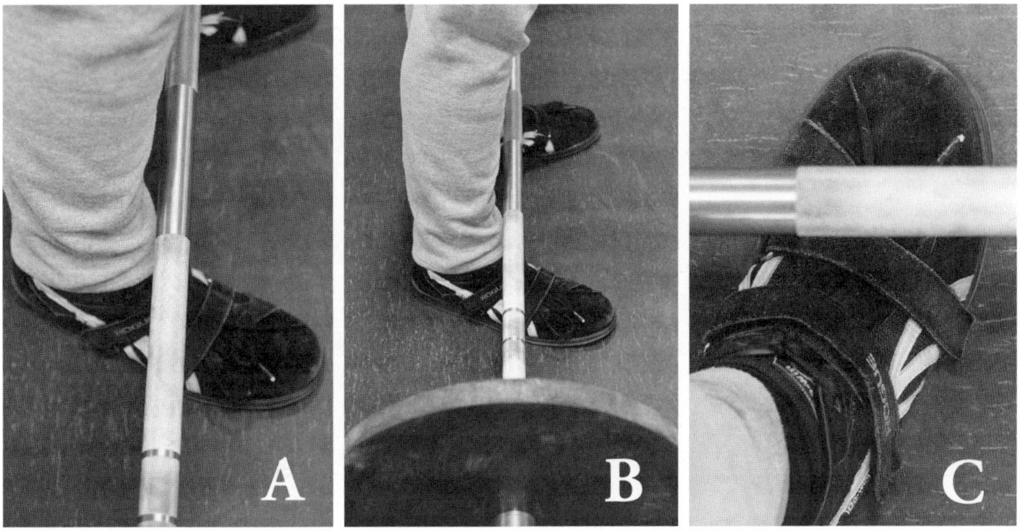

图4–10. 不同视角下全脚掌的中心——侧面视图（A），教练的视角（B），运动员俯视下的前脚掌的中心（C）——最常见的站姿错误

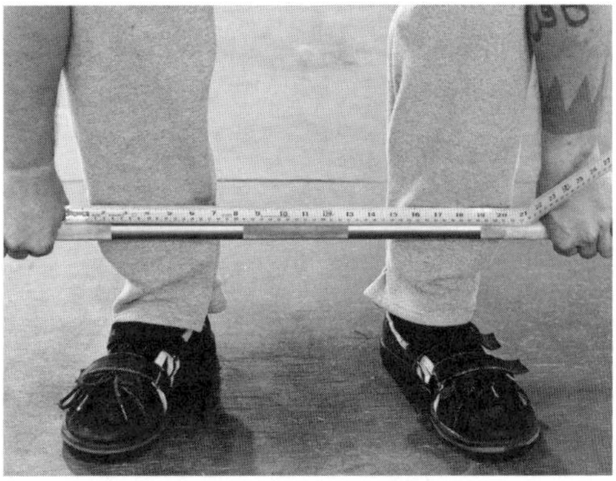

图 4–11. 当双脚处于正确站姿中时，双手应该刚好位于双腿两侧。这样的位置关系不会让双手的大拇指在提起杠铃的时候碰到腿

个尺寸调整握距。大多数人的双手会握在滚花区域，并进入到距离滚花末端 1 英寸（2.5 厘米）的位置，或者说双手之间的距离大概是 18.5 英寸（47.2 厘米）。体型更大的人需要按比例使用更宽的握距，以匹配他们的站距。大多数的女性则需要使用更窄的握距，通常她们的食指会处在滚花的末端。请注意，大多数人倾向于使用过宽的握距。如果你的双手进入到距离滚花末端 3 英寸（7.6 厘米）的位置并碰到双腿的话，说明你的站距太宽了，除非你的髋部非常宽。

通过直腿、弯腰，而不是下沉髋部的方式握住杠铃杆。在此时和接下来的几步中最重要的一点是：**你不要移动杠铃杆**。把杠铃杆放置在脚中心点正上方保证了硬拉的效率，也省去了相当多的麻烦。如果你在这一步或者接下来的任何步骤中移动杠铃杆的话，第一步的努力就白费了。

第三步：膝盖前伸

握姿确定了之后，屈膝并使膝盖前伸到胫骨刚刚碰到杠铃杆的位置。再次强调，**不要移动杠铃杆**，因为杠铃杆已经处在你想要的位置——脚中心的正上方。在做这部分动作时不要下沉髋部，**只要移动膝关节和胫骨**。胫骨一碰到杠铃杆就要马上锁定髋部，这样髋部的高度就不会继续下降了。接下来，略微外展膝关节以产生大腿和膝关节外展的小角度，并使它们与你的双脚保持平行。这之后膝盖会与肘部接触，这是没有问题的。正确的握距会保证硬拉时手臂和腿部足够靠近，但它们不会碰触。如果握距正确并且大腿略微外展的话，膝盖就会碰到肘部。大多数人会在这时去试着下沉他们的髋部，如果这样做的话，就会把膝盖向前推，进而会把杠铃杆向前推。一定要保持杠铃杆与胫骨稍稍接触，并略微外展膝关节。

第四步：挺胸

这对大多数人来说是最难的一步：挺起胸部，进入硬拉的起始姿势。举重者通过紧缩上背部肌肉完成挺胸的动作，而且这个动作还启动了一个终于骨盆的脊柱伸展的过程。当你握住杠铃杆的时候，你一定要注意，**不要移动它**。向上抬起你的胸廓，从而让胸部在两臂之间向上移动。让这种收缩沿背部向下传递，直至腰椎收紧并处于收缩状态。要以这种方式而不是沉髋的方式完成接下来的动作，这样你的背部在硬拉时就会处在一个正确的姿势中——背部会调整好自己的姿势，使你能够自上而下地拉起杠铃杆，而无须下沉髋部（髋部下沉会把杠铃杆向前推）。**不要**尝试着把两侧肩胛骨向内挤压，因为肩胛骨内收会将你拉近到更靠近杠铃杆的位置，这样你在使用大重量时就会处于一个无法维持的姿势，因为那不是硬拉过程中肩胛骨实际应处的位置。当你处于正确的姿势中时，你要注视位于自己前方 12 ~ 15 英尺（3.7 ~ 4.6 米）的地面上的某个点，这可以使你的颈部处于正常的人体解剖学位置。与此同时也需要让下巴保持朝下的状态。

因为腘绳肌的张力与下背部的正确伸展姿势之间的对抗，所以这一步会很难。你要记住：在背部肌肉与腘绳肌争夺骨盆姿势的控制权时，**必须让下背部赢得胜利**。在这一步中，大多数人会尝试下沉髋部——如果这么做的话，杠铃杆就会向前滚离脚中心点。你的髋部很可能处于一个比你想要的更高的位置，特别是在之前你一直使用另一种方法练习硬拉的情况下。保持髋部抬起，并通过在更大程度上收缩背部挺起胸部的方式抵消这种奇怪的感觉。当你练习了几次硬拉，同时腘绳肌完成了热身之后，你做动作的感觉会更好，也会变得更加熟练。

第五步：硬拉

深吸一口气，然后把杠铃杆向上拖拽到你的腿部。这句话确切地表达出了它所要表达的意思：“拖拽”意味着接触，而杠铃杆在向上到达锁定位置的过程中**从未**脱离与双腿的接触。杠铃杆的实际移动是从这一步开始的。如果你正确地完成了这一步，杠铃杆的运动路径就会是一条笔直的垂线。这个过程从脚中心点正上方的位置开始，然后在胸部挺起、膝关节和髋关节伸展、脊柱处于正常的人体解剖学姿势，以及双脚平贴地面、双臂自然下垂的顶部姿势中结束。如果在硬拉过程中的任何时候，杠铃杆远离了双腿的话——这经常发生在杠铃杆越过膝盖、靠近大腿的时候——杠铃就会失衡，处在脚中心点之前。

如果在你起始硬拉的时候，杠铃杆脱离了与小腿之间的接触，那么杠铃就会前移。杠铃杆会远离双腿可能是因为你会非常自然地避免杠铃杆刮伤自己的小腿，但是为了避免在运动过程中出现身体失衡，杠铃杆必须保持在足够靠近双腿的位置——你一定要下定决心让杠铃杆靠近双腿。如果你实在想采取些措施的话，那就穿上运动长裤或者戴上薄的护腿。如果杠铃杆不管怎样总是前移，而你确定已经收缩背部并挺起了胸部，那么很可能是你在启动硬拉的时候，人体 - 杠铃系统的重心没有处在脚中心点正上方的平衡位置。穿着带有过高鞋跟的举重鞋，或者有着长腿和较短背部的人经常会遇到这个问题。如果是这种情况的话，你需要在运动过程中加入一个步骤，**步骤 4.5：在你开始硬拉之前，**

把你的体重从脚尖向后移动。不要矫枉过正尝试着把体重移到脚跟上；只是后移一点使体重从脚尖向后移动回到脚中心点上，然后想着用力把脚中心点向着地面推。

在到达硬拉顶部的时候，你只需挺起胸部。只是这样，不要向上或者向后耸肩，身体也不要向后倾，只是挺胸。从侧面看时，这样的姿势在人体解剖学上是正常的——脊柱的曲线，前凸部分和后凸部分的弯曲程度都不过分，双眼略朝下看，髋部和膝关节完全伸直，肩膀后收。这就是身体必须达到的、安全地承担重量的状态。同时，拉起过程中正确的背部姿势也为举重者提供了一种将负重从地面移动到直立姿势的安全的方式。参考图 4-12，5d 中的这个姿势。

放下杠铃的过程应该与向上拉起过程完全相反，唯一的区别是杠铃向下运动时的速度可能比拉起的速度快。与错误地提起杠铃杆一样，错误地放下杠铃杆同样容易让背部受伤。而错误地放下杠铃杆的情况非常普

图 4-12. 完美硬拉五步法。（1）采用正确的站姿。（2）正确的握杠方式。（3）下沉胫骨并使之向前接触杠铃杆，膝关节略微外展，髋部不要下沉。（4）挺起胸部，你的重心处于脚中心点上方。（5）沿着双腿把杠铃杆向上拖拽

遍——即使你已经正确地把杠铃拉离地面了，你仍然会以背部拱起、膝盖前伸的方式错误地放下杠铃。与杠铃杆向上的过程一样，一条不垂直的杠铃杆下放路径也是不合理的。请确认，你在下放杠铃杆时，首先解除了髋部和膝关节的锁定，然后将髋部后挺并让杠铃杆沿着紧靠大腿的一条笔直的垂直线滑下，其运动方向与向上的杠铃杆运动路径相反，与此同时你的下背部应处于伸展状态并被锁定。当杠铃杆下放至低于膝盖的高度时，弯曲膝关节以结束下放杠铃杆的动作。如果在杠铃杆低于膝盖之前前移膝盖的话，显然杠铃杆将不得不前移以绕过膝盖，而这通常意味着你放松了背部紧绷的状态。

保持双眼注视在自己前方 12 ~ 15 英尺（3.7 ~ 4.6 米）处的地面上的某个点上，使颈部处于正常的人体解剖学姿势中，然后练习一组 5 次重复的硬拉。仔细思考并注意你的动作，特别要注意你的背部姿势，并且要让杠铃杆靠近双腿。如果你确定你的动作足够标准，就加重再做几组，直到你感觉继续加重可能出现问题时停止训练。这就是你的第一次硬拉训练。

背部姿势

在硬拉过程中，大多数动作做错也不会产生严重的后果，但如果你的下背部在大负重下拱起的话，就会出现安全问题了。所以现在我们来学习硬拉中最重要的部分：正确地调整背部姿势。当你在底部调整好杠铃杆的位置后，就要放开杠铃杆站起，同时挺起你的胸部。与此同时，还要想着翘起臀部以挺直下背部。参考图 4–13 并想象教练碰触你的胸部提示你进入挺胸的姿势，同时触碰你的下背部提示你伸展腰椎。当你翘起臀部的时候，下背部上的碰触点让你能围绕着这一点“弯曲”下背部，这样做的最终效果是让竖脊肌在你有意识的引导下收缩。

这种由收缩的竖脊肌调整下背部所形成的挺直下背部的姿势被称为**腰椎伸展**。由于柔韧性的原因，你可能不能在杠铃仍未离开地面的起始姿势中保持这种程度的腰椎伸展，因为腘绳肌的张力会在某种程度上把你的骨盆和腰椎拉离这个位置。少数人，通常是女性和体重不足的男性，他们的柔韧性是如此之好，以至于他们能在底部姿势中形成腰椎

图 4–13. 熟悉硬拉过程中应有的背部姿势。朝着教练手部的方向挺起胸部让上背部处于伸展状态。然后，在接触腰椎竖脊肌肌腹的教练手部的周围“弯曲”下背部，从而让下背部处于伸展状态

的**过度伸展**（图 4–14）。这完全是不可取的，因为下背部过度伸展的状态对腰椎间盘和它们的正常负重能力来说，与下背部弯曲的状态一样糟糕，甚至可能更差。负重条件下腰椎的过度伸展不仅会损伤腰椎间盘，还能造成椎间关节和周围神经根的损伤。理想的姿势是一种在人体解剖学上正常的脊柱生理弯曲姿势或者正常的腰弓姿势。但要做到这一点，大多数人需要集中注意力想着一种夸张的伸展姿势，因为即使是正确的挺直下背部的姿势也会挑战很多人的柔韧性的极限。这里的要点是学习如何调整你的背部姿势，以及识别并控制做到这一点必须使用的肌肉，从而使你能够快速形成正确的姿势。再说一遍，只是确保你能够理解这一点：**过度伸展的腰椎前凸姿势不是启动硬拉所需要的姿势，正常的解剖学姿势才是**。但是为了产生正常的解剖学姿势，你也许需要为体验过度伸展的姿势做些尝试。

举重者在硬拉过程中遇到的大多数问题都与不正确的下背部姿势有关。大多数在硬拉中展现这种最常见的错误背部姿势——下背部拱起——的新手训练者，完全没有意识到其背部姿势问题（图 4–15）。他们不能辨识出正确的姿势、错误的姿势，或者介于这两者之间的任何姿势。如果你在几次训练中都在纠结硬拉动作的话，这可能就是你自己的问题了。你可能缺乏正确实施动作所需要的**运动感觉**——辨识出你的身体或者身体的某个部位所在空间位置的能力。原因可能与你的视觉系统有关：你无法看到自己的下背部，你甚至没有尝试过去看看它。你能知道自己的肘部是弯曲的还是伸展的，但你不知道自己的下背部是弯曲的还是伸展的。这很有可能是因为你之前从未想过这个问题，或者你无法看到参与这个过程的肌肉。手臂在视野中，无论是在正常的视野中，还是在镜子中。把自主控制与一个能够被观察到的动

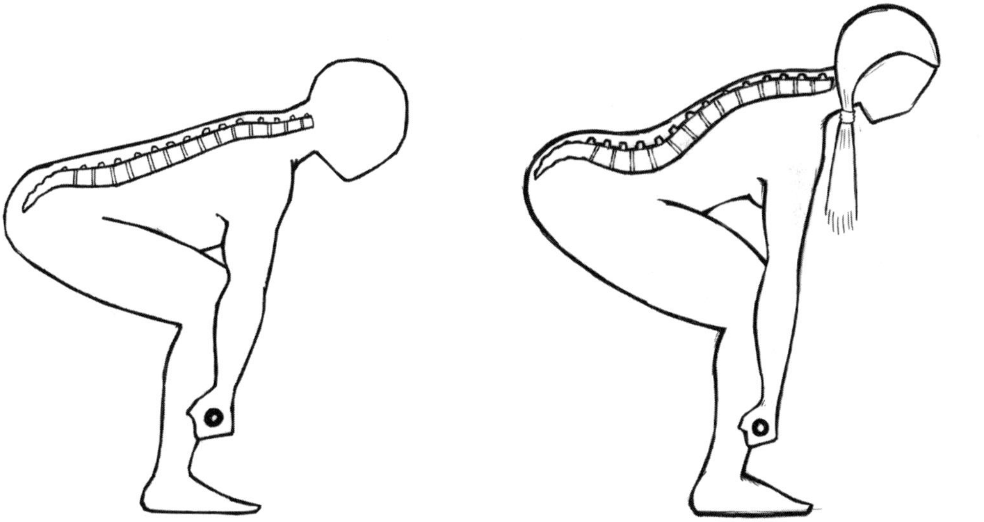

图 4–14. 左图，下背部在正确的起始姿势中采用了正常的人体解剖学挺直下背部的姿势。右图，过度伸展的脊柱前凸弯曲是没有必要的，而且还会起反作用，并且拥有正常身体柔韧性的人也很难达到。当人们看见瘦小的人做硬拉时，他们的腰椎看上去呈现明显的前凸弯曲的时候，就会基于这一点产生错误的想法：腰椎必须处于这样的弯曲度才能进入正确的姿势。因为肌肉强健的男性的竖脊肌肌肉量比较大，所以当他们处于正确的姿势中时，他们的下背部看起来是平坦的。请注意，腰椎过度伸展的姿势实际上并不可取，但是柔韧性不好的人为了进入正确的脊柱前凸姿势，也许需要尝试着体验过度伸展的姿势

图 4–15. 下背部拱起是大多数人在学习硬拉的时候最常遇到的问题。举重者必须在准备过程的第四步中纠正这一点

作关联起来是很自然的。相比之下，下背部在你的身后，当你在车库里捡东西的时候，你需要真正具有创新性的头脑来找一个借口，在镜子中从侧面观察下背部的动作。

纠正下背部问题需要让举重者意识到自己的腰椎肌肉在完成动作的过程中做了什么，当它们在做这些事的时候举重者的感觉如何，以及每次做动作时举重者必须对它们做些什么。把挺胸和翘臀的动作重复几次，练习这些肌肉的主动收缩。保险起见，你也需要俯卧在举重台上，然后把深蹲那一章 “背部”这一部分内容中（41 页）所描述的练习重复做几次。调整背部姿势本质上是仰卧起坐的相反过程，而仰卧起坐中的脊柱是主动弯曲的。脊柱的主动伸展激活了躯干另一侧的肌肉，想着这一点对你会有帮助。

当你了解了下背部伸展的感觉后，你就能够使自己逐步处于一个良好的姿势中——相对杠铃而言。采取正确的起始站姿，调整背部姿势，通过向后推臀部的方式逐渐放低身体进入正确的姿势中。膝关节略微外展，肩膀前伸、下沉，直到你感觉下背部不能保持伸展姿势。然后身体向上抬起回到必要的高度，重新调整下背部并使之再次进入伸展姿势，接着尝试让身体比上次下降一些。最终你能以这种渐进的方式进入不错的起始姿势——相对杠铃而言。

背部伤病在举重室中是很常见的，但不幸的是，这也是大重量训练的一部分。深蹲和硬拉，以及翻举和其他所有拉起杠铃的训练项目，都会产生这些痛苦的、不方便的、也是耗时间的问题。通过了解造成这些问题的原因能让举重者获得全新的认识：避免造成这些伤病的姿势错误是多么的必要。

如果你在遭遇背部伤病的时候去求医的话，医生十有八九会告诉你：“你撕裂了一条背部肌肉。必须使用一些药物，然后不要举这么大的重量了。”这种诊断和建议反映了大多数人对这类伤病问题缺乏经验，同时也说明了他们并不知道这些肌肉实际上是如何撕裂的、何时撕裂的、如何修复的。

撕裂的肌腹会流血。它们是血管组织，任何显著的撕裂都会在一定程度上破坏肌腹的结缔组织，导致具有收缩力的组织和血管组织破裂。然后血液会聚集在撕裂的位置，使其出现血肿。这看起来就像一大块瘀斑，并且会经历与瘀斑重吸收和康复时同样的过程。严重的撕裂会在肌腹留下一条可见的间隙。小的撕裂也会让你疼痛难忍，但这种损伤的出血较少，所以不足以形成可见的瘀斑。小的撕裂康复得很快，而严重的撕裂需要经过几个星期才能康复。

大多数的肌肉撕裂出现在大腿和小腿部位，而卧推会导致一些胸肌撕裂的情况出现。这些肌肉连接着的长骨，要么需要经过较大的动作幅度移动大重量，要么需要经过较大的动作幅度快速地加速骨骼本身的运动。在卧推或者深蹲过程中出现的肌肉撕裂，是因为负重本身提供了比肌肉可以短暂承受的力量更大的阻力，而这超出了收缩性组织的抗裂强度。就算经过了充分的热身，这些肌肉撕裂也会发生在任何需要速度的运动中。更常见的是，跑步中的伤病经常发生在收缩肌或拮抗肌的收缩强度超过了对方的抗裂强度时。腘绳肌、股四头肌和腓肠肌很不幸，它们的撕裂频率很高，这种情况在运动员年纪变大，丧失肌肉和结缔组织弹性的时候会变得更常见。

容易遭受肌腹撕裂的肌肉都有一个共同特征——这是因为它们在运动过程中都承担相同的工作，那就是它们会围绕一个点在一定的角度范围内加速长骨运动。要做到这一点，肌肉就需要产生较大的动作幅度和相对更高的角速度。与之不同的是，脊柱肌肉的作用是产生并保持等长收缩。这类肌肉是姿势肌，其主要功能是保持组成脊柱的一系列小骨头彼此的位置固定不变。它们在形态学上的特点也反映出了其所能承担的任务：脊柱肌肉是长肌肉，这是对的，但它们在一个紧密排列的、多节的骨骼结构上都有多个起点和插入点，它们被设计出来的目的是当附肢结构——手臂和双腿——在空间中带动脊柱的时候，脊柱骨骼能被保持在原有的位置中。虽然我们的脊柱能够比较有限地弯曲，但脊柱的功能取决于其完整结构的稳定性，在负重的时候脊柱必须保持刚性。举重需要这种刚性，而躯干的姿势肌恰恰就提供了这种保障。

背部伤病经常出现在举重的时候，其中的大部分发生在举重姿势错误的情况下。即便如此，背部伤病的发生也与腘绳肌撕裂的情况明显不同。在一个较长的角收缩过程中，腿部肌肉撕裂发生在肌腹长度在一个较大**动作幅度**中发生剧烈变化时，而背部伤病发生在一个较小的椎间**动作幅度**内，可能只涉及竖脊肌肌腹很小幅度的运动，甚至可能没有运动发生。即使整个腰部肌肉组织完全放松了，也不会产生大幅的运动，与冲刺跑时大步前进的运动幅度相比就更小了。当你从地上捡起一袋物品的时候，你的动作不可能使一块背部肌肉的肌腹撕裂，尽管低力度、低速类型的活动使用的恰恰就是这些背部伤病高发的部位。除了直接的外伤造成的背部肌肉断裂之外，真正的背部肌肉断裂是非常罕见的。

不幸的是，大多数背部伤病其实本质上是脊椎伤病。我们也可以将其认为是关节伤病，就像膝关节伤病那样。椎间盘和椎间关节很容易受到负重下异常椎间运动的影响，而背部肌肉的收缩应该是用来避免这种运动发生的。通过正确的举重技术动作建立起来的强壮的背部肌肉，可能是预防背部伤病的最好的保障，另外你在正确举重时养成的习惯和由此产生的力量一样有助于保护脊柱的安全。了解了这一点，同时在学习将杠铃拉离地面的时候额外地注意自己的动作，这个过程就会变得得心应手。我保证！

拉起杠铃的力学

首先，让我们来对运动过程中所涉及的物理学知识进行一些大致的了解。**力矩**，或者说是旋转力（有时会采用扭矩这个术语），是施加于一根刚性的直杠上的力，它能让处于直杠一端的物体绕着一根轴旋转。当力的作用方向与被旋转物体的夹角成90° 的时候，力矩处在最大值。想象着用一个扳手旋转一个螺母——如果你的双手相对扳手的角度比较诡异的话，旋转的力量就不会太强，而当你的手和扳手的夹角成90° 时就能产生最强的发力效果。这也是为什么机械工总是希望有一定的空间，能够让他的手和扳手的夹角成直角，然后再扳动螺母的原因。

力矩也会随着发力点和被旋转物体之间距离的加长而增加。握点和螺栓之间的距离越长，你就能够越容易地旋转螺栓。**力臂**是螺栓和你在扳手上的握点之间的距离，而这个距离是螺栓到你对扳手施加的拉力所在直线的垂直距离（图 4–16）。相比于较短的扳手，较长的扳手更好用。因为如果拉力的角度保持高效的话，更长的长度就能够产生更长的力臂。力臂的长度由一段直杠的长度和拉力角度共同决定。当你以小于 90° 的角度拉动一根长扳手的时候，转动螺栓的效果就不会太好，因为发力点和螺栓之间的水平距离没有扳手本身那么长。也就是说，在此过程中你创造了一段较短的力臂。与之类似，以 90° 的角度拉动一根短扳手对转动一个很紧的螺栓来说也不会很有效，因为系统的力臂比较短。

这一点适用于借助背部举起重量的所有动作，也就是包括硬拉和深蹲。重力沿一条笔直的垂线“向下”发挥作用。手中的杠铃杆总是笔直向下地向人体施加拉力，所以这个系统中的力臂是在水平方向上被测算出来的。与一个更接近垂直角度的较长的背部相比，一个更接近水平角度的较短的背部可能有着与之相同的力臂长度。最佳的情况貌似是一个处于垂直角度的较短的背部。但不幸的是，这个系统中的其他物理因素阻碍了我们让硬拉的力学机制更加有利于我们进行拉起动作。如果背部相对腿部来说较短的话，让背部处于更加接近垂直的状态会让我们的髋部下沉、膝盖前移，进而导致身体前倾，这样就会把杠铃杆向前推。这样的连锁反应会将杠铃杆推向脚中心点的前方，并让肩膀处于杠铃杆的后方，而这两种情况对举起大重量都是不利的，其中的原因我们会在接下来的内容中探讨。

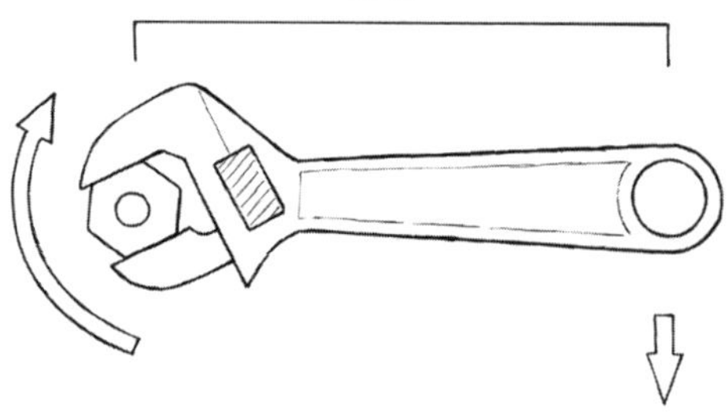

图 4–16. 由扳手和螺栓所展示的重要力学概念——力臂

用扳手和螺栓的模型来简要描述力臂这个概念是比较合适的，但它并不能精准地描述硬拉过程中髋关节发生的变化情况。当然，也有另一种描述硬拉力学机制的方法。通过躯干肌肉的支持保持刚性的髋部和脊柱形成一个第一类杠杆。重温一下你学过的物理学知识，一个第一类杠杆的支点处于负重和移动杠杆的力的作用点之间，而刚性的部分就成为传递力的物体——像跷跷板那样（图 4–17）。力臂的长度是沿着支点两侧的刚性部分被计算出来的。如果两个力臂的长度相同，并且这个系统处于平衡状态的话，施加于负重的力和负重自身的重力就是相等的，力臂两端的垂直移动距离也是相等的。如果力臂在一端变长，在另一端变短的话，短力臂端就会更慢地移动更短的距离，长力臂端则会以更快的速度移动一段更长的距离。但是长力臂端的速度是以施加在短力臂端的更大力量为代价的，而施加在短力臂端的力量会以长力臂端的直杆长度为基数成倍增加。所以，如果你在第一类杠杆的长力臂端向下推（或者拉）的话，你就能以一个较慢的速度将一个大重量移动一段较短的距离，就像你用撬杠撬动一根钉子那样。或者你在短力臂端向下推（或者拉）的话，你就能以一个较快的速度移动一个小重量，就像你踩到了一个耙子时，它的把手会击中你的脸那样，或者像古时候攻城战中抛石机的运作方式那样（图 6–32）。

因为我们的肌肉只能沿长度方向小幅收缩，所以我们的骨骼系统由一系列的杠杆组成，它们能够以几倍于肌肉收缩距离的长度移动，代价是需要肌肉产生更多的力量。人体的髋部是一个第一类杠杆。背部和骨盆构成了杠杆的刚性部分；髋关节是支点；后链中的腘绳肌、臀肌和内收肌在髋部后侧（短力臂端）产生向下的拉力；而你手中的负重在髋部前方（长力臂端）产生了向下的拉力（图 4–18）。如果由后链产生的力量足够大的话——如果你足够强壮——髋部后侧短力臂端也能借助杠杆撬起髋部前方的长力臂端，即使那里的重量很大。同时发生的膝关节伸展过程虽然使这个系统复杂化了，但影响不太大。如果我们可以设计硬拉大重量的系统的话，最好让髋部更靠近杠铃杆。但我们做不到这一点，所以我们不得不充分利用身体既有的力学特点来设计硬拉的动作，这也是为什么我们要尽可能地保持杠铃杆靠近髋部的原因。一些高水平的举重者会**有意识地拱起上背部**以缩短他们的髋部与杠铃杆之间的距离。你以后会知道，这恰恰就是背阔肌的功能。

这就是硬拉过程中杠杆系统的运作方式。但如果你足够强壮的话，力臂也能以另一种方式运作：在移动较短距离的短力臂端施加足够的力量，能够使长力臂端需要移动较长距离的负重加速移动。这是在翻举和抓举中出现的情况。在加速拉起杠铃的过程中，更长的力臂——更接近水平的背角——被保留下来，以便在拉起杠铃的过程中让背部更容易“甩”起来。硬拉不需要加速，髋部和杠铃杆之间的较长力臂就变成了不利因素，尽可能快速调整背角更接近垂直是举重者用来解决这个问题的最佳方式。

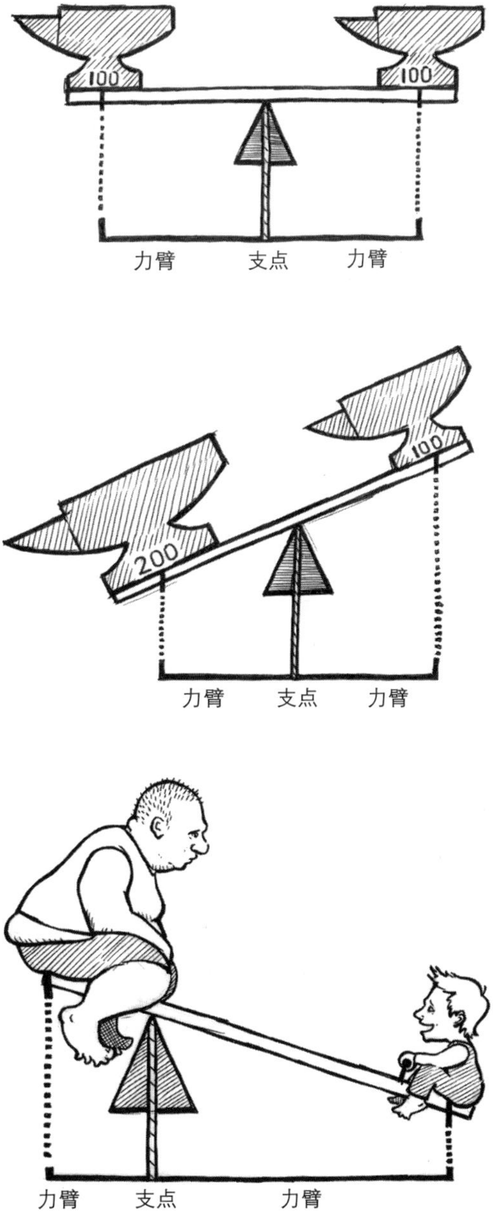

图 4–17. 第一类杠杆

理论上来说，大重量硬拉的杠铃杆的运动路径应该是笔直的，因为这是在空间中把一个物体从一点移动到另一点的最短距离，同时也是最高效的方式。让杠铃垂直向上移动是因为这与重力作用于杠铃的方向相反。**功**被定义为力（在对抗重力做功的情况下，就等于作用于负载杠铃上的重力）与位移（计

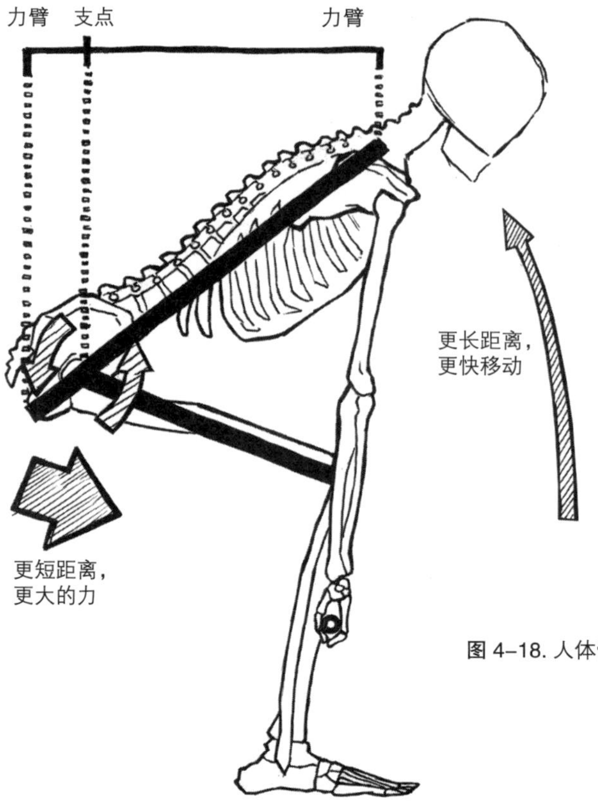

图 4–18. 人体髋部，一个第一类杠杆

算出来的杠铃移动距离）的乘积。因为重力的作用方向竖直向下，举重者只能以竖直向上做功的方式**对抗**重力，而其他任何方向上的运动都代表着额外的能量消耗（图 4–19）。水平作用于杠铃杆上的力——相对于举重者向前或者向后的方向——都会导致杠铃杆在上升的同时出现前移或者后移，但这种水平方向的力并不能对抗重力做功。换句话说，如果你愿意的话，你可以提着杠铃在房间里到处走，但硬拉的部分就只是在垂直方向上改变杠铃的位置（从地面上到你手中的锁定位置）所需要做的功。硬拉过程中杠铃杆运动的最短距离是在一条竖直的垂直线上，所以选择任何一条更长的杠铃杆运动路径都是低效的。大多数与运动项目相关的动作——想一下柔道、滑雪或者橄榄球——都不是一条垂直线那么简单，但杠铃举重涉及的动作可以是这样的，而且它们也**应该**是这样的。

硬拉让杠铃杆处于双腿的前方，这不同于推举，更不同于深蹲——举重者把杠铃平衡在肩膀上（位于脚中心点的正上方），从而使分配在杠铃杆两侧的身体重量是差不多均等的，以利于在举重过程中保持平衡。而硬拉必须在举重者的大部分身体处于杠铃杆后方的情况下保持平衡。这样的要求使举重者必须考虑举重者 – 杠铃系统**重心**的问题。在硬拉过程中，系统的**重心**会出现小幅变化。翻举和抓举的情况比硬拉更为复杂，因为它们涉及更大的动作幅度和更多的肌肉骨骼复杂性。实际上，小重量硬拉的平衡与大重量

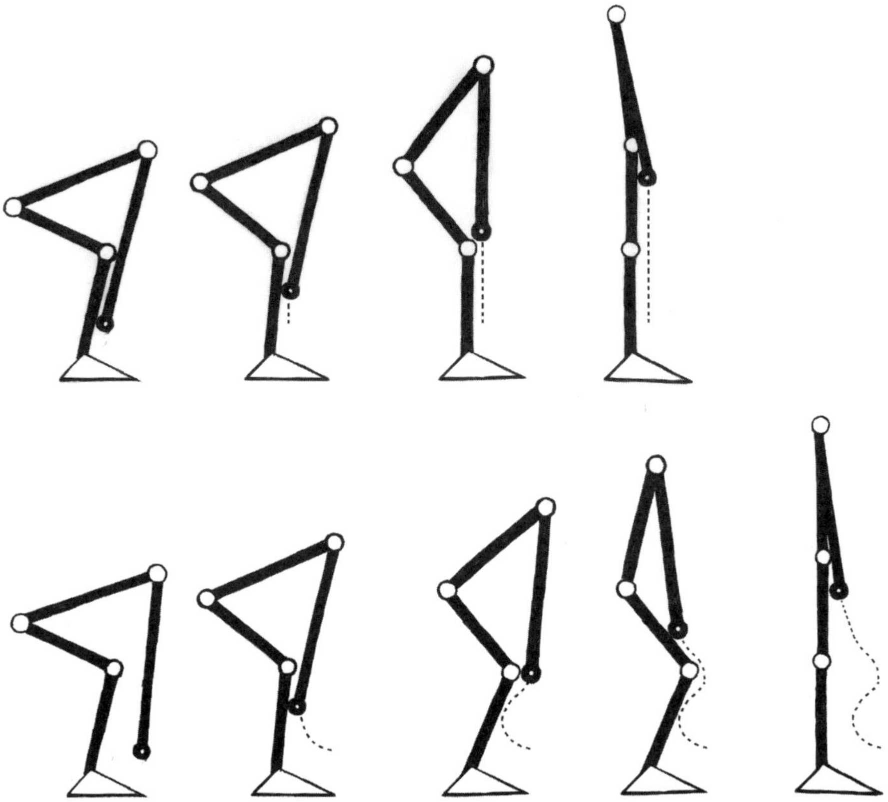

图 4–19. 对抗重力做的功完全是垂直位移产生的，因为重力作用在垂直方向上。杠铃杆在任何水平方向上的运动都不能对抗重力做功，所以举重者在水平方向上耗费力气是低效的行为

硬拉是不同的——重量越大，杠铃的重心就越靠近举重者 - 杠铃系统的**重心**，位于杠铃杆之后的人体重量所产生的影响就越小。因此，与大重量硬拉相比，在小重量硬拉中，举重者能从一个杠铃杆距离脚中心点更为靠前的位置开始硬拉。这一点同样也适用于抓举和翻举。

显然你无法举起在你身前远处的重物。同样明显的是：杠铃杆距离身体自身的重心越近，这两者之间的力臂就越短，髋部承受的力矩就越小。在杠铃杆不会移动到脚中心点后方的前提下，让杠铃杆离身体自身的**重心**越近，举起负重时你必须克服的由身体**重心**与杠铃杆之间的力臂产生的力矩就越小。杠铃杆与脚中心平衡点之间的任何距离都会产生一个力臂，这个力臂会对硬拉效率产生深远的影响。正如之前所述，杠铃杆和髋部之间的距离越大，对抗髋部的力矩就越大。所以，与所有涉及以站姿方式手持杠铃或者把杠铃放在背上的其他杠铃训练项目一样，当杠铃杆处于脚中心点正上方的时候，硬拉的力矩是优化的，而且还能让杠铃处于平衡状态。处于平衡状态的杠铃应该以不偏离这种状态的杠铃杆运动路径来运动：处于脚中心点正上方的竖直平面。这种杠铃杆的运动路径应该是我们要尝试接近的理想的物理学路径，优秀的硬拉运动员能让杠铃杆的运动路径与之接近。

硬拉要借助由膝关节伸展和髋部伸展产生的力才能将杠铃拉离地面，直至锁定。力沿着刚性的脊柱传递，就如同一个在髋部伸肌与杠铃重量之间的杠杆围绕髋关节旋转那样。这个力矩被传递到肩胛骨（确切地说是**肩胛**），然后传递到手臂。当肩胛骨——一块有着较大表面的扁平骨——靠在胸廓上时，它与刚性的背部接触，并通过非常强壮的斜方肌、大菱形肌、小菱形肌、肩胛提肌和其他肌肉固定其位置（图 4–20）。斜方肌始于头骨的底部并通过**项韧带**——所有沿颈椎棘突的部分——到达 C7（第 7 颈椎），并从 C7 的棘突一直延伸到 T12（第 12 胸椎）的棘突，从而使之成为人体中最长的一块肌肉。所有这些纤维都在肩膀上的某处有一个插入点：或者位于那条沿肩胛骨向下延伸的长骨嵴（这条骨嵴叫作**肩胛冈**）上，或者位于锁骨的上侧。因此，斜方肌能从附着在脊柱上的一条长线处把力传递到附着在肩膀上的一条长线上。（这就是为什么硬拉对锻炼斜方肌来说是一项如此之好的练习，这也是优秀的硬拉运动员与其他运动员相比有着更大的斜方肌的原因。）尽管斜方肌能够向心耸肩、内收和下压肩胛骨，但其实它们在硬拉过程中的作用就是等长收缩——把肩胛骨保持在正确的位置。当你处于把杠铃拉离地面的姿势中时，并且背角——取决于你的身体结构特点——在 20° ～ 30° 之间的时候，肩胛骨平坦地靠在由瓦式呼吸法支持起来的胸廓上。斜方肌和菱形肌保持肩胛骨处于正确的位置，

图 4–20. 后视图，手臂和脊柱之间涉及力量传递的肌肉

所以肩胛骨处在一个受到良好支持的位置，可以接收沿刚性躯干向上传递的、来自膝关节伸展和髋部伸展的力量。

肱骨被非常牢固地连接在**肩胛盂**——或者说是肩关节上，通过一些韧带、三角肌、肩袖肌腱和肌肉、肱三头肌长头、肱二头肌和大圆肌。三角肌的起始部分全部沿着肩胛冈的下侧延伸，紧挨着斜方肌连接处的骨骼，并沿着肩峰绕到前方和锁骨外侧三分之一处。三角肌的另一端则插入肱骨外侧的**三角肌隆起**处——大致位于肱骨中点的一个大的突起处。这些部件——从脊柱到斜方肌，再到肩胛骨、锁骨，然后到三角肌和肱骨，构建出了一个非常强大的、有效的力量传递结构（图4–21）。大圆肌连接在肩胛骨的底部，一直延伸到肱骨的前侧靠近关节盂的位置，这样就增加了连接两个骨骼的肌肉组织。

在这里，背阔肌也起着非常重要的作用。背阔肌位于下背部一个很大的范围内，对大多数人来说（个体之间会有差异），背阔肌始于T7脊柱棘突，并向下扫过**胸腰筋膜**——在骶骨和骨盆髂嵴上的一大片带有纤维的结缔组织。背阔肌的插入点处于肱骨顶部的前端，非常靠近胸大肌的插入点，所以它的功能是把肱骨向后拉。这个功能对硬拉的力学来说很重要。所以，肱骨在肩胛骨上有连接点，在脊柱上也有间接的连接点，脊柱上的每一个棘突——从头骨到骶骨——都是通过背阔肌或者斜方肌连接到肱骨上的。除此之外，背阔肌和斜方肌在T7到T12的位置重叠。

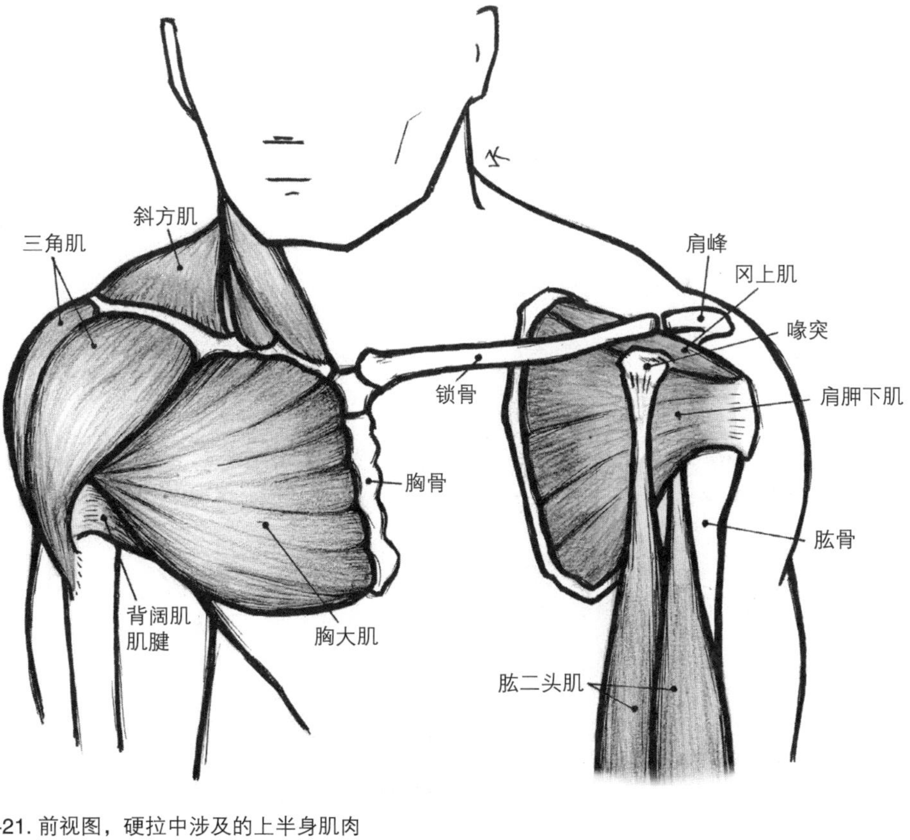

图 4–21. 前视图，硬拉中涉及的上半身肌肉

这样一来，所有这些连接点就在背部和手臂之间形成了完全并且有效的连接。

正确的硬拉姿势应该是这样的：从肩胛骨、杠铃杆以及脚中心点在同一竖直平面内对齐的姿势开始硬拉（图 4–22）。背部保持刚性并处于正常的人体解剖学位置，肘关节伸直，双脚全脚掌着地。这是骨骼系统最高效的姿势，也是其能够把力量——由伸展髋部和膝关节的肌肉所产生的——最高效地向上传递到背部，然后沿着手臂向下传递到负重的杠铃上的姿势。此外，这个定律对任何把杠铃拉离地面的动作来说都是正确的——无论采用何种握姿或者站姿。这种三者对齐的姿势使举重者 – 杠铃系统和脚中心平衡点之间能够保持最佳的平衡状态。

其他任何的杠铃杆位置都有可能出现两个问题。第一个问题发生在杠铃被从脚中心点前方的位置拉起的时候，出现的问题是杠

图 4–22. 标准硬拉模型中正确的起始姿势。请注意悬垂的手臂相对垂直方向的角度

铃杆与平衡点之间会产生力臂。举重者必须以某种方式抵消这个力臂的效果，不管是向后移动杠铃杆回到平衡位置，还是施加额外的力量用来对抗杠铃重力和这个力臂产生的效果。这个距离也会对髋部、膝关节和背角产生不利影响，从而导致它们相互之间以及它们与杠铃之间产生不理想的位置关系。在直觉上来说这是显然的：如果你站在让杠铃处于你前方几英尺的位置，这个距离就是一个大问题；当这个距离以这种方式被夸大了之后，其中的原因显而易见。向前迈步把这个距离缩短一半，然后硬拉就会变得简单一些，但这仍然是不对的。再次把这个距离减半，这种趋势就会变得明显了：你距离杠铃杆越近，拉起杠铃杆就会越容易；其中的原因就是距离对以脚中心点为支点的力矩的影响。

即便是随便探究一下大重量硬拉、翻举和抓举的杠铃杆运动路径，也能明显看出，将杠铃杆从脚中心点前方的位置拉起然后向后回移到平衡位置中时，会在杠铃离地后产生一条弯曲的运动路径（图 4–23）。被拉离地面的杠铃越重，在硬拉的过程中能够实现的曲线的高度和幅度就越小。被拉离地面的杠铃越轻，在抓举和举重过程中所能允许的水平位移就越大，杠铃杆在回到脚中心点正上方处于平衡状态之前就能移动到更高的高度。（在抓举的过程中，杠铃的重量相对举重者的绝对力量是如此之小，以至于杠铃全程都能够沿着一条失衡的路径移动。）然后，你能够看到平衡点存在于脚中心点的正上方，这是有道理的——通过沿一条竖直向上的路径把杠铃拉离地面的方式，设计你的硬拉技术动作使之遵守这一物理学事实。

第二个问题：杠铃杆的位置没有处于肩膀前侧略靠后的位置，这会破坏杠铃杆与举重者的手臂、脊柱之间的平衡。为了获得这种平衡，人们倾向于在拉起杠铃的过程中进入这样的姿势：你的肩膀会略处于杠铃杆的

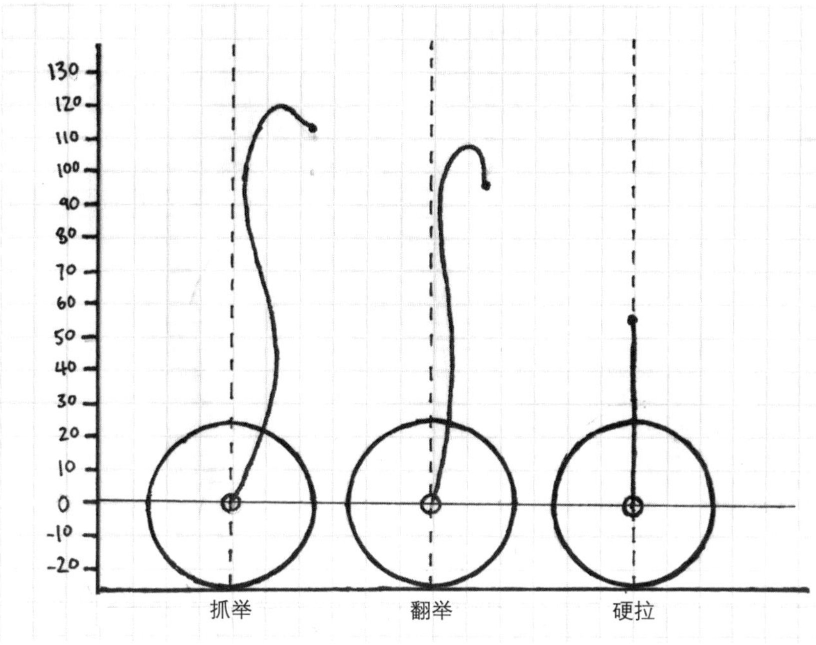

图 4–23. 对典型的大重量抓举、翻举和硬拉中的杠铃杆轨迹的描摹

前方，而你的手臂并**不会**垂直于地面。当举重者把杠铃拉离地面，而且当背角保持不再变化之后——也就是说，当膝关节和髋部在硬拉底部伸展的时候，背部已经进入了一个稳定的角度——这就是所有拉起杠铃的动作的共同点：手臂不是在垂直方向上下垂的。它们会以一个位于竖直面之后 7° ~ 10° 的角度下垂，从而使肩膀刚好处于杠铃杆的前方——也许是偶然的，它们正好处于肩胛骨的正下方。大多数奥林匹克举重教练都会教授举重运动员这种肩膀处于杠铃杆前方的姿势。当你在线搜索到成千上万的有关硬拉、翻举和抓举的视频，并且一帧一帧去看的时候，你很快地就能发现这些视频具有一个共同的特点——在拉起杠铃的过程中肩膀靠前。

在由轻到重的各种杠铃拉起动作中，你能越来越清晰地观察到上述动作模式：在抓举中，所用重量相对人的硬拉能力来说非常轻,在一些技术动作并不高效的举重者那里，你会看到其拉起动作不是很符合上述模式；在翻举中，所用重量比抓举中的更大，但还是比硬拉重量小，其动作更接近上述模式；而大重量硬拉，当杠铃被拉离地面之后，基本上始终符合上述模式。此外，在拉起杠铃的过程中，举重者 – 杠铃系统在肩膀靠前的姿势中寻求平衡的倾向是固有的。如果有人试图采用垂直或者相对垂直面靠前的手臂姿势拉起杠铃的话，背角就会发生改变——不是在拉起杠铃之前改变，就是在拉起杠铃的初始阶段改变——因为只有这样才能做出这种姿势。举重者这样做的趋势会随着重量的变化而变化，而杠铃向脚中心平衡点移动的趋势也会以同样的方式变化。抓举在拉起杠铃的很大一部分过程中显现出了背角的变化，在翻举中这样的情况少了很多。而在硬拉中，举重者在让杠铃片离开地面之后基本上会采用同样的背角，直到杠铃杆靠近膝盖。

请牢记，在一个重力框架中，让杠铃杆沿着垂直方向笔直地运动是杠铃在物理学上最高效的运动方式。通过把脚中心点放到杠铃杆的正下方，并且调整膝关节、髋部和肩膀的姿势，你很容易就能够做到这一点，这样就能垂直地拉起杠铃。把杠铃杆放在脚中心点前方，或者使用垂直的手臂姿势作为动作的起始姿势，或者导致举重者以一个不垂直的运动路径拉起杠铃，或者导致背角发生变化。上述做法都会以对举重者的身体或者杠铃来说不必要的能量消耗为代价。因为这样一来杠铃杆和髋部之间的力臂更长了，举重者不仅更难拉起距离髋部更远的杠铃，而且无助于杠铃在垂直方向上移动的运动路径也代表着做功能力的浪费。尽管一些非常优秀的举重者可能擅长用不高效的方式表演举重，但这并不意味着他们的方法是正确的。把杠铃拉离地面的最有效的方式是产生沿垂直方向的杠铃运动路径，因为这种方式与事实相符：在硬拉过程中，对抗重力做的功实际上是举重者在尽可能靠近髋部的垂直运动路径上移动相应重量所消耗的能量。

此外，之前有关重心的讨论已经解释了弯曲的杠铃运动路径的很多方面。考虑一下杠铃能够运动的两个方向：垂直方向和水平方向。一般来说，垂直方向的运动由肌肉产生的力沿着刚性身体部位（与负重相互作用的部分）完成，而水平方向的运动则是通过控制身体实现的相对于杠铃位置的水平移动。所以，拉力来自伸展髋部和膝关节的肌肉、保持背部刚性的肌肉，以及保持杠铃杆握在手中并处于脊柱下方正确位置的肌肉。在平衡点上举重者 - 杠铃系统的不正确位置使杠铃的水平运动成为必然，出现这样的情况是因为举重者试图改变杠铃的位置，因此也移动了自己的身体。

一些教练这样教授运动员：髋部应该下沉，肩膀应该处于杠铃杆后方，而背部应该尽可能地接近垂直。但是，这样的起始姿势往往会在重量实际离开地面之前使举重者和杠铃出现移动。因为在这样的姿势中——当髋部下沉、膝关节下沉并前伸的时候，小腿和杠铃杆会被举重者前推，远离脚中心点和髋部，从而使杠铃杆处于脚中心点的前面。这就让举重者的**重心**相对于杠铃杆更加靠后。在强壮的举重者使用大重量的时候，杠铃的重量可能超过其体重的 300%。举重者能够通过相对杠铃控制自身重心的方式，在水平方向上移动杠铃——翻举或者抓举的顶部后仰证明了这一点，此时的杠铃杆处在身体平衡点的前方。因为杠铃的重量比举重者位于杠铃杆之后的身体重量大得多，所以杠铃杆与举重者需要相应做出的身体姿势之间的关系应该与这两者之间重量的差异成比例（图 4–24）。如果翻举过程中杠铃杆在被拉过膝盖时处于身体平衡点之前 3 英寸（7.6 厘米）的话，身体的后仰程度应该**比这个距离大得多**，因为举重者的体重比杠铃重量更轻。如果后仰的程度不足以阻止杠铃杆的前移，举重者将不得不通过向前跳的方式来接住杠铃。

杠铃在地面上的时候也会出现同样的情况：如果你试图把大重量的杠铃向前推，那么位于杠铃杆后面的身体就会以双脚后蹬、向后使劲儿的方式对抗杠铃的前移——它充当一条悬臂以产生足够的水平运动，从而把杠铃杆拉回到脚中心点正上方的平衡位置并靠近髋部。借助负重的作用，双脚被固定在地面上，所以在硬拉开始时，杠铃杆后方的体重会对抗位于平衡点前方的杠铃的重量。随着杠铃杆向后滚，然后沿一条曲线路径被拉离地面，身体会向前摆动从而使自身处于平衡状态，同时肩膀处于杠铃杆之前。当举重者稳定在这个状态中时，杠铃杆的运动路径就变为垂直方向的了。如果杠铃杆在开始时就处于平衡状态，而且举重者的身体也处于优化的拉起杠铃的平衡位置的话，这样就已经形成了杠铃杆的垂直运动路径，那么上述摆动就是完全不必要的。

不垂直的手臂角度可能是举重中被解

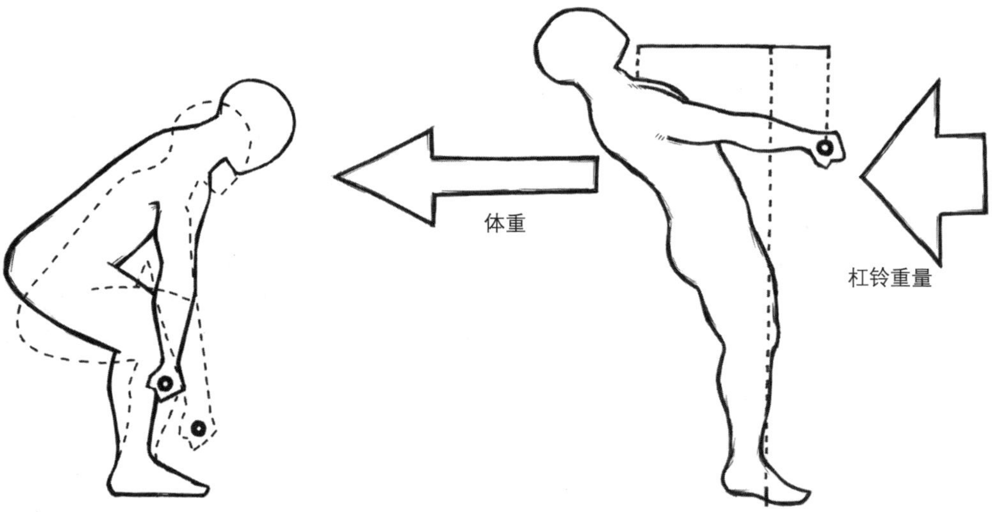

图 4-24. 使用身体的重量产生一段水平的杠铃位移部分是必要的。身体的拉力机制能有效地向上移动杠铃，但举重者 – 杠铃系统的垂直取向就不能有效地在水平方向上移动杠铃。正是因为这一点，我们才能通过水平地移动身体的重量对抗杠铃的重量。因为沉重的杠铃比举重者的重量大，所以举重者的身体必须在水平方向上移动更多才能有效地对抗杠铃

释得最不清楚的一个现象。为什么当肩膀处于杠铃杆前方，并且手臂与垂直平面以 7° ~ 10° 的夹角下垂的时候，在拉起杠铃的初始阶段背角能够趋于稳定？为什么肩膀向前越过杠铃杆的距离与髋部位于杠铃杆之后的距离之间存在一个明显的平衡？我们目前的理论认为这种重要的位置关系是背阔肌、肱骨和下背部之间相互作用的结果。在这样的背角中，背阔肌能更好地稳定手臂，并缩短杠铃杆与髋部之间的距离，以产生垂直的杠铃杆运动路径。在大重量硬拉中，背部会固定在这个角度，因为它别无选择。

很多肌肉和韧带把肱骨固定在肩胛骨上，看上去就好像手臂应该垂直悬挂在那里似的——就像连接在天花板上的绳子的末端绑着的重物是垂直悬挂的那样，这就是所谓的“铅垂”。但是实际上如果有一个足够大的重量迫使你绷紧背部和手臂的话，手臂是不会在垂直方向下垂的。你可以查看一下自己做动作时的视频。如果你想让那根连在天花板上的绳子以不垂直的角度下垂的话，你需要从其他方向对这根绳子施加另外一个力——你不得不在悬挂铅垂的绳子上系上**另一根绳子**。如果你以直角拉动负载的那根绳子，第二根绳子对抗第一根绳子的效果会达到最佳，因为直角能够使被施加的力处于最有效的位置上。就像以 90° 以外的任何角度拉动扳手一样，以任何不是 90° 的角度拉动绳子都不能产生最大的旋转力。你可以把第一根“绳子”想象成是肱骨，把第二根绳子想象成是背阔肌，这样你会更容易理解。

所以，整个系统中终究会有另一根绳子——事实上有好几根。大圆肌和肱三头肌控制了肩胛骨和肱骨之间的角度。更重要的是，背阔肌把沿下背部的大范围的起点直接连接到肱骨柄上，位于肱骨前侧腋下靠上的位置，所以背阔肌会横跨肱骨柄的整个厚度施加拉力。因此，随着杠铃被拉离地面，背阔肌以等长收缩的方式同时对上臂和下背部施加张力，并调整两处连接点的位置，使背部处于稳定状态。这些肌肉与很多连接在肩关节区域的肌肉共同合作，把力量从躯干传

递到手臂。

背阔肌的拉力和髋部姿势一起，使悬挂在肩膀上的手臂在脊柱负载重量时处于不垂直的角度，并且这个拉力必须抵消由杠铃重量产生的使手臂向前旋转进入垂直状态的趋势，髋部的姿势有助于背阔肌的肌腹沿长度方向最好地发力。如果手臂向前旋转，这会使杠铃杆前移到脚中心点之前，从而使举重者的身体处于失衡的位置。如果重量足够大的话，举重者就不能把重量向后拉回。因为肱三头肌和大圆肌处于不良的力矩位置，实际上在这种情况中它们对后侧拉力的贡献很小，所以背阔肌、大圆肌和肱三头肌对后侧拉力的总体贡献大致与背阔肌单独作用时的效果相当。当肩膀处于杠铃杆之前，背角在拉起杠铃的过程中处于稳定状态的时候，背阔肌和肱骨之间连接处的角度大概是 90°。因为**在这个角度下，举重者产生一个与负重所造成的力矩相等、并且能够与之对抗的力矩需要施加的力量最小**。以这个角度，这些肌肉能以最高效的方式把它们产生的张力施加在肱骨上，这样就会在杠铃拉离地面的过程中提供最大的力量和稳定性。在这种情况中，杠铃杆需要保持在脚中心点的正上方，而且要处于这种稳定的“悬挂”姿势所能允许的距离髋部最近的位置（参考图 4–25）。背阔肌作用于下背部的张力使背角调整到能让背阔肌以 90° 的角度施力于肱骨的程度，并保持肩膀和髋部之间的平衡。

可以预见的人体结构的差异会带来影响，但是背阔肌是维持这个系统稳定性的主要因素，并且它在稳定结构中的与肱骨的连接处角度很可能非常接近 90°。可以确定的一点是：在从底部拉起杠铃的过程中，身体会产生一个让肩膀处于杠铃杆之前的背角，此时的手臂不会垂直向下悬挂，髋部与手臂竖直向下悬挂的情况相比更靠近杠铃杆，以这个姿势把杠铃拉离地面会产生一条垂直的杠铃杆运动路径。采用这种运动路径，举重者能最有效地把平衡点保持在脚中心点的正上方，并使用背阔肌和相关肌肉保持这条垂直的杠铃杆运动路径。

更简洁地说，**手臂不会在硬拉中处于铅垂的状态，因为当手臂处于铅垂状态时背阔肌不会以 90° 角与手臂连接**。当手臂下垂的时候，手臂必须向后倾斜，以产生一个稳定的姿势。所以，举重者的身体必须采用一个允许手臂以 90° 角连接在背阔肌上的姿势，同时能够使杠铃沿着一条垂直路径被拉离地面（图 4–26）。如果髋部太低的话，背阔肌连接处的角度就会小于 90°，随着背角调整到稳定的位置，髋部会抬高。如果髋部的位置过高，这个角度就会大于 90°，这样的话举重者就不能有效地阻止杠铃杆继续前移。

分析硬拉动作所用到的参考角度和那些用来分析深蹲的参考角度是一样的（图 4–27）。**髋角**是股骨与躯干平面产生的夹角，**膝角**是股骨与胫骨产生的夹角，**背角**是躯干平面与假定的水平地面产生的夹角。在正确的硬拉动作中，当杠铃离开地面时，举重者的膝关节是伸展开的，这暗示着在负重情况下股四头肌使膝关节伸展了。随着杠铃杆逐渐靠近膝盖，背角应该变得更接近垂直；腘绳肌“固定”了背角，这样举重者就能够借助膝关节和髋关节的伸展拉起杠铃。

随着胫骨变得更加垂直，髋角打开。当杠铃杆靠近膝盖底部时，背角——随后是髋角——发生了显著的变化（图 4–28）。人体结构可能是一个重要的影响因素，比如手臂的长度显然会影响这种平衡关系。在抓举和翻举中，这种背角的转变似乎在杠铃杆到达胫骨稍靠上的位置时出现——对大多数优秀举重者来说，这个位置非常靠近膝盖——比硬拉过程中的位置更高，这样可以在加速杠铃杆通过拉起过程的中段时保持更长的力臂。我们会在第 6 章深入探讨这个概念。背阔肌

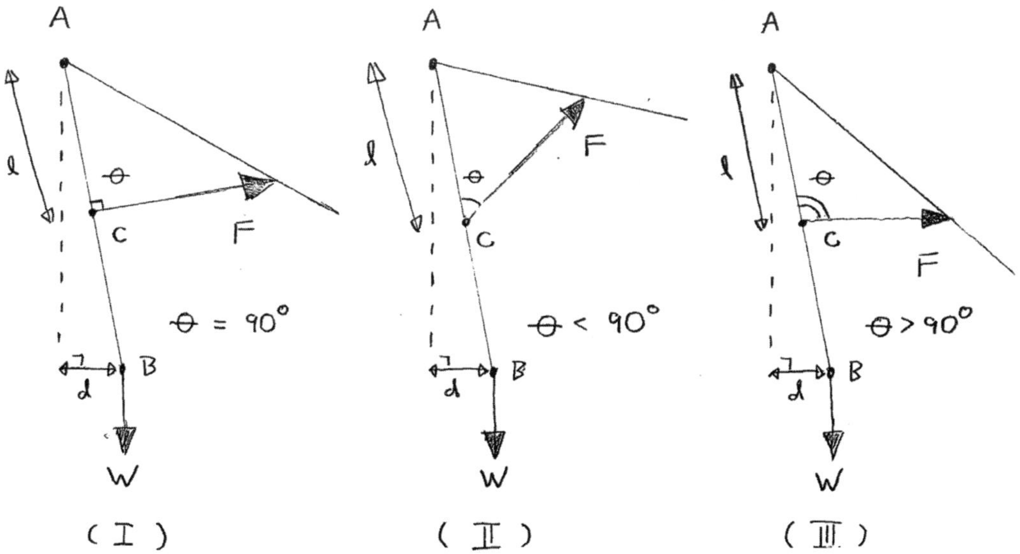

在上面的每张图中，手臂都是以某一固定的角度悬挂着，这样能让肩膀（A点）处于重量前方的一段水平距离d之外。重量会在B点对手臂施加一个向下的拉力W，从而产生一个相对于A点的顺时针的力矩。这个力矩的大小为w·d。

背阔肌在点C连接在手臂上，并且对它施加了一个力F。这相对于A点产生了一个逆时针的力矩，这个力矩的大小为l·F·sinθ。背角将角度控制在θ。

为了防止手臂围绕A点旋转，这两个力矩的大小必须相等。

$l \cdot F \cdot \sin\theta = w \cdot d \quad \rightarrow \quad F = w \cdot d / (l \cdot \sin\theta)$

当θ=90°时，sinθ达到了最大值，而F会达到最小值。任何其他的角度都需要一个相对更大的力F（Ⅱ和Ⅲ）。

马特·洛里格

图 4–25. 一个有关背阔肌与肱骨成 90° 夹角时，背阔肌能最高效地稳定肱骨的理论的证明，来自我们的朋友马特·洛里格博士。当你询问一位物理学家如何进行杠铃训练时，你就会得到这样的答案

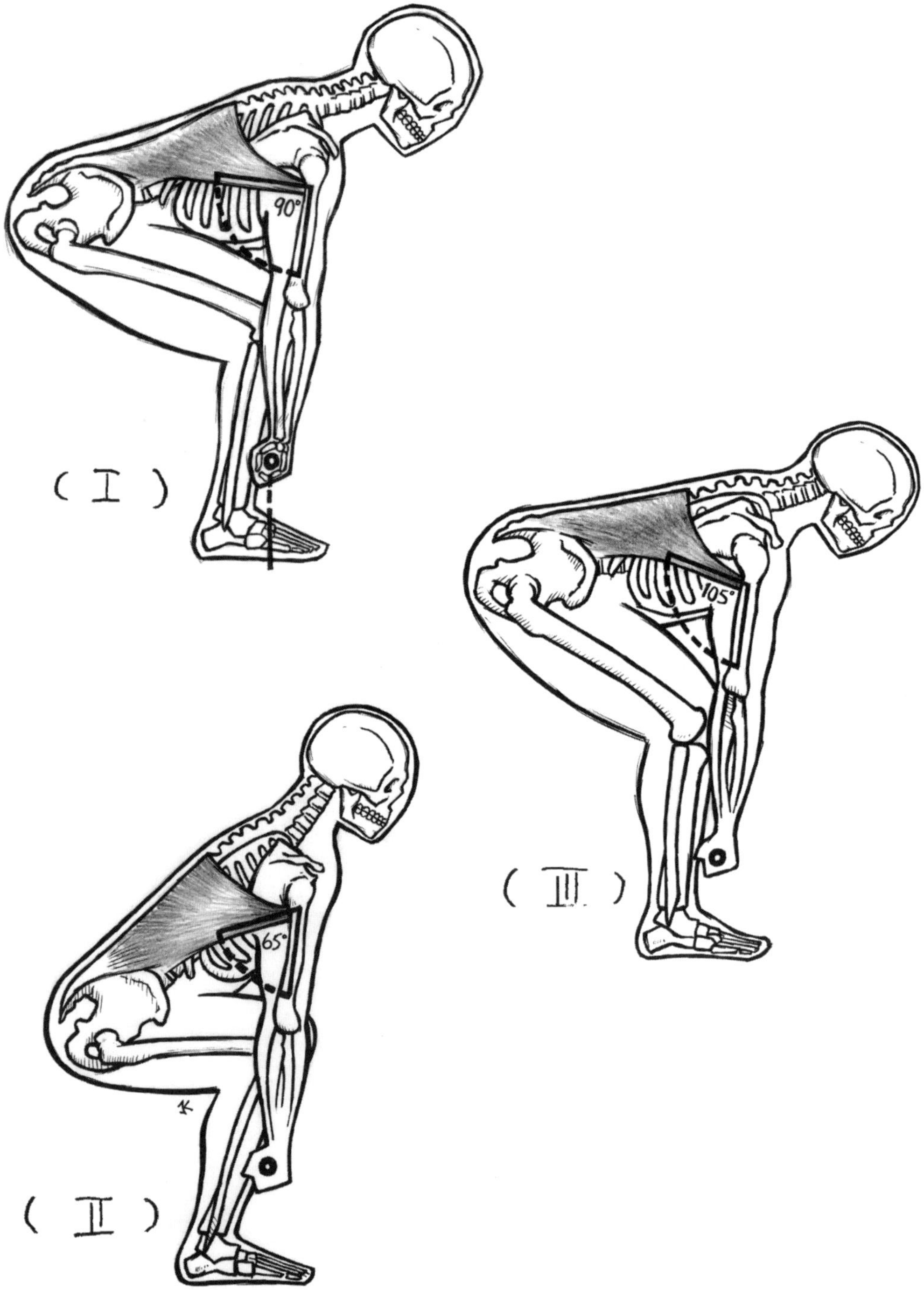

图 4–26. 当手臂与背阔肌的夹角为 90°、< 90°（Ⅱ）或 > 90°（Ⅲ）时，把杠铃拉离地面时的骨骼位置关系

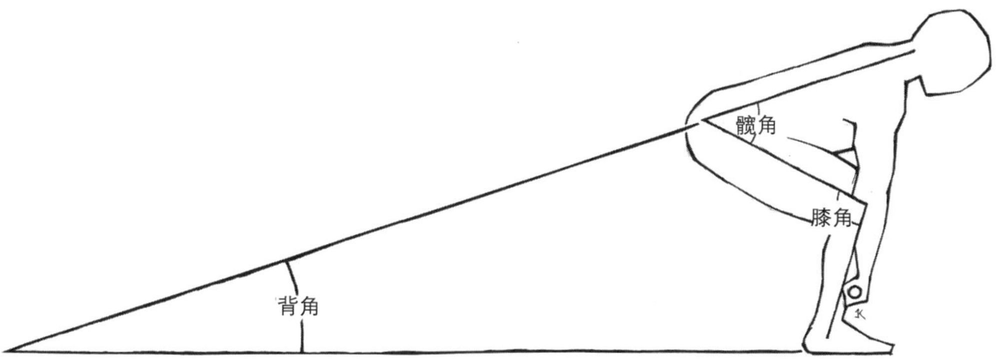

图 4-27. 三个参考角度：膝角、髋角和背角

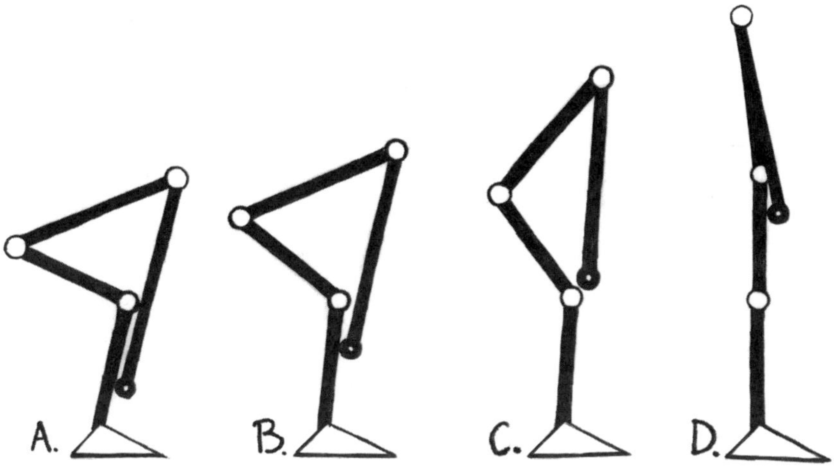

图 4-28. 把杠铃拉离地面的正确动作顺序。（A）起始姿势。（B）膝关节伸展，打开膝角。（C）打开髋角，把杠铃向上拉至锁定位置（D）

在此时的功能发生了改变，随着背角变得更接近垂直，保持举重者-杠铃系统处于脚中心点正上方的平衡位置就成了逐渐增加的背角的任务，对背阔肌拉力的依赖减少了。在把杠铃拉离地面的整个过程中，你会在杠铃杆的运动路径中看到这种现象：即使拉起杠铃的底部动作不够高效，整个系统的重心也总是倾向于回到脚中心点的正上方。

随着髋部伸展幅度加大，伸髋肌群——臀肌、内收肌和腘绳肌——成为移动负重的主要动力。而在杠铃杆上升到膝盖高度之前，股四头肌已经完成了大部分的伸展膝关节的起始任务。在拉起杠铃的过程中，背部肌肉的作用是保持躯干的刚性、保持肩胛骨后收并使其处于正常的人体解剖学位置中，从而使伸展膝关节和髋部产生的力能够向上传递到背部，然后经过手臂向下传递到杠铃杆。当膝关节和髋部同时达到完全伸展状态时，举重者就能够以挺胸和肩膀后收的姿势完成顶部姿势的锁定。如果举重者按照这种次序

完成动作的话，杠铃杆会沿腿部以一条垂直的路径向上移动。

如果举重者在拉起杠铃的时候背部拱起的话，一些本该传递到杠铃上的力就会被伸长的竖脊肌消耗掉。如果重量足够大的话，拱起的背部就不能再次挺直，这样硬拉就不能被锁定（图 4–29）。竖脊肌被“设计”出来的目的是为了通过等长收缩保持脊柱的伸展状态，而不是在一个压缩身体的负重下主动地伸展弯曲的脊柱。膝关节和髋部已经伸展开了——膝关节此时处于笔直的状态中，同时骨盆和股骨也在一条直线上——这两个关节上的伸展肌群不能帮助举重者锁定硬拉，

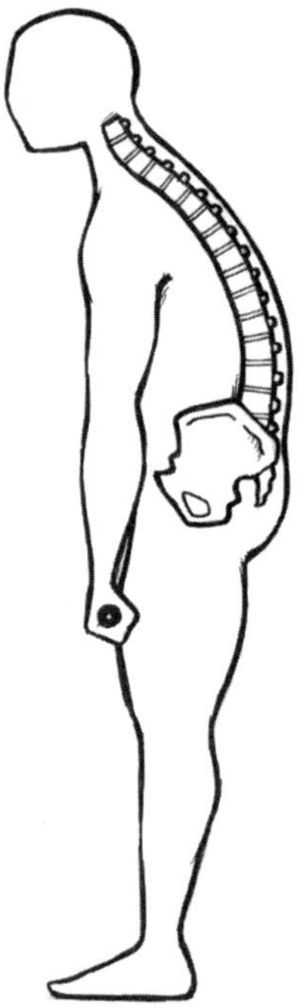

图 4–29. 当重量很大的时候，拱起的下背部是很难伸直的。那些能够保持腰椎伸展的肌肉是姿势肌，它们被设计出来的目的并不是为了改变椎骨之间的相对位置。它们的任务是保持伸展状态，而不是在负重下向心收缩。如果脊柱处于弯曲状态中，那么髋部也会一样。如果髋部伸肌完成了它们的工作，拉起杠铃的过程本质上就结束了。继续拉起杠铃的唯一的方法就是重新屈膝并“猛拉”杠铃，从而让髋部姿势略微重置。很多大重量硬拉都是以这种方式失败的

因为它们已经完全收缩了。

因为这三个角度都取决于举重者个人的身体结构特点（图 4–30），所以确切地说我们应该针对每位举重者的具体情况进行分析（图 4–31）。有着长股骨、长胫骨和相对较短躯干的人会有一个更接近水平的背角和一个更为封闭的髋角，而有着长躯干和较短腿部的人会有一个更接近垂直的背角和一个更开放的髋角。每个人都会有一组不同的膝角、髋角和背角，但对所有人来说，正确的起始姿势都会有之前所述的共同点：肩膀会略微处于杠铃杆之前，杠铃杆会碰到胫骨并处于脚中心点的正上方，从而使肩胛骨、杠铃杆和脚中心点在垂直方向上成一条直线。如果这三者的位置是正确的，举重者的手臂是伸直的，同时双脚平贴在地面上，且背部处于胸椎和腰椎伸展的良好状态，这时所形成的参考角度对举重者的身体结构来说就是正确的。在三个角度中，背角的个体差异最为明显，一位明智的观察者很容易观察到这一点。

在你分析这些角度的时候，你还必须考虑到自己手臂的长度。当其他身体部位的长度正常时，较短的手臂会产生更接近水平的背角，而更长的手臂会产生更接近垂直的背角。较长的手臂倾向于减弱较短躯干产生的效果，而较短的手臂和较短的躯干则会产生一种近乎完全水平的背部姿势。为了平衡这种短手臂和短躯干造成的影响，有着这样身体构造的人也许需要采用相扑站姿，因为宽站距会让具有这种典型身体比例的人产生更接近垂直的背角，这种背角是身体比例更为正常的人群中的常见背角。

如果你能够很好地理解拉起杠铃过程中所涉及的力学知识，那么你对硬拉动作中产生的大多数问题都能进行分析。比如思考一下举重者以背部拱起的姿势下放杠铃的问题——这是由举重者首先解锁膝关节造成的。杠铃的下降过程应该与拉起过程完全相反才

图 4-30. 在硬拉起始姿势中，举重者不同身体结构的比较

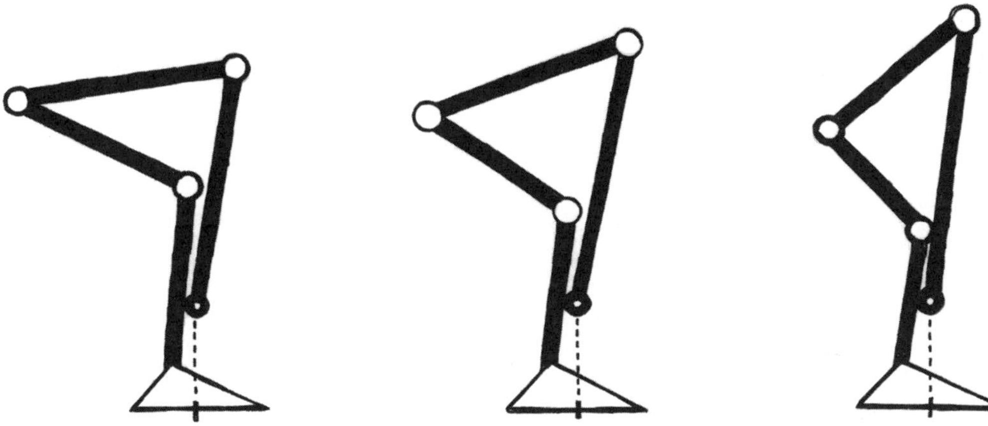

图 4-31. 在起始姿势中，背部和腿部尺寸的不同对背角造成的影响。从左到右，腿部长度缩短的同时背部长度增加

是：如果在硬拉到达顶部时发生的最后一件事是在胸部挺起和背部锁定的情况下同时锁定膝关节和髋部，那么放下杠铃的起始姿势必须是在锁定背部、挺起胸部的情况下同时解锁膝关节和髋部（图 4–32）。膝关节与髋部同时解锁可以保持腘绳肌上的张力。然后随着举重者减小髋角，并在内收肌和臀肌伸长时以离心收缩的方式使用它们，举重者就能够通过下背部姿势的锁定使臀部后移。杠铃杆沿着大腿向下滑，髋角变得更加封闭，当杠铃杆下降到膝盖高度的时候，膝角会随着髋角一起封闭起来。随着杠铃杆降至膝盖下方，膝关节弯曲，股四头肌增强了离心收缩功能，然后杠铃落回至地面。这些动作的次序——与拉起杠铃的动作次序相反——能够保证杠铃杆沿一条垂直路径下落（图 4–32）。

任何偏离这种次序的做法都是不合适的。如果在下放杠铃的时候你的膝盖率先前移，它们会处在杠铃杆的前方，这样杠铃杆就不能竖直下降了，因为它必须前移绕过膝盖（图 4–33）。如果你的脚跟没有上抬，那么你的膝盖只能前移有限的一段距离，所以你只能拱起背部，才能让杠铃杆前移足够的距离绕过膝盖。这样的动作让杠铃杆处于失衡状态，并使其前移到脚中心点之前。如果你发现在每组 5 次重复的硬拉过程中，你的位置自始至终在向前移动的话，以上就是造成这种情况的原因。

随着你把杠铃拉离地面，你的膝关节和髋部会同步伸展，背角会变得更接近垂直。当腘绳肌通过等长收缩把胫骨和骨盆连接在一起时，股四头肌启动了双腿推地的发力过程，并随着杠铃的上升打开了膝角和髋角。如果你尝试首先伸展髋部，结果就会产生一条不垂直的杠铃杆运动路径。当你首先挺起胸部时这种情况就会发生，这样的话髋角就会首先打开，而膝角仍停留在起始姿势。如果这种情况发生了，杠铃杆就要前移绕过膝盖，而不是膝盖撤回来给杠铃杆让开路径。实际上这种情况只会在使用小重量的时候发生，因为大重量更多的是在竖直的垂直线上运动。如果你在拉起大重量时试着首先挺胸的话，你就会把杠铃杆向后拉撞到胫骨上，而杠铃杆上的血迹会告诉你这样做是错的。当重量很大的时候，杠铃杆无论如何都不可

图 4–32. 放下杠铃的正确顺序与其上升的过程相反（图 4–28）。在上升过程中最后发生的事情就是下降过程中首先要发生的：膝关节和髋部同时解除锁定，然后髋部后移并将杠铃杆下放至膝盖下方，紧接着膝关节弯曲，将杠铃放回地面

能前移绕过膝盖的，因为你不可能将一个这么大的重量向前拉离平衡位置。

当膝角与髋角一起打开的时候——胫骨会变得更接近垂直，同时相对于双脚前部向后移，这是为了保证杠铃杆在垂直的运动路径中沿腿部向上移动。如果膝角与髋角一起改变的话，杠铃杆就能够竖直向上移动，这是大重量杠铃喜欢的移动途径。如果你感觉重量在向脚尖移动，或者你的教练看到你的脚跟抬起来了，你就应该知道自己做错了什么。把你的重心从脚尖后移，保持胸部挺起，然后在你发力蹬地的时候把重量竖直地沿胫骨拉起。这会强迫杠铃杆后移回到正确的运动路径中，从而让你的膝关节伸直、股四头肌伸展，从而正确地启动硬拉。这样想也许会对你有帮助：用你的背阔肌把杠铃杆拉向腿部，通过第二种方法（图 4–34）巩固杠铃杆靠近胫骨的姿势。

图 4–33. 这是下放杠铃杆的错误方式。膝盖首先前移，这使膝盖处于一个悲惨的位置——膝盖骨经常会付出很大的代价。如果膝盖骨不知何故保持完好无损，那么下背部可能就有问题了

当重量变大的时候，举重者在杠铃离地之前使杠铃杆前移并远离胫骨是一种常见的错误。当这种情况发生时，你的髋部会上抬，而且这会发生在重量移动之前。我们使用拉起杠铃的模型来看一下这种情况：膝角打开了，髋角可能保持不变，而背角更加接近水平，这都发生在重量移动之前（图 4–35）。在这种情况中，你的股四头肌已经使膝关节伸展开了，但与此同时重量没有发生任何程度的移动。在无负载时打开膝角的过程中——在没有移动杠铃杆的情况下把你的臀部向上推——股四头肌没有参与举重过程，并把所有的任务都交给了髋部伸肌。因为它们必须转动一个更大的角度完成伸展，这样一来髋部伸肌的工作量就更大了。另外，因为你的背部此时几乎平行于地面，背部肌肉所处姿势的力学优势被减弱了：它们不得不在转过一个更大角度的同时处于更长时间的等长收缩的状态中，而且在起始时还处在它们最差的力学姿势（平行于地面）中。

造成这种情况的原因并不是显而易见的。在硬拉、翻举和其他所有把杠铃从地面拉起的运动项目中，在挺起胸部之前先抬起髋部的问题太常见了，所以我们会在接下来的内容中进行分析。股四头肌把膝关节伸展开，如果与此同时腘绳肌张力保持不变的话，杠铃杆就会沿着胫骨垂直向上移动。但髋部伸肌——臀肌、腘绳肌，在某种程度上还包括内收肌——是拉起杠铃初始阶段时的稳定肌群，并通过向位于骨盆后侧的坐骨和髂骨插入点施加拉力保持背角不减小。如果竖脊肌能够保持背部平直的话，髋部伸肌就会在

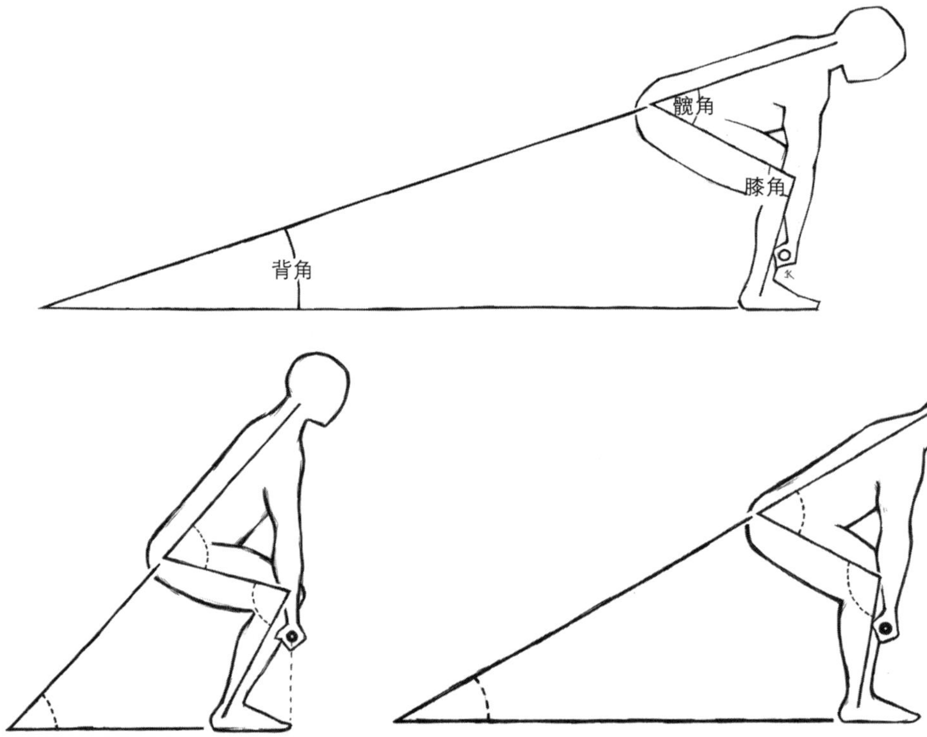

图 4–34. 把杠铃拉离地面之后，角度打开的次序对正确的技术动作来说是很重要的。顶部，起始姿势中的参考角度。底部左图，当髋角首先打开时，杠铃杆必须前移绕过膝盖，在这种情况下，小腿经常会被擦伤。底部右图，正确的次序——首先打开膝角，然后打开髋角——这样就能够产生一条垂直的杠铃杆运动路径

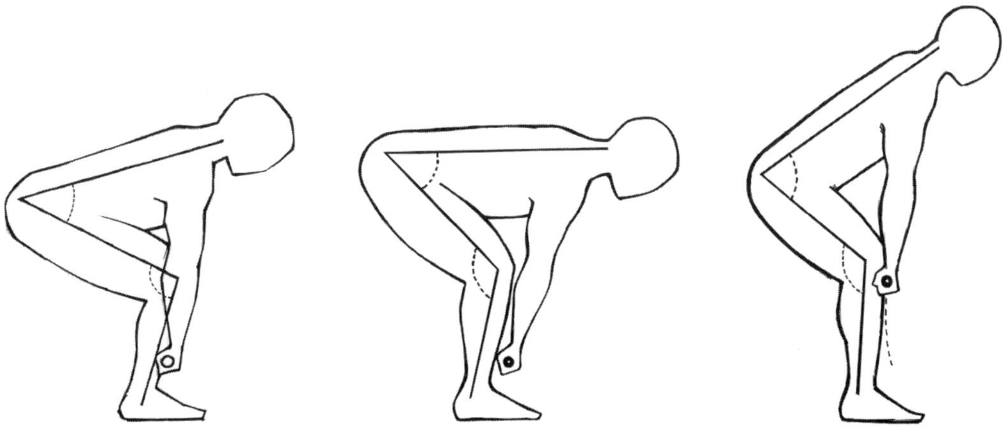

图 4–35. 在杠铃离开地面之前膝角就打开了，这样举重者就不会使用股四头肌移动重量。当腘绳肌不能控制膝角的时候（它们的远端功能），背角就会更接近水平。这会使杠铃杆远离胫骨，并使得举起负重时所做的功主要依靠髋部伸展的力量来完成。在杠铃训练中，这种技术错误——某个肌群不能在某项练习中发挥应有的作用——是一种常见的现象

骨盆底部施加向下的拉力以维持背角。骨盆和脊柱被竖脊肌锁定在一条直线上，所以腘绳肌实际上保持了胸部的抬起姿势，并使股四头肌发挥了它的作用——伸直膝关节，然后发力把杠铃推离地面。在这个阶段，髋角会略微打开，背角会变得更接近垂直，髋部与杠铃杆之间的距离随之减小。髋部与杠铃杆之间水平距离的减小意味着沿背部和大腿的力臂减小了。在拉起大重量时，比如硬拉过程中，你能够成功驾驭的最小的力臂就是你最好的选择（图 4–36）。拉起较轻的重量时则必须加速——像翻举和抓举——这是力学机制的差异。

如果腘绳肌不能维持背角不减小的话，那么臀部就会翘起、肩膀就会前移，这样股四头肌就不能完成相应的做功，因为膝关节已经伸展开而杠铃却没有移动。但是，杠铃必须被拉起，所以最终是髋部伸肌做了所有的功，而且是以一种非常低效的方式。它们在拉起杠铃的初始阶段应该与股四头肌一起运作，而不是在拉起杠铃的结束阶段不得不打开一个更接近水平的背角。不管是哪种方式，髋部伸肌都会做功。但是如果开始时髋部伸肌的收缩控制住了背角，同时最后部分是主动的向心收缩让髋部伸展，而不是让这个运动过程变成一整个长距离的、力学上十分费力的髋部伸展的话，髋部伸肌的任务就更简单、完成起来也更容易了。问题不在于腘绳肌不够强壮，而在于**如何学习**正确地完成相应的动作——教会肌肉以正确的次序、在正确的时机正确地移动骨骼。正确解决这个问题的唯一方式就是把重量从杠铃杆上移除，并保证你能以正确的动作完成硬拉——所有的角度都是正确的，这样一来所有帮助拉起杠铃的肌肉都能够学习如何以正确的顺序完成各自的任务。如果你知道这个问题的确切原因——你现在已经知道了——那么在拉起杠铃杆之前你就应该首先收缩腘绳肌和臀肌以纠正这个问题，从而使它们能更好地完成保持臀部靠下的任务。如果这种做法不奏效，你要试着**首先**抬起胸部，进而激活产生上述动作的肌肉；腘绳肌和臀肌会试图抬起胸部，同时这个动作使臀部保持靠下。

当所有拉起杠铃的力学参数都是正确的

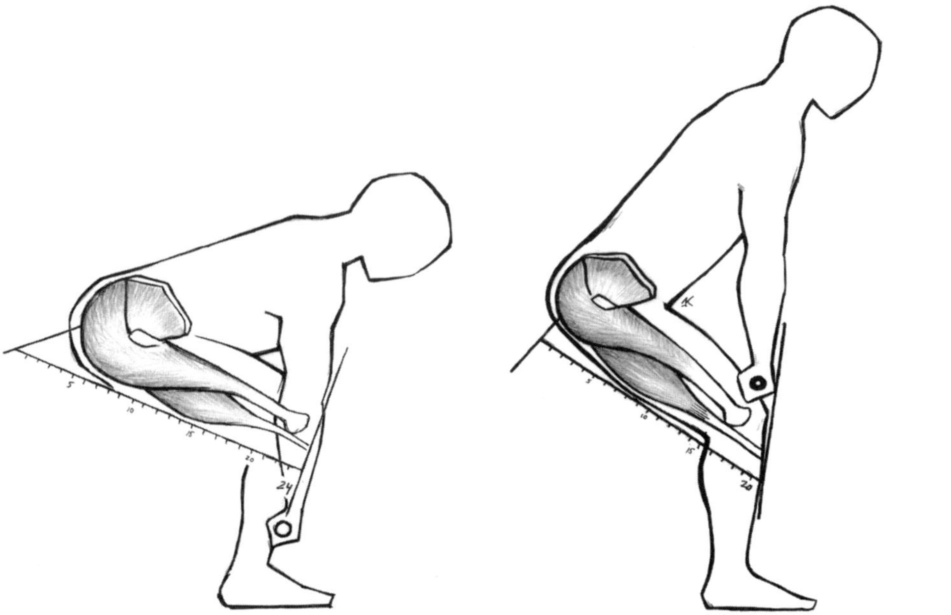

图 4–36. 在杠铃被拉离地面的时候，髋部伸肌——臀肌、腘绳肌，在更小的程度上也包括内收肌——它们的初始任务只是保持背角不变。当杠铃杆靠近膝盖的时候，髋部伸肌继续收缩，但此时它们会主动打开髋角

时候，一个有趣的现象就会产生：你会感觉硬拉“变短”了，与不正确的、粗放的硬拉动作相比，就好像杠铃移动的距离缩短了一样。显然并不是距离变短了（因为不管以哪种方式杠铃都会移动相同的距离），而是由于从拉力机制的改进中获得的效率提升是如此之大，以至于举重者会产生距离变短的感觉。这种感觉在很大程度上取决于髋部和膝关节无效动作的减少，以及由此产生的完成动作所需时间的缩短。**由正确的姿势设定产生的正确的硬拉动作会告诉你，在举重者开始拉起杠铃时，背角更为接近垂直一些。正确的翻举或者抓举动作会在把杠铃拉起到更高位置时保持背角不变，以保持更长的力臂用来加速较轻的杠铃，使你能够更快地将其拉起**。

硬拉中最常见的技术错误之一是采用这样的起始姿势：尝试保持背部处于一个过于接近垂直的姿势（图 4–37）。之前详细描述的学习如何硬拉的方法能够解决这个问题，但是顽固的训练者可能需要更多的解释——这样才能令他们信服。对正确初始位置的不理解可能是以下几个原因造成的。一个原因可能是对硬拉中背部肌肉的实际作用的困惑。来自主流认证机构的材料中，一些可用的硬拉教学资源——针对那些关注健身或健康，而对力量不感兴趣的对象——提倡一种更接近垂直的背角，一种举重者实际上不可能在任何大重量硬拉中使用的背角。根据这些资料，为了减小在椎间盘之间的**切向力**或者说是滑动力，你应该尽可能地让背角接近垂直，从而使大部分作用于椎骨上的力变成压缩性的，而不是切向力。但是，因为椎关节在相互连接处有关节突的重叠，椎间盘之间的滑动是不可能出现的，所以切向力就不会产生。当竖脊肌和腹肌执行保持椎骨刚性的任务时，没有任何运动会发生。当重量变得足够重，竖脊肌不能保持刚性的伸展状态时，脊柱就会弯曲，而不是产生切向力。背部作为刚性区段发挥作用，它的任务是保持平直。有时做到这点很困难，这也是为什么硬拉是一项背部练习的原因。

另一个导致混淆的原因可能是源于这样的想法——硬拉某种程度上只是一种把杠铃杆握在手中的深蹲，使用一种更像深蹲的起始姿势，靠腿部驱动完成硬拉是最好的方式。但是硬拉**并不是**一种把杠铃杆握在手中的深蹲——这是一个拉起杠铃的动作，是一种力学机制完全不同的动作。如果这是深蹲的话，你会尽你所能抬高髋部，因为与你从一个较深的深蹲位置起身时的重量相比，你在半深蹲时能够背负更大的重量——因为你不需要移动那么长的距离。

关于起始姿势的困惑也许源于这样的想法——你不应该让杠铃杆的重量把你向前拉，因此杠铃杆应该被**向后**拉，因此肩膀应该处于杠铃杆的后面——这就造成了过于垂直的背角。或者问题可能在于举重者观察到了顶尖的力量举选手完成的相扑风格的硬拉，对传统硬拉中的正确背角产生了错误的印象。相扑硬拉技术采用了一种宽得多的站距，这使举重者能够采用更接近垂直的背角产生正确的拉起杠铃的姿势。当一位举重者在窄站距条件下采用这种姿势和背角时，他会下沉髋部到能够产生这种背角的位置上，但这需要以肩膀处于杠铃杆之后作为代价。因为杠铃不可能在这个姿势下被拉离地面，所以当举重者开始拉起杠铃的时候，他的髋部会抬高，背角会自行调整到使肩膀处于杠铃杆之前的位置，只有这时杠铃片才会被拉离地面。

如果举重者超出背部、手臂和杠铃杆之间的位置关系所能允许的背角范围，采用一

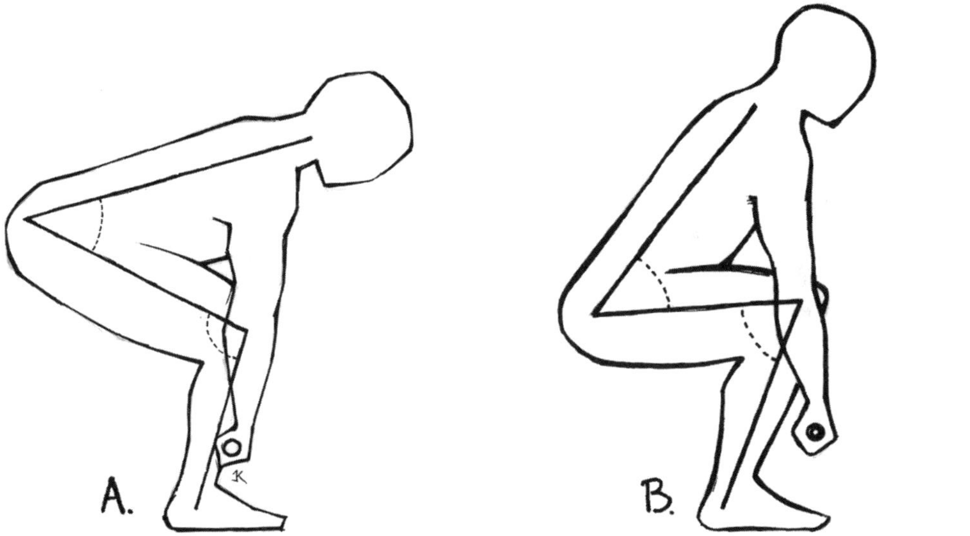

图 4–37. 正确的起始姿势（A），和举重者经常代替正确做法使用的姿势（B）。正确的姿势反映了恰当的拉力力学机制，杠铃杆能够从这个姿势离开地面并沿一条竖直的运动路径向上运动直到锁定。在使用大重量的时候，杠铃不能以不正确的姿势被拉离地面，但很多人觉得这就是拉起杠铃正确的起始姿势。你不可能拉起远离身前的重物，这对任何曾经参加过体力劳动的人来说都是一件非常直观的事情。事情的实际过程是——举重者将姿势设置为 B，想着杠铃能从这样的姿势中被拉离地面，但是他会在杠铃离开地面之前抬起髋部进入姿势 A。对任何大重量硬拉的视频的粗略分析都能清楚地展现出这就是硬拉过程中经常出现的问题。从准备姿势到拉起动作的转变使举重者在把膝盖向后拉的同时让杠铃杆从前方远离胫骨。最高效的杠铃杆拉起路径是位于脚中心点正上方的一条竖直的垂直线，同时你需要保持肩膀略处于杠铃杆的前方

种更接近垂直的背部姿势，那么这种对起始姿势力学机制的理解就是一个错误。当杠铃被拉离地面的时候，举重者的肩膀会处在杠铃杆之前，而人为造成的更接近垂直的背角会在硬拉开始后逐渐减小，从而使杠铃杆向前远离胫骨的位置，处于失衡状态，这样在杠铃离开地面之前就会出现一段需要克服的水平位移。举重者能采用的最佳起始姿势是我们已经描述过的那种：杠铃杆处于脚中心点正上方，肩胛骨处于杠铃杆的正上方。当这三者沿一条垂直线对齐的时候，杠铃就能更容易地被拉起来。

在杠铃离开地面之前，请确保杠铃杆碰到了你的皮肤或袜子。而在杠铃上升的时候，让它撞到小腿或者擦破皮肉是不必要的。你需要保持对重量的良好控制，因为如果小腿擦破的话就会出现伤口，这样时间久了会成为一个问题：之后每次硬拉的时候你都会弄破伤口，并且把袜子或者杠铃杆弄得一团糟。你可能需要用一个 1 升的塑料瓶剪出一块护腿，并把它固定在袜子内部的前侧，直至伤口愈合。汗水会减轻皮肤擦破的问题，并会让杠铃杆沿着大腿更好地上升。

如果杠铃杆的滚花起点过于靠近中间的话，这对你的小腿来说可能是一个问题。一根标准的奥林匹克举重杠铃杆和大多数力量举杠铃杆的滚花中间有一段 16.5 英寸（41.9 厘米）宽的光滑处，通常这段滚花中间的光滑处是足够宽的，足以容纳大多数人的站距宽度——除了那些身材异常高大的人。而一些杠铃杆在被生产出来的时候，设计者并没有想过它们也许某一天会被用于硬拉，千万不要使用这些杠铃杆。

之前我们已经讨论过双脚的站姿了。在硬拉过程中，你需要双脚用力推地，而不是像深蹲那样下沉髋部，因此你必须相应地调整站姿。如果你的站距过宽，你的腿会在杠铃杆上升的过程中蹭到你的拇指，为了避免这种刮蹭，你不得不强迫自己加宽握距。握距越宽，杠铃杆移动到顶部锁定位置的距离就会越长。握距和站距是相互关联的，你必须调整站距使之与最佳握距相匹配，而对硬拉来说，最好的握距需要你的手臂——在从前面看的时候——尽可能笔直地从肩膀向下垂。也就是说，可行的最窄握距产生了杠铃杆从地面移动到锁定位置的可能的最短距离（图 4–38）。过宽的站距必然需要过宽的握距，但这没有任何力学上的优势。如果你认为，既然我们可以用更宽的站距深蹲，那么我们也应该能够用更宽的站距硬拉，那么我要奉劝你不要这么想。我们不是在做深蹲，我们是在用双脚用力推地，这是一个完全不同的动作。

过窄的站距并不常见。文斯 · 阿内洛

图 4–38. 不同握距产生的不同的杠铃杆高度。更窄的握距缩短了杠铃杆不得不运动的距离。请注意杠铃杆相对于架子上较低插槽的位置

（Vince Anello）和乔治·赫克托是两名采用非常窄的站距进行硬拉的杰出运动员，他们在硬拉时脚后跟几乎碰在了一起，同时膝关节保持外展（图 4–39）。这叫作“蛙式站姿”，很多举重者都能够有效地使用这种站姿。我们在硬拉方法的第三步学习了膝关节外展的姿势。在深蹲章节，我们详细讨论了外旋股骨对深蹲深度的影响和把骨盆和下背部锁定在一起的能力，以及牵张反射的好处（参考 45 页 ~ 52 页）。这个概念对不产生牵张反射的动作——比如说从地面开始拉起杠铃也是适用的。如果一个动作涉及了髋部伸展，那么下背部显然需要与骨盆一起被锁定，并处于有力的伸展姿势中。但这样一来内收肌和外展肌的作用就没有那么明显了。如果膝关节外展的动作绷紧了腹股沟肌肉的话，它们就能在拉起杠铃时更有效地发挥固定背角和稳定髋部伸展的作用。因为任何拉起杠铃的动作都会涉及髋部伸展，所以膝关节外展的姿势能够提高髋部伸肌在杠铃拉起过程中的参与度。奥林匹克举重运动员经常采用这种膝关节外展的起始姿势解决杠铃离地的问题，并使背角处于一个更好的角度。

当举重者的膝关节更加外展，并且外展的膝关节略微避开了杠铃杆的运动路径时，这种姿势能够有效缩短杠铃杆和髋部之间的水平距离（图 4–40）。这种大腿有效长度的调整——类似于抓举握距或者相扑站姿的效果，其中的角度缩短了原本固定的身体部分的有效长度——让举重者在杠铃离地之后能

图 4–39. 请注意文斯·阿内洛（左）和乔治·赫克托（右）的脚尖外展的站姿。这种膝关节外展的站姿能让这些非常强壮的男人拉起更大重量

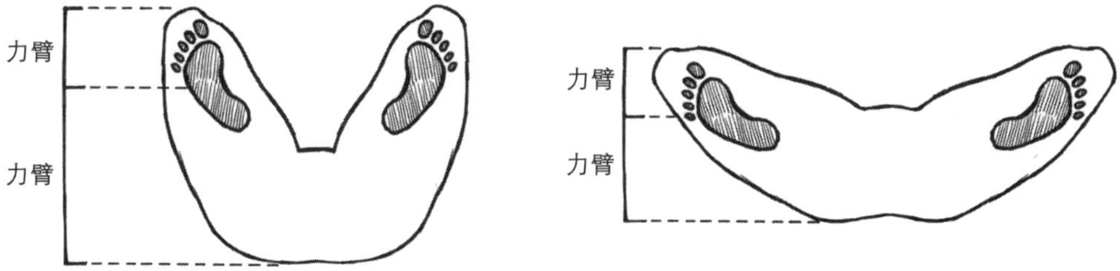

图 4–40. 站姿角度影响着膝盖与髋部之间的水平距离。脚尖朝前的站姿在髋部和杠铃杆之间产生了更长的力臂，而脚尖外展的站姿缩短了这种有效距离，同时也缩短了力臂。举重者加宽站距进入相扑站姿的做法增强了缩短力臂的效果

更容易地产生一条垂直的运动路径。这对有着更长股骨并尝试进入更好的起始姿势的举重者来说尤为重要。（一些非常优秀的竞技型硬拉运动员能够通过拱起上背部产生同样的效果——缩短髋部与杠铃杆之间的距离，并在髋部产生一系列更好的拉力学机制。我们不推荐新手使用这种方法。）但即使是对身体比例正常的举重者来说，股骨的略微外旋也能够改善围绕髋部的肌肉动作的平衡，从而帮助举重者在杠铃离开地面之后产生更有效的髋部伸展。

辨别和每次复制这种站姿的最容易的方法是——当你向下看着双脚的时候，注意杠铃杆的位置，以及它的滚花标记相对于鞋带的位置（图 4–41）。利用鞋子上的这种标记可以快速并一致地保证同样的站姿。

小细节

为了防止你产生硬拉不需要总是挑剔细节的想法，接下来有些内容需要你考虑一下。

呼吸是一种经常在举重教学中被忽视的细节。在第 2 章中，我们已经讨论过瓦式呼吸法的细节和它对脊柱支持的重要性。为了将杠铃从地面拉起，你需要实施这个步骤：

图 4–41. 当你向下看着双脚的时候，建立一个杠铃杆相对鞋带的参考位置，你就可以每次轻易地复制这种站姿

在杠铃处于地面时吸气，一直到你拉起杠铃之前，而不是当在顶部支持大重量的时候吸气。然后当你完成一次硬拉之后呼气，这要发生在杠铃重新回到地面的时候。硬拉的顶部不是一个放松背部支持的好位置，而且既然杠铃杆放下的过程用时很短，那么背部的支持也没有必要放松。与背部在顶部位置支持全部重量时相比，在地面支持杠铃的时候你可以更安全地呼吸。

一组硬拉应该从地面开始，这意味着每一次硬拉的起点和终点都在底部，举重者需要在杠铃留在地面的时候调整好背部姿势，并完成两次硬拉之间的换气。很多人喜欢在第一次硬拉时把杠铃从地面上拉起后在顶部锁定位置呼吸，然后以杠铃弹地的方式完成这一组中剩下的次数。以这种方式完成训练组更容易，但在健身中**容易**与**强壮**经常是对立的概念。你需要培养在每次拉起杠铃时调整背部姿势和控制身体姿势的能力，因为这个能力能够有效地提高你的动作技能、锻炼你的肌肉。重要的是，并不是简单地使用一种类似硬拉的动作在空间中移动杠铃（这种现象在举重室内很常见），关键在于采用正确的技术动作——这种用于发展力量的最佳方式——练习硬拉从而使自己变得更强壮。举重者应该把它们做到位，而不仅仅是做这些动作。

避免反弹

硬拉的主要特征之一是它需要举重者从静止的状态发力。相比之下，高效深蹲的主要特征就是对可控“反弹”的使用——充分利用了发生在离心收缩和向心收缩转折点上产生的牵张反射。就像你跳跃时会遇到的情况那样，任何刚好发生在拉伸之后的肌肉收缩都会变得更有力。大重量硬拉如此困难的原因之一就是：这个动作从底部开始，无法像深蹲动作那样让举重者利用反弹力把力从下向上传递。不能借助反弹，完成先向上再向下的动作是相当困难的。如果除了第一个动作之外，举重者能够把反弹运用到一组硬拉的其他几次动作中的话，训练硬拉的很多价值也就失去了。

耗费在重新调整脊柱姿势并使之进入伸展状态，并在拉起杠铃的第一阶段中保持这种姿势的能量是硬拉过程中能量消耗的主要部分。有人认为，如果杠铃杆经过完整**动作幅度**的路径运动，那么硬拉需要的所有做功就完成了，因为作用于杠铃的功已经完成了。**功**被定义为力与位移的乘积——它通过对抗杠铃的重力在垂直方向上移动一段距离来完成。但是硬拉消耗的**全部能量**不仅仅只有作用在杠铃上的部分。硬拉产生在举重者 – 杠铃系统内，举重者必须以等长收缩的方式发力以控制将力传递到杠铃杆的骨骼部分的姿势。为高效力量传递而存在的保持脊柱刚性的等长收缩显然是很重要的。如果你的下背部拱起，而且髋部在杠铃杆达到大腿上足够高的位置之前就伸展开，并因此妨碍了你向杠铃杆传递力量——尤其是在将杠铃杆拉至顶部的过程中——的话，你的一次大重量硬拉就会以失败告终（图 4–42）。计算这个过程的做功比通过简单的公式计算作用于杠铃杆本身的功要难多了，但没有人——至少没有一个能真正完成大重量硬拉的人——会说肌肉在等长收缩控制背部的过程中消耗的三磷酸腺苷（ATP）对完成动作是无足轻重的。一组这样的“硬拉”——第一次将杠铃从完全静止的状态拉起，其余的重复都借助地面的反弹——实际上是一次硬拉和一组罗马尼亚硬拉（之后会更多地讨论）的组合。以这种方式训练，你永远不会发展出在大重量下保持腰椎状态所需的力量，因为你做的 80% 的练习都是在依靠杠铃片的反弹和储存在被拉长的肌肉和筋膜中的弹性势能，而不是从完全静止状态中拉起杠铃的力量。所以，不要以发展长期力量的能力为代价以获得作弊式硬拉带来的短暂满足感。

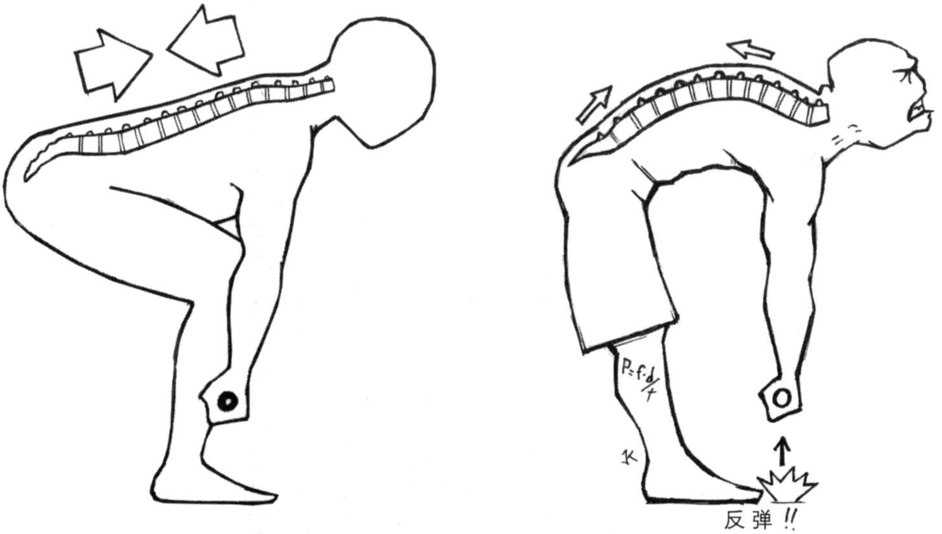

图 4–42. 在对硬拉做功的理解中，举重者做的功包括由于保持腰椎伸展状态中正确的椎间关系所做的功，这样能保证拉力全部传递到杠铃杆上。如果你用杠铃片和举重台之间的反弹取代你应该用背部做的功的话，我只能说你就是个娘炮

利用反弹做组的另一个问题是在练习过程中产生的任何背部姿势问题不能被有效地解决。如果你在完成训练组的过程中背部开始弯曲，那么弯曲的背部就更倾向于将现有状态保持下去或者会变得更糟，除非你重新调整背部姿势——你必须在动作的底部，也就是在杠铃停留在地面上，你的背部在无负重的情况下调整身体进入正确姿势。

在开始拉起杠铃之前，能够用来调整背部姿势的方式有几种。我们已经讨论过位置知觉了，对一些人来说，只要想着挺直下背部就足够了。毕竟，这是调整背部姿势主要要做的事。但实际上，你在拉起杠铃之前需要调整整个躯干，你也许会发现——保持住一大口气的同时紧缩下背部、腹肌和胸部，不是作为单独的肌群，而是把它们当作一个整体——以这种方式思考是有帮助的。这种方法增强了瓦式呼吸法的效果，使所有参与其中的肌肉能够更有力地收缩，从而为接下来的动作提供了更大的稳定性。

注视正确的方向

当你进入起始姿势的时候，眼睛注视的位置经常会被忽视。如果你在拉起杠铃时向下直视地板的话，杠铃经常会向外摇摆并远离你的腿部。如果你的双眼注视在某个点上的话，就能够使颈部处于解剖学上的中立位置，这样你就能更容易地保持胸部挺起、上背部绷紧的姿势。这个注视点可以在地面上（如果你在一个大房间内的话），也可以是举重台对面的墙壁上。如果你的注视点在地面上，那么你就要注视地面前方 12 ~ 15 英尺（3.7 ~ 4.6 米）处的一点。深蹲过程中向上看的做法——正如我们之前详细讨论的那样，对硬拉而言同样是不利的。实际上，向下直视地板的做法对深蹲来说不会十分不利，但大多数时候会让硬拉变得更困难。正确的双眼注视方向能够使举重者的颈部在动作过程中保持一个安全的有利于举重的姿势（图 4–43），从而帮助举重者的背部处于一个与训练项目的力学机制相适应的正确角度中，同时为保持身体平衡提供了一个视觉上的参考点。除了卧推，向上看从来不会产生好的效果。

保持手臂笔直

在硬拉过程中，你的手臂必须保持笔直。没有比借助 500 磅（226.8 千克）的重量帮你拉直肘部产生有趣的伤病更好的方法了。这点从物理学角度是不难解释的。由髋部和腿部产生的力会沿着刚性的躯干向上传递，跨过肩胛骨，然后向下经手臂传递到杠铃杆。从侧面看，肩膀会处于杠铃杆前方，这样手臂本身并不会垂直于地面，但动作要求它们必须是笔直的（图 4–44）。

就像背部必须保持锁定以便于力量传递一样，肘部也需要在整个过程中保持伸直。如果重量足够大的话，弯曲的肘部会被拉直，本该被传递到杠铃杆上的力就会耗费在这个拉直的过程中。用弯曲的肘部硬拉就像用弹

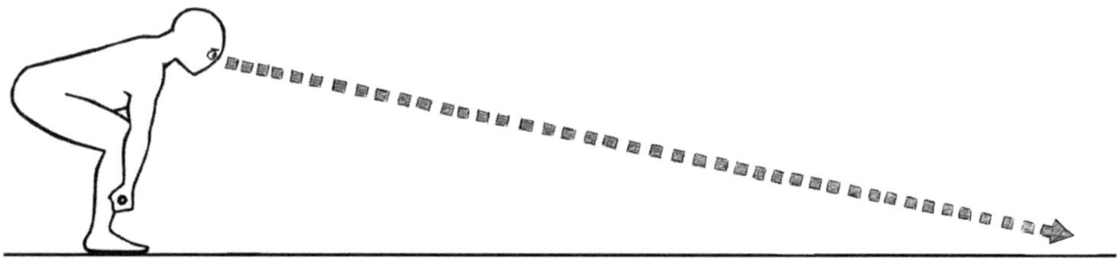

图 4–43. 在硬拉过程中，以颈部姿势安全性和平衡性为目的的双眼注视方向

簧拖汽车，而不是用铁链拖汽车那样——铁链把所有的拉力都传递到汽车上，而弹簧在改变自身长度的时候已经吸收了部分力量。肘部通过前臂肌肉、肱肌和肱二头肌来弯曲。如果你的肘部弯曲，这些肌肉就会处在不必要的工作状态，因为它们对硬拉没有帮助。事实上，弯曲的肘部增加了杠铃杆移动的距离，因为它们会导致杠铃杆锁定在一个不必要的更高的位置。你一定要相信：手臂肌肉不能参与硬拉，笔直的肘部是拉起杠铃的最佳方式。当你学习如何完成力量翻时，这一点也很重要。

完成硬拉

一旦杠铃杆完成了沿腿部向上的运动路径，你就可以通过几种方式完成硬拉，但其中只有一种方式是正确的。你要通过挺胸并使膝关节、髋部和腰椎同时处于伸展状态的方式锁定杠铃杆。但是很多人会夸大动作中的某些元素，使动作的完成变得低效。如果这种夸大达到极端的程度就会很不安全。比如说，你没有必要在顶部位置让肩膀向上向后转动，因为这样会产生主动的向心耸肩动作。硬拉动作直到肩膀后收、胸部上挺才算完成，完成这部分动作是很重要的。在大重量硬拉中，斜方肌通过等长收缩的任务已经得到了充分的锻炼，无须通过夸张的耸肩动作增加额外的训练量，而且这个过程很容易造成颈部损伤。对有经验的、实力较强的举重者来说，大重量杠铃耸肩是一项不错的辅助练习，因为他们知道应该如何正确地练习杠铃耸肩。但硬拉的初学者没有理由去尝试在一项对他们来说已经足够的练习中加入额外的动作。

同样，夸大锁定阶段的髋部伸展动作并使腰椎处于过度伸展的状态是没有必要的，也是不明智的（图 4–45）。因为事实上，当一根负重的杠铃杆位于大腿前侧的时候，你

图 4–44. 硬拉中弯曲肘部是你的大脑中“所有的重量都必须由手臂举起”的错误意识导致的。在硬拉中，手臂的唯一功能是把肩膀和杠铃杆连接在一起。举重者必须在早期就学习在举重过程中保持手臂伸直，这样这种非常不良的习惯才不会深留在脑海中

图 4–45. 让腰椎过度伸展的过分卖力的锁定动作既危险，又没有必要

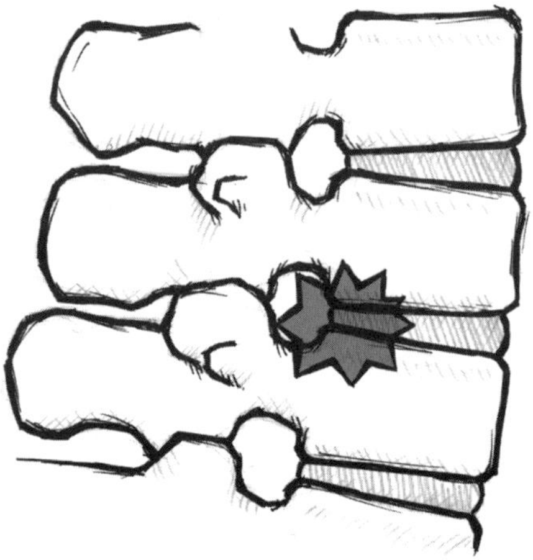

图 4–46. 如图 4–45 所示，不必要的伸展动作造成脊柱后侧负载的不对称，并可能导致椎间盘或者关节突关节的伤病

是不可能在直立的姿势中过度伸展髋关节的，所以事实上你过度伸展的会是腰椎，有时几乎等同于在完成硬拉之后又做了另一个独立的动作。这是举重者养成的一个非常危险的习惯：与腰椎间盘前侧相比，不均衡的负重同样会给腰椎间盘后侧带来伤害（图 4–46）。

当举重者急于锁定髋部以上的所有身体部位时，他们有时会忘记锁定膝关节（图 4–47）。在硬拉比赛中，很多举重者因为没有锁定膝关节而被亮了红灯。当裁判把亮红灯的原因解释给他们听时，裁判总会招致举重者的污言秽语，因为任何能够锁定 622 磅（282.1 千克）硬拉的人也能够把膝关节弯曲的最后 5° 伸直。每当硬拉动作在顶部结束的时候，举重者就不需要做更多的功了——你只需要锁定膝关节。请确保你是以膝关节锁定的姿势完成每一次硬拉动作的，而且你要经常提醒自己检查这一点。即使力量举比赛不是你的训练目标，这最后的细微动作也是硬拉过程中的重要部分。

养成这样的习惯——在你放下杠铃之前，保持杠铃在顶部锁定 1 秒钟，这样能够让你进入一个稳定的状态。如果你在尝试放下杠铃的时候身体处于后仰的过程中的话，就会发生严重的事故。只有在杠铃被锁定并有意识地保持 1 秒钟之后，你才能把它放下来，这表明一次正确的举重完成了——杠铃始终处于举重者的控制之下。请记住：不要呼气，只是停顿1秒钟，然后把杠铃放下。

实际上在硬拉中快速放下杠铃是没有问题的。因为硬拉是以一个向心动作开始的，正如我们之前讨论的，大部分的训练效果来自于困难的起始姿势和缺乏牵张反射帮助的拉起过程。缓慢地放下杠铃会让硬拉变得更难，一些人可能从这种额外的做功中获益，但其实硬拉的重点在于拉起大重量。随着重量变大，当试举变得困难的时候，杠铃向上的速度会降低。缓慢地下放杠铃会消耗过多的能量，而举重者本应该更好地利用这些力气完成下一次的拉起。根据之前的分析，当你的背部处于良好的姿势中时，只要能够在一定程度上控制住杠铃并能够保证自身的安全，你就可以尽量快地下放杠铃。当然，缺乏控制力地快速下放杠铃会对膝盖骨和胫骨产生较大的压力。根据所用杠铃片的类型和举重台表面所使用的材质，缺乏控制力的反弹也会给举重者带来一些问题。但一般来说，硬拉的下降过程能够，而且在大多数情况下也应该比上升过程更快速。

举重台

在你的举重室中有一个举重台是一件不错的事情：把多层的胶合板或者刨花板粘合并钉在一起，然后在接触杠铃片的区域加上橡胶垫，或者整个举重台都采用橡胶作为表面；马拖车垫用起来不错，而且比较便宜（图4–48）。如果试举失败，处于杠铃片之下的橡胶垫虽然能起到一定的作用，但比这更重要的是：举重室必须经过精心、合理地设计，以保障你能够更好地完成拉起杠铃的动作。缓冲杠铃片等用于翻举和抓举练习的必要花费，也能被用于硬拉，但价格更合理的缓冲杠铃片会占据杠铃杆上太多的空间（它们非常宽）。随着你变得更加强壮，你最终会用到铁质杠铃片。你的健身房应该配备这种器材。如果你选择的健身房不允许进行硬拉，就换一家更好的。不好意思，我不得不一直说这一点，也许在将来的某个时候——与当

图4–47. 我们非常强壮的朋友菲尔·安德森（Phil Anderson）忘记了在顶部锁定他的膝关节。解决这个问题的方法是有人指导并提示他："站起来！"菲尔用看上去很不错的斯泰克假肢替换了他的膝盖，他在手术完成11个月后就硬拉起了600磅（272.1千克）的重量

图4–48. 一块便宜且耐用的举重台的基本组成部分。三层4英尺（121.9厘米）×8英尺（243.8厘米）×3/4英寸（1.9厘米）的胶合板或者刨花板以纹路方向交替的方式叠在一起，然后被盖上一层马拖车垫，从而为举重者提供了一块耐用且不昂贵的训练台。这样的举重台很合适在水泥地面上使用。图中这个举重台已经在一家商业健身房服务了16年

初致使你选择这家设施不足的健身房的理由相比，训练本身变得更加重要了。这表明你已经成为一名举重者了。

助力带和腰带

助力带有时会有用处（图 4–49）。用那种由安全带做成的（你最好不要为了这个目的把车里的安全带拿出来用）或者由特殊尼龙材料做成的带子，大约 1.5 英寸（3.8 厘米）宽（图 4–50）。棉质助力带的效果不好，不管它看起来有多厚，强度有多大，它也会在一个不恰当的时机撕裂。助力带可以是简单的一块材料，大约 2 英尺（61.0 厘米）长，或者末端能够钉在一起。助力带被缠绕在你的双手，而不是你的手腕上，并且不要选择那种把一个环状物缝在一端、其余部分从中穿过的助力带（图 4–51）。它们会在完成训练组的过程中持续绷紧你的手腕。在使用大重量的时候，带有环状物末端的助力带并不能真正起到保护作用，它往往会很快磨损，并可能在一组大重量硬拉中撕裂，而且从不会稳定在调整好的杠铃杆位置。

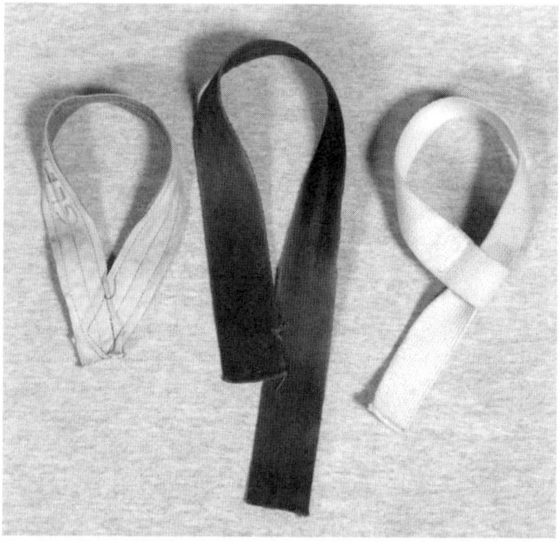

图 4–49. 在健身房中经常会看到几种类型的助力带。这种最常见的商业助力带（右侧）是废物：它的设计并不是那么有效，而且这种助力带也不耐用，还容易伤到双手，更重要的是在使用大重量时它还会破裂。中间黑色的那个从 1984 年开始被举重者使用，并且从未出现过破裂

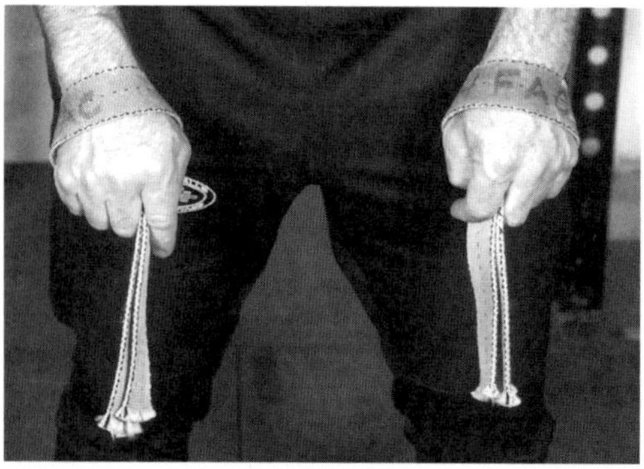

图 4–50. 我们最喜爱的助力带是几块简单的类似安全带的带子，或者其他材质的宽 1½ 英寸（3.8 厘米）的带子。它们有 2 英尺（61.0 厘米）长，不能是棉质的，并且被缠绕在双手上，而不是手腕上

硬拉中的腰带位置会与深蹲中采用的腰带位置略微不同。对硬拉来说，与深蹲中的情况相比，大多数人貌似喜欢把腰带前侧拉低一点儿，把腰带背侧拉高一点儿。事实上，一些人可能喜欢使用一种完全不同的腰带——一种更薄、更窄的腰带，能让举重者更容易地进入硬拉的起始姿势。举重者负重下蹲之后才会进入深蹲的底部姿势，但他必须在无负重条件下进入硬拉的起始姿势。一条绷紧的腰带能够让举重者在深蹲中的发力更集中，但对一些人来说，绷紧的腰带会干扰他们进入拉起杠铃的起始姿势。一条不同的、更轻的腰带对硬拉来说也许是必要的，但如果腰带妨碍了腰椎进入良好的起始姿势的话，有些人则倾向于完全不系腰带来完成大多数的硬拉。很多人不用腰带也拉起过大重量，通过训练你也许会觉得这种方式最适合你。

一则警告

最后还要说一下，作者在他的力量举生涯中曾是一位比较优秀的硬拉运动员，并在这段时间学到了很多把杠铃拉离地面时运用力量的有价值的知识。其中一点是：不是所

步骤 1：非优势手。

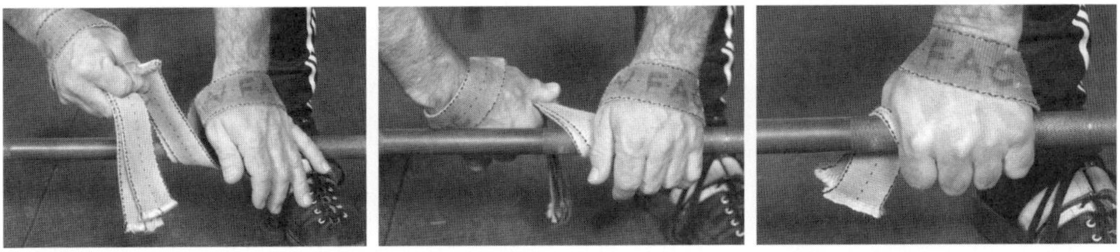

步骤 2：优势手。

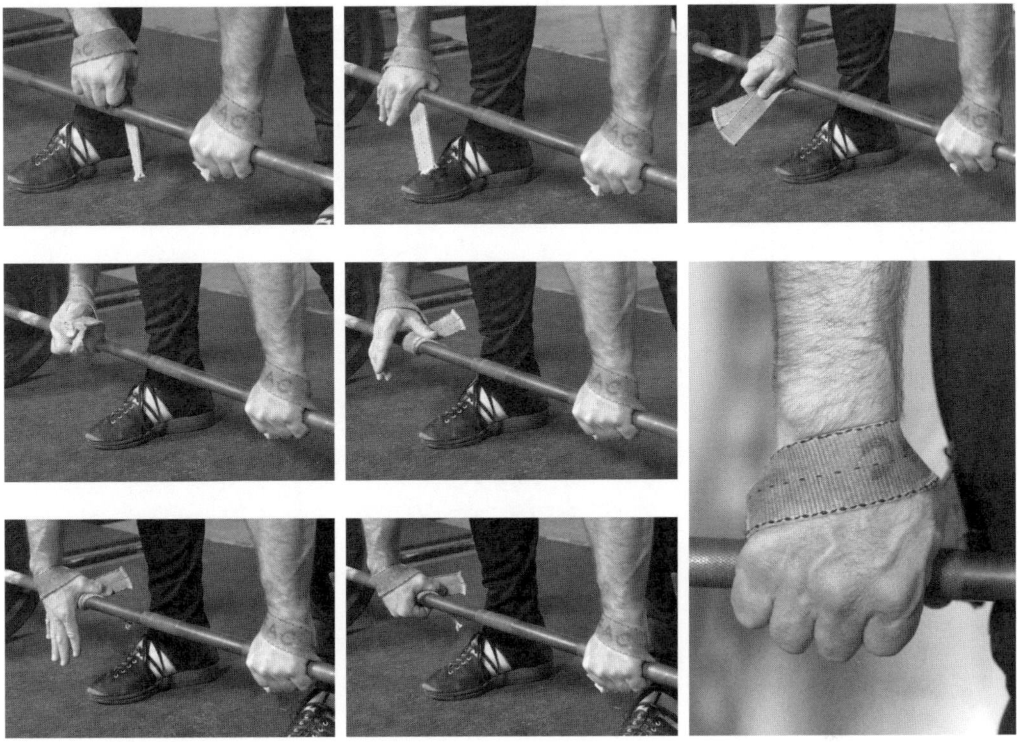

图 4–51. 有时使用助力带对新手来说是个挑战。这里展示了使用助力带的方法

有人都需要练习大重量硬拉。背部受过伤，而且很可能再次受伤的人，以及那些不能学习如何正确完成动作的人，没有必要练习最大负重的硬拉。如果你能完成最大负重硬拉的话，当然更好，因为功能性的背部力量最好通过功能性的背部训练来构建。你拉起的杠铃重量越大，你就会变得越强壮。但如果你没有从事力量举，就不需要做最大重量的硬拉。从训练的角度讲，单次最大重量的硬拉收益是很小的。如果有必要知道单次最大重量的话，可以通过能够连做 5 次的次大重量硬拉的重量推断得出。说了这么多，硬拉仍然是构建有用的背部力量的最佳方式。通过自己的实践正确地学习硬拉吧！

图 4–52. 硬拉

5 卧推

现在，全世界只有少数健身房没有卧推架。因为自从20世纪50年代起，卧推就成了世界上最广为人知的阻力训练——在大众眼中最具代表性的杠铃训练项目，同时也是绝大多数训练者最想做的练习，还是大多数有兴趣变强壮的人最常问到的训练项目。

真实的卧推

在先进的支持性卧推背心和卧推架被发明出来以前，很多强壮得不可思议的男人就已经能够卧推很大的重量了。比如，道格·郝博恩（Doug Hepburn）、帕特·凯西（Pat Casey）、梅尔·轩尼诗（Mel Hennessy）、唐·瑞恩胡特（Don Reinhoudt）、吉姆·威廉姆斯（Jim Williams）——他身穿一件白色薄T恤推起过超过700磅（317.4千克）的重量，以及罗尼·雷（Ronnie Ray），他们在力量举运动的早期都很强壮。遗憾的是，他们推起过的重量几乎不会赢得一场21世纪力量举的全国性比赛的冠军。在20世纪80年代有成就的力量举运动员——比如拉里·帕西菲科（Larry Pacifio）、不可思议的麦克·麦克唐纳（Mike McDonald）、乔治·赫克托、约翰·库克、麦克·布里奇（Mike Bridges）、比尔·卡兹梅尔（Bill Kazmaier）、里奇·戴尔克莱恩（Rickey Dale Crain）和晚些时候的道格·杨（Doug Young）——都是卧推大师，他们使出浑身解数创造了这个项目的国家和世界纪录（图5-1）。

就像深蹲一样，卧推的现代版本能够让举重者依靠除杠铃之外的其他器械进行训练。直到有立柱支撑的卧推凳在20世纪50年代被广泛使用之前，举重者都必须躺在地板上，然后将杠铃拉至起始位置，或者躺在平坦的卧推凳上，把杠铃从地面上拉起，越过头顶，放到胸部正上方的位置。随着技术的发展，卧推训练出现了大量争议。人们开始质疑现代卧推架辅助举重者让杠铃进入起始位置的合理性，以及对腹部起伏动作的使用，甚至还质疑是否应该利用下背部的挺直姿势，这种质疑造成了全世界范围的体育专家之间的争论。现在，卧推凳——有立柱支撑的那种，而不是普通的平坦卧推凳——是标准的健身器材。只有少数力量举领域的革新者会使用那种古老的、做动作比较困难的、很有可能是更好的方式练习卧推。毕竟，一项训练涉及的东西越多，这项训练涉及的肌肉、神经和控制就会越多。

尽管卧推训练的哑铃版本在杠铃卧推之前就出现了，但因为哑铃卧推对专项器械的要求较低，并且由于两块分离开的金属在胸部上方的摆动造成了固有的、更差的稳定性，所以哑铃卧推并没有流行起来。如果哑铃足够重，能够挑战你的训练能力的话，这一点就格外显著了。大多数训练者把哑铃卧推当作轻重量的辅助训练动作，并且从未体会到这种练习有多困难或者在使用大重量时能多么有用。举重者在一条平坦的卧推凳上做哑铃卧推，并且不得不先把哑铃从架子上取下或者从地面将其提起，然后躺在平坦的卧推凳上进入起始姿势完成训练组，而且在结束

图 5–1. 卧推有着悠久而丰富的历史。从左到右，从上到下：比尔・卡兹梅尔、里奇・戴尔克莱恩、帕特・凯西、道格・杨、梅尔・轩尼诗、吉姆・威廉姆斯、麦克・布里奇、麦克・麦克唐纳、罗尼・雷

后还要提着哑铃离开卧推凳。就像你在镜子中观看自己的手臂一样，这些动作也是这项训练的重要组成部分。哑铃与杠铃不同，两个哑铃无法被固定在双手之间，因此哑铃卧推需要更多主动的、有意识的控制，完成起来相对更为困难，所以这项训练人们练习得较少。哑铃卧推的问题在于器材本身在一个重量逐渐递增的计划中存在的限制。因为大多数健身房没有足够的资金或空间购置两倍于现有数量的哑铃，所以不能保证足够小的重量增幅。能够添加哑铃片的哑铃把手可以提供这样的重量增幅，但它们并不普及，因为需要足够高的哑铃质量才能保证举重者使用大重量时的安全，或者保证举重者在缺少两位保护者的大力帮助下能进行操作。当举重者使用大重量的时候，躺下和离开卧推凳就成了完成一组哑铃卧推任务中的一大部分，这些额外的工作会成为大麻烦。

所以，因为杠铃卧推的历史地位和人们对它更优先的需求，大家更愿意选择跟哑铃卧推一样有益处的杠铃卧推。卧推，或者叫作仰卧推举（偶尔在一些编辑糟糕的旧文献中被称为“俯卧推举”），是一项广为人知的、有益的练习动作。它可能是单纯的发展我们上半身力量的最佳方式。正确地卧推，它会成为你的力量和体能训练计划的有益补充。

卧推主动锻炼了前上肢带的肌肉、肱三头肌以及前臂肌肉、上背部肌肉和背阔肌。动作的主要执行者是胸大肌和三角肌前束——它们驱动杠铃杆向上离开胸部，和肱三头肌——它驱动肘部伸展并进入锁定状态。更大的后侧肌肉——斜方肌、菱形肌和其他沿颈椎和胸椎分布的小肌肉——通过等长收缩的方式内收肩胛骨，并保证靠在卧推凳上的背部能够处于稳定状态。当斜方肌和菱形肌固定住肩胛骨的时候，胸小肌会帮助举重者稳定胸廓并使之进入挺起的姿势。肩袖后侧肌肉稳定并防止肱骨在卧推动作中发生旋转。背阔肌使胸廓向上抬，并使之相对于下背部挺起，从而减少了杠铃杆需要运动的距离，并增强了举重者姿势的稳定性。当肱骨从底部驱动杠铃杆向上的时候，背阔肌也能够对抗三角肌、防止肘部内收，或者说是防止肘部向着头部的方向上抬，进而防止上臂和躯干之间的角度在动作幅度的较低部分发生变化。下背部、髋部和腿部的肌肉充当了上半身和地面之间的桥梁，并在胸部和手臂对抗杠铃做功的时候将其固定使之处于稳定状态。颈部肌肉的等长收缩稳定了颈椎——在卧推的同时最好不要用头部后侧猛推卧推凳。是的，卧推也会让你的颈部肌肉生长，这样你就不得不购买新的衬衫。因为卧推是一项自由重量训练，对杠铃的控制是这个练习中必不可少的部分，所以控制能力的进步是练习卧推的益处之一。

你需要使用标准的力量举杠铃杆和卧推凳练习卧推。标准的力量举杠铃杆很普及，作为健身房多年以来使用的通用类型，这种杠铃杆的构造被证明是最有用的。无论是在健身房用到的杠铃杆，还是你以合理的价格购买的杠铃杆，标准力量举杠铃杆应该是最适合你使用的，相比之下奥林匹克举重杠铃杆的价格就有点儿高了。这种杠铃杆的规格很简单：直径应该是 28 ~ 29 毫米，长度为 7 英尺 2.5 英寸（219.7 厘米），滚花的锐度足够又不会过于锋利，它们从两端套筒向内延伸，并在中间留下一段 16.5 英寸（41.9 厘米）的间隔，还有一段 4.5 ~ 6 英寸（11.4 ~ 15.2 厘米）的中央滚花。在杠铃杆的两端，滚花上会被刻上环形标记，两个标记之间相隔 32 英寸（81.3 厘米），这段间隔是比赛中最宽的合法握距。如果找不到标准的力量举杠铃杆，那么在你获得更好的器械之前使用现有的器材就完全可以了。如果你不得不使用一根非标准杠铃杆进行训练的话，就要熟悉杠铃杆的标记尺寸，只有这样你才能正确地掌握合理的握距。无论你是自己购买一根杠铃杆，还是你所选择的健身房要采购杠铃杆，都不应该在这上面省钱（图 5–2）。

尽管卧推架的生产没有标准的配置，但

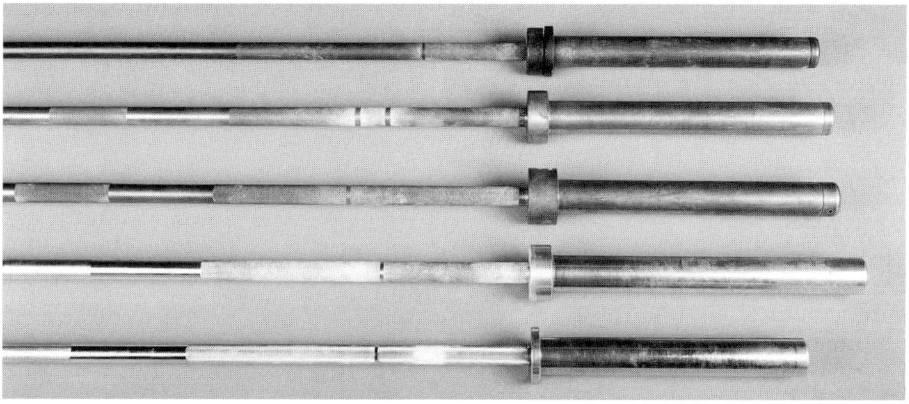

图 5–2. 力量举杠铃杆在这里对我们是最有用的，因为它们的滚花标记对这个计划中的大多数训练项目都是适用的。高质量的杠铃杆有着统一的尺寸和相似的力学特性，但在选购一根杠铃杆之前，你应该要评估一些不同的方面。直径和抗拉特性的细微差别使某些杠铃杆比其他的杠铃杆更适合用在一些特定场合：容易上下摆动的杠铃杆对翻举和推举更为适合，较硬的杠铃杆比较适合深蹲、卧推和硬拉

是它们也应该符合标准规格。标准规格要求卧推凳表面的高度为 17 英寸（43.2 厘米）。如果这个高度对身高较矮的训练者来说太高的话，那么健身房需要提供能够放在举重者脚下的垫块（或者大多数情况下准备杠铃片就可以）。立柱可以是固定的，也可以是可调节的，立柱之间的距离是 45 英寸（114.3 厘米）。或者你可以将框式深蹲架和一条 17 英寸（43.2 厘米）高的平坦卧推凳（图 5–3）组合使用。大多数卧推凳的坐垫是塑料的，但人们经过很长时间证明了汽车座椅所采用的面料更持久耐用，并在卧推时能够为举重者的背部提供更好的摩擦力。卧推架——支持的立柱和平坦的卧推凳——貌似是近几十年愚蠢的生产方式的受害者。为了训练的安全性和竞赛的一致性，商业健身房应该舍得在标准的竞赛卧推器械上投资，因为在卧推架上省钱同样是愚蠢的。

图 5–3. 卧推的三种器械使用方法。从上到下，有立柱支撑的卧推架是大多数举重者的首选，但框式深蹲架是可调整的，而且能更好地利用空间和有限的资源，除此之外也能让你在没有保护者的情况下安全地进行卧推训练

学习卧推

学习如何卧推的时候，寻找一名保护者也许是一种明智的做法。我们之后会详细讨论有关卧推的保护问题。在学习卧推的开始阶段，保护者的作用是在举重者起杠和收杠的过程中保证举重者的安全。在重量较轻的时候，杠铃杆处于肩膀后几英寸的位置形成的力矩劣势不是问题，但随着负重的增加，这很快就会变成一个显著的问题。当你使用正确的器械时，也就是你在一个被正确设置的框式深蹲架中卧推的时候，保护者并不是绝对必要的。即使用一个开放式的卧推架，你在学习阶段也应该选择非常轻的重量，而不应该在杠铃杆上加载过大的重量使保护者有事可做。在你训练时差劲的保护者实际上会对你造成伤害，而且经常会带来更多的问题——比他能够解决的还要多。如果你刚刚开始学习卧推，而且觉得自己很难控制住杠铃，那么很可能你加在杠铃杆上的重量太重了。如果一根 45 磅（20.4 千克）的杠铃杆对你来说太重的话——这取决于举重者的个体情况——就用一根更轻的杠铃杆。如果你还是担心的话，那就寻找一名保护者，但要确保他是一个有经验的、能干的、有耐心的、能够保护你的人，并且他不是为了参与你的训练计划而坚持要“帮助”你的人。如果你

不得不找一个经验不足的人来保护你的话，尽可能详细地解释这项工作的细节。我们会在这一章的结尾处详细地描述这些细节。

与之前一样，要用一根空杆开始卧推练习。无论是你刚开始接触一项运动，还是为了打破个人纪录而热身，你都要从一根**空杆**开始练习。躺在卧推凳上，双眼竖直向上看。在这个姿势中，你所处的位置相对杠铃杆来说应该足够靠下（“下”在这里意思是在卧推凳上朝着双脚的方向），这样当你向上看时，双眼就能注视在杠铃杆的下侧（图 5-4）。这意味着只是一段较短的距离，而不是几英寸，否则会增加起杠的难度。你的双脚应该平贴地面，并处于一个类似于深蹲的舒适足间距中，小腿几乎是垂直于地面的（图 5-5）。你的上背部应该平贴在卧推凳上，下背部在起始时处于人体解剖学正常的伸展状态，我们稍后会调整这种状态。

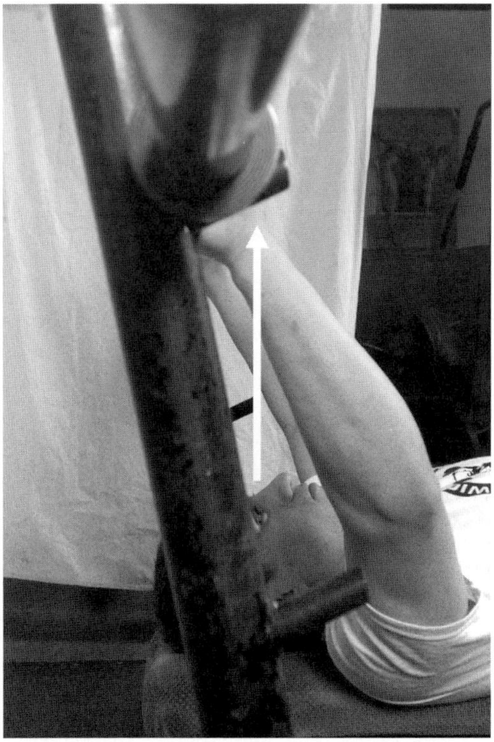

图 5-4. 准备阶段的双眼注视方向。双眼注视点略微越过杠铃杆，让身体在卧推凳上处于正确的位置

在进入正确姿势之后，正手握杠，双手食指之间的距离应该在 22 ~ 28 英寸（55.9 ~ 71.1 厘米）之间，握距的差异基于肩宽的不同（图 5-6）。当杠铃杆落在胸部上的时候，这种握距会让大多数人的前臂处

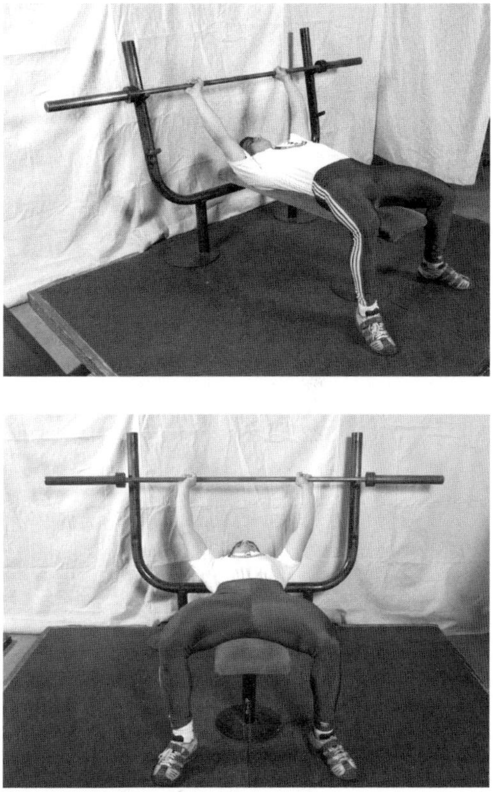

图 5-5. 双脚和双腿在卧推中的姿势

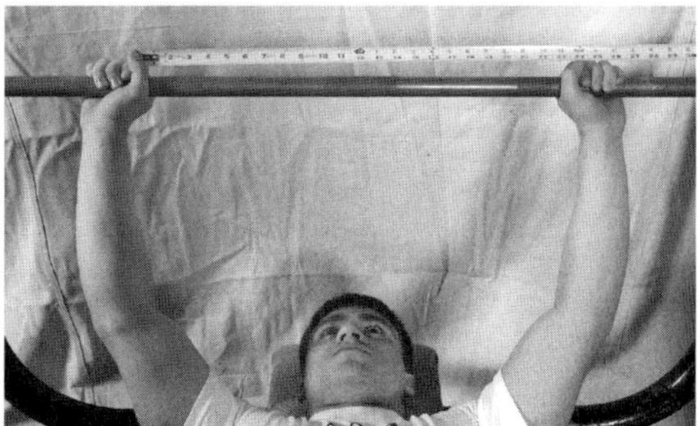

图 5-6. 卧推的握距

于垂直状态，而杠铃杆的这种位置在卧推过程中能够围绕肩关节产生最大的动作幅度。杠铃杆应该被放置在你的手掌根部（而不是向上靠近手指），并处于前臂骨骼的正上方，从而使传递到手臂、然后到杠铃杆的力量能够被直接传送到杠铃杆上，而不会在手腕处分流。在把杠铃杆正确地放置在双手掌根之后，将手指环绕在杠铃杆上。通过使用正手握姿、手臂略微内旋的方式，你就能够掌握最佳的握姿。

你现在已经准备好起杠了。向上直视天花板——位于卧推凳正上方的位置，然后向上推起杠铃杆，锁定肘部。当肘部锁定的时候，把杠铃杆移动到肩关节——盂肱关节——所处直线正上方的位置，让你的手臂处于相对肩关节和地面来说完全垂直的位置中（图5–7）。在杠铃杆被移动到胸部正上方之前不要停下来，因为如果你这样做的话，杠铃杆就会处于你的下巴或者喉咙的正上方。一定要确保杠铃杆处于肩关节正上方的位置，这个位置是杠铃杆在锁定时的平衡位置，此时在杠铃杆与肩关节支点之间没有任何力臂，

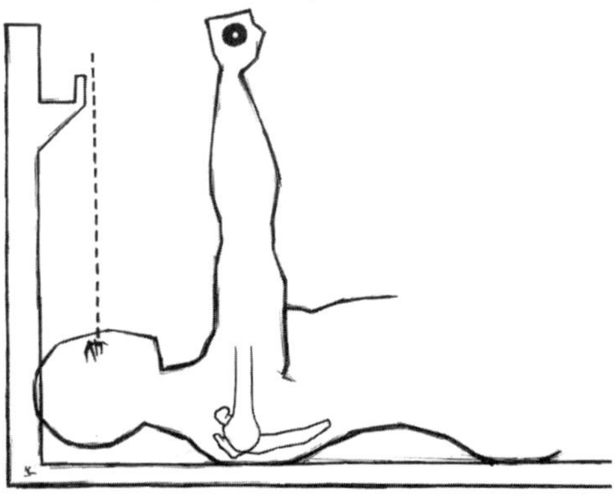

图 5–7. 当杠铃杆与盂肱关节在垂直方向上对齐的时候，杠铃处于平衡状态。任何杠铃杆与平衡点之间的水平距离都代表着一段举重者必须克服的力臂。在使用大重量的时候，卧推架与起始位置之间的距离是一段显著的力臂，保护者的工作是帮助举重者处理这种不良的力学姿势

快速并且毫不犹豫地把杠铃杆移动到这个位置，在此过程中你的肘部要时刻保持锁定。保护者能在开始的几次练习中帮助你起杠，他只需确保杠铃杆已经离开了你的脸部和颈部，并且一直移动到你的胸部正上方。

当杠铃杆稳定在锁定位置的时候，你要看着头部正上方的很重要的画面。你会注视着杠铃杆正上方的天花板，此时背景中的天花板和杠铃杆会占据你的整个视野。当你把杠铃杆上下移动的时候，这个画面能够为杠铃杆的运动路径提供参照。你会在视野的下半部分看到杠铃杆指向天花板。你要注视杠铃杆相对于天花板表面特征物的位置。不是盯着杠铃杆本身，而是注视着那个方位的天花板，这样你刚好可以看见杠铃杆（图5–8）。略微移动杠铃杆，请注意，即使杠铃杆只是移动了一点点，你也能够通过杠铃杆相对于天花板的位置变化察觉到这种移动。杠铃杆会移动，但天花板是不会的，因此天花板对你来说就是杠铃杆的位置参照。

仔细注意杠铃杆相对于天花板的位置。将杠铃杆放低到胸部并使之与身体接触，然后驱动杠铃杆向上回到与刚才完全相同的位置。盯着天花板上杠铃杆将要到达的位置，而**不要**盯着移动的杠铃杆，你的目光**不能**随着杠铃杆移动，只能注视着天花板。这样，你就能在每一次卧推时让杠铃杆移动到那个位置。

当杠铃杆在肩膀正上方锁定的时候，让你的保护者碰触杠铃杆在你胸部的投影点向下几英寸的位置，大概是胸骨的中点。让他足够用力地碰触你的胸部，使你在他的手指拿开后仍能感觉到受力。这种触觉提示法会非常有效地让举重者识别出胸部接触杠铃杆的位置。如果没有保护者，你只是独自在卧推架内练习卧推，那么就直接地把肘部向两侧解锁，然后在杠铃杆下降的时候让肘部略微向双脚方向移动——移动一点点就好。如

图 5–8. 训练者躺在卧推凳上的视图。杠铃杆的位置是以天花板为参照的。注意举重者的眼神聚焦点：双眼注视着天花板，而不是杠铃杆

果你正确地完成了这个动作的话，会产生保护者碰触你胸部的同样效果——杠铃杆会在锁骨下方几英寸处接触你的胸骨，而接触点就在肩关节的下方。请注意，杠铃杆在胸骨上的确切接触点会随着举重者在卧推凳上的挺胸姿势的不同而变化。但胸骨中点、锁骨下方几英寸的位置是一个很好的起始参考点。这里的目标是产生一条不垂直的杠铃杆运动路径，其中的理由我们之后会详细讨论。

记住这一点，然后注视着天花板，解锁肘部，放低杠铃杆到胸部并与之接触，不要停顿，然后驱动杠铃杆向上，使之返回你在天花板上事先确定的位置。按照上述过程完成一组 5 次重复的练习。你马上会注意到，只要你的双眼注视点不移开那个固定位置，杠铃杆在每次卧推中都会移动到相同的位置。

当举重者第一次使用这种双眼注视的方法产生一条正确的杠铃杆卧推路径的时候，这种方法 90% 的情况下会见效。即使你的协调感比较差，你也应该能够运用这个技巧完成几组相当不错的卧推练习。卧推者经常把杠铃杆的运动路径叫作“滑槽”。这种路径是新手刚开始经历到的最令人沮丧的问题，因为他们倾向于目光跟随着杠铃杆移动。让你的双眼注视着天花板，你就能够在大多数时候解决这个问题。如果杠铃杆自动进入了“滑槽”运动路径，就像你用上述方法得到的结果那样，那么你就能把注意力转移到卧推练习中可能出现问题的其他方面了。

整套方法的关键在于注视一个固定的位置，而不是盯着移动的杠铃杆。如果你为杠铃杆的位置找到了一个固定的参考点，你就能够使杠铃杆每次移动到相同的位置——因此杠铃杆每次经过的路径也是相同的。如果你的双眼盯着杠铃杆，你就不能够引导杠铃杆每次都进入相同的位置，因为你是在盯着一个移动的物体，而不是注视着你希望它到达的位置。击打高尔夫球或者网球的时候也是相同的原则：球杆（拍）朝着目标（球）移动，目标就是你的双眼注视的固定物体。当然，网球是移动的，高尔夫球是静止的（直到它们被击中），但原则是一样的。大脑会协调手臂拿起器具——棍棒、球拍、台球杆，棒球棒或者剑、大锤、斧子或者杠铃——向

图 5–9. 卧推

目标移动，因为目标是双眼的参考点。当网球移动的时候，你的头和双眼会跟着它一起动，并估计出它的静止落点。幸运的是，大多数举重室的天花板都不会移动，所以我们的任务比麦肯罗（McEnroe）的任务更简单。但类似的是，我们会朝着一个我们主动注视的静止物驱动手中的物体。貌似不同的活动之间有着相似点，所有的活动都会涉及由双眼引导的动作。不管运动的对象是静止的还是已经处于运动中的，手中的器具都是向着眼神注视的位置移动的。

使用杠铃杆再做一次5次重复的训练组，巩固双眼的注视方向，然后收杠。当最后一次卧推完成时，锁定肘部，移动杠铃杆并将其放回支架——让杠铃杆接触支架，然后下放到挂钩中。如果有人保护你的话，他能够帮你完成收杠的动作。在接下来的5次重复训练组中，每次加一点重量——对体型较小的孩子和女性来说每次加10磅（4.5千克），对体型较大的训练者来说每次加20磅（9.1千克），甚至30磅（13.6千克）——直到杠铃杆的移动速度开始下降，你的动作开始变形。然后用这样的重量再做两个5次重复训练组，这就是你的第一次训练。

常见问题及其解决方法

因为卧推是举重室中最有人气的训练项目，所以很多人都会去练习。因为很多人都会练卧推，所以就有很多人去教别人卧推，而一些教授卧推的错误方法已流传了多年——一些方法从力学角度看毫无道理，有些做法还相当危险。因为身体处于杠铃杆与卧推凳之间，一旦出现事故你根本没有办法自己把杠铃从身前移开，所以卧推可以说是世界上最危险的训练项目了。我们通常会优先考虑高效性，之后再考虑安全性，但对卧推来说，我们会额外注意，避免举重者会死在杠铃杆下的训练方式。

双手和握姿

卧推过程中杠铃杆会位于头部、脸部和颈部的上方，如果没有遵守相应的预防措施的话，这很可能意味着会发生一些常见的安全问题。我们之后会详细讨论有关保护者和保护工作的主题，所以以下讲解会涉及一些你必须做的事。

与双手相关的最大、最愚蠢、最常见的问题可能就是空握握姿的使用（图5-10）。

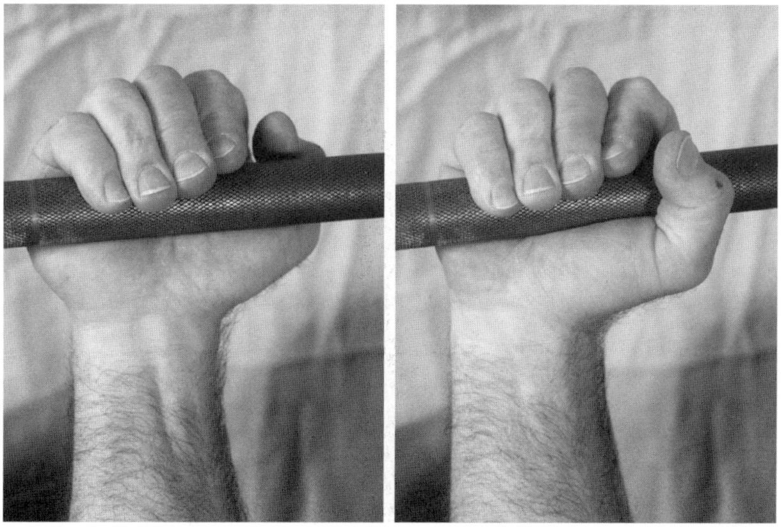

图5-10. 空握（左图）和普通握法（右图）。在举重室中，只有几种能使举重者严重受伤的方式，使用空握的握姿就是其中之一。你可以使用普通握法使杠铃杆处于手臂末端——与空握握姿的姿势相同，采用这种握法不会有杠铃杆落在脸部、喉咙或胸部的潜在风险

除了深蹲，杠铃训练中都不能使用空握的握姿。从安全角度来说，使用空握的握姿绝对是你能做出的最差劲的决定，这种握姿也不利于你进行卧推。很多举重者在刚开始训练时会使用空握的握姿尝试使杠铃杆正处在手臂的最末端，并消除手腕上的力矩，这是可以理解的。但因为使用拇指环绕杠铃杆的握法也能获得这种效果，所以空握的做法并不是必要的。让一根没有安全保障的杠铃杆处在你的面部和喉咙上方，风险太大了。在深蹲过程中采用空握是因为杠铃杆在此过程中并不会移动，只是你在运动。对卧推来说，拇指确保了杠铃杆被你抓握在手中，如果你的拇指没有环绕着杠铃杆的话，杠铃杆就仅仅是在手臂末端处于平衡状态而已。

世界上最优秀的保护者也不可能反应得那么快——足以从下落的杠铃下救出你。如果一个人没有亲眼见过下落的杠铃所造成的后果，那他就不能真正了解其可能出现的危险。在美国，平均每年有 11 个人在进行重量训练时丧命，**而事实上他们所有人都是在练习卧推时丧命的**。虽然这意味着数以百万计的举重者都在安全地练习卧推，但你还是不想成为那 11 人中的一个。如果你在卧推时坚持使用空握的握法，那么你需要在家里这样做，因为即使救护车来了（如果有人打 120），也不会影响到其他人进行训练。

空握的另一个问题是它削弱了卧推的效率：肩膀不可能高效地驱动任何双手不能够紧握的东西。当你使用直径较大的杠铃杆或者把手较粗的哑铃训练时，你就能观察到这个现象：与标准的 1⅛ 英寸（2.9 厘米）杠铃杆相比，推起一根直径为 2 英寸（5.1 厘米）的杠铃杆的难度大概是前者的两倍。这种差异来自于一点——有着正常尺寸双手的人不能有效地紧握一根较粗的杠铃杆，同时将其固定。紧握包含这样的过程：拇指和其余手指环绕杠铃杆，直到处于等长收缩状态的前臂肌肉向杠铃杆施加了有效的压力，从而增加了肘部远端肌肉的紧绷度，使动作底部的反弹更加高效，同时还增强了举重者对整个手臂和上半身运动单元的调用能力（远端是距离身体中心最远的部位，近端是距离身体中心最近的部位）。一些举重者喜欢想着把指纹留在滚花上，以增强他们对杠铃杆的紧握力。空握是一种自动降低举重者紧握杠铃杆能力的完美方式。为了体验这一点，你可以自己试一下，但请你千万使用轻重量。就像很多大重量深蹲都是以不完全高效的技术完成的那样，很多大重量卧推也是以空握的握法被完成的，这样一来，一些人就会变得擅长用不高效的方式来完成动作。要点在于：既然标准握法既安全又有效，那么任何有拇指的人都应该采用这种握法。

正如之前所说，空握的握法是举重者为了让杠铃杆在手中处于更好的位置进行的尝试。由肩膀和肱三头肌产生的力量通过前臂的骨骼被传递到杠铃杆上。力量到杠铃杆的最高效的传递是让力量经过位于杠铃杆正下方的、处于垂直状态的前臂，直接从手掌根部传递到杠铃杆，这样在手腕和杠铃杆之间就不会存在力臂。卧推时，大多数人会看着杠铃杆，这样能够看见位于双眼上方的杠铃杆所在的直线，然后把他们的双手放在指关节的连线与杠铃杆所在直线平行的位置。这样的姿势使杠铃杆与腕关节之间产生了 1 ~ 2 英寸（2.5 ~ 5.1 厘米）的距离——这样就在关节处形成了很多不必要的力矩和一种低效的传递力量的身体结构。

正如我们在推举章节讨论过的，高效地调整握姿的最佳方式是根据食指的间距调整握距，然后通过把拇指指向双脚的方式让双手向前旋转进入正手握姿。这样的动作能够使杠铃杆与“鱼际纹”对齐，并处于“鱼际隆起”（大拇指旁边的高点）和“小鱼际”（手掌另一侧的隆起）之间（参考图 3–10）。

然后把你的手指环绕在杠铃杆上，并用指尖用力挤压杠铃杆。当你把杠铃杆从架子上取下时，杠铃杆会处于你的手掌根部，前臂骨骼的正上方，如图 5–11 所示。这样的姿势能够让大拇指像钩子一样环绕杠铃杆，并且能够把手腕从动力链中移除。一旦双手进入这种姿势，就要绷紧手掌，这样杠铃杆就能获得稳固的支持,不会在做动作的过程中移动，同时大拇指也完全不会干扰整个运动过程。与硬拉中握住杠铃杆的方式不同，你不需要让杠铃杆落在手指上，因为重力不会把杠铃杆从你的手掌中拉离。在卧推和推举中，杠铃杆在手中处于受压而不是牵拉的状态。把你在硬拉中的握法习惯性地用到卧推和推举中是不高效的。

在做完整的动作组的过程中，手中的杠铃杆朝着手指的位置向后移动是很常见的，但是这样的话，杠铃杆在练习结束时会处在与起始阶段完全不同的位置中。这是由于在做完整的动作组时没有始终紧握杠铃杆造成的。如果杠铃杆的移动过大，可以通过改变负重相对于驱动其向上的肌肉的位置来改变卧推的力学机制，进而可能改变手肘或肩膀在卧推中的姿势。如果杠铃杆在你的手中向后滚动——也就是相对于手肘和肩膀向后滚动，那么手肘和肩膀将不得不做出调整以维持它们的驱动力。为了保证动作的安全性和效率，在做组的过程中，杠铃杆必须被牢牢地锁定在手中的正确位置上。

在一定范围内，握距很大程度上取决于个人喜好。既然你试图发展上半身的力量，那么你应该让自己的动作一般化，并且不能过于强调某一个肌群，而要训练所有的肌群（图 5–12）。当杠铃杆落在胸部时，使前臂处于垂直状态的握距能让举重者获得最大的动作幅度。当举重者使用较宽握距的时候，杠铃杆的运动距离就不够长，这样肱三头肌在没有做多少功之前就已经锁定了，结果就

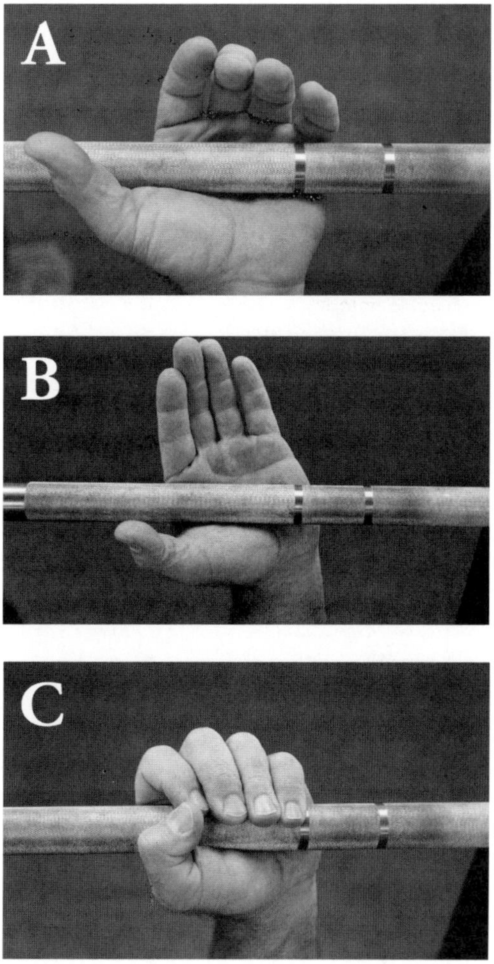

图 5–11. 大多数人会以让杠铃杆垂直于手指的方式开始和结束抓握杠铃杆的过程（A）。最佳的姿势是由向前旋转双手进入正手握姿产生的（B），然后举重者要调整好握姿（C）。请注意杠铃杆相对于手的位置

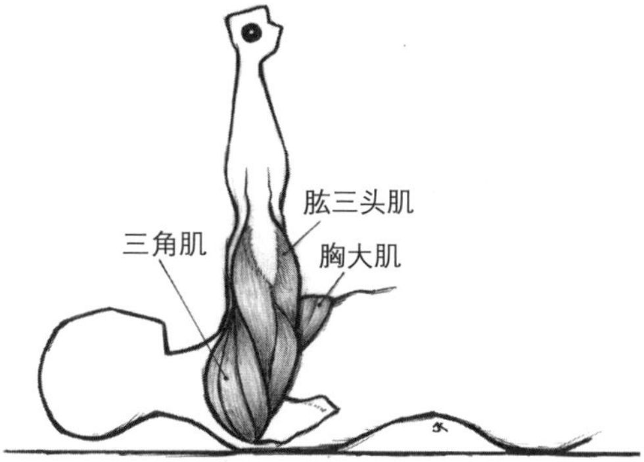

图 5–12. 卧推中所涉及的主要肌肉

导致胸肌和三角肌做了更多的功。但只要双手食指的间距介于 22 ~ 28 英寸（55.9 ~ 71.1 厘米）之间，问题就解决了，目的也达到了。这个距离范围为不同肩宽的举重者提供了足够的选择余地，使他们都能够找到最有力的握距，进而使较大的动作幅度得以保留。尽管很多举重者能够使用比标准卧推握距窄得多的握距完成卧推，但对大多数人来说，过窄的握距会减轻正式训练组所使用的重量，因为这种握距把大部分锁定阶段的工作量都交给了相对较小的肱三头肌。过宽的握距过度地减小了举重者的动作幅度，同时也大大降低了肱三头肌的使用，这样就会在双手和肩关节之间产生更长的力臂。举重者能够用宽握距推起更大的重量，因为这样杠铃杆就不需要移动那么长的距离了（力量举比赛允许的握距是双手食指间距 32 英寸，即 81.3 厘米）。

但我们的目的是通过卧推变强壮，这与让训练者卧推更大的重量可能不是一回事。不管怎样，大多数人都会在他们第一次接触这个动作时选择中等握距。中等握距与宽握距相比给人的感觉更自然，并且后者要求举重者在取得成效之前，必须投入大量的练习。中等握距能够让上肢带上的所有肌肉分担做功，而且能够使我们获得自己想要的——通过这些练习提高肩膀和手臂的力量。

肘部

对肘部姿势的理解对举重效率和安全是至关重要的。肘关节是肱骨的远端，它与桡骨和尺骨连接在一起。大多数人都会把尺骨近端的骨质突出视为“肘部”，但这部分其实是鹰嘴——肱三头肌韧带的连接处。胸肌和三角肌连接在肱骨靠近肩膀上方的前侧。其实，卧推动作所涉及的肌肉产生的力都可以使肘部上下移动。当肘部处于杠铃杆的正下方时，前臂垂直于杠铃杆的姿势使杠铃杆与肘部之间不会产生力矩（图 5–13）。肩关节周围的动作有助于肘部的移动，但肩膀不会——至少不应该——在肱骨移动的时候改变它相对于卧推凳的位置。你要想象着肘部移动，但是肩膀不会动（尽管实际情况并不是这样的）。

当肱骨移动杠铃杆的时候，肱骨的姿势对这个动作的成功与否是至关重要的。从上往下看，当杠铃杆从锁定位置下降到胸部然后返回的时候，肱骨与躯干之间的角度决定了肱骨的姿势。杠铃杆从肩关节正上方的锁定位置开始移动。在这个姿势中，杠铃杆与支点之间没有力臂——杠铃杆处于平衡状态，举重者不费力就能让杠铃杆处于这个位置，当然举重者需要首先保持上臂和前臂的锁定，使之成为一个支撑性的竖直柱体。在底部——

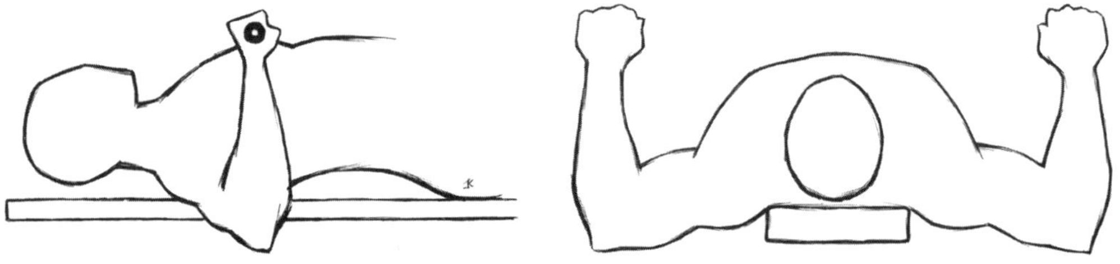

图 5–13. 从任何角度看，前臂都必须是垂直的，这样才能确保力量以最优化的效率向杠铃杆传递，并且不会产生旋转趋势

杠铃杆在胸上——肱骨与躯干成90° 角，也就是完全“外展”的状态，这会让上臂与卧推凳成直角且与杠铃杆平行，并使杠铃杆处于肩关节的正上方。如果我们只关心力学机制的话，这就是理想的底部姿势，因为从力学角度来说它产生了一条理想的杠铃杆运动路径，而且在整个动作幅度内杠铃杆与关节之间的力矩为**零**，举重者不用对抗杠铃杆与肩膀之间的力矩发力。

但是力学机制不是我们唯一要关心的。我们需要在不会使肩膀受伤的情况下训练卧推。肩关节的手术是**大手术**，我向你保证。因此，在卧推力学机制的分析中，对人体解剖结构的考虑是非常重要的。

推举对肩关节的健康永远都不会是一个问题，因为当你站立并驱动杠铃向上运动的时候，肩胛骨能够自由地向上并向内（脊柱）旋转。这样肩胛骨就能够调整位置使肱骨锁定并与前臂处在一条直线上，从而使肩胛骨侧面的骨质突起——肩峰与喙突之间以及肩袖与肱二头肌肌腱之间没有夹挤。肩胛骨避开了肱骨的运动路径，因为它能够浮动到一个不伤到任何部位的位置（图3–5）。事实上，随着杠铃杆通过耸肩动作进入锁定状态，肩胛骨就已经被斜方肌拉离肱骨的运动路径了。

相比之下，卧推的姿势能够把肩胛骨固定在胸廓下方，这样在胸部挺起、背部挺直的时候，肩胛骨就相当于靠在卧推凳上的一块稳固的平台。这时，肩胛骨处于内收状态——挤压在一起或者后缩（图5–14）。如果举重者的姿势正确，肩胛骨就不会移动，因为这时它们相当于身体与卧推凳之间的接触面。所以，当肱骨靠近骨性突起的时候，肩胛骨不能避开肱骨。既然肩胛骨不能调整位置以适应肱骨的姿势，肱骨就必须选择避开骨性突起的运动路径以适应肩胛骨的位置，这样它们才不会在肩袖韧带上撕裂出一个洞。

举重者可以通过下放肘部的方式保持肩

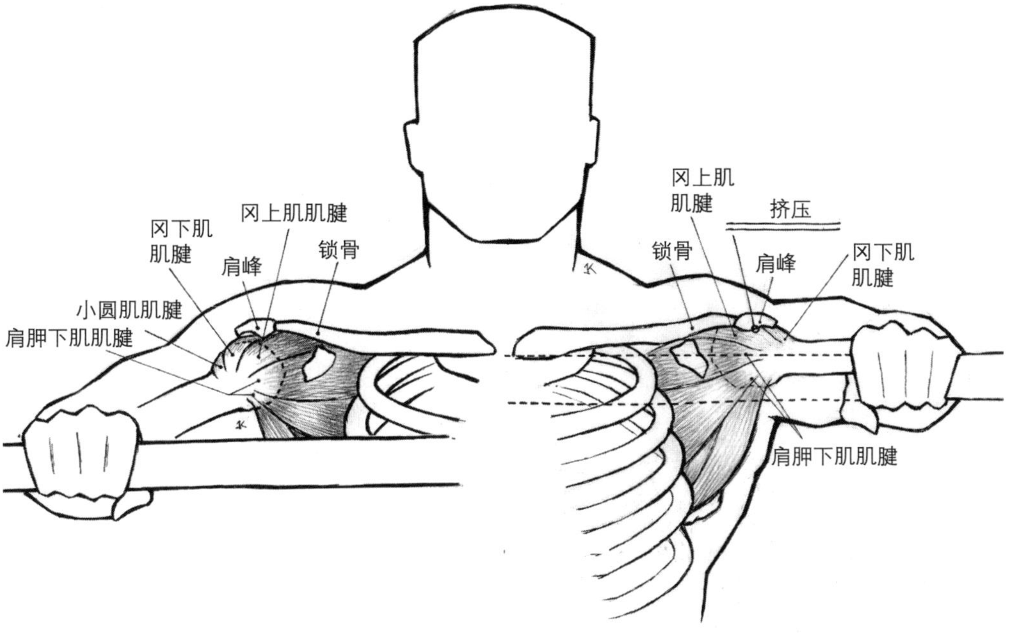

图5–14. 卧推有导致肩夹挤症的潜在风险。图右，当肱骨处于90° 外展状态的时候，肱骨头会向上靠着肩锁关节挤压肩袖韧带。图左，为了避免这种情况，要将你的肘部下放至水平位置以下，使肱骨在盂肱关节处处于75° 左右的外展状态

胛骨避开肱骨的运动路径，因此肱骨的外展状态就从 90° 转变到了 75° 左右。这样的转变允许肱骨从锁定位置向下移动至一个能让杠铃杆接触到胸部的位置——使用一根直杠能达到的最大动作幅度——然后在不挤压肩膀的情况下回到锁定位置。如前所述，这也涉及力学方面的因素。

力学上最高效的杠铃杆运动路径是：肘部外展 90°，杠铃杆在肩关节正上方并且能够上下垂直移动。但这样会挤压到肩膀，所以我们必须接受一定程度的效率损失——随着肘部从 90° 外展的状态下放，杠铃杆在向下移动至胸部的过程中产生了不垂直的运动路径。在动作的底部，这种不垂直的运动路径在杠铃杆与肩关节之间产生了力臂。这个力臂等于杠铃杆与肩关节之间沿矢状平面产生的距离。举重者让肘部从外展状态中下放的距离越远——也就是，杠铃杆在胸部的位置越靠下——作用于肩关节的力臂就越大。同时，杠铃杆也会随着肘部移动：如果肘部向远离肋骨的方向移动，杠铃杆就会朝着喉咙沿胸部向上移动；如果肘部向胸廓方向移动，杠铃杆就会朝着腹部向下移动（图 5-15）。

所以，你的肘部姿势与杠铃杆的位置以及你个人的身体比例是相关的。比如说，一位有经验的、熟练的，并有着良好下背部柔韧性的举重者能把胸部抬得很高，这样就缩短了杠铃杆上下运动的距离。当胸廓上挺的时候，这种技术会让杠铃杆接触胸部更靠下、更接近胸骨底端的位置。对脊柱上部柔韧性较差的举重者来说，这种胸部上的杠铃杆位置会让肘部与躯干之间的夹角在 45° 左右——大约处于肘部碰到胸廓以及与肩膀处于一条直线这两种状态的中间点。有经验且柔韧性好的举重者可以把胸部挺得更高，这样从侧面看的时候，他的肩膀在水平方向上就更靠近胸骨的底端。这样的效果是因为他的柔韧性允许他的上背部和胸部处于更为上挺的姿势中。相比柔韧性较差的训练者，这种胸部姿势允许其肘部更接近与肩膀处于一条直线的状态。

更重要的是，当胸部上挺且肱骨处于 75° 外展状态时，肩关节会移动至一个更接近与杠铃杆呈一条直线的位置。这种旋转能够让杠铃杆在一定程度上向力学上最有利的垂直路径回归，并通过减少运动距离——即缩短杠铃杆与肩关节之间的力臂，来提高这个动作的力学效率（图 5-16）。

正确的肱骨角度实际上很大程度上是因人而异的。它取决于举重者上背部的柔韧性和产生较高胸部挺起姿势的能力，肱骨角度在 45° ~ 75° 之间。一些举重者会使用一种肱骨接近平行于躯干的肘部姿势，从而让胸部上方的杠铃杆处于远离肩膀、很靠下的位

图 5-15. 上臂角度决定了杠铃杆的触胸点。肘部的位置越低，杠铃杆的位置也就越低，较高的肘部位置会让杠铃杆靠近喉咙。力臂是杠铃杆与肩关节之间的距离，它随着肘部姿势的变化而改变

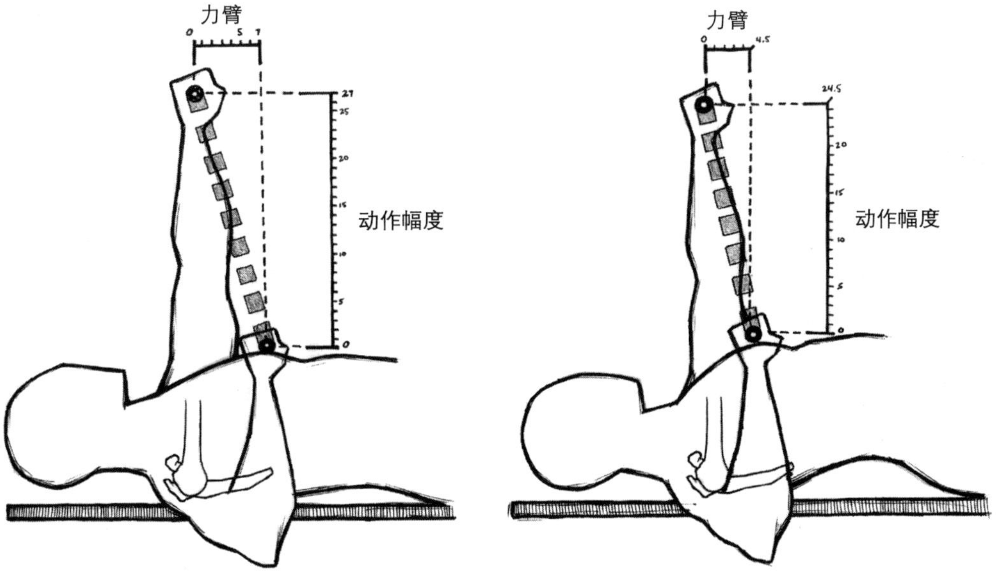

图 5-16. 即使你的触胸点较低，你也能够通过挺起胸部向上且移动肩关节靠近杠铃杆的方式，重新获得较短力臂的力学效率。同时，这也让杠铃杆的运动路径更接近垂直，而且更短

置。这样的姿势显然在杠铃杆与肩膀之间产生了一段很长的力臂，而且肱骨的角度把胸肌在这个动作中的大部分作用消除了，从而减少了这个动作能够使用的肌肉量，并降低了该动作训练整个上半身的效果。对穿着一件卧推背心并借助它在杠铃杆离胸阶段完成很多工作量的力量举运动员来说，这种技术很有效，但如果站在整体力量训练的角度来说这就没有用处了。

胸部

对卧推来说，胸部指的是胸廓前侧以及与之连接的肌肉。主要的胸部肌肉——胸大肌，或者说是胸肌——在肱骨上部三分之一处有一段较长的连接点。它们包裹着胸腔，从胸骨末端一段较长的线起始，向上到达锁骨，沿锁骨向肩关节远端延伸三分之二的长度,肌纤维则以一个较大的角度成扇形展开。三角肌前束和剩余的三角肌部分连接在三角肌粗隆上。三角肌粗隆位于肱骨侧面，大约在骨干的中点处。三角肌在肩部呈扇形展开，并在前侧连接到锁骨远端的三分之一处，在后侧连接到肩胛冈。这种大角度范围的起始线让胸大肌和三角肌能够在一定的角度范围内向肱骨施力，从而使卧推过程中的肘部姿势存在一个有效范围。

理解胸大肌和三角肌前束在肱骨上的连接点之间的关系和这些连接点的角度是很重要的。从水平方向看（胸部垂直于脊柱的一个横截面），胸大肌和三角肌连接点的角度会随着胸部姿势的不同而改变。参考图 5-17。胸部顶端——卧推凳上的胸廓最高点——越高，胸大肌和三角肌连接在肱骨上的角度就越大。角度越大，效果就越好，因为在肱骨上以更大角度产生的收缩力提高了力学效率。在一个杠杆系统中，力与杠杆体越接近垂直，整个系统的效率就越高。所以，胸部位置相对于手臂的位置越高，胸大肌和三角肌就能越好地在手臂上施加拉力。这个效应也是挺胸姿势提高力学效率——我们之前讨论的杠

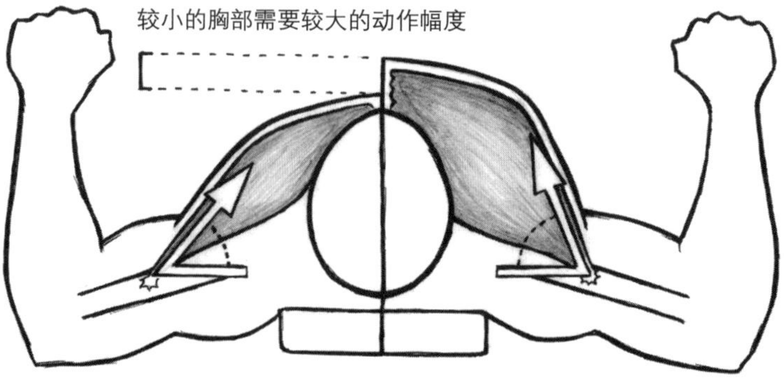

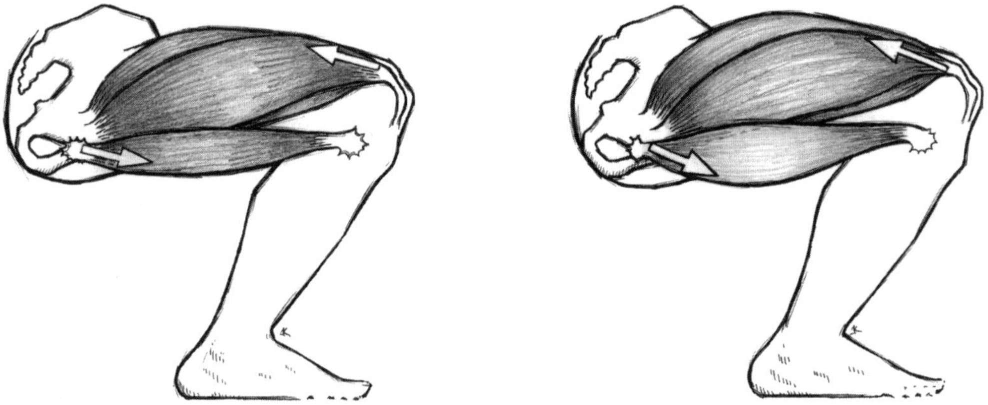

图 5-17. 更大的胸部——无论是源自训练还是基因——提高了卧推效率。胸大肌和三角肌上部纤维与肱骨连接处的角度变大增加了牵引骨骼的效率。杠杆的特点解释了增加体重获得的优势之一，而这也是“杠杆作用”这个术语的本意。杠杆作用体现在所有的杠铃训练项目中

铃杆 - 肩膀关系——之外的收获。简言之，当你卧推的时候，你要保持胸部高高地挺起。

如果不解释卧推过程中背阔肌的功能的话，那么对卧推的讨论就是不完整的。很多卧推方法中都提到了背阔肌的功能，但探究一下它们的实际功能对评估其在这个动作中的贡献是非常有必要的。背阔肌在下背部的起点很宽，从 T7 向下横跨胸腰筋膜到髂骨，覆盖了整个下背部区域。这段较宽的起点形成了一大块平坦的肌腹，它通过一条扁平的粗大肌腱插入了肱骨内侧的**前方**，并与腋窝下的胸肌肌腱的插入点平行。所以，背阔肌的作用与胸肌的作用相反——背阔肌把肱骨向后拉，而胸肌则把肱骨向前拉。这就是引体向上训练背阔肌，而卧推训练胸肌的原因。

如果背阔肌的作用是这样的话，那么在卧推过程中背阔肌会起什么作用呢？它们不能让杠铃杆向前（上）移动，因为它们收缩时会把杠铃杆向后（下）拉。还有可能出现这种情况：当肱三头肌向底部移动时，一块硕大的背阔肌为肱三头肌提供了一个反弹表面。但更有逻辑的说法是这样的——收缩的背阔肌进一步加强了挺胸的姿势，因为收缩的背阔肌能把下背部拉向肩膀。如果允许背

阔肌这么做的话，那么它也能得到其他在卧推过程中帮助挺起胸部的肌肉的帮助。背阔肌在卧推中做出了贡献，但并不是通过让杠铃杆上升的方式做到的，因为它们做不到这一点。它们只是帮助保持胸部挺起，这是一个很重要的功能，如图 5-18 所示。

一个与胸部有关的常见问题是：在每次动作到达底部时，举重者没有让杠铃杆触胸。有时这只是一个意外，你想要触胸但没有碰到。如果是这种情况的话，你在下一次完成练习时可以有意识地让杠铃杆触胸，而且这种失误只会偶尔出现在你刚开始练习卧推的时候。但不要以故意没有做全动作的方式玩杠铃的重量游戏。毕竟，与一段较长的距离相比，在一段较短距离中移动负重更简单。当你缩短运动路径的时候，你只是以杠铃杆的完整移动距离为代价举起了更大的重量。功等于作用在杠铃上的重力乘以杠铃的位移。如果，经过三个月的训练，杠铃杆上的重量加倍了，而杠铃杆的移动距离只有第一个训练日中对应距离的一半，那么你做的功就是保持不变的，这样的话你就在训练部分**动作幅度**的卧推上浪费了三个月时间。

有时，举重者会有意地做部分卧推。有一个流派声称，当肱骨与前臂成 90° 角时，胸肌就停止了为这个动作提供力量，因此使用没有达到全幅度的卧推是正当的。（同样的“分析”也适用于高于大腿水平位的深蹲，因为他们认为股骨在与胫骨成 90° 角时，股四头肌就停止了发力。）这样做的问题在于：全动作幅度的多关节训练项目不应该把任何一块肌肉单独分离出来做假设。我们之所以锻炼身体肌肉，恰恰是因为任何一块肌肉都不是一个单独的个体。我们要通过相应的动作锻炼很多肌肉。当一些肌肉停止运作的时候，其他肌肉开始运作，并且肌肉在练习中的作用也会改变。这是因为我们在进行力量训练，在通过一个大范围的、普适的**运动模式**增强我们的力量。我们不是在训练一块最“偏爱”的肌肉。我们不会关注哪个是我们最偏爱的肌肉，因为我们没有最偏爱的肌肉。

所以，我们对全动作幅度的使用之所以重要，是因为以下两个非常充分的理由。首先，使你能够量化自己做的功：如果你保持一项训练的动作幅度不变，那么你就保持了做功公式中的距离变量恒定。然后，如果你能增加施加在负重上的力量的话（如果你能够举起更大重量），你就知道自己在给定重复次数中所做的功增加了。你知道自己移动的重量所经过的距离是相同的，如果你所能举起的重量变大了的话，那你就是变强壮了。这样的话，你就能够在举重者之间，或者在一段时间内比较自己的训练表现。如果你每次卧推都能让杠铃杆触胸的话，你就能够评估自己是否进步了或者还有哪些不足。这个准则适用于任何一项已经规定了动作幅度的训练项目。

第二，全动作幅度的练习保证力量可以在关节能够达到的每个位置发展出来。力量的发展是非常特定的：肌肉只在它们应该强势发力的姿势中、只在它们被训练的发力方式中变强。围绕某个关节所做的运动通常需

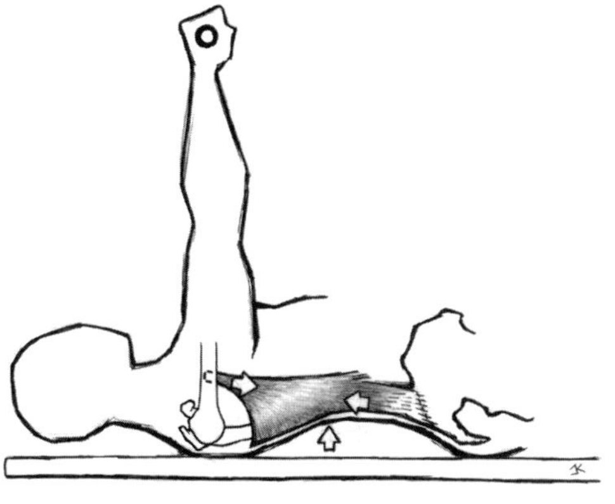

图 5-18. 背阔肌及其在卧推过程中所做的贡献。背阔肌不能让杠铃杆上升，但它们能巩固对力学效率来说非常重要的挺胸姿势

要几块肌肉协同运作，而且随着动作的继续，肌肉之间的关系也会发生改变。比如，你在腿部伸展机上以 30° 的动作幅度训练时，股四头肌会通过增强其在该动作幅度下发挥作用的能力以适应这种训练。这些肌肉不会在这个幅度之外的**任何**姿势中变得很强壮。如果深蹲的幅度很小的话，深蹲中涉及的所有其他肌肉都没有机会变强，因为只有股四头肌在运作，其他的肌肉没有得到充分地动员。如果我们要帮助一位运动员训练腿部，完成一项需要在多种姿势中动员腿部肌肉的运动的话，那么他就必须在全动作幅度中以一种加强全动作幅度力量的方式训练腿部。任何一个会运动到的关节都会受益于整体功能的提高。所以，所有移动关节的肌肉都应该被锻炼到，并在足够高效和安全的情况下使用一个能够动员尽可能多的肌肉参与的动作。

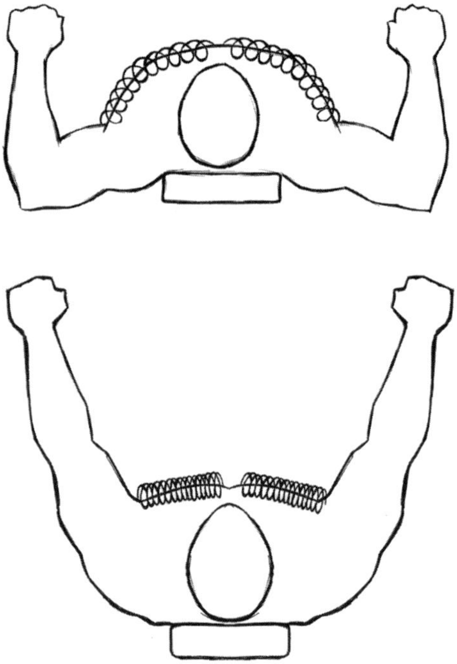

图 5–19. 一些生理学和力学现象产生了反弹，反弹又增强了肌肉的收缩。首先，肌肉的弹性特质使它能够表现得像弹簧一样——拉伸的距离越长（直到某个特定点），获得的反弹力就越强。第二，肌肉中存在一个能够产生最大收缩力的最佳肌节长度，这个最佳长度与轻度的拉伸有关。最后，由肌梭（梭内肌纤维）传导的牵张反射是由肌肉的拉伸激活的，并能够产生更有力的肌肉收缩

卧推就像深蹲一样，受益于一定程度的底部反弹，对牵张反射的使用是骨骼肌的特点（图 5–19）。你需要练习并把握良好的时机让底部的动作足够紧绷，这样你在每次练习时都能获得正确的反弹，但我们无须让杠铃杆像蹦床上的物体那样真正从你的胸骨和胸廓上弹起。竞赛卧推（至少是理论上）因为技术规则的要求并没有反弹的过程，规则明确规定杠铃杆在从胸部重新启动之前必须在底部停止运动。与停顿式卧推相比，触胸离开式卧推能够让你举起更大的重量。这里必须说明的是：与严格的触胸离开式卧推相比，借力式卧推——胸部挺起，借助胸大肌的强力反弹和髋部挺起——能让举重者举起更大的重量。为什么触胸离开式卧推是允许的，但是带有弹起和髋部挺起的卧推就不行呢？正如之前所述，我们的目的不总是举起更大的重量。触胸离开式卧推比停顿式卧推学起来更容易，因为牵张反射是一种如此自然的活动，但即使对竞技型的力量举运动员来说，停顿时在底部保持肌肉紧绷也是很难掌控的。那种弹起、挺胸、抬髋、臀部悬在空中的卧推版本借助胸廓的弹力和髋部伸展的力量帮助驱动杠铃杆向上，并把本该由目标肌肉完成的做功抢走了。所以严格的触胸离开式卧推是一种良好的折中方案，让你能够举起更大的重量，并仍然能够为推举肌群提供大量训练。

你应该能够识别出过度反弹并知道应该在什么时候纠正这个错误。对卧推和深蹲来说，当杠铃杆移动得足够快且能够有效引发牵张反射，并因此产生了有效的向上驱动力的时候，最佳的杠铃移动速度就产生了。当你在杠铃杆下降的过程中感到疲劳的时候，杠铃杆的移动速度就过慢了，就像你故意用

很慢的速度举起一次大重量时的感觉一样。当杠铃杆的移动速度太快时，实际上在杠铃下降时就增加了负重的动量，因此你必须同时对抗杠铃的重量和过高速度的效应来减速——杠铃杆上的有效负载比实际重量要大。

当杠铃杆猛撞你的胸部而且撞击产生的力足以改变你的姿势，而且直到杠铃杆回到胸部上方几英寸处才明显减速的时候，就说明反弹过度了。因为你通过增加杠铃杆的下降速度，尝试增强力学反弹的效果，这样过度反弹就产生了，所以杠铃杆最初的上升速度更多地源于物理反弹而不是你主动驱动杠铃杆离开胸部的过程。这意味着你不得不放松身体以提高杠铃杆下降的速度。如果问题足够严重的话，你的背阔肌和三角肌会丧失紧绷度，进而肘部会挪动位置，导致杠铃杆的路径会在反弹之后改变。这一团糟源自下放杠铃杆的过程中肌肉紧绷度的缺乏，有几种方式可以纠正这个问题。

一种在杠铃杆触胸后保持肌肉紧绷的方式就是只让杠铃杆略微触胸。如果你只是让杠铃杆略微触胸的话，杠铃杆就不会弹起。如果杠铃杆不会在胸廓上反弹的话，你也就不能作弊。想象着只是让杠铃杆碰到你的衣服，而不是你的胸部。或者你可以想象自己的胸部有一片玻璃，你必须让杠铃杆碰到它但不能打碎它。

想象让杠铃杆轻触胸部通常是有效的，但也要视具体情况而定。解决反弹问题的最佳方式是治根：学习在动作过程中保持肌肉紧绷，在某种程度上这种技能也能够应用到其他举重项目中。这是一种将举重概念化的方式，使举重者能够建立起肌肉的紧绷度，并能在离心（反向）阶段储存弹性势能将其用于向心的向上驱动。就像深蹲一样，卧推包含了两部分动作：下放杠铃和举起杠铃。不要想着下放杠铃，只是想着**驱动杠铃向上**。当你把杠铃杆下放至胸部时，你应该想着用力向上推起杠铃，而不是下放——只专注于向上驱动杠铃。为了给向上驱动杠铃做好准备，在杠铃杆靠近胸部的时候，你要降低杠铃下放的速度，使身体更加紧绷，这样就可以提高反弹效率并使胸廓上的物理反弹最小化。如果你在杠铃下降时就想着要驱动杠铃向上，那么你就能够专注于即将要做的这件事情，这样就能够在动作的最佳点开始这个过程。下放杠铃非常简单，如果你不想着向下而想着驱动杠铃向上，你就能够在放低杠铃的过程中减缓下放的速度，从而主动驱动杠铃向上运动。这种做法对任何包含初始离心阶段的动作都适用。

上背部

这个重要的肌肉群有两大功能。首先，上背部需要牢牢地靠在卧推凳上，并在手臂驱动杠铃杆向上的时候作为一个平台为举重者的发力提供依托。当你能够正确做到这一点时，肩胛骨会内收或者说被一起拉向中间，从而在上背部形成一个紧靠卧推凳发力的平坦区域。这个稳定的平台是动力链起始时对抗卧推凳发力的解剖学表面。换种说法，当你卧推的时候，你在发力将卧推凳和杠铃分开——杠铃运动了，卧推凳并没有动——其实你在同时推着这二者（图 5-20）。上背部和肩膀要用力推卧推凳，它们在这样做的同时需要保持紧绷，就像双手在推起杠铃杆的同时要保持紧握一样。第二，处于内收状态的肩膀和上背部收缩并抬起，或者说使上背部“倾斜”进入挺胸姿势的上背部肌肉会推动胸廓向上，并保持胸部处于卧推凳上方较高的位置。正如之前讨论的，这种方法会让肱骨处的发力角度变大，这样就提高了胸大肌和三角肌收缩的力学效率。

有时，保持背部紧绷是一件困难的事情，因为很多其他的事情也同时发生。所以我们需要学习在无须刻意关注的情况下紧绷背部。

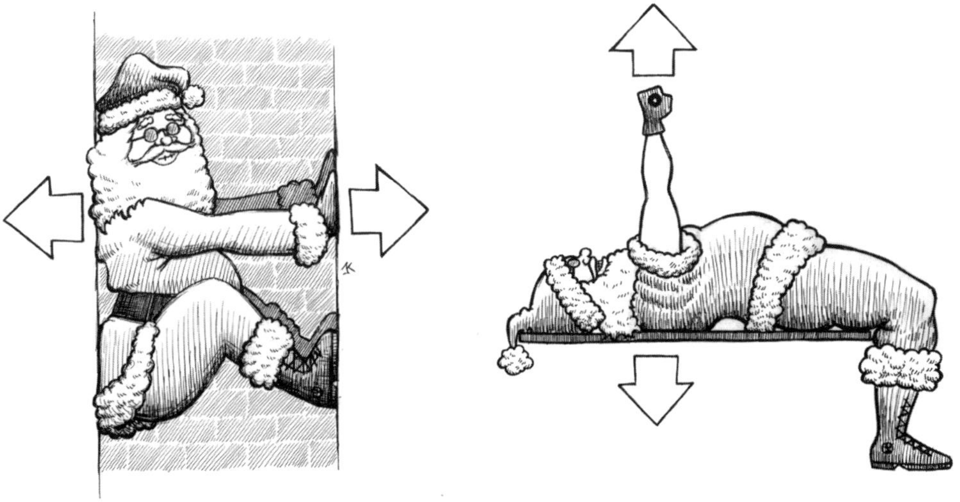

图 5-20. 就像我们在烟囱中爬行时需要做的事情一样（实际上这种事情偶尔还会发生），当我们在卧推的时候，我们处在两个相对的物体之间，并会同时对这两个物体发力。但我们在卧推的时候，杠铃移动了，卧推凳却没有

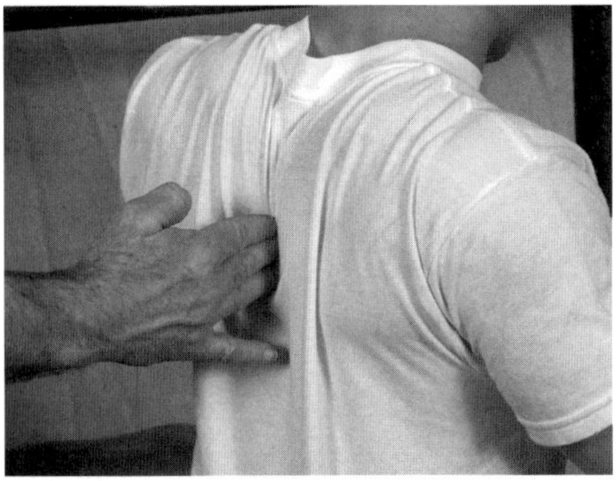

图 5-21. 通过想象着把一只手夹在两个肩胛骨中间的方式内收肩胛骨。当你紧靠卧推凳用力推的时候，这种方式能够有效地绷紧上背部

想象着“紧靠卧推凳发力”的模型和为什么你需要挺起胸部，然后在躺下起杠之前用相同的姿势坐在卧推凳上。在你躺下之前，想象着有一只手抵触在两个肩胛骨正中的位置，如图 5-21 所示，然后想象着去挤压肩胛骨之间的这只手。当你的上背部绷紧的时候，这个挤压的动作同样会促使你挺起胸部，进一步促使你进入良好的姿势中。现在，主动地挺起你的胸部，就像你在向别人炫耀胸部那样（再次为这个粗俗的比喻道歉，但你能够因此确切地知道该如何紧绷背部）。这是你躺在卧推凳上将要采用的姿势。现在躺下起杠，然后采用这种姿势，确保你的肩胛骨向中央靠拢，胸部挺高。做几次卧推，在每次动作的前后纠正自己的姿势，并专注于正确卧推的感觉。以这种方式练习的话，这种姿势就能快速地深留你的脑海中，使你在训练过程中能够不假思索地采用这种姿势。

卧推过程需要最小化肩部的动作。如果肩膀动作幅度过大的话，上背部就会出现放松，同时胸部会损失一些“上挺”的幅度。在整个动作中，移动的部位应该是肘部。很显然，肱骨一定会在盂肱关节处移动，所以这里的肩部动作是指向前（上）耸肩的动作，也就是新手在接受教练指导之前，经常会加在卧推结尾时做的动作。一些轻微的肩胛骨移动是不可避免的，特别是在一组多次重复的卧推中。但如果移动过度了，就会增加杠铃杆移动到锁定位置的距离，从而影响你的动作效率（图 5-22）。你可以注意耸肩过程中发生的情况，以及由此造成的杠铃杆移动距离的增加，以便更加清楚地理解这个动作的后果。

躺在卧推凳上，然后将肩膀后拉使其完全内收，同时挺起胸部，挺直背部，使身体处于一种良好的姿势中。将手臂向上伸直，使之处于一个模拟卧推起始动作的姿势，同时还要注意双手的姿势。现在，向前（上）耸肩使肩膀离开卧推凳，这样肩胛骨就脱离了内收状态。注意两种姿势的差别：双手到胸部的距离会在肩胛骨内收、耸肩向上的姿势中产生 4 ~ 6 英寸（10.2 ~ 15.2 厘米）的差别。如果没有保持肩膀向后的话，这就是你向上推动杠铃杆过程中额外增加的距离。

在一组重复次数较多的卧推中（多于 3 次），大多数没有经验的人都会让他们的上背部脱离内收的姿势。这种情况下，练习者每次卧推时的肌肉都会比之前的一次更为放松，这样的话杠铃杆每次就会多移动一点儿距离。在一组 5 次重复的练习末尾，重新调整你的肩胛骨和挺胸的姿势。如果你需要过多地移动肩胛骨，说明它们已经脱离了应有的姿势。你的目标是在不丧失设定姿势的情况下完成所有的练习次数。

颈部

颈部肌肉的功能是保持头部姿势，并在杠铃杆朝着胸部向下移动、胸部和上背部处于负载状态时保护颈椎。因此，颈部肌肉是通过等长收缩发挥其作用的——与硬拉过程中下背部肌肉的功能类似。但与背部肌肉不同，颈部肌肉不会沿着颈部传递力量，从而帮助你进行卧推。换种说法就是，你不会借助颈部来卧推。不要借助头部的力量去推卧推凳，即使你被告知这样做会产生更大的触胸反弹。虽然这样做也许能够产生更强的反弹效果，但很容易让颈部受伤。你需要学习如何在不用头部后侧用力推卧推凳的情况下使颈部绷紧的技巧。这需要在完成训练组的过程中，让头部与卧推凳之间的间隔距离保持在四分之一英寸（0.6 厘米）左右——想象着用你的头发，而不是用头部触碰卧推凳（图 5–23）。如果你能够保持头部与卧推凳之间

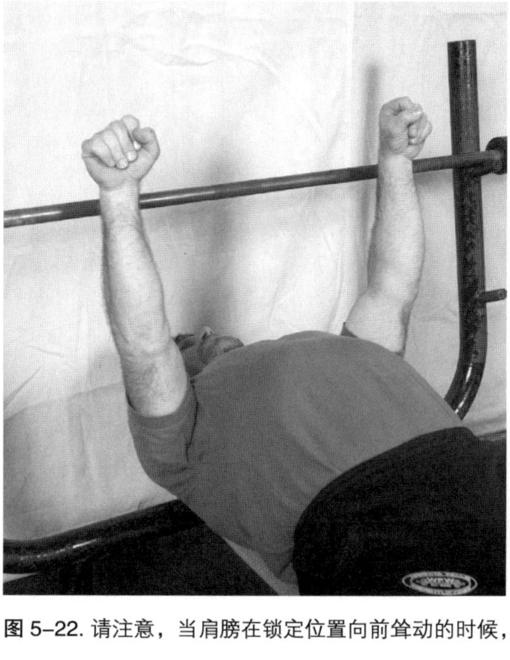

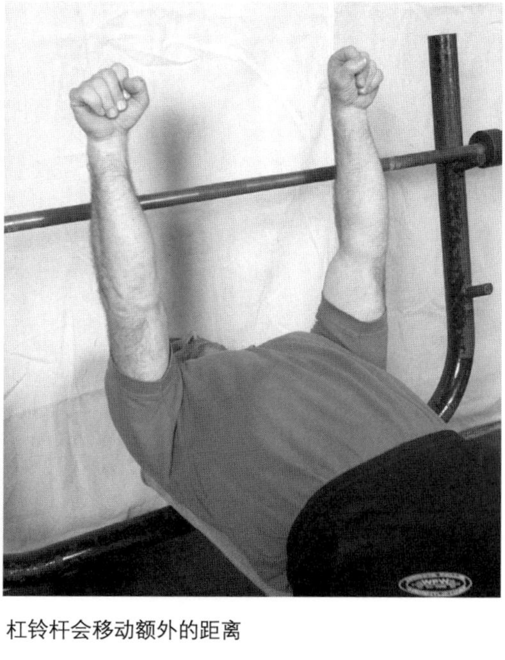

图 5–22. 请注意，当肩膀在锁定位置向前耸动的时候，杠铃杆会移动额外的距离

的间隔，那么你的颈部肌肉就会是绷紧的。在整个动作过程中，你会忍不住想用颈部去推卧推凳，因为这样能够增强上背部肌肉的收缩和紧绷度，但对新手来说养成这个习惯太危险了。如果你的目的是成为一名竞技举重运动员，而且决定借助自己的头部强力地推卧推凳以帮助你进行卧推，并愿意承担相应的风险的话，这样做也可以。但还是把这种做法保留到以后吧，等你可以更好地评估成本 - 效益状况的时候。

同样，不要养成在收杠的时候将头部转向一侧——让你能看见一侧立柱——的习惯。这样做的话，已经非常疲劳的颈部就会在负重情况下旋转，这种做法绝对是愚蠢的。你知道支架的位置，如果你的握姿是正确的、肘部是锁定的，并且保护者有一些专业知识的话，那么杠铃杆会漂亮地落回到支架上，而无须你盯着一侧的立柱。

下背部、髋部和腿部

卧推是一项上半身训练项目，但因为举重者的双脚是着地的，所以双脚和上半身之间的身体部位在某种程度上都有可能参与到这项训练中。因此，可以说下背部、髋部以及腿部连接着地面与举重者的上背部。严格来说，动力链始于手中的杠铃杆，终于上背部与卧推凳的接触面；腿部不是动力链的一部分，因为举重者在双脚腾空的情况下也能够举起很大的重量——达到单次最大卧推重量很高百分比的重量。因为这个动作并不依赖双脚和双腿，所以它们就不是动力链的组成部分（**动力 = 动作，链 = 组成部分**）。同样地，手臂也不是深蹲动力链的组成部分。但正确的下背部、髋部和腿部姿势实际上代表了身体与地面之间的重要连接。同样地，手臂在深蹲过程中也是身体与杠铃杆之间必要的连接部位。尽管腿部实际上并不属于动力链的组成部分，但是当杠铃杆在其运动路径中移动的时候，腿部的作用也不仅仅是稳定举重者本身——尽管这是它的主要功能。当举重者正确使用腿部时，他能够让双腿对抗地面发力，并沿卧推凳在水平方向上通过髋部将力量传递到挺起的背部，并强化了背部挺直的姿势和肩膀向后拉时建立起的胸部高挺的姿势。腿部和髋部发挥了支撑胸部和肩膀的作用，同时也将上半身与地面连接起来，从而使下半身能够在这个动作中发挥作用（图 5–24）。

在你曲解这一点之前，我需要说明，这与抬髋和拱起杠铃不是一码事。当臀部离开卧推凳时，这种情况就会发生。对腿部和髋部的正确使用只涉及维持胸部和背部姿势，下半身产生的力是沿着卧推凳水平传递的，而不是沿垂直方向将身体推离卧推凳。如果背部挺起的姿势没有得到足够的支撑，杠铃杆的下降就会倾向于让抬高的胸部回落，并使背部脱离挺起的状态。力量从对抗地面发力的双脚产生，运用可控的等长收缩的膝关节伸展，以及由臀肌和腘绳肌的等长收缩产生的少许髋部伸展的力量，沿卧推凳向后传

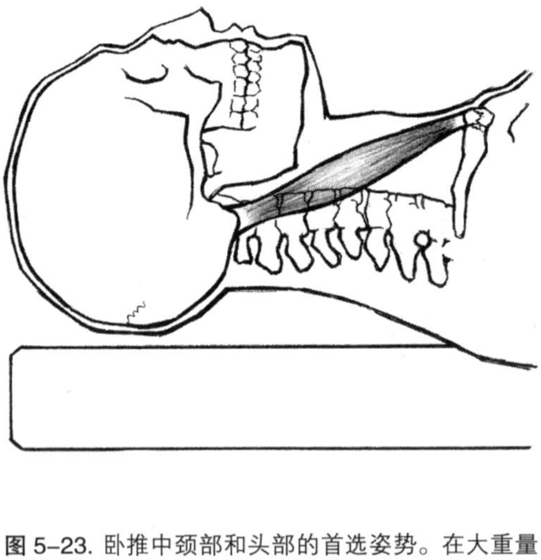

图 5–23. 卧推中颈部和头部的首选姿势。在大重量卧推时用头部推卧推凳会导致颈部受伤，图中所采用的姿势能够防止训练者对颈部肌肉的不当使用

递。它们通过从地面巩固背部挺起姿势的方式主动地抵制背部挺起姿势和胸部高挺姿势的丧失。

在举重者意识到腿部在卧推中发挥的作用之后，他们经常会碰到下面一个问题。当举重者试图借助下半身使上背部在卧推凳上的角度变大，从而增加胸部高度的时候，为了能让胸部更早地碰到杠铃杆，就会有意识地做出拱起髋部并使之离开卧推凳的动作(图 5-25)。抬髋通过缩小动作幅度的方式减少了目标肌群的工作量。(一种叫作**下斜卧推**的练习在健身房中广受欢迎，它就是利用了这种力学效率。大多数举重者的下斜卧推强于他们的卧推，因此很多人喜欢练习这种动作。)有些纯粹主义者相信，完全挺起背部的动作是在作弊，但其实这个动作是通过合理的手段增强举重者的卧推力量的。抬髋是判断动作是否作弊的分水岭。让臀部离开卧推凳是被**禁止**的，这与在足球运动中不能用双手触碰足球是类似的。抬髋的诱惑总是存在的，但如果举重者能够早些养成正确的习惯，这就不是问题了。

背部挺起的姿势很容易学习。在卧推凳上采用正确的姿势，并想象着在你保持臀部接触卧推凳的同时有一只手在下背部的下方推你。然后想象一个紧握的拳头做相同的事情。当你采用这个姿势的时候，你要想着自己的背阔肌。可以参考图 5-26。要时刻提醒自己不能把臀部抬离卧推凳，所以你最好在刚开始就学习如何在不作弊的情况下挺起背部。**强迫**自己正确地做到这一点，并抵制抬髋的诱惑。

双脚

卧推时双脚是你与地面的连接点。如果双脚在大重量卧推时发生了滑动，那么由下半身所支持的姿势——挺起背部的姿势和挺胸姿势，以及你用来推起杠铃的所有姿势——

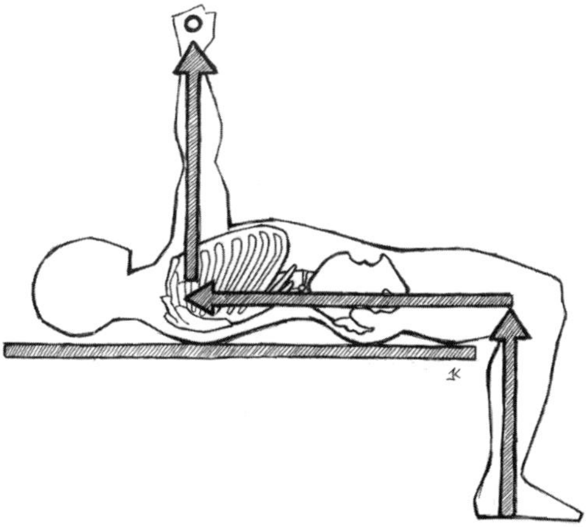

图 5-24. 腿部施加的力在卧推中发挥了稳定身体姿势的作用，有助于举重者建立正确的姿势

图 5-25. 与前一张图中描述的事情不同。这是抬髋，一种非常不好的习惯

图 5-26. 学习挺起下背部

都会崩溃。双脚必须处于正确的位置，举重者必须正确地调整双脚在地面的姿势。

双脚在地面的位置有两个变量：站距和相对于髋部的位置（图 5–27）。双脚需要分开足够的距离为髋部和躯干——通过紧绷的躯干肌肉踏实地靠在卧推凳上——提供稳定性。过宽的站距很少发生，因为这种站姿不舒服，而且很难保持。与之相比，窄站距并不会总是造成事故，所以很多竞技举重运动员喜欢这种姿势。实际上，采取任何一种有助于举重者保持最佳的胸部姿势，能够帮助其完成一次符合规则的卧推的站距都没问题。但作为一个新手，在学习如何移动杠铃杆时需要考虑的事情已经足够多了，所以最好选择中等宽度的站距，因为这种站距带来的技术上的问题比较少。

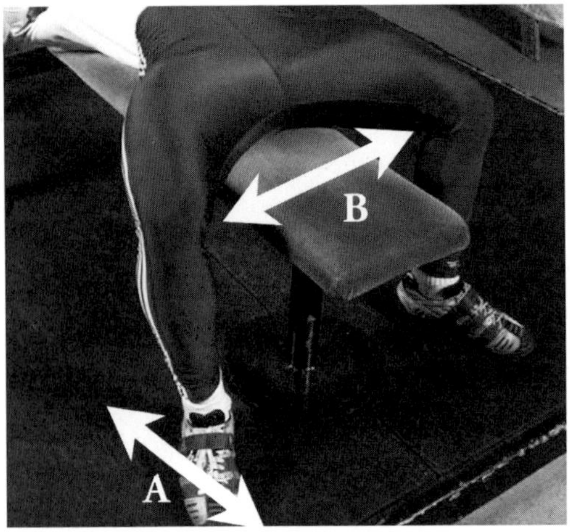

图 5–27. 卧推中双脚位置的主要参数：上 / 下（A）和内 / 外（B）

更为常见的问题在于双脚过于靠上，处于髋部下方，并形成比较尖锐的膝角。这样的姿势很容易诱使你把臀部抬到空中，这也是很多人喜欢这样做的原因——如果双脚过于靠上处于臀部下方的位置，而且脚跟离开地面彼此过于靠近，那么你就正在准备借助抬髋举起大重量。较宽的站距能够缓和这种效果。如果双脚处于一种较窄的站距并过于靠上，那么膝角就会处在较为尖锐的状态，此时的膝关节伸展就会倾向于抬起髋部。较适中的膝角产生的力更接近与躯干平行（图 5–28）。我们经常会看到还在学习如何使用髋部和腿部发力的入门举重者，在卧推时让双脚过于靠下，膝关节过于伸直。这样的姿势让举重者很难获得足够的抓地力，以让上半身的各个部位产生并保持良好的张力（图 5–28）。你应该调整双脚姿势让胫骨几乎与地面垂直，而且可以在上下几度的范围内进

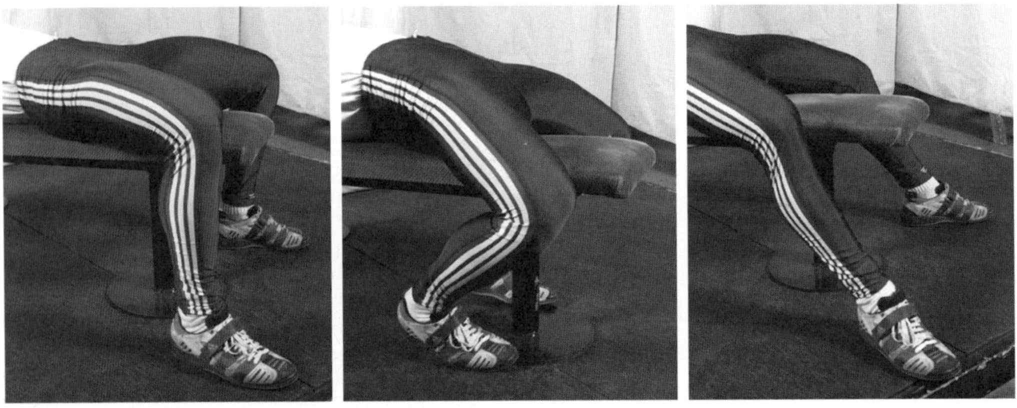

图 5–28. 学习卧推的正确姿势是很重要的。首先放好脚踝和膝关节，然后在躺在杠铃杆下方的时候调整髋部姿势。左图，在良好的姿势中，骨盆比较平坦，脚踝和膝关节处于能够对抗地面发力，并使力量能够沿卧推凳传递到肩膀的姿势。中图，中间的不良姿势是抬髋动作的完美准备。整个脚掌应该与地面保持接触。右图，同样，膝关节伸展过多不能为身体提供足够的地面支撑

行调整。采用这种方式，你可以使膝盖在任何站距中都处于双脚的正上方，保证股骨不会内收。这种姿势能让你更有效地使用双腿巩固背部挺起的姿势，而且不会产生抬髋的倾向。

并不是说把双脚向上放到髋部下方的每一个举重者都会抬起髋部。但大多数抬髋的举重者都是从这样的姿势误入歧途的。略宽的站距，特别是双脚完全贴地的姿势会让举重者很难抬起髋部，因为髋部完全没有发力的余地。

正确的双脚姿势是**全脚掌**着地发力，这使举重者可以把脚跟作为腿部向上用力的基点。你在举重室里做的大多数动作都需要让脚跟紧贴地面。如果你把双脚触地点放在脚尖上的话，你完全不能像脚跟贴地的姿势那样有效地使用膝关节伸展的力量，除非你的双脚靠上处于髋部下方。平贴地面的双脚抓地力更强，并能通过更大的接触面更好地连接地面。双脚没有平贴地面的姿势意味着动力链是不完整的。卧推中双脚向任何一侧的滑动都表明膝盖出现了移动，这样动力链就会变得松弛，或者说双脚与地面之间的接触被中断了。如果你保持脚跟向下，并通过全脚掌着地的方式双脚发力，就不会出现这样的问题了。

举重者会遇到的一个糟糕的问题就是双脚的滑动。当重量很大的时候，这个问题就会出现，因此在大负重卧推时，双脚与地面之间的接触就变得至关重要了。双脚的滑动导致了下半身对动力链支撑的扰动和崩溃，而且会导致举重者的卧推练习和试举经常失败。任何大重量的卧推失败都是很危险的。双脚的滑动经常是由地面或者鞋底的情况导致的——比如，地面上有婴儿爽身粉（在硬拉比赛中，举重者会把婴儿爽身粉涂抹在大腿上，或者举重者会借助它穿上一件紧绷的深蹲服），或者地面太脏。

有人——经常是随便的训练者、狂热的健身爱好者或者退役的力量举运动员——坚持以双脚踩在卧推凳上，甚至是腾空的方式卧推（图 5-29）。与对抗地面支撑身体的姿势相比，这两种姿势的问题在于它们会消除下半身在动作中的作用，这会让卧推的效率更低。如果举重者下背部有伤病，伸展脊柱时会有痛感，容易分散注意力或者是引发其他病痛，但还要练习卧推的话，抬高双脚的做法是有用的。如果你更喜欢抬高双脚练习卧推的话，这可能是由腰椎柔韧性不足造成的下背部不适导致的。如果脊柱的韧带过于

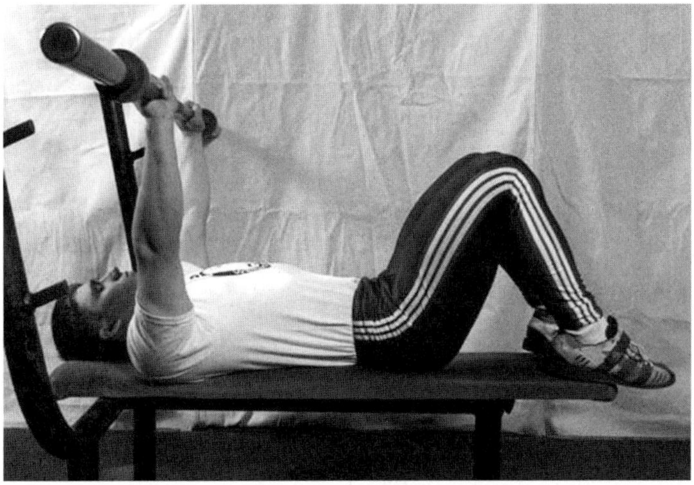

图 5-29. 与常规姿势相比，卧推过程中双腿抬高的姿势不够稳定。入门级举重者不应该使用这种姿势

紧绷，不能达到常规卧推姿势需要的脊柱伸展度的要求，那么在做动作之前你需要先拉伸。如果你的背部没有问题，应该就能保持双脚着地的姿势。身体柔韧性不足的训练者可以在完成身体拉伸之前使用垫板或者杠铃片增加地面的高度，而双腿较短的训练者也能够通过这种方式完成训练。借助下半身的力量，举重者能够举起更大的重量，抬起双脚的话会减少举重者能够举起的重量——虽然不借助双脚也能够完成这项训练。决定通过抬高双脚进行卧推的举重者应该能意识到带伤训练的好处和以这种方式进行卧推固有的**限制**。

呼吸

与所有杠铃训练项目一样，空气能够为卧推提供一定的支撑。在深蹲和硬拉中，**瓦式呼吸法**（正如深蹲章节中所描述的）能够增强举重者对背部的支持。而在卧推中，瓦式呼吸法为胸部提供了支持。因为屏住的一大口气能够增加体内的气压，从而使举重者通过增加整个胸腔紧绷度的方式支持住胸部。当连接在胸廓上的肌肉收缩的时候，紧绷的胸廓能够使从这些肌肉到杠铃杆的力量传递更加高效。如果起源于胸廓外壁的胸大肌和三角肌靠在一个不会动的紧绷结构上收缩的话，那么收缩产生的更多的力会传递到可以移动的动力链末端。当胸廓紧绷着的时候，被胸部的移动吸收或者消解的力就会更少。而胸部的紧绷与借由下半身与地面接触产生的支持力一起，能够**极大**地提高卧推的效率。此外，在卧推过程中挺起姿势所需的脊柱伸展状态中，腹肌不能有效地绷紧，因此它们不能通过有效地增加**腹内压**的方式帮助提高动作所需的**胸腔内压力**，从而使深吸的一口气成为胸部支持力的**主要**来源。

卧推中的呼吸模式取决于训练组的时间长度和举重者的能力。新手需要在每次重复动作前深吸一口气，同时在重复过程中屏住呼吸，然后在锁定位置呼气，你要在两次重复之间运用这种很短暂的间歇来确保所有的身体部位都处于正确的姿势中。经验丰富的举重者可能更喜欢吸一口气，然后完成整组练习。需要注意的是：任何呼吸、呼气和重新吸气的过程都会在某种程度上使胸部放松。如果这一点对某些举重者来说很重要，而且他们能够在长时间内屏气的话，那么在完成动作的过程中他们可能会决定保持身体紧绷的状态，一口气完成整组练习。但是大多数训练者只能以这种方式完成 5 次重复的训练组，然后由缺氧造成的不舒适会让他们难以集中注意力。对**较长**的训练组来说，举重者需要**快速**呼吸。

举重者需要在每次重复动作**前**呼吸。如果在完成重复的过程中呼吸的话，处于收缩状态的胸大肌就会压迫胸腔，这样肺部就不能完全充满气体。如果在顶端肘部锁定时呼吸的话，胸大肌就不会在胸廓上施加外力，这样就能产生更完整的吸气过程（图 5-30）。此外，当杠铃实际上开始下降的时候，训练者身体的每一个部位都应该保持绷紧——从地面到指尖，这种紧绷状态能够避免训练者在完成动作前呼吸。如果在重复过程中能够呼吸，说明你的身体没有**足够**绷紧。

在完成训练组的过程中，呼吸不需要举重者交换全部肺部潮气量的气体。这样做耗费的时间太长，需要较长的放松过程，而且并不是必要的。在完成训练组的过程中，呼吸只是在每次快速呼气之后加满最初屏住的那一大口气，这样的一次换气通常只涉及 10% 左右的潮气量。这样较短的换气能够让举重者更舒服地完成训练组。但这样做每次交换的气体量很少，所以你也许会在练习之后决定放弃这种做法，从而放弃保持身体的紧绷度。

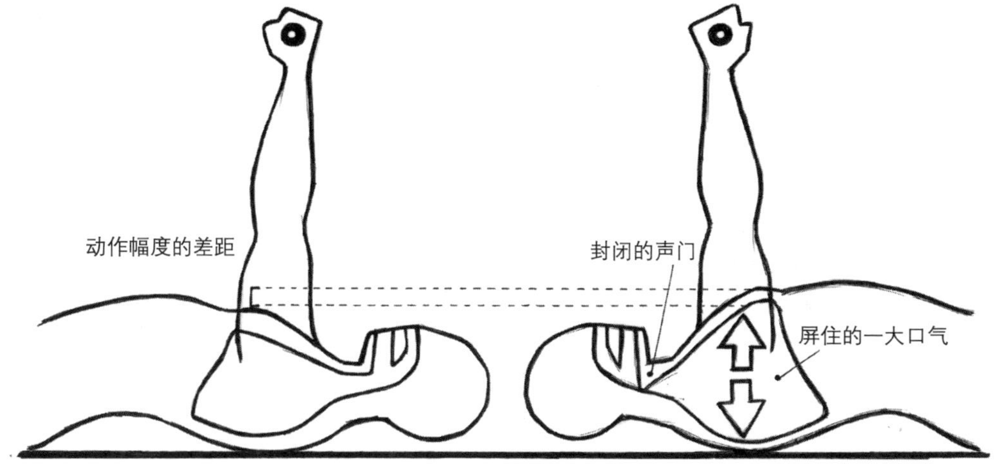

图 5–30. 在顶部吸气，手臂在动作开始前完全伸展的做法能够让气体更完全地充满肺部，同时还能改善胸部角度和稳定性

起杠和收杠的错误

起杠和收杠在这项训练中看似是不会出现问题的，大多数人都没想过这个问题。请注意一个事实：只要有一根负重的杠铃杆处于你的脸部和喉咙上方的时候，你都处于一个潜在的危险境地中。举重者必须一开始就以正确的步骤练习起杠和收杠，因为在这项举重室中**最危险**的训练动作中，大多数的危险都与起杠和收杠有关（图 5–31）。所以，如果你在举重室中训练时更关心安全问题的话，就请阅读以下这些规定：

1. **不要在卧推中采用空握的握法**。如果你不能把杠铃杆牢牢握在手中的话，那么所有安全都无法保障。普通握法绝非可以保证杠铃永远不会掉下来，但可以确定的是，空握的握法使杠铃掉下来的可能性增加了。

2. 杠铃离开架子或者回到架子的任何时候，都要位于举重者喉咙和脸部的上方。所以，**当杠铃离开架子或者回到架子的时候，举重者的肘部必须锁定**。无论是否有人保护，这条规则都适用。肱三头肌应该在挂钩上方

图 5–31. 在完成最后一次重复时，在完成动作之前把杠铃杆朝着卧推架向后推，而不是驱动杠铃杆进入胸部正上方的正确锁定位置，这样的做法是很常见的。如果最后一次动作失败了（如果某次重复失败了，那么它通常会是最后一次重复），你会让下降的杠铃落在哪里——你的胸部，还是脸上？养成正确完成每次重复的习惯吧

锁定肘部，使手臂的骨骼处在一条直线上，当杠铃向举重者头部和颈部上方移动时，重量是由骨骼，而不是肌肉支撑的。当你起杠的时候，你在移动杠铃杆进入起始位置之前要做的第一件事就是锁定肘部。在收杠时，你做的最后一件事是在杠铃杆碰到立柱后解

锁肘部。

3. **从肩关节上方的起始位置开始并结束每一次动作**。这种情况在新手身上很常见：起杠后，在杠铃还没到达动作起始位置时（在喉咙上方的某个位置），就以某个角度将杠铃下放至胸部，然后再向上推起杠铃到正确的位置，以开始第二次重复。还有些人会养成起杠后马上下放杠铃杆到胸部的习惯。但杠铃杆绝不应该在到达起始位置之前就开始下降——如果这种情况发生了，就会因为缺少位置参考点（最初的、位于天花板上的点），出现杠铃杆的路径问题。事实上，杠铃杆会回到一个不同于起始位置的地方。这两个问题对举重者的生命构成了潜在的威胁，所以不要犯任何一个错误。只有当杠铃杆经过正确的路径到达了起始位置，并且你找到了杠铃杆相对于天花板的位置之后，你才应该开始下放杠铃杆。

4. **不要在完成动作之前把杠铃杆朝着卧推架猛推**。很多人会在一组动作的最后一次重复中做这样的事情——急于收杠。在你移动杠铃杆回到支架之前，你一定要确保动作锁定并处于平衡的起始姿势。如果试举将要失败，而保护者不能帮你提起杠铃的话，最好让杠铃落在胸部，而不是脸上。如果不把杠铃放回到卧推架上，弯曲的肘部不可能在你的脸部上方支持起大重量。这种草率的习惯只能表明你的耐心不足，你不愿意多花几秒钟去安全并正确地完成一件事情。此外，也说明你缺乏对处在这样的位置关系中可能会对你造成伤害的大重量的尊重。

5. **如果你是一个人练习卧推大重量，那么一定要在框式深蹲架中卧推**。你可以将保险杠调整到一个略低于胸部的位置，这样即使卧推失败，你也能下放杠铃杆到保险杠上，然后安全地脱离困境。**如果没有框式深蹲架可用，就不要自己一个人卧推大重量**。与人们用杠铃做的其他任何蠢事相比，这种做法每年会让更多的人在使用杠铃训练时丧命。如果你被困在大重量的杠铃下，它能让你丧命——这种事情真的发生过。

6. 如果你坚持不遵守规则5的话，**至少保证不要用卡扣锁住杠铃片**。如果你根据健身房海报的解释，“为了安全”用卡扣锁住杠铃片，从而被卡在杠铃杆下的话，你就不能倾斜杠铃让杠铃片滑下，然后再从杠铃下脱离困境。即使让杠铃片从一侧砸下会损坏健身房地面，其花费也比付出自己的生命代价低，你必须承认后者的代价实在太高了。

7. **如果保护者不得不帮你提起杠铃，你也不要放松对杠铃杆的抓握，因为你还要帮助保护者安全收杠**。在下方没有支撑的情况下让保护者提起大重量会使你们两个人都受伤——他的背部和你的面部。如果你的保护者足够细心，并能够正确地完成任务的话，你就能获得足够的帮助安全收杠。除非保护者非常强壮或者重量非常轻，否则保护者就不能仅仅凭借他的手臂力量搞定一根距离其重心有一段距离的负重杠铃。如果你直接脱离困境，并且把问题全部留给保护者的话，那么下次你再需要帮助的时候就不太可能有人会理你了。

保护者

在全世界的很多健身房中，卧推都是一项团队运动。躺在卧推凳上的人在“练胸”，而站在他头部上方的人在训练斜方肌。两个人像这样共同协作能“卧推”的重量是非常惊人的。其实，健身房中的大多数大重量卧推都是被夸大的。如果保护者在第一次重复时就把他们的双手放在杠铃杆上，然后在这组余下的练习中一直手握着杠铃杆，那么究竟是谁在举重？举起了多少重量？为什么要这样做？

在举重室中，保护者有完全合法的地位，

但他们**不应该**在举重者的正式训练组中插手。保护者不应该帮助别人完成卧推，其任务应该是帮助举重者克服卧推架与肩关节之间较长的力臂来起杠，并使杠铃到达处于肩膀正上方的起始姿势。很多保护者的问题在于其造成的问题比他们能够解决的问题还要多。实际上，卧推是一项简单的练习，举重者学习正确地卧推并不难。与练习这个项目本身相比，更多的人其实是在与保护者的互动中产生了问题。

当存在安全性问题的时候，保护者就**应该**就位。对除了新手的所有人来说，刚开始的热身组并不涉及安全问题，因此不需要保护者，除非保护者同时作为教练发挥作用。随着重量变大，保护就变得非常有必要了：有些人需要在最后的热身组中安排保护者，每个人在正式组中都应该被保护，因为这时举起的重量很大。对每个人来说，过于谨慎，坚持每组练习都要人保护，不仅低效、没有必要，而且还会让健身房中想要训练的其他人感到厌烦。但如果健身房中的大多数人都不情愿在你确实需要保护时帮助你的话，这也会是一个问题。了解自己在何时需要保护，只在需要的时候找人保护吧！

对卧推来说，一个站在杠铃杆中间位置的称职的保护者对所有可能的情况来说已经**足够**了，除了最大重量试举。在健身房中，能够以不错的方式传递杠铃的保护者难得一见——差劲的比好的多。糟糕的杠铃传递方式会干扰举重者的时机掌控、平衡感、天花板的视野，并且会由于保护者试图参与到练习中的举动使举重者不能集中注意力。能以不错的方式传递杠铃的保护者经验丰富，对时机和接触杠铃的程度把控得比较到位，并能够尊重举重者的精神需求。最重要的是，在提供帮助的时机和程度上比较保守。

卧推保护者应该站在举重者的头部后面，对应杠铃杆中心的位置（图 5–32）。这种位置可以根据需要进行小幅调整。对保护者位置的主要要求是：要足够靠近杠铃杆，这样才能够将其抓住；完成传递后保护者要**足够靠后**，这样才不会干扰举重者观察天花板的视野。在这样的位置，保护者能够在一组练习结束时做任何可能必要的动作——或者只是看着举重者完成训练组，或者在收杠过程中提供保护直到杠铃杆碰到立柱，或者把杠铃从粘滞点上提起。

如果你在做重复的时候确实被卡住了，保护者需要判断具体情况是怎样的、需要判断提起杠铃的时机，以及需要使出多大的力量。当杠铃杆不再上升的时候，它会被卡住。紧接着，举重者的动作会出现变形，杠铃杆开始下降。有时举重者能够告诉保护者让他提住杠铃杆，但有时候根本来不及。保护者

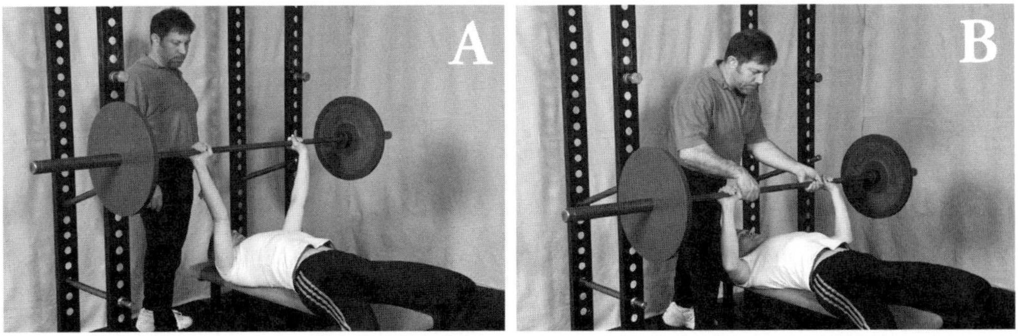

图 5–32. 标准的站位（A）允许保护者对出现的问题做出快速、安全的响应。保护者应有的作用必须被理解。保护者提供了一定的安全性和自信心，能够帮助你通过最后一次重复的粘滞点并确保安全收杠（B）

必须**准确地**评估杠铃的移动速度，确保杠铃还在上升的时候不要出手，并且在杠铃卡顿时间太长、下降距离太多或者下降速度太快之前成功提起杠铃。

在保护者决定提起杠铃之后，帮助的程度视情况的不同而不同。比如一个经验丰富的举重者在挑战个人纪录时，或者一个入门级练习者在第三次训练中做第一个大重量正式组时，或者一位中级水平的举重者在挑战第 5 个 5 次重复组的最后一次重复时，保护者需要提供的帮助都是不一样的。保护者**需要**根据情况随机应变——要多快做出反应，要靠杠铃杆多近，要用多少力量提杠，是否要帮助维持杠铃速度，用怎样的速度和力量帮助举重者收杠。

所以，为了培养你和保护者之间的良好关系，请阅读保护者规则：

1. **当举重者做正式组时，保护者要保持对每一次重复进行观察，**并时刻准备好应对举重者可能出现的各种情况。在热身组中，紧紧地盯着举重者的动作是没有必要的，因为保护者不是在指导一位新手。但对大重量的正式组而言，负重本身有可能导致问题出现的时候，保护者必须注视着杠铃杆。在大重量卧推中东张西望的保护者是不称职的、也是举重者不需要的。

2. 这一条对很多人来说很难，因为它貌似与第一条冲突，那就尽量试着感受其中的细微差别吧：在保护者把杠铃传递给举重者之后，**保护者必须不干扰举重者进行卧推，直到举重者完成最后一次重复或者当他需要帮助的时候**。举重者正看着天花板，所以“不干扰举重者进行卧推”意思是保护者不能阻挡举重者观察天花板以及杠铃杆的视野。如果你是保护者，不要在举重者上方徘徊，也不要把双手放在靠近杠铃杆的任何位置，因为这样做会让注视着天花板上参考位置的举重者分神。“需要帮助”意味着举重者不可能完成那次重复了，某些情况会暗示举重者需要帮助了：①杠铃实际上已经停止上升超过了一秒钟或两秒钟了；②杠铃已经开始下降；③杠铃不是向上移动，而是朝着举重者的脸、双脚或者身体两侧移动。

3. 如果你是保护者，并且确定举重者需要帮助的话，就要用双手提住杠铃，然后引导它回到卧推架的挂钩中（在这个过程中，举重者应该和你一同完成这件事，而不能松开杠铃杆）。但是，除非举重者确实需要帮助——见规则 2——否则**你千万不要碰触杠铃杆**。这样的规则应该被严格遵守，因为对举重者来说，**任何由举重者之外的人碰触到的某次卧推都不能被算入举重者完成的次数中**。这意味着在每组 5 次重复的训练组中，如果最后一次重复被“保护”了，也就是杠铃被保护者以**任何方式**碰到的话，这一组只能算是完成了 4 次重复。如果你是举重者，这条规则能保持你坦诚地对待自己完成的重复次数。如果没有遵守规则，你就没有办法得知自己获得了多少帮助，这样你就不能坦诚地声称你是在无辅助的情况下完成那次重复的。

如果你写在训练日志中的数字是不真实的，你就绝对没办法评估自己从训练计划中得到的成果。你没有理由在这方面对自己说谎，把接受辅助完成的重复算入正常的次数中从长期看是没有意义的。这样的准则显然适用于所有需要保护者的训练项目。如果你让保护者在正式组中帮助你，那你很快就不知道实际上完成了多少卧推，而且也不会知道自己是否在进步。

4. 这一点值得再次强调：**任何包含了举重者之外的其他人碰触的卧推次数都不属于举重者**。作为一位保护者，你有责任控制自己参与到举重者卧推练习过程中的欲望。你的任务是在必要之时为举重者提供帮助，而不是分享他的工作量和荣耀。你应远离杠铃杆，除非举重者真正需要你的帮助。如果做不到这一点，举重者有权利扇你一巴掌，因为你干扰了他提升潜在的个人纪录。

对举重者和保护者来说，在收杠的时候要确保杠铃杆**首先**碰到立柱，不要试图直接把杠铃杆下放到挂钩上。如果举重者通过锁定的肘部向后移动杠铃杆至支架的垂直部分，然后让它向下滑动到挂钩中，你就不必担心杠铃是否会稳稳停在支架上。如果杠铃杆先碰到立柱，它通常会处于挂钩上方。在你起杠的时候，如果伸直肘部可以将杠铃杆从挂钩上取下，那么锁定的肘关节能够保证收杠时杠铃杆的位置足够高，然后回到挂钩的上方（如果手臂比较短，需要使用带有可调立柱的卧推架）。但如果你试着首先把杠铃杆下放到与挂钩水平的位置，那么你就不是按照杠铃杆应首先向后碰到立柱的方式进行操作的，这样的话你最终会收杠失败，通常是杠铃杆的一端错过了挂钩。这则建议因为完全相同的理由同样适用于深蹲。

某些情况下可能需要两位保护者，比如力量举比赛中的大重量试举，但在举重室中很少需要一位以上的有能力的保护者。采用两位保护者的问题在于：两个人不能以完全平衡的方式帮助举重者，特别是当他们需要做出快速反应的时候。举重者难免会经历不均衡的负载，这是导致其伤病的潜在根源。就算两个人很小心、经验很丰富，事实上也不可能在杠铃杆的两端施加完全相同的力量。这样一来，保护者很容易就会使举重者承受不均衡的负载——恰好在压力本身极可能导致受伤的时候——特别是在一次重量过大、很难举起的重复中。这一点对深蹲和卧推来说都是一样的。使用单个保护者以及十分合理的保护方式，并选择正确的杠铃杆负重，就可以解决大多数卧推训练中的问题。

6 力量翻

力量翻（俗称高翻）不可能缓慢地完成，因此这个动作的性质是显而易见的。从本质上说，力量翻是手握杠铃杆进行跳跃，之后将杠铃杆翻到肩膀上的动作。力量翻经常被用在体育训练中，因为它可以训练举重者的爆发力，正确地完成力量翻是将举重者在其他练习中得到的力量转化为爆发力的最佳训练方式。很多简单易学的动作，例如垂直跳，都需要爆发力。弹震式训练在力量与体能训练中变得日益流行也是因为这个原因。不过翻举和抓举的独特性在于：它们可以使用更重的杠铃并逐渐增加负重，从而使通过一个简单的训练计划获得更强的爆发力成为可能。因为绝大多数的运动都需要爆发力，会涉及运动员加速自身或者某个物体的能力，所以加速物体的能力在运动表现中相当关键。力量翻就是我们对抗惯性最重要的工具。

理解爆发力

在比尔·斯塔尔的《强者生存》（*The Strongest Shall Survive*）一书中，力量翻位列举重练习的三巨头之一。书中对力量翻的评价是“如果你的训练计划只允许你做一项训练，那么力量翻就是最好的选择”。力量翻一直都被举重运动员当作举重的复杂版本——翻举的辅助练习。按照几十年前的规则，术语“**翻举**”指的是将杠铃从地板上拉起并上举到肩膀，而且在杠铃上升过程中不能使之接触身体的动作。如果这个动作是一步完成的，这就是翻举；如果是分为两个阶段完成的（杠铃被上举时在举重者的腰部或胸部停留），就被叫作欧式翻举，因为在以前的欧洲，没有规则明确规定举重者不能这样做。在现代，翻举指的是全幅度深蹲翻。不过也并非一直如此。直到20世纪60年代，奥林匹克举重中的标准翻举项目还是**箭步翻**，这种翻举通过类似于经常出现在挺举中的前后跨步的方法来完成动作。不过因为使用基于前深蹲技术的翻举能够举起更大的重量，所以深蹲翻在那时开始流行起来。

术语“力量”是一个用在训练项目前的限定词，它通常指的是一个较复杂动作的简化版本。由于没有了额外的技术帮助举起更大的重量，因此简化版本通常更难完成。**力量抓举**是没有深蹲或者跨步的抓举，而深蹲和跨步都能够减少抓举时杠铃杆被拉起的距离。**借力挺**是挺举动作的最后阶段，只不过没有跨步。同样的，力量翻是翻举没有跨步或者前深蹲的版本（图 6–1），因此力量翻

图 6–1. 力量翻是奥林匹克举重比赛项目深蹲翻（简称为翻举）的一个变式。比尔·斯塔尔在 1969 年的全美锦标赛中翻举起了 435 磅（197.3 千克）的重量

需要借助更多的拉力使举重者无须将身体移动到杠铃杆下方，只通过爆发力就能够将杠铃杆移动到更高的位置。我们马上就可以看到，力量这个术语用在这里是正确的，因为它符合这项运动的科学原理。

任何翻举都要求举重者通过髋部和大腿产生的爆发力将杠铃足够快速地举到足够高的位置，并将其放在肩上。一旦双脚与地面失去接触，运动员便无法对杠铃杆施力了，因为力量是由在杠铃与地面之间起作用的身体各个部位产生的。当双脚与地面失去接触时，杠铃会按照可能的最快速度向上运动。由于之前被主动拉起时获得了一定的惯性，所以杠铃会继续上升。开始时杠铃的速度越快，它就会上升得越高，因为速度越快，它拥有的动量就越大。杠铃越重，完成这个过程就越困难。因此，举重者加速杠铃的能力越强，赋予杠铃的动量就越大，能够翻举的重量也更大。

由此推论，如果举重者可以很好地把身体移动到没有被提得很高的杠铃下方，他就可以举起更大的重量。这便是深蹲和跨步的目的：两者都能够让举重者在杠铃处在较低位置的时候移动到杠铃下方，以减少杠铃移动的距离。而我们的目的是提升力量，是产生尽可能大的向上的爆发力，而不是翻举起更大的重量，所以我们会使用力量翻。

有些权威人士认为，深蹲翻是一种能够满足绝大多数训练目的的上好的举重方式。他们认为当前深蹲成为这种举重方式的一部分时，向杠铃下方的移动就转变成了更多的脚步动作，和更好的运动能力。这样的话，其实箭步翻是一个更好的例子（图 6–2）。还有一个说法认为深蹲翻带给膝盖的压力比较小，因为腘绳肌和内收肌可以帮助吸收一部分杠铃落下时产生的冲击。其实即使是新手，他们的膝盖也不会弱到这种地步。不过你要注意，如果同时学习后深蹲的话，深蹲

图 6–2. 在 20 世纪 60 年代之前，箭步翻被广泛使用。对很多身体缺乏柔韧性，不能利用深蹲式翻举优势的举重者来说，这是一种有用的竞技翻举方式。鲁道夫・普夫卢格费尔德（Rudolf Pflugfelder），前奥林匹克及世锦赛冠军，正在用这种方式完成翻举

翻中的前深蹲容易让你混淆动作规范。使用深蹲翻的新手需要投入大量的时间和精力，纠正由于前期指导不正确或者根本没有指导形成的股四头肌主导的深蹲。在翻举中加入前深蹲使这个练习动作的过程变得复杂，却没有使它更具有爆发力，而爆发力才是我们练习翻举的主要目标。

前深蹲和后深蹲是截然不同的练习。竞技奥林匹克举重运动员必须学习和训练前深蹲，但其实后深蹲对整体力量和体能训练更为重要。即使成为翻举的一部分，前深蹲也最好留给经过了几个月的训练、能够明确掌握后深蹲技术的中级举重者学习。除了可以把重量拉起更高，这是另一个我们推荐新手使用力量翻训练爆发力的原因。

“**功率**（爆发力）”这个术语在力学中有着十分明确的定义。**功**是作用于物体的力使之移动一定距离的量，单位时间所做的功被定义为功率。公式写作 $(FD)/T=P$，其中 P 是功率，F 是力，D 是力作用的距离，T 是做功的时间。当我们考虑一段较长时间内能够完成的总功时，例如一个 5 次重复组的时间，更合适的术语是**平均功率**。当相关的参考时间非常短的时候，例如完成一次翻举或抓举的时间，我们会使用**瞬时功率**加以描述。功率的物理学单位是焦耳 / 秒或者瓦特。在我们对力量翻及其他在爆发力训练和竞技体育中的项目进行讨论时，我们更关心的是瞬时功率。我们可以将它理解为快速施力，即快速展示力量的能力。

接下来我们要学习更多的术语：**速率**是一个物体位置的变化率。如果速率有明确的方向，我们就称之为速度——杠铃以 2 米 / 秒的速度向上运动。**加速度**是速度相对时间的变化率——速度的增加量（或者减小量，也被称为减速度），或者说速度变化的快慢。**力**是产生加速度的原因，一个物体只有被施加外力才能产生加速度。**力量**是指个体对抗阻力时施力的身体能力。（肌肉等长收缩时使用的力量很难被定义，即施力并没有造成受力物体的移动，力只是保持在肌肉和骨骼系统中。利用肌肉等长收缩产生力是杠铃训练中非常重要的部分，但是从力量的定义出发，杠铃的移动是我们主要的量化尺度。）

因此，在举重室中，爆发力（功率）是举重者快速发力的能力。用“速度”这个术语描述可能让我们感觉更为熟悉，特别是在我们描述身体本身运动的时候。对很多运动来说，仅仅强壮是不够的，你还要拥有快速使用力量的能力，以更好地加速自己的身体和对手的身体或者被抛出的物体。一个强壮的人可能很擅长运用力量移动一个很重的物体，而一个**爆发力**更强的人则可以更加快速地移动那个物体。

垂直跳是一个很好的测量爆发力的方法。这个方法可以直接测量运动员快速发力加速自己的身体离开地面的能力，同时也是一种从遗传学角度评估爆发力素质的有价值的方法。作为美国橄榄球大联盟（National Football League，简称为 NFL）综合测试的一部分被使用，垂直跳会被用来预测运动员爆发力的表现。有研究表明，垂直跳可以体现一个人的运动水平，而力量翻的表现可以预测垂直跳的表现，同时还可以预测其深蹲力量。深蹲的表现可以体现深蹲跳的水平，而深蹲跳的水平可以预测力量翻的水平。力量翻通过训练运动员快速移动重物的能力将力量训练计划与运动表现衔接起来。

理解在特定情况下爆发力这个概念的一个方法便是比较力量翻与硬拉的表现。正如我们已经看到的，硬拉是沿直线将杠铃拉离地面，然后举重者手握杠铃杆站立，并使杠铃杆保持在手臂悬挂高度的动作。而力量翻则是通过爆发力阶段继续向上拉起杠铃并将其支撑在肩膀上的动作。力量翻中杠铃杆的路径长度是硬拉中的两倍，而使用的重量只有硬拉重量的 50% ~ 75%。由于功是通过举起杠铃重量的力乘以杠铃运动的垂直距离计算的，所以在力量翻的重量只有硬拉的一半左右时，两种练习所做的功是相同的。同时因为杠铃被拉起的速度 6 倍于硬拉中的杠铃移动速度，所以举重者在一个力量翻练习中输出的爆发力大约是硬拉时的 5 ~ 7 倍。很明显，硬拉可以拉起更大的重量，是因为它的运动距离更短，而且还没有加速杠铃的内在要求，因此只要你保持杠铃一直向上移动——即使很缓慢，你最终也可以锁定它。记住：没有缓慢的力量翻，因为太慢的话就不可能翻到肩上了，但是一次用时 5 ~ 7 秒完成的大重量硬拉仍然是一次硬拉。

关于力量训练或者爆发力、专项运动，甚至任何其他训练，都有一个最重要的事实：**能够硬拉 500 磅（226.8 千克）的人永远比只能硬拉 200 磅（90.7 千克）的人能够翻举更大的重量**。其核心在于，**力量是爆发力的基础**——如果身体没有产生很大力量的能力，那么无论快慢，你都不可能使出那么大的力量。不过，对两个都能够硬拉 500 磅（226.8 千克）的人来说，能够更快拉起杠铃的那个人能够产生更大的加速度，也就是能够在更短的时间内施加更多的力，因此他的爆发力更强。这就是一个强壮的人和一个强壮的运动员之间的能力差别。力量翻是一种可以逐步加量锻炼这种爆发力的方法。

一位非常强壮的力量举运动员可以硬拉的重量是力量翻重量的 2 ~ 3 倍，因为他可能从未练习过翻举。在力量举的早期，大多数竞赛者都有举重的经历或是他们的教练有这样的经历。但这种情况很快就发生了改变，一位力量举运动员的力量翻重量可能只能达到硬拉重量的 40%，而一个奥林匹克举重运动员可以翻起硬拉重量的 85%。这种差距主要是由遗传因素和训练侧重点不同造成的。在精英水平上，所有运动都青睐于某些特定的遗传倾向。力量举精英擅长举起大重量，而举重精英擅长将中等重量快速拉起，因此举重运动员倾向于用较轻的重量训练爆发力，而力量举运动员则专注于缓慢地举起更大的重量。一个能够翻举 385 磅（174.6 千克）的举重运动员只能硬拉起 450 磅（204.1 千克）的重量，很有可能是因为他缺少足够的大重量训练提高其绝对力量。如果他锻炼将杠铃拉离地面的绝对力量，他就能够翻举更大的重量。能翻举 385 磅（174.6 千克）却只能硬拉 450 磅（204.1 千克）的运动员经过训练一定能够提高其硬拉成绩，除非他自己满足于翻举 385 磅（174.6 千克）的成绩。相反地，一位能够硬拉 600 磅（272.2 千克）却只能翻举 240 磅（108.9 千克）的力量举运动员往往忽视了爆发力的训练。这两项运动会在两种训练方法的交替使用中彼此获益（图 6–3）。

这些例子展示了思考绝对力量与爆发力之间关系的一种方式：你可以把力量翻想象成一定比例的硬拉，换句话说，**爆发力表现为一定比例的绝对力量**。二者的比率关系是由训练方式和遗传因素所决定的，垂直跳可以作为这个比率的指示器。通过训练，我们可以在一定程度上提升这个比率，但遗传因素会限制这个比率提升的上限。可以确定的是，随着绝对力量的增强，将其以爆发力形式表现出来的潜力也会随之增强。相对于运动表现的极限，这种关系在多大程度上是正确的还不能确定，不过对新手来说，增强翻举能力的最好方式是增强硬拉，这是没有问题的。

如果是这样的话，那我们为什么还要练习力量翻呢？对有些人来说，这是个很合理的问题。一些肘部、肩部或者手腕不大好的老年人或许根本不会选择这个训练，还有一些非常年轻的训练者、一些运动能力很差的训练者、一些老年的女性或者患有骨质疏松症、慢性膝腱炎，以及存在其他问题的、认

图 6-3. 力量翻和硬拉可以相互促进。力量翻能够锻炼多关节复杂动作的时机掌控能力和同步能力，以及把身体移动到杠铃下的决心——这些方面在硬拉训练中或多或少有些缺乏。力量翻还能够通过训练人体运动单元的动员速率提高举重者神经肌肉系统的效率，并通过能够高效动员运动单元的心理暗示教会你如何产生爆发力。硬拉可以提高在大重量翻举的慢速动作部分中将杠铃保持在正确位置的肌肉向心收缩和离心收缩的力量，以及在爆发性的髋部伸展过程中使背部保持刚性的能力，这种髋部伸展有利于高效的二次拉起。硬拉还可以增加肌肉向心收缩时动员的运动单元的总数，它能够教给并赋予你"忍耐力"——通过长期努力锻炼获得的保持姿势的必要的耐力。它可以在面对大重量时解除神经系统的抑制，因此大重量翻举比大重量硬拉感觉会轻一些。硬拉还能够锻炼这种很好的传统发力能力

为力量翻训练得不偿失的人也不会选择这项训练。但是对绝大多数其他训练者和所有的运动员来说，力量翻是训练爆发性能力最好的方法，这种展示爆发力的能力也是需要训练的。

神经肌肉系统

为了理解人体产生爆发力的本质，我们需要理解神经系统对肌肉的控制方式。生理学上对肌肉收缩的详细讨论不在本书介绍的范围之内，不过你可以在 2014 年出版的《力量训练计划》第 3 版（*Practical Programming for Strength Training*, Third Edition）以及其他很多资源中找到相关内容。简单来说，肌肉是由肌纤维组成的，这些肌纤维由运动神经元控制着。全部的肌肉和控制性神经系统被统称为神经肌肉系统。每个运动神经元都控制着很多肌纤维，一个运动神经元和通过神经纤维受它支配的所有肌纤维被描述为一个运动单元。运动单元在神经肌肉系统控制下的收缩或者称为触发，被叫作动员（图 6-4）。当属于同一个运动单元中的肌纤维受到神经冲动触发时，所有的肌纤维都会尽可能地收

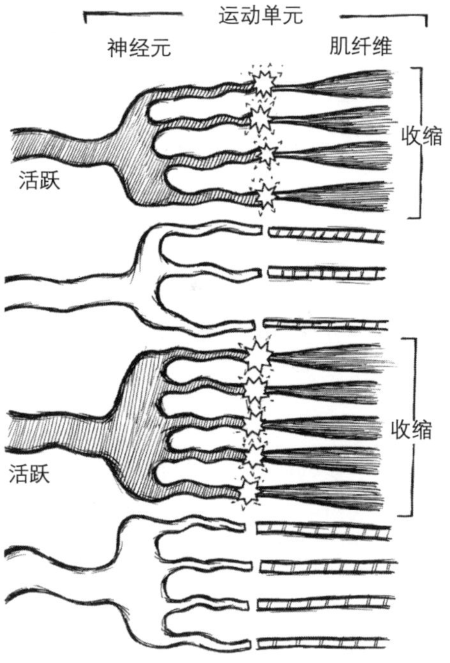

图 6-4. 运动单元的动员是指不同数量的运动单元的总活性。当每个单元受到神经冲动触发进入收缩状态时，所有这些运动单元就一起构成了肌肉收缩能力的上限。那些被动员的运动单元会处于充分收缩的状态，而那些未被动员的运动单元则不会收缩

缩，这种现象被认为是集体性的。这意味着中等程度的肌肉收缩是由中等比例的运动单元的动员产生的结果。目标任务需要产生的力量越大，就有越多的运动单元被动员进行收缩。

高效动员运动单元的能力，也就是在任务要求产生高水平的瞬时力量时能够快速动员大量运动单元的能力，在很大程度上是由举重者个体的遗传因素决定的。这种能力取决于肌肉中运动神经元的密度、神经组织的质量、神经系统与肌纤维接触面的质量、肌纤维的类型，以及不同类型相互间的比例和其他相关因素。这些因素中有些可以适应训练带来的压力并能够加强，有些却不能。垂直跳测试可以直观地显示神经肌肉系统的质量，而且还可以指示出一个运动员的终极爆发能力。

要求身体快速进入高水平的运动单元动员状态以举起大重量的训练可以增强神经肌肉系统中能够适应训练压力的各个方面。垂直跳跳得高的运动员比跳得低的运动员更具爆发力潜力。如果跳得低的运动员能够更加努力地训练——提高神经肌肉系统的效率，而有天赋的运动员仅仅是靠自己的天赋的话，那前者会比他们的对手——那些有天赋的运动员——更有可能成为一位优秀的运动员。力量翻和其他的爆发性练习可以通过逐渐增重的方式锻炼这种能力。每次训练时都要增加杠铃杆上加载的重量，这样的话重量的增加就可以被精确地调节，从而匹配举重者的适应能力，这样举重者就可以强迫自己的身体去适应。这个过程允许我们进行可控的、程序化的爆发力训练。

爆发力、发力和速率

理解爆发力以及它与发力、速率之间的关系,对我们理解如何有效的训练这种能力，以及为什么力量翻适合锻炼爆发力是很有必要的。图 6–5 是速率 – 爆发力的关系图，虚线代表杠铃杆的速率——当重量很小的时候，杠铃杆的移动速率很快，但是随着重量增加并接近极限，杠铃杆的移动速率会逐渐慢下来，直至停止。实线代表爆发力的生成——快速发力。

图的左侧爆发力很低，也就是在重量非常小的时候，因为你不需要很大的力气就可以将小重量快速移动。杠铃很容易移动，因为其重量很小。在图的右侧，当重量变得非常大时，爆发力也很低，因为大重量很难被快速移动。记住：爆发力需要速度。爆发力的峰值在单次最大重量 50% ~ 75% 的范围内，这是使中等大重量能够以相对较快的速率移动的区间。这个范围反映了不同训练本质上的差别——无关上半身练习还是下半身练习，以及运动个体的技术、力量、训练经历和性别（女性的爆发力占单次最大重量的比率通常高于男性）。50% ~ 75% 这个范围通常也是力量翻的最大重量相对于硬拉最大重量的百分比范围。

由路易 · 西蒙斯（Louis Simmons）创建的西部动态训练法使用深蹲、卧推和硬拉最大重量的 50% ~ 75% 的重量训练爆发力，并且注重每一次重复的最大加速度。路易实质上找到了一种类似奥林匹克举重的方法来训练深蹲、卧推和硬拉，并且使用了能够产生最大爆发力对应速率的重量来训练以上这些项目。

既然我们是在训练爆发力，为什么我们要通过慢速的深蹲和硬拉去训练绝对力量呢？这个问题和我们之前问的正好相反，但合乎逻辑。两种力量训练都很必要而且是相辅相成的。再次强调，一个可以硬拉 500 磅（226.8 千克）的举重者可以比只能硬拉 200 磅（90.7 千克）的举重者翻举更大的重量，因为二者的发力能力存在巨大差异。但是对

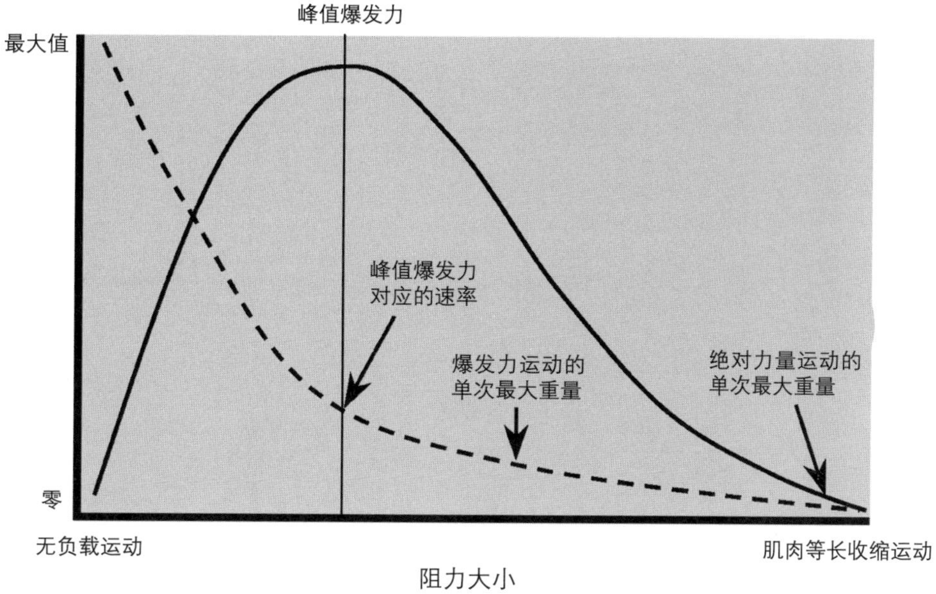

图 6–5. 速率 – 爆发力的关系图。虚线代表速率，实线代表爆发力。峰值爆发力大约出现在肌肉等长收缩最大值的 30% 和速率最大值的 30% 处。这差不多就是单次最大重量的 50% ~ 80% 的范围（视不同练习而定）。“力量”运动是指那些受到绝对力量限制的训练，例如深蹲、推举、硬拉或者其他类似的练习。“爆发力”运动是那些受到力量输出限制的训练，例如抓举、挺举、翻举或者其他类似的练习。引用自《力量训练计划》第 3 版

两个都能硬拉 500 磅（226.8 千克）的举重者来说，能够更快拉起杠铃的举重者发出了更多的力，因此他更强壮，而且在此过程中他的肌肉和神经系统得到了更多锻炼从而能够发出甚至更大的力。用给定重量更快速地训练需要更大的力量输出，因为加速度需要力的作用。随着发力能力的提高，举重者可以拉起更大的重量。这就是为什么翻举练习能够提高硬拉能力，同时硬拉练习也能够提高翻举水平的原因。

对大多数运动员来说，能够完成一次大重量力量翻的重量，是用来提高发力能力的合适重量。这个重量足够重，运动员需要用力才能拉起，而且由于力量翻动作的本质特征，没有爆发力是根本不可能完成相应动作的。除非杠铃在动作上半部分移动得很快，否则举重者甚至不能把它架到肩膀上。力量翻的唯一缺点就是需要依赖很多技巧。现在，让我们开始学习力量翻吧！

学习力量翻

学习力量翻最好从拉起杠铃的上半部分开始，按照从上到下的顺序。也就是说你首先要学习“捕获”，或者说是把杠铃杆架在肩膀上的技术，所以一开始你就需要时刻在脑中提醒自己重视杠铃杆的支撑位置。学习力量翻时一定要牢记：杠铃在拉起过程的**上半部分**，而不是在离开地面时的速度才是最重要的。在杠铃杆被拉起的较低部分，也就是从地面到大腿中部这一段，你需要将杠铃杆保持在正确的位置，以便稍后使用爆发力动作将其架到肩膀上。所以，这部分动作必须做得准确，而不是快速——至少起始阶段

不需要快速。从杠铃杆被拉起的中间部分到最高点之间，速率必须加快，但只有在起始阶段从地面正确拉起了杠铃，你才能正确地完成加速阶段的动作。首先要学习力量翻动作的上半部分，之后再考虑将其放回地面的部分，这样的顺序能够优先学习力量翻过程中最重要的部分。毕竟力量翻的起始部分从本质上来说就是硬拉，而你已经知道该如何完成这部分动作了。当你掌握了拉起杠铃的上半部分动作后，我们会逐渐向下滑动杠铃杆，每次下降一点儿，直至进入硬拉的动作部分，这样就能够从半力量翻过渡到完整的力量翻了。

对大多数学习力量翻的人来说，20 千克（45 磅）的空杆十分合适，不过对一些年纪较小的训练者和女性训练者来说可能需要更轻一点儿的杠铃杆，比如 15 千克的女式竞赛杆或者更轻的定制杆。刚开始时你的目的只是学习动作，所以在杠铃杆上增加重量毫无意义。力量翻不能像深蹲那样，可以不用杠铃杆来学习，因为完成翻举动作需要杠铃杆提供的阻力促使肘部旋转。而扫帚和 PVC 管又太轻了，在肘部转动时缺少足够的惯性使它们保持在正确的位置，而且使用 PVC 管学习很容易让举重者从一开始就养成不良的手臂习惯。

双脚姿势与硬拉时一样，站姿与全脚掌着地的垂直跳或者立定跳远差不多：双脚分开，脚跟间隔 8 ~ 12 英寸（20.3 ~ 30.5 厘米），脚尖稍稍外展（图 6–6）。这样的站姿可以让你对抗地面使出最大的爆发力，同时让你相信力量翻其实是一个跳跃动作。每一次重复之前你都需要重新调整站姿，因为每一次起跳之后双脚都会以深蹲的站姿落地

图 6–6. 翻举的基本站姿与垂直跳一样，需要全脚掌着地

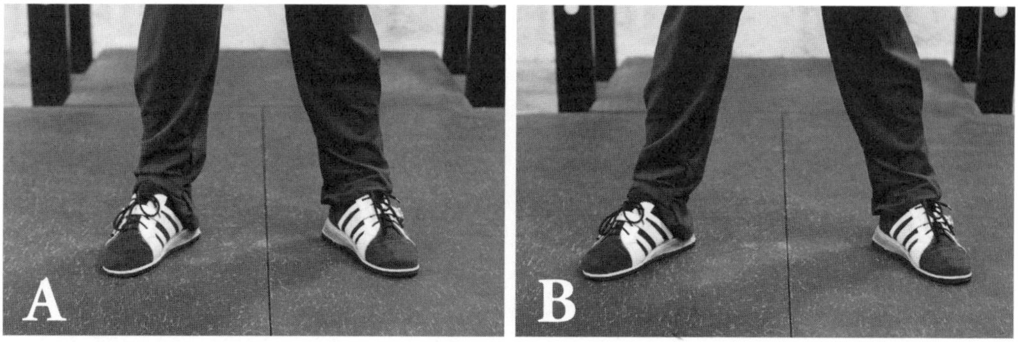

图 6–7. 力量翻开始时拉起杠铃的站姿（A）与支撑杠铃时的站姿（B）的区别。后者本质上与深蹲的站姿相同，它都是双脚离地后本能地寻求稳定姿势的结果

（图 6–7）。

现在你有了正确的站姿和一根重量合适的空杆，你需要依次学习悬挂姿势、支撑姿势以及起跳姿势。

悬挂、支撑和起跳姿势的学习

首先，**悬挂姿势**（图 6–8）是指拉起杠铃动作到达顶部时的姿势，此时膝关节伸直，肘部伸直，胸部挺起，杠铃杆被握在手中，手臂下垂处于自然悬挂的状态。要用正确的握杆和硬拉姿势将**空杆**从地面拉起到悬挂姿势。对大多数人来说，正确的握距要比硬拉握距每侧宽出 2 ~ 3 英寸（5.1 ~ 7.6 厘米）的距离。简单来说，力量翻的握距要足够宽，这样举重者的手肘才能够自由向上旋转进入支撑姿势。很显然，这个距离会随着举重者肩宽的不同而有所变化。稍后我们还要学习锁握，不过现在我们学习普通握法或者**双手正握法**就可以了。与硬拉时一样，你的双眼要注视在自己身前 12 ~ 15 英尺（3.7 ~ 4.6 米）处地板上的某一点。

在悬挂姿势中，手臂会向内转动，即与向前旋转手掌（拇指转向内侧）相同的动作姿势。在悬挂姿势中，这个动作是学习如何保持肘部伸直状态的开始（图 6–9）。肘部伸直是力量翻学习中最重要、也是最困难的

图 6–8. 悬挂姿势。注意，肘部伸直并内旋，胸部挺起，目光稍稍向下，双脚处于拉起杠铃时的站姿中

动作之一。从一开始就养成每次做动作时都让肘部伸直进入正确姿势的好习惯，是学习力量翻的好的开始。

下一步就是将杠铃杆放到肩上。随便使用什么方法将杠铃杆从悬挂姿势翻到肩上都可以，但是要注意保持正确的握距。杠铃杆应该正好位于三角肌前束的顶部（也就是肩膀前侧那部分肌肉），与胸骨和锁骨保持一定的距离。这样的姿势就是**支撑姿势**（图 6–10）。支撑姿势的关键在于肘部：肘部必须抬得很高，指向正前方，肱骨要尽可能处于接近与地面平行的状态。有些人因为身体柔韧性的问题很难进入这个姿势。调节握距通常可以解决这个问题，特别是当前臂比上臂更长的时候。逐渐增加握距直到姿势得到改善。只要肘部抬得足够高，杠铃杆就能够远离骨骼部分，并舒服地落在三角肌的凸起处。杠铃杆不应该落在手上，因为双手不能支撑任何重量。重量要落在肩膀上，双手的作用只是将杠铃杆保持在手臂与肩膀之间的正确位置上，就像深蹲时那样。这个姿势很安全，而且不会产生疼痛感，从某种意义上来说，如果你在这个姿势中无法保持住某个很大的重量，那么你可能永远也无法翻举起

图 6–9. 在悬挂姿势中，内旋肘关节就是在提醒自己要伸直肘部。确保在任何时候，只要杠铃杆悬挂在手中，肘部都要保持在这样的姿势中

图 6–10. 支撑姿势，挺胸，同时肘部指向正前方

图 6–11. 在错误的肘部姿势中，肘部位于杠铃杆的正下方，杠铃的重量都落在了手臂和手腕上，而不是肩膀上

图 6–12. 解决不正确肘部姿势的方法。为了在一次不正确的支撑后解决肘部抬起的问题，你可以反复抬起肘部，直到你能够开始将杠铃杆一次的性翻举到位

这么大的重量。你必须牢牢记住杠铃杆应处的位置，不是落在胸上、不是挂在手臂上。你绝不能在肘部还指向地面时就停止动作(图 6–11、6–12）。

让杠铃杆沿着胸部落下，并用双手将其抓住顺势进入悬挂姿势中。也就是说，你无须通过反向直立划船动作或者反向弯举动作把杠铃下放到悬挂位置——实际上你只需**让杠铃杆落下，然后将其抓住**。有些人在明白这点之前其实是让杠铃杆从手中滑落的。只要在悬挂位置抓住杠铃杆就行，不要试图用手臂将它向下放。这一步包含两个要点：第一，为了提高物理效率，翻举中杠铃杆的路径要尽可能接近垂直。当你从支撑姿势让杠铃杆沿着胸部落下的时候，其实是在使用与向上拉起杠铃杆相同的垂直路径，只是方向不同——向下。如果是借助反向弯举把杠铃杆翻下去的话，就会把它推离处于平衡状态的垂直路径，而让杠铃杆沿着胸部落下可以使其保持在脚中心的正上方。第二，在整个翻举过程中手臂不会直接作用于负重。将杠

图 6–13. 起跳姿势。注意，杠铃杆要与大腿保持接触。对所有的翻举训练来说，在起跳前杠铃杆都必须与大腿的这个位置接触

铃杆拉起靠的是你的跳跃，而不是手臂通过直立划船动作完成的（直立划船动作可能是有史以来发明的最不成功的练习——有若干原因）。如果你很快明白了无论是拉起还是放低杠铃杆**都不是**通过手臂用力完成的，那么你就可以在手臂有机会造成问题之前解决它们。并且，当你用这样的方式训练时，你相当于使杠铃的运动路径加倍了。所以，我们需要从第一次练习时便正确开始。记住：直接使杠铃杆落下并将其抓住。

回到悬挂姿势，然后在弯曲膝关节的同时后伸臀部来解锁髋部。让杠铃杆沿大腿滑落到大腿中部的位置。我们把这个姿势叫作**起跳姿势**，因为这个姿势与下蹲身体做垂直跳时的姿势一模一样（图 6–13）。肘部伸直并内旋，与悬挂姿势时一样——手臂自然下垂，膝关节和髋部都处于解锁状态。杠铃杆相对于大腿的位置不能太低，在大腿的中部比较合适。不过，如果你的手臂较短可以靠上一些，如果手臂较长可以再放低一点儿。**杠铃杆要保持与皮肤的接触，实际上就是与大腿的接触**。

最后一点十分重要，这样起跳姿势才可以被认为是膝关节**和**髋部解锁的姿势与杠铃杆接触大腿的位置的组合。你可以通过使髋部和双腿做出起跳姿势来找到这个位置。在你把杠铃杆翻到肩膀上之前，这通常是最后一个你可以感觉到杠铃杆的位置。**如果你在翻举时没有感觉到杠铃杆接触大腿，那就说明你做错了**。

这一点怎样强调都不过分：杠铃杆与大腿接触说明它处于脚中心点正上方的正确位置和平衡状态，这样就说明你处于正确的起跳姿势之中。你要让杠铃杆接触大腿成为翻举时的一种习惯。

现在，保持杠铃杆悬挂在手中（肘部自然伸直），然后由起跳姿势垂直向上跳起。不要弯曲肘部，专注于跳离地面。尽可能跳得高些，高到你必须完全伸展膝关节和髋部才能跳起。开始的几次练习你要关注自己的跳跃动作，熟悉之后就要注意保持肘部的伸展。此时，你的双脚会很自然地从拉起杠铃杆时的站姿，转变为杠铃杆被架在支撑位置的稳定姿势下的站姿。对大多数人来说，这个**支撑姿势**下的站姿差不多就是深蹲的站姿，因为我们就是在深蹲过程中慢慢熟悉这种站姿的。在这样的姿势下，弯曲膝关节可以吸收下落的身体和杠铃的重量，并将其均匀分散到地面上。除非你的双脚横向移动的距离过宽超过了深蹲的站距，否则你完全不用担心此时的站姿。

在杠铃杆沿大腿滑落，进入起跳姿势的过程中，要提醒自己不要弯曲肘部。很多人会试图弯曲肘部而不是让杠铃杆自己滑落，但是你千万不能这样做。如果你发现肘部出现了弯曲，那就努力收缩肱三头肌来锁定肘部，而且要想着再多练习几次这个动作。

一旦你完全熟悉了肘部伸直、手握杠铃杆跳起的动作，你就可以跳起然后把杠铃杆放到肩膀上进入支撑姿势。将杠铃杆支撑到与之前一样的位置，同时肘部仍然要高高抬起。杠铃杆要停靠在肩膀上，而不是手中。当跳跃到达顶点时，向上猛提肘部进入支撑姿势——肘部由伸直状态直接进入向前的姿势。把肩膀靠向杠铃杆支撑，无须考虑抬高肘部，要直接将肩膀挤向杠铃杆，就好像在伸直肘部与支撑姿势之间没有任何其他步骤一样。

跳跃才是关键。力量翻完全不是一项手臂运动，如果你开始学习的时候就能意识到**伸直手臂的跳跃**是这个运动的核心，那你就绝不会依靠手臂的力量拉起杠铃杆。是跳跃让杠铃杆产生了向上的运动。当你的动作熟练之后，你会意识到跳跃就是杠铃杆被拉起到顶点时的一次力量爆发。现在，你只需跳起然后猛拉杠铃杆并将其翻到肩膀上。每次动作你都要确认以下几点：1. 你要从杠铃杆接触大腿、肘部伸直的起跳姿势开始；2. 要确实跳起来；3. 你要高高抬起肘部支撑杠铃杆。杠铃杆下落经过胸前时都要确认它的位置：杠铃杆应该与身体足够接近，能接触到你的衣服才行。

在这个过程中手会感到很累，你可以根据需要适当休息。再次检查目光注视的方向——前方 12 ~ 15 英尺（3.7 ~ 4.6 米）远的地板上的某个点，不能直接注视下方或者向上盯着天花板——因为这个重要的细节在训练过程中经常被忽视。疲劳会影响精力集中和姿势的准确度，这样的话就很难保证效率了。慢慢来，投入足够的时间来完成这个关键的过程。

当你连贯地完成跳起和支撑动作时，你其实就是在做力量翻中的“翻举”部分。接下来的任务就是将杠铃杆从地面拉起到与起跳姿势对应的大腿位置。这部分只是把硬拉加入了动作中。我们也可以把这部分动作做得更复杂，不过那样就没有效率可言了。将硬拉与翻举结合的过程始于顶部，然后逐步回到地面。我们可以将整个过程分为三个步骤（图 6–14）。

第一步我们已经练习过很多次了：杠铃杆足够靠近身体，肘部伸直，手臂内旋，使杠铃杆紧贴大腿滑落进入起跳姿势，然后跳起并把杠铃杆放到肩膀上。

第二步是将杠铃杆放低到略低于膝盖的地方。解锁膝关节，向后推髋部，使杠铃杆滑落到髌骨底部稍靠下的位置——髌韧带的中间，胫骨顶部的上方。在杠铃杆滑落的过程中髋部向后拉，肩膀前伸，膝关节保持略微解锁的状态。杠铃杆与大腿要一直保持接触，你需要时刻想着将杠铃杆向后拉以保持它与大腿的接触。重量会处在脚中心的正上方，肩膀会稍向前越过杠铃杆。再次强调，**肘部要伸直**。随着杠铃杆的滑落，弯曲肘部

图 6–14. 力量翻中的三个基本姿势：悬挂姿势、起跳姿势和支撑姿势

会很诱人——也许整个动作过程中你弯曲肘部的倾向就像公鸡在春天打鸣的欲望一样强烈——不过一定要强迫肘部伸直，同时保持挺胸并将下背部锁定在正确的姿势中。

将杠铃杆从膝盖下方的位置慢慢向上拉起回到起跳姿势，然后跳起并将杠铃杆翻转到锁定位置。在杠铃杆上升到大腿上认定的起跳位置时立即跳起。杠铃杆的缓慢上升要在到达这个位置时毫无停顿地转换为跳跃，这个过程就好像是杠铃杆**触发了扳机**，使跳跃动作在开火的瞬间毫不迟疑地、以爆发的方式呈现出来。在整个动作过程中，杠铃杆要一直保持在大腿上，无论上下移动都要与大腿表面保持接触，直至跳起。杠铃杆沿大腿滑动时，肘部必须保持伸直，直到跳起之后。

第二个步骤是最难的，因为这步处在硬拉和翻举两个阶段的过渡部分。这一步也是力量翻中最容易出问题的地方，因为翻举其实就是跳起然后翻杠的动作，而硬拉只是将杠铃杆垂直拉起到手臂自然悬挂的位置而已。因此，这个过渡阶段就是力量翻中最容易产生错误的地方：在跳起之前弯曲肘部，或者在跳起和翻杠之前减速甚至停止拉起，又或者两者兼而有之。通过保持手臂内旋的方式来伸直手臂，并大声提醒自己“伸直手臂”，同时要在“触发扳机”起跳前一直保持杠铃杆上拉的速度。一定要等到杠铃杆接触起跳位置时再跳起。

在尝试了几次动作——从膝盖下方开始——之后，我们就可以开始介绍动作的第三步了。从悬挂姿势开始，慢慢放低杠铃杆到胫骨中部。杠铃杆靠着小腿的这个高度正好与装载标准杠铃片放在地上的杠铃杆的高度一致。放低杠铃杆的方法与之前一样——髋部向后拉、肩膀向前伸，让杠铃杆顺着大腿滑落，不过现在杠铃杆要沿着胫骨一路滑下。当杠铃杆滑过膝盖时，稍稍弯曲膝关节放低身体，进入硬拉的起始姿势。确保杠铃杆下降得足够低，低到如果杠铃杆装有标准片的话，标准片会触地的位置。注意，此时经常出现的问题是杠铃杆放得不够低。到达最低点之后，慢慢将杠铃杆沿胫骨拉起，越过膝盖，到达起跳位置，然后跳起并将杠铃杆翻到肩上。把杠铃杆从底部沿双腿向上拉起的速度不要快过慢速硬拉的速度，稍后我们会投入时间练习如何控制速度。现在，我们要集中注意力伸直肘部、等待杠铃杆到达起跳位置，一旦杠铃杆触及起跳位置要立即跳起，**千万不要**提前起跳。

拉起阶段往往也是举重者急躁情绪出现的阶段。大多数人都急于翻杠，这样就会出问题：向上拉起的速度太快导致动作失控，或者起跳过早——在杠铃杆到达大腿上正确的位置之前就起跳了。在学习的过程中，如果这个阶段拉起杠铃杆的速度太快，就会出现杠铃杆路径的问题，这样举重者就很难保持杠铃杆与腿部的接触，同时将杠铃杆保持在脚中心点正上方的平衡位置。现在，慢慢拉起杠铃杆，这样才能在之后正确地快速移动它。如果起跳过早，杠铃杆就会前移而不是垂直向上移动（图 6–15）。这会导致举重者向前跳以接住杠铃杆，双脚也会前移而不是保持在与原来一样的水平位置上。这种向前跳的方式是效率低下的，因此不要过早起跳。耐心地等待杠铃杆到达正确的位置，然后爆发式起跳并完成翻举动作。此时，不正确的双眼注视方向也会导致一些问题出现，所以一定要反复检查（图 6–16）。先用空杆从这个位置开始练习几次。

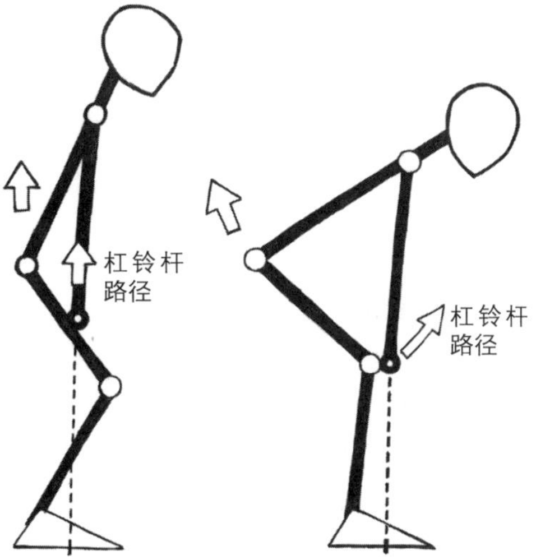

图 6–15. 如果正确进入了起跳姿势，杠铃杆就会沿高效的垂直路径上升。如果你失去了耐心，没有把杠铃杆拉起到起跳位置就跳起的话，也就是杠铃杆相对于大腿的位置太低时就跳起的话，杠铃杆就会向前移动。这是因为此时的背角还没有足够接近垂直使起跳的力量能够垂直向上传递

为杠铃杆加载重量

当你能够从起跳姿势、膝盖下方的位置，以及胫骨中部起始并正确完成相应动作的时候，就可以进入下一阶段的学习了。要在杠

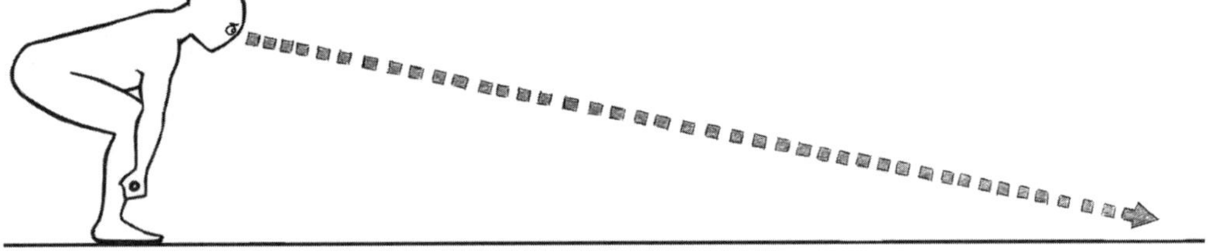

图 6–16. 你应该准确地控制眼睛注视的方向，这有助于在拉起的过程中保持身体平衡、确保颈椎处于安全的姿势中

铃杆上加装足够轻、允许你将杠铃翻举到顶部位置的标准杠铃片。重量不要太重，这样就不会因为杠铃的重量而出现任何问题，但也要使杠铃杆有明显的负重感。对大多数在正规健身房训练的人来说，10kg 的缓冲杠铃片就不错，而小孩和女性要选择较轻的塑料杠铃片。你现在需要做的是重复从上到下的动作顺序。将杠铃硬拉到悬挂姿势、放低杠铃到起跳姿势，然后起跳并把杠铃翻到肩膀上。这时你就可以体会到这项训练的目的：杠铃变重了,你要怎么做呢？**更用力地跳起**。这就是我们练习翻举的目的。

从起跳姿势翻杠之后，将杠铃杆放低到膝盖下方,然后再从这里翻举杠铃。再次强调，杠铃杆在上升和滑动的过程中都不要离开与皮肤的接触，只有到达起跳位置时才能离开大腿，而且一旦离开举重者就要立即跳起，不能有 1 厘米或 0.1 秒的提前，也不能有一丝犹豫。之后放下杠铃杆，而且要在杠铃片接触地面的同时沿胫骨拉起杠铃杆回到起跳位置，同时不能使身体失去紧绷状态。这就是你第一次正式的完整版力量翻。在这一系列从上到下的练习中，每个阶段的动作都不需要做很多次，这样你才能保证每次练习的质量。如果我是教练，每个阶段的动作我只会让你做一次。完成这一系列练习之后放下杠铃杆，回到硬拉的正确姿势，保持翻举的握姿，并将杠铃从地面拉起完成翻举。像这样做几次从地面开始的练习。如果你穿着后跟较高的举重鞋的话，记得在开始硬拉之前把重量移离脚尖。

到了这个阶段，除非时机把控有问题或者你出于其他原因需要重复之前的某个步骤，所有的力量翻都应该从地面开始。由上到下的学习过程是为了强调动作起跳的部分，因此只要理解并掌握了起跳的动作，就应该继续完整的动作了。理解并掌握指的是：

1. 在从地面拉起杠铃的过程中，杠铃杆不能脱离与腿的接触。

2. 直到跳起为止，肘部要一直保持伸直。

3. 直到杠铃杆上升到起跳位置才能起跳。

4. 杠铃杆翻到肩膀上时肘部要指向前方，而且杠铃杆的重量不能落在手上。

5. 快速移动是从起跳开始的，而不是从地面开始。

随着我们的动作越来越熟练，从地面拉起杠铃杆的速度也会提高。不过现在你要想着，慢速、准确地上拉，以及快速地跳起。再说一次，要确保目光略微向下注视前方。目光注视方向的错误会使完成正确的翻举变得非常困难，而不规范的翻举动作有时会因为正确的目光注视方向而得以改善。

使用锁握

在几次训练之后，如果你的动作已经足够标准，就可以开始考虑一些相关的问题了——比如，使用锁握（图 6–17）。锁握是

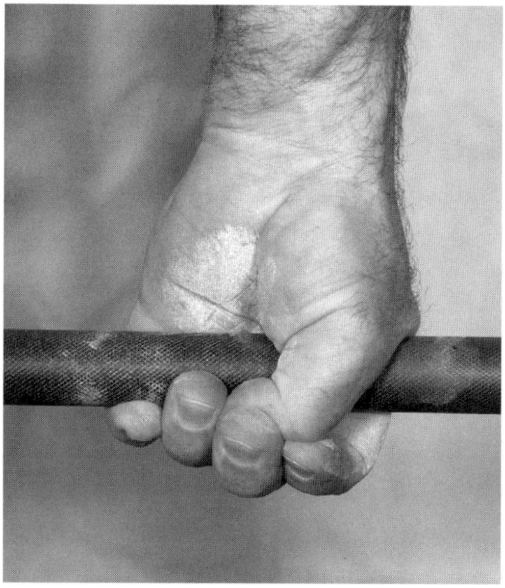

图 6–17. 锁握。请注意中指勾住了大拇指的指甲。杠铃杆的重量对手指的挤压增加了中指与大拇指之间的摩擦力，由此提供了比握力本身所能提供的更多的安全。相比标准握法，锁握允许杠铃杆在手中的位置更低一点儿，因此等效于增加了手臂的长度

使用大重量训练的关键。锁握不应该成为备选项，而应该是我们在使用太大的重量之前就需要学习的。锁握的方式要求在手掌环绕杠铃杆时，把中指放在大拇指的指甲上，并使杠铃杆落入双手手指形成的“钩子”的底部。这种握法使杠铃被拉起时能够静止地挂在弯曲的手指里，而不是紧握的拳头中。大拇指指甲与中指之间的摩擦力保证了这种握法的安全性，同时能够使在其他握法中需要用力抓紧杠铃杆的前臂肌肉得到放松。放松前臂肌肉有利于将杠铃杆翻举到肩膀上时加快肘部的旋转。由于腕部柔韧性的问题，绝大多数人都会在进入支撑姿势时放开锁握，因此每次重复之前你都需要重新调整一下握姿。

在适应了锁握的握法、弄明白了动作的力学原理是可靠的之后，从地面拉起杠铃的动作就可以“进化”为一个更有效的动作。开始时，这个模型要求**慢速拉起杠铃到起跳位置，然后快速跳起**。随着举重者的上拉动作越来越熟练，同时将正确的动作模式熟稔于心，接下来就可以尝试新的模式了——**杠铃杆的位置越高、移动速度越快**。这种模式为大重量的翻起提供了所需的加速度。将杠铃从脚中心点的上方拉离地面，然后随着杠铃杆的上升拉起的速度要越来越快。我们的目标是在保持杠铃杆接触大腿的同时，尽可能快地将其拉起。由于杠铃杆的速度在起跳之后会马上开始降低，所以在起跳前给予杠铃杆的动量就是起跳之后它所拥有的全部动量了。

提供一次大重量翻举所需的爆发力需要集中精神，在热身组的时候就需要这么做。使用小重量时，杠铃杆应该被猛拉进入支撑位置，这时你应该能够看到杠铃杆移经胸前的残影。在上拉的这个阶段，你可以体会到自己能够成为一名多么有爆发力的运动员。正确专注于加速度，可以教给你能够运用到实际运动中的爆发力。杠铃是一个奇妙的精神集中器，因为它并没有其他可以分散训练者注意力的因素——没有要攻击你的对手，没有要接住或者要击打的球，也没有吸引你注意力的赛场。只有杠铃杆和一次次更快地拉起，这样你就能够更加专注地翻举起更大的重量。

一些注意事项

这个教学方法中的一些要点剖析使其成为一种快速学习一项被认为十分复杂的技术的有效方法。很多通常被认为是很必要的、可用于举例和教学的动作细节本来也可以加入这个教学进程中，但是它们都是在更大的动作模式框架中以条件反射的形式出现在动作中的，所以我们不需要多作分析。比如，绝大多数的力量翻教学中都包含**耸肩**动作。注意，耸肩在本章中是第一次出现。耸肩作为一个反射性动作，是手握负重杠铃杆起跳的必然结果。耸肩动作是在负重条件下为了保护肩膀而出现的，手中的负重会在身体上升的过程中下拉肩胛，并触发斜方肌进行向心收缩。在你手握杠铃杆起跳的时候，耸肩动作就会自然而然地出现，只是不需要你刻意关注而已。随后，你可以专注于耸肩动作，以帮助自己把非常大的重量架到肩膀上。不过现在，这个动作既然已经存在于训练中了，那你就根本无须多想。而我们的教学方法可以帮助你专注于伸直肘部、高高跳起和保持杠铃杆接触腿部——这些对力量翻初学者来说更为重要的事情上。

另一个对高效翻举来说很重要的动作叫作“二次屈膝”，或者说是“二次拉起”。图6-18展示了包含这个动作的力量翻动作顺序。注意前五张图中膝盖的位置：在将杠铃起始拉离地面时，膝关节开始伸展，胫骨变得与地面垂直，膝盖向后距离杠铃杆足够远的位置，以使其可以沿垂直路径上升。在杠铃杆越过膝盖开始沿大腿上升之后，膝关节会随着髋

图 6–18. 力量翻

部的伸展微微弯曲、前伸并处在杠铃杆的下方。这个动作让背部更接近垂直姿势，这样做有助于杠铃杆悬挂在手臂末端时的起跳。然后跳起，膝关节和髋部同时爆发性地伸展。因此，在整个动作过程中膝关节其实伸展了两次。第一次发生在杠铃被拉离地面时，第二次发生在杠铃杆被拉至顶端起跳时。这样股四头肌就会通过两次发力推动杠铃向上运动。奥林匹克举重教练把这个方法称为“二次拉起”，虽然将其称为“二次下推”（相对地面而言）其实更准确。这个动作是你进入起跳姿势，并保持杠铃杆与大腿接触的过程中自然而然发生的。当你在起跳姿势中提醒自己保持杠铃杆与大腿的接触时，你必然会通过再次弯曲膝关节做到这一点。所以，你不要想着那些被认为过于复杂甚至不能用来教学的一系列细节，只要保持杠铃杆与大腿的接触就能够完成二次屈膝的动作。教学方法中不需要意识指导的步骤越多，你能够专注于动作基础——起跳和翻杠——的时间也会越多。

纠正问题

简单来说，力量翻其实就是一种加速后跳起，并将杠铃杆翻举到肩膀上的硬拉。因此，那些完成高质量硬拉所需的要素，同样是完成力量翻中将杠铃拉离地面所需要的。起跳发生在杠铃杆到达大腿中部的时候，为了使杠铃杆以最优效率向上飞到肩部的锁定位置，杠铃杆的运动路径必须尽可能地与地面垂直并处于脚中心平衡点的正上方。而且肘部在起跳之前都不能弯曲。由于这个练习的目的就是产生爆发力，所以这个动作必须以爆发的方式完成。

站姿和握姿

我们要选择能够使双脚最有力蹬地的站姿，握姿则要能够最大限度地提高翻杠支撑的效率（图 6–19）。力量翻的站姿应该与硬拉的站姿相同。双脚应该与垂直跳的姿势一样，全脚掌着地。我们的双脚会快速地蹬地发力，因此双脚间距 8 ~ 12 英寸（20.3 ~ 38.1 厘米）的站姿是最好的选择。与硬拉时的原因相同，脚尖要略微外展，这样能够使股骨和躯干相互避开，并能让更多的内收肌和外旋肌参与其中。身高非常高的人有更宽的髋部和肩膀，他们需要采用更宽的站距，但这样的人不多，他们采用的站距也不应该比普通人宽出太多。如果较宽的髋部让你觉得有必要站得很宽，那你可以先试试增加双脚的外展角度，看是否能够适应你的需要。过宽的站距会影响起跳，试试不同站距的垂直跳就很容易明白这一点。

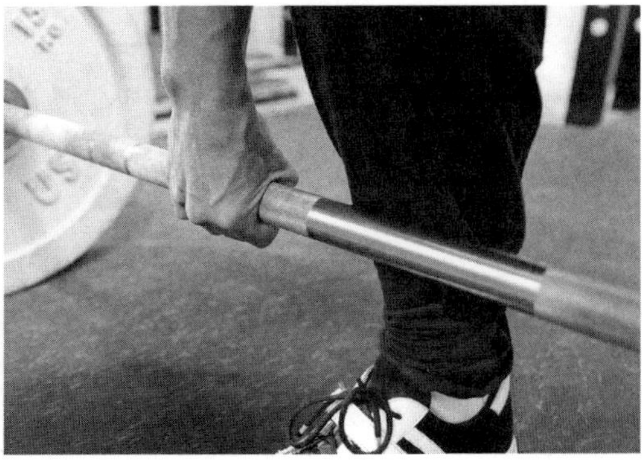

图 6–19. 用于力量翻的站姿和握姿

与硬拉时一样，杠铃杆会处于脚中心点正上方的位置。所有主要的站姿杠铃训练，都要依靠这样的站姿保持身体平衡，从而将力量传递到地面。如果你的站姿让杠铃杆前移到了前脚掌的正上方，那么在杠铃离地之后这种位置关系必须得到纠正，因为杠铃杆倾向于沿着脚中心点正上方的垂直线上升。如果杠铃杆没有从这样的位置被拉起，你就需要消耗额外的能量将杠铃杆拉回正确的位置，或者使杠铃杆在整个上升过程中一直处于身体平衡位置的前方。如果杠铃杆一直在身体平衡位置的前方上升，你就需要在动作的顶部把杠铃杆向后拉，才能将其成功翻举到肩上并支撑住。许多举重者长期形成的杠铃杆运动路径在底部弯曲向后的毛病，就是因为采用了杠铃杆距离身体过远的站姿，或者是由于髋部下沉导致膝盖和胫骨前推，进而使杠铃杆前移造成的。如果垂直线是杠铃杆最有效的运动路径的话，就应该使用能够让垂直路径贴近身体的站姿，从而使拉起杠铃杆的效率达到最高。保持杠铃杆贴近身体，并且不要让髋部下沉。

如前所述，一旦你熟悉了力量翻的姿势，就可以使用锁握的方式练习力量翻了。使用锁握要从热身阶段开始，并随着重量的增加一直进入到正式组的训练，这样可以让大拇指逐渐适应压力。有人用锁握法完成了超过 800 磅（362.9 千克）的超大重量的硬拉，因此力量翻的重量对锁握来说并不是问题。如果不舒适的感觉分散了你的注意力，或者经年累月的训练把拇指的皮肤撕裂的话，你可以使用运动胶布。

前臂较长的人或许需要更宽的握距，因为较长的前臂与较短的肱骨的比例，会让举重者在使用较窄握距时无法将肘部抬高到正确的位置（图 6–20）。杠铃杆必须落在肩膀

图 6–20. 如果不使用较宽的握距，较长的前臂会使翻举的支撑姿势变得很困难。前臂过长的人可能因此无法练习力量翻

上的支撑位置，这样我们才能使用大重量。前臂太长会使肘部无法抬得足够高，从而不能使杠铃杆落在三角肌上，这样杠铃杆就会落在手中。唯一能够有效改善这个问题的方法就是增加握距，创造一个“较短”的前臂，这与抓举握姿或者相扑站姿减短举重者相应身体部分的原理是一样的。有些人的前臂与肱骨的比例过于特异，所以他们可能根本没办法翻起杠铃杆并将其放到支撑位置。遇到这种情况的话，即使他们练习一辈子拉伸，也不会增加练习力量翻的可能性，这些人可能需要将力量抓作为替代的爆发力训练动作。

拉离地面

我们在本书的硬拉部分已经详细讨论了将杠铃拉离地面的力学原理。其中的所有内容同样适用于力量翻，因为人体的骨骼肌肉系统与杠铃在拉离地面时的关系**不会因为随后的拉起高度而发生改变**。很多关于翻举和抓举的奥林匹克举重文献都建议从脚中心的前方拉起杠铃杆，并且说由此导致的杠铃杆路径后移或者说水平方向的位移不仅高效而且是可取的。这是**现象论**的典型例子，“一种把观察所得的结果纯粹地通过数字表达出来，而丝毫不会细致关注基本原理重要性的理论。”参考 1978 年由牛津大学（Oxford）帕加马出版社（Pergamon Press）出版的《物理简明词典》（*Concise Dictionary of Physics*）第 248 页。我们不会对这种明显低效的将杠铃拉离地面的方法感兴趣，这种方法之所以被推荐只是因为一些格外强壮的顶尖举重运动员使用过这个方法，这种论点是基于描述而不是分析得来的。严格来说，力学效率的限制对实力较强的举重者的影响比对天赋不足的运动员的影响更小，因为后者的能力允许他们犯错的余地更小。

如果没有必要让杠铃杆沿一条弯曲的路径运动的话，情况更是如此。人体很容易使自身顺应重力和力学的实际情况，将杠铃杆沿一条垂直向上的路径拉起。双脚虽然被系统的重量固定在了地面上，但是膝盖、髋部和肩膀可以水平移动，以便杠铃杆被垂直拉起。负重越重，拉起杠铃的效率就必须越高，杠铃杆的运动路径就越可能趋于垂直。事实上我们会发现，上半部分的上拉效率会随着底部效率的提升而提升，因此在开始将杠铃从地面拉起的时候我们就要尽可能的保证高效率。绝大多数上半部分的上拉问题都可以追溯到不正确的起始姿势和由此导致的低效的拉起动作。

杠铃杆在空间上从起始位置到支撑位置的路径，是判断举重效率的主要因素，因为这个路径反映了运动员与杠铃杆之间的相互作用。站在与举重者成直角的位置，通过观察杠铃杆的末端察看其运动路径。想象着在举重过程中杠铃杆的末端在空中划过一条线，这条线就是杠铃杆的运动路径，训练在自己的脑海中画出这条线的能力是非常重要的。观察其他举重者的动作，并把其运动过程中形成的杠铃杆运动路径的图像，转化到自己拉动杠铃杆运动——从地面到支撑位置的过程中。

有许多运动分析工具可以用来记录并分析杠铃杆的运动路径，但是没有哪个可以像一个有经验的教练那样能实时观察并提供立即可用的信息。力量翻是一种复杂的动作，也是出现在本书中的所有举重项目中，最能从一个有经验的教练那里获益的项目。

图 6–21 展示了一条理想的杠铃杆运动路径。只要杠铃杆处在脚中心正上方的正确位置，并且背角正确，那么杠铃杆就会随着膝关节的伸展被垂直向上拉离地面，并且至少在开始上升的几英寸内背角会保持不变。杠铃杆会沿着垂直路径上升，直至到达起跳位置，而之后随着举重者的肘部转动到杠铃杆下方，这个路径会稍微偏离垂直路线。在

动作的顶点，路径会因为杠铃杆被举重者拉回，然后下落到肩膀上被支撑的状态而略呈钩状。每个人各个身体部位的长度和围度可能各不相同，不过在每次正确的力量翻动作中，杠铃杆的大致路径基本都是不变的。

接下来，我们回顾一下上拉过程中所包含的角度，看看它们的变化会对杠铃杆的运动路径产生什么样的影响。在力量翻中，从地面拉起杠铃时的膝角、髋角和背角与硬拉动作中的相同（图 6–22）。正确的起始姿势有助于举重者高效地拉起杠铃杆。比如，如果膝角过于封闭，也就是当膝盖过于前伸的时候，背角就会过于接近垂直，这样肩膀就会移动到杠铃杆的后面，而且髋部的高度也会过低。这样一来杠铃杆接下来的运动就会出现两种情况，但任何情况中杠铃杆都不是

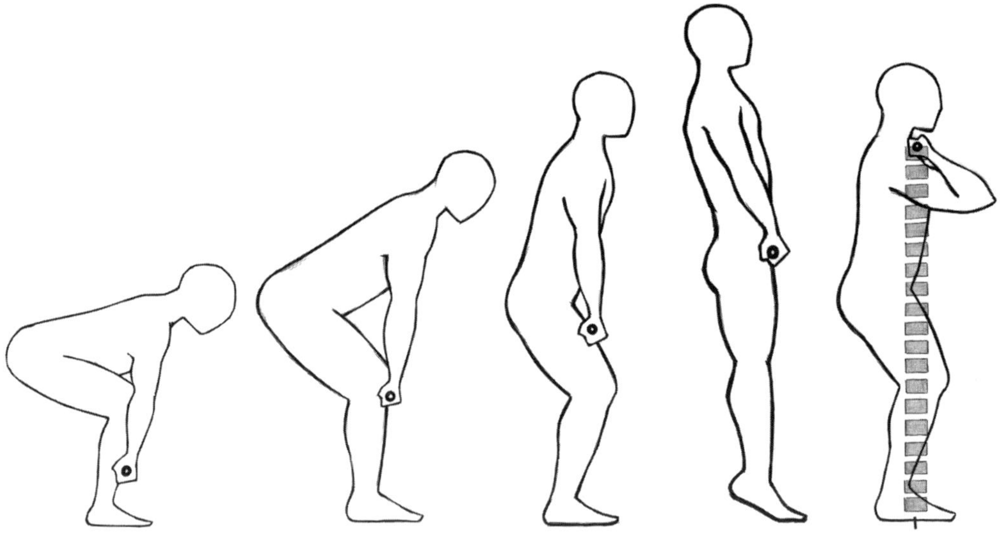

图 6–21. 力量翻的杠铃杆运动路径。只要杠铃杆的起始位置是在脚中心的正上方，杠铃杆就会沿一条垂直的路径运动，直至到达大腿中部对应的起跳位置。如果杠铃杆的起始位置在脚中心的前方，那么理想的路径就会发生改变

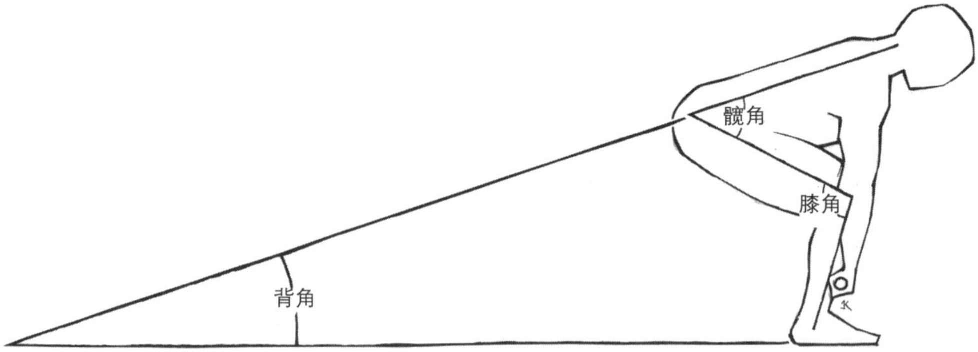

图 6–22. 力量翻中用于分析的角度与硬拉或者任何把杠铃从地面拉起过程中的角度都是一样的：髋角、膝角和背角

垂直上升的（图 6–23）。

第一种情况，杠铃杆可以向前绕过膝盖。这种情况只能在负重较轻时发生。将杠铃杆拉起向前绕过膝盖会让杠铃杆在到达起跳位置的过程中更加前伸，这样就会脱离平衡位置。举重者要么将杠铃杆向后拉回，要么身体靠向杠铃杆或者随着杠铃杆向前跳进入支撑姿势。第二种情况，杠铃杆会在离开地面之后向着脚中心点后移，这种情况通常发生在翻举大重量的时候。开始拉起杠铃时，杠铃的重量会落在平衡点之前的脚趾上，举重者为了找回平衡就会把杠铃杆拉回到脚中心点正上方的平衡位置。在膝盖以下的拉起部分，随着杠铃杆通过弯曲的路径向后回到平衡位置，膝角会打开，背角也会变得更接近水平。纠正这种姿势错误常会带来新的问题：上拉时背角会调节过头越过平衡点，变得过于接近水平。这样的角度会使肩膀过于前伸，并导致杠铃杆随之前移，再次回到脚中心平衡点的前方。有经验的举重者能够在背角过于接近水平之前将其稳定住，不过如果能够将杠铃杆从脚中心正上方的平衡位置沿高效的垂直路径拉起的话，他们根本不需要有意识地控制背角。正确的起始姿势有助于形成平衡且垂直的杠铃杆运动路径。

你可以通过上抬髋部并将杠铃杆拉回到靠近胫骨的位置来纠正这两种错误（将杠铃杆前推或后拉），让杠铃杆在拉起前就处于正确的路径中。你可能需要提醒自己把重心移到脚后跟上，特别是在你穿了后跟较高的举重鞋时。鞋子是一件重要的个人装备，但如果鞋子导致你在拉起杠铃之前身体过于前伸，那就得不偿失了。记得在拉起动作之前，把杠铃向后移离脚尖，并使它处在脚中心的正上方。

所以，一种极端情况是：当膝角过于封闭、背角过于接近垂直时，肩膀会处于杠铃杆后面，而且髋部位置也会过低。另一种极端情况是：膝角过于开放、髋角过于封闭，以至于背部几乎与地面平行，髋部过高（图

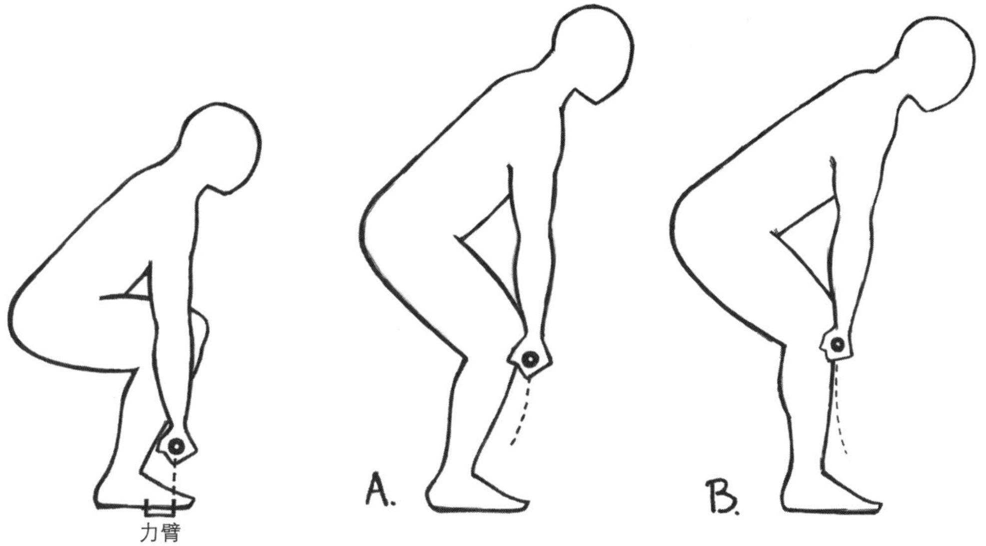

图 6–23. 由膝盖前伸、髋部下沉的起始姿势导致的错误的杠铃杆运动路径。（A）杠铃杆前移绕过膝盖，这种情况只能在负重较轻时发生。（B）杠铃杆向后被拉回到脚中心点上方，之前杠铃杆由于膝盖的前伸过于靠前了。没有哪个路径是完全垂直的

6–24）。后者（因为大多数人倾向于从髋部过低的位置起始上拉，所以这样的情况并不常见）反映了与前者不同的问题。此时，由于股四头肌伸展膝关节的任务在杠铃离开地面之前已经完成了，所以股四头肌在本质上没有起到任何作用。如果膝关节在杠铃杆移动之前就伸展开了，那么股四头肌在拉起杠铃的起始部分就不会发挥任何作用。再说一次，起始姿势的问题会导致举重者在拉起路径的更高位置出现问题。后背几乎平行于地面，这样的姿势会使肩膀前伸越过杠铃杆。当杠铃被拉起的时候，它会向前摆动到肩胛骨正下方，处于脚中心前面的位置。若此时举重者能控制住自己的姿势，那么当杠铃杆到达起跳位置时，膝关节对有效起跳来说还是过直，而且后背也依然太过接近水平，而起跳要求膝关节伸展与髋部伸展达到平衡才能形成一条垂直的运动路径。如果举重者的后背过于接近水平，随着髋角的打开，杠铃杆就会像“转圈”一样向前摆动着远离身体，也就是向外而不是向上运动，这是一个典型的错误。当然，这只是翻举或抓举过程中导致杠铃杆出现转圈路径的一种情况。要将一个转圈的杠铃翻到肩上并将其支撑住，需要身体向前跳，很明显这样会降低拉起杠铃的效率。你可以通过调整起始姿势很容易地解决这个问题：放低髋部，抬高胸膛，并使杠铃杆贴着胫骨被拉起（图 6–25）。

这里的关键是——杠铃杆离地时的垂直路径可以减小更高位置的杠铃杆运动路径的变化量。每次产生离地垂直路径的起始姿势，都会使动作上半部分的上拉更容易复制，因为杠铃杆每次都会从脚中心正上方的平衡位置进入二次上拉动作。正确的起始姿势能够减少动作中可能出现的错误，并能够使举重者更专注于爆发力的产生，而不是在杠铃杆的路径或技术问题上耗费精力，同时也能够使上拉过程有更高的力学效率。

以上这些例子只代表起始姿势的极端错误情况，它们之间是一个由身体结构、技术和天赋不同的训练者会出现的问题组成的渐变区间。绝大多数起始姿势的问题都不会这么极端。训练者想要通过自身的训练感受发现这些起始姿势中的细微变化是很困难的。

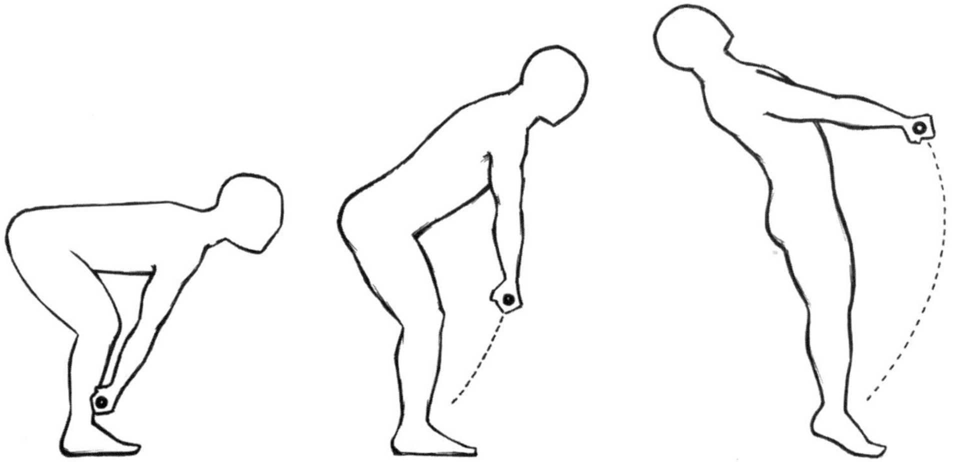

图 6–24. 髋部过高的起始姿势。尽管杠铃杆处于脚中心正上方的正确位置，但肩膀过于前伸越过杠铃杆了。这样的姿势会导致杠铃杆向前摆动脱离正常的拉起姿势，此时肱骨与背阔肌成 90°，杠铃杆前移脱离了平衡位置

即使是顶尖的举重运动员也会经历“动作退化”，也就是经过多次训练后，正确的起始姿势发生了蜕变。通过摄像机（如果有的话），你可以从几个相关的角度观察动作，或者请一位经验丰富的教练，这对你保持相关的技术动作的准确性十分有帮助。

以下这些评论对我们理解把杠铃拉离地面的过程来说是非常重要的。我们在讨论教学方法时提到，杠铃杆被从底部拉起到起跳位置时的加速是位置越高速度越快的。这就是说杠铃在离地时的速度很慢，然后随着位置的上升不断加速。上拉动作的下半段，也就是硬拉部分的目的就是将杠铃杆拉起到达起跳位置,从而使它能够顺利地被加速。因此，这一部分做得**准确**比做得**快速**更重要，特别是在起始阶段。记住：上拉杠铃杆的要求是在底部要准确，在顶部要快速。在底部缓慢并准确地拉起杠铃，然后在顶部快速翻杠并将其拉近身体。之前提到的那些将杠铃杆拉离地面时的错误，通常都发生在你匆忙拉起杠铃杆的过程中——要么是你急于完成起始阶段，要么是你不耐烦地快速拉起杠铃杆造成的。如果你快速将杠铃杆拉离地面，你的身体就会处在不利的位置上。一旦身体失位，你就不能准确地将杠铃杆拉到起跳位置，所以要将杠铃杆**慢慢**拉起。杠铃杆离开地面时的速度要比它上升经过胫骨和膝盖时的速度更慢。

就像之前描述的那样，任何急于把杠铃杆拉离地面造成的姿势问题都会在杠铃杆上升过程中被**放大**。由于动作太快，举重者根本就没有时间修正错误。但是如果杠铃杆离地时的速度比较慢，你的本体感受能力——即你感受自身在空间中所在位置的能力，就来得及在杠铃杆快速移动、不能完全将其修正之前做出一些小的修正，从而使杠铃回到正确的位置。在杠铃慢速离开地面时，控制杠铃杆的位置是动作成功与否的关键，这样

图 6–25. 对肩膀过于靠前的起始姿势（A）的简单修正，就是通过将重心从前脚掌和脚尖后移使重心移动到脚中心的正上方（B）

的话你每次都能够正确地进入起跳姿势。

对那些没有使用这种方法学习力量翻的人来说，将杠铃快速拉离地面是他们经常会出现的问题。很多人在起始姿势时会略微弯曲肘部，然后快速拉直手臂，从而使杠铃快速离开地面。快速拉起杠铃通常会伴随着被动的膝关节伸展，以及背角更接近水平的变化（图 6–26）。这个问题第一次出现时就应该被发现并解决。密切注意你开始拉起杠铃时听到的声音：如果杠铃片与杠铃杆发出“嘎嘎”的声音，那就说明你拉得太急了。有几个办法可以解决这个问题，你可以不断提醒自己将杠铃杆“慢慢”拉起，或者提醒自己“伸长手臂”，或者只是想着“缓慢离地”。

图 6–26. 准备将杠铃缓慢拉离地面（A）与准备将杠铃快速拉离地面（B）的比较。弯曲的肘部和不正确的背角破坏了拉起杠铃的力学。在手臂被拉直后，快速拉起杠铃的动作使情况更为恶化（C）

确保视线足够向前而不是直接向下，因为目光向下通常会与髋部抬高紧密相关。正确的目光注视方向是注视自己前方 12 ~ 15 英尺（3.7 ~ 4.6 米）的地面，这样可以使你更加容易地从地面正确拉起杠铃。举重者对背角的认知会受到他从固定参考点（举重者身前的地面上被注视的点）获得的位置反馈的影响。目光注视的这个点能够为你提供实时“遥感”信息，从而帮助你更容易地保持身体平衡。很多不正确的起始动作都能够通过这个方法被快速而容易地纠正。

中间部分

拉起部分包含了从基本的把杠铃拉离地面的动作（本质上是硬拉），到力量翻中真正的翻举动作之间的过渡部分，这也是最有可能出现问题的部分。始于地面的问题在这里会被进一步放大，并且很有可能出现新的问题。让我们想一想力量传递的一些基本准则，同时还要考虑怎样才能把这些准则应用到力量翻当中。

这个问题我们已经强调过很多次了，你听到后可能都感觉恶心了——在跳起之前肘部必须保持**伸直**（图 6–27）。之前给出的手臂内旋的建议就是为了达到这个目的。你已经学过硬拉了，而力量翻的下半段动作其实就是硬拉，所以你应该知道不能过早弯曲肘部。另一点需要强调的是，手臂的作用是把由髋部和腿部产生的拉力传递到杠铃杆上。力量沿非弹性介质传递的效率是**最高**的，例如铁链，而在弹簧这样能够拉伸的介质中其传递效率会降低。铁链能够将所有力量从一端传送到另一端，而弹簧却会在形变时吸收掉部分力量。当你用弯曲的手臂将杠铃杆拉离地面时，弯曲的肘部本质上就是一个**可变形**的部件，它是可以伸展的，这样就会将一部分传递到杠铃杆的拉力吸收掉。轻微的肘部弯曲会导致传递到杠铃杆的力量减少，同时也会使杠铃杆的运动路径难以预测。高质量的翻举是可以**高度重复**的——每次动作都一模一样，每次重复都是拉起效率的典范。如果杠铃杆的路径每次都在变化，肘部出现弯曲往往就是问题的所在。而且一旦肘部弯曲了，那么你在这次拉起杠铃的过程中就不可能将其伸直了，因为这个过程要求前臂、肱二头肌和肱肌放松，所以即使你有足够的时间考虑并将其付诸行动，这些肌肉在负重情况下也很难做到。

你可能因为想通过手臂弯举或者垂直上提杠铃杆而弯曲肘部。事实上，只要手臂肌肉足够放松，没有对转动产生阻碍，肘部就能够非常快速地转动——快到难以察觉。在你试图用前臂肌肉、肱二头肌和肱三头肌移动杠铃并将它们绷紧的瞬间，肘部转动的速度就变慢了。当杠铃杆被翻举到肩膀上并支撑住之后，这种紧绷状态会导致肘部停留在这些肌肉能够到达的收缩幅度的极限位置，这会使肘部指向下方，也会使杠铃杆靠在胸骨上（这也是我们提倡使用锁握法的另一个原因。锁握的方式不需要用手指紧握杠铃杆进而导致前臂肌肉的收缩。）。

同样的力量传递分析也适用于下背部。背部是连接髋部－腿部力量发动机的力量传送器，双脚蹬地产生的力量会向上传递到背部，再经肩胛骨沿手臂传递到杠铃杆上。如果下背部没有牢牢锁定，处于**绝对伸展**的状态，它就不能达到完成动作需要的刚性状态（图6–28）。拱起的背部与弯曲的肘部一样，也是一个可变形的部分，也同样会由于无法预测的力量传递导致无法预测的杠铃杆运动

图 6–27. 弯曲肘部是绝对错误的。它是举重运动员能够养成的最持久、最难以改正、危害最大的坏习惯之一。你需要优先学习并保持肘部完全伸直

路径。如果你的动作看起来很标准但仍然有姿势问题，这可能是在暗示你的下背部没有绷得足够紧。伸直的肘部和刚性的背部是技术完美的翻举练习在力学上的基本要求。

随着杠铃杆逐步接近起跳位置，我们就进行到了整个动作中最重要的部分。如果你正确地拉起了杠铃，那么杠铃杆就会贴着胫骨的皮肤或汗水向上滑动并逐渐加速。当杠铃杆到达大腿中部时，起跳动作要在杠铃杆到达起跳位置的瞬间被触发，然后你就会拉着杠铃杆试图跳离地面。在这个爆发性过程中，举重者与地面的相互作用产生了作用于杠铃杆的冲力。膝关节、髋部还有踝关节同时伸展，其中膝关节和髋部是主要的发力部位。不过很重要的一点是，杠铃杆在起跳**之前**已经开始加速了，这个加速过程会使起跳瞬间的速度达到最大。

我们可以通过两种方法考虑后背力臂产生的力矩。（沿后背产生的力臂是负重与髋部之间的**水平距离**，而不是后背本身的长度。）悲观主义者认为，为了减轻髋部和下背部的负荷，可以用更接近垂直的背角产生的更短力臂，来对待在髋部产生力矩的、悬挂在手臂末端的负重。但是**有实力的举重者会把后背的力臂视为更有效地加速杠铃的工具——通过尽可能久地把肩膀保持在杠铃杆前方来实现**。投手通过前臂长度提供的力臂来投球也是相同的原理（没有人会认为更短的前臂对投手更有利）。举重者将沿后背的力臂作为工具在上拉过程的中段加速杠铃，而背部力量使这个过程成为可能，这也是硬拉对大重量翻举非常有用的原因。

图 6–28. 拉起杠铃的过程中一定要保持绝对的胸椎和腰椎伸展状态。挺胸姿势中的任何放松和下背部的拱起，都会降低后背将髋部和腿部产生的力量传递到肩胛，继而传递到杠铃杆上的效率

我们可以通过用扳手拧螺丝的动作来展示力臂的概念（图 6–29）。肩膀上的杠铃杆就是用来旋转螺栓的力，后背相当于扳手的手柄，而髋部就是螺栓。不过在这个具体的例子中，力是从髋部施加到杠铃杆上的，力臂的作用是借助打开髋角的肌肉产生的力加快杠铃杆的移动。我们深蹲的时候，髋部和后背肌肉被用来抵制负重在下降过程中产生的旋转趋势。但是在翻举的时候，我们会使用髋部和背部的肌肉来产生加速杠铃杆上升所需要的旋转。

人体的髋部相当于第一类杠杆（图 6–30）。后背和骨盆形成了一个刚性的结构；髋关节是支点，后链中的腘绳肌、臀肌和内收肌提供了髋部后侧向下拉的力，手中的负重产生了髋部前侧向下拉的力（图 6–31）。由于我们的肌肉沿长度方向的收缩比例很小，所以骨骼杠杆必须使距离倍增，我们才能有效地移动一个物体。这种对肌肉收缩距离的放大需要举重者施加更多的力。如果你足够强壮，并且后链产生的力量足够大的话，位于髋关节后面的短段部分，也就是坐骨，可以翘起杠杆另一端的长段部分，也就是**背部的长度，从而使髋部的转动速度在传递到肩部时倍增了**。**杠杆较短的一端在足够大的力**

量下移动一小段距离，就可以使较长一端的负重经过一段长距离加速。加速始于上拉过程的中段，就在杠铃杆接近膝盖，同时背角的改变导致髋部与杠铃杆之间的力臂变短的时候。这个角度变化会让背部在几分之一秒内扫过接近 60° 的范围，从而使杠铃杆随之加速（图 6–32）。

随着背角变得更接近垂直，角速度——描述背部平面围绕髋部所在轴的角度的变化率——也在增加。此时，悬挂在手臂上的杠铃杆的线速度也会随之增加。悬挂在手臂末端的杠铃杆的线速度会随着背角角速度的增加而增加，就像上臂加速旋转时，从前臂被抛出的球那样。在杠铃被向外甩出远离身体时，形成的转圈的杠铃杆运动路径其实可以更好地利用这种现象。确实，这是有些举重者使用转圈的杠铃运动路径的原因——如果能够沿着变化的角速度进行弧线运动，杠铃杆的速度就会增加。但是杠铃杆必须贴近身体，处于垂直运动路径中，否则就会产生低效的水平运动。我们通过背阔肌来做到这一点，通过改变手臂角度保持垂直的杠铃杆运动路径、保持杠铃杆贴近身体，即使在背部扫过很大的角度范围变得更接近垂直、将要跳起的时候也一样。如果没有利用背阔肌成功地将杠铃杆拉近身体，举重者就不得不通过上半身后仰的方式来抵消杠铃杆的前移——**上拉**是垂直移动，**摆动**是水平运动。

到了这个阶段，我们之前用来帮助学习力量翻的垂直跳的类比就显得有点儿站不住脚了。开始加速负重的其实是在上拉过程中段产生的“甩动”，它借助了背部的力臂，而且这个过程在杠铃杆还处于膝盖下方的时候就已经发生了，而不是在垂直跳那样的顶部位置。在杠铃杆经过膝盖后，膝关节的二次弯曲允许股四头肌再次伸展膝关节，但此时的伸展发生在之前就已经开始的加速过程中（图 6–33）。速度的增加贯穿地面至上拉

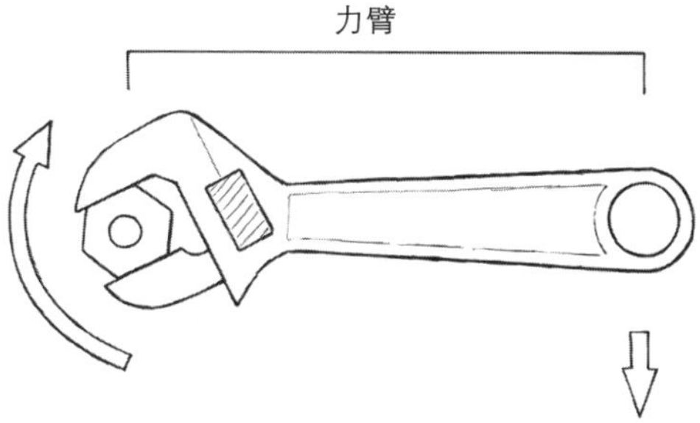

图 6–29. 力臂是力学中的重要概念，图中通过扳手和螺栓展示出来

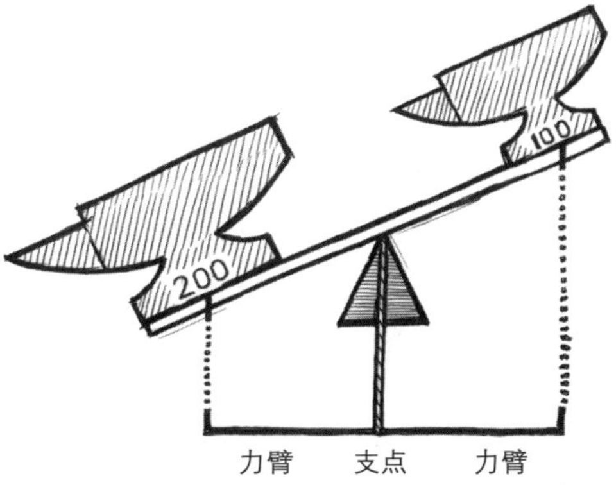

图 6–30. 第一类杠杆

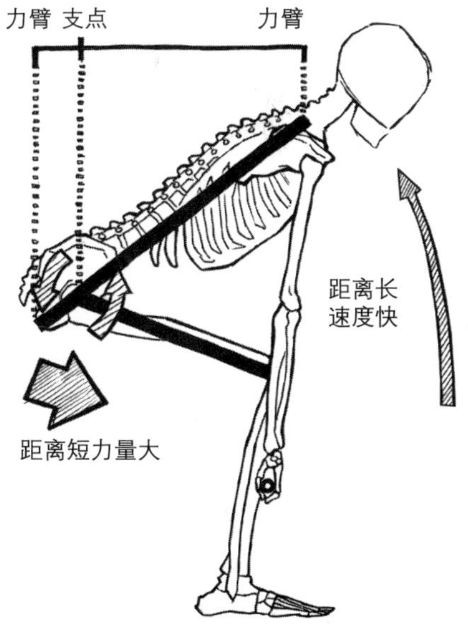

图 6–31. 人体的髋部就是一个第一类杠杆

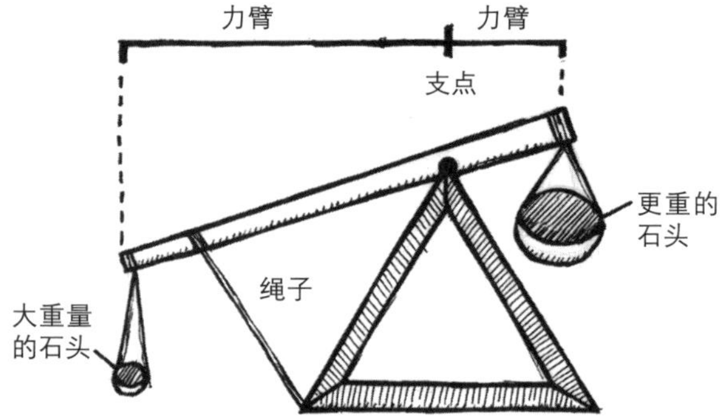

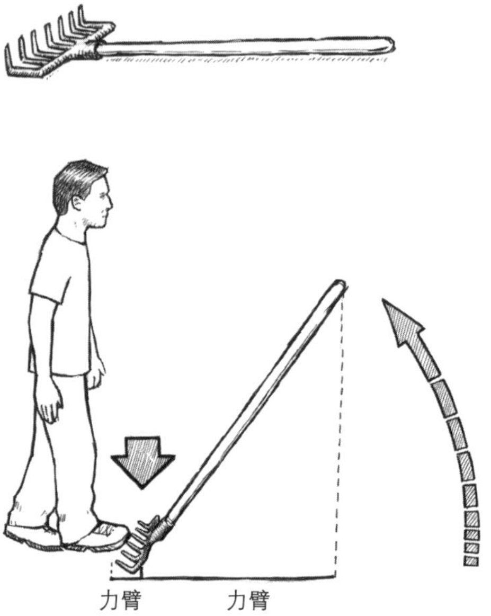

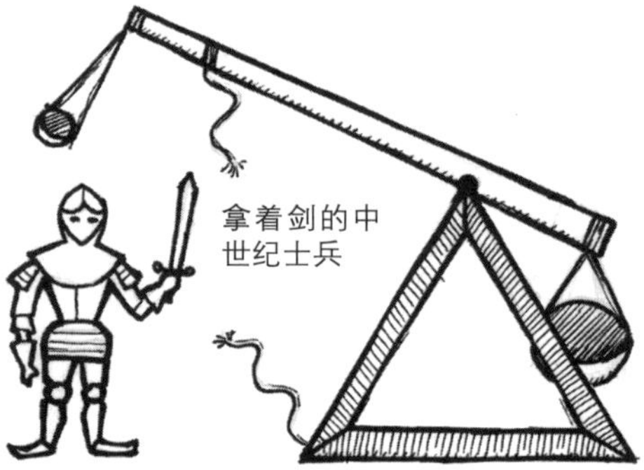

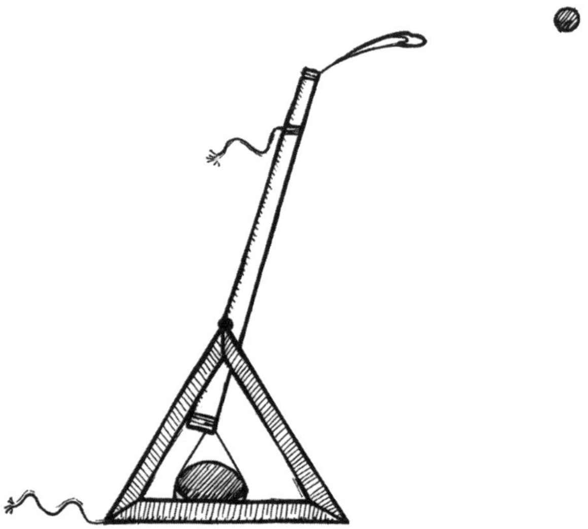

图 6–32. 力量翻中后背的长力臂被用来加速手中的杠铃杆，并且利用了髋部转动的角速度。投石机，一种中世纪的机器，就使用了相同的原理。我们可以主动利用背部较长力臂的杠杆作用，而不是在开始加速前通过使背部更接近垂直的方式减小它

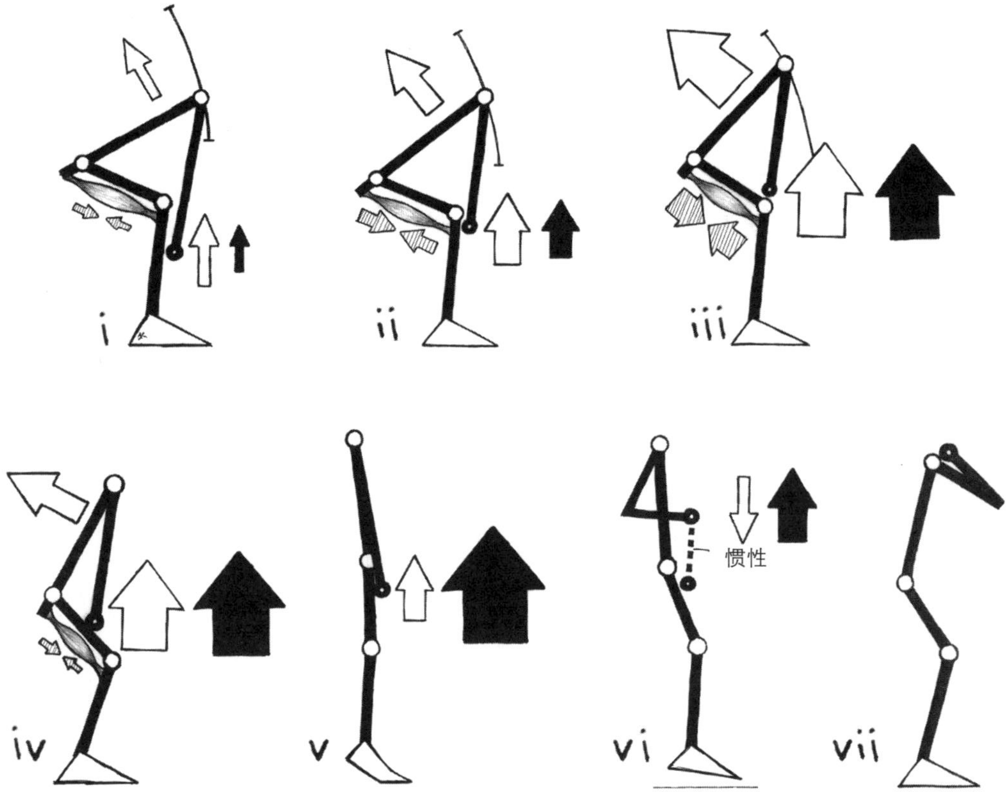

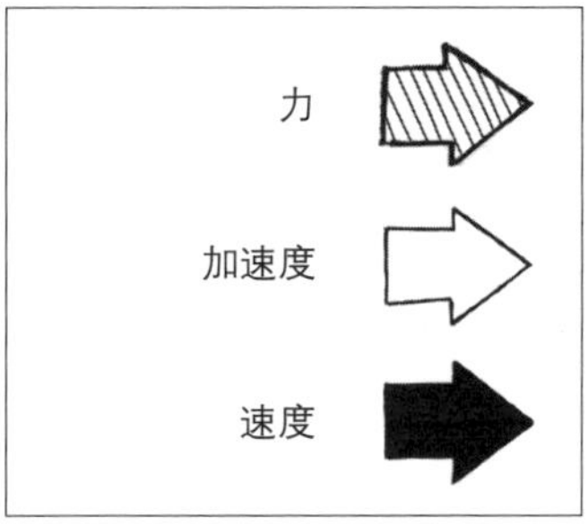

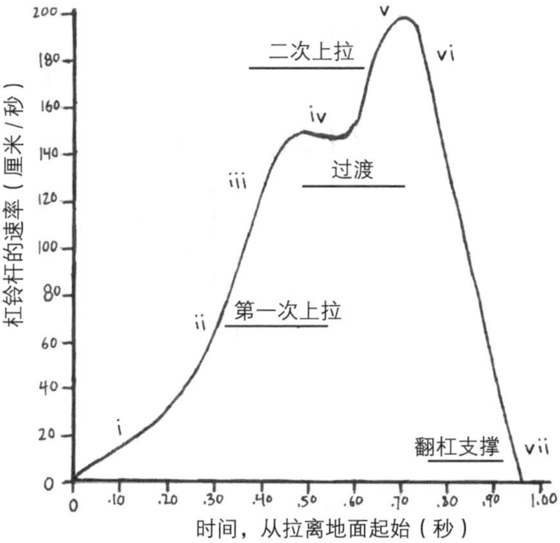

图 6–33. 上图，力量翻中的发力、加速度和杠铃杆速度的变化顺序。右图，力量翻中杠铃杆的速度相对于时间的变化曲线，拉起过程的对应阶段也标记在图中

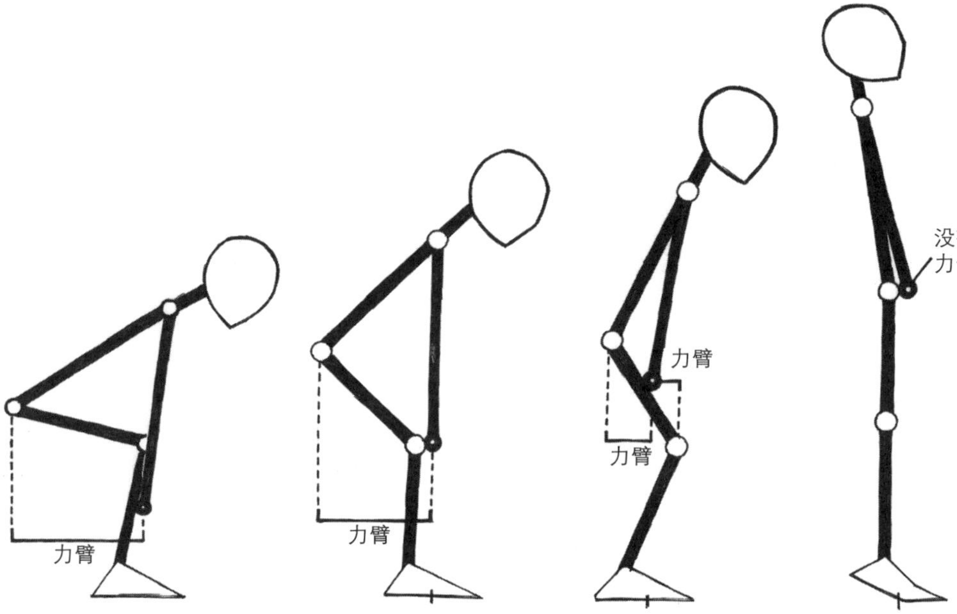

图 6–34. 上拉过程中杠铃杆与髋部，以及杠铃杆与膝盖之间力臂长度的变化。随着膝关节重新弯曲，沿股骨的力臂成了膝关节伸肌的“工具”

路径顶部的整个加速阶段，而不仅仅发生在上拉的顶部。只不过杠铃杆在膝关节二次弯曲的过渡阶段，速度通常变慢，因此让很多人产生了上拉的顶部才是唯一高速的运动部分的印象。杠铃杆的速度降低是因为在过渡阶段举重者做的功突然减少——为了之后继续拉起杠铃，你需要短暂移动身体而不是杠铃，从而进入一个更好的位置（图 6–34）。

随着髋角打开，髋部伸肌沿后背和股骨加速负重的能力减弱了，因为以髋部为支点的力臂缩短了。这样髋部就失去了有效加速杠铃杆的“工具”，为了继续加速杠铃杆，就需要重新设置杠杆。膝关节二次弯曲创造了一个对抗杠铃杆的杠杆（从膝关节向后），这个杠杆通过股四头肌的发力来增加拉起中段部分的速度。“二次上拉”利用了沿股骨的力臂可以同时被膝关节伸肌和髋部伸肌驱动的特性。因此，从某种程度来说，这依然是一次起跳——防止杠铃杆摆动转圈的“跳跃”。（硬拉并没有利用杠杆机制的这种转换，因为硬拉时杠铃杆的速度已经很慢，不能再进一步丧失速度了——否则就会实际上停止拉动过程，造成动作违规。）

如果二次屈膝做得太过了，比如举重者急于站直身体，就会极大地削减其在上拉过程的中段利用后背角速度加速的能力。过度屈膝会使腘绳肌的远端松弛下来，导致举重者在拉起过程中失去大部分的腘绳肌收缩潜力，以及在上拉最关键的部分失去后链肌肉的力量。在加速前通过形成更接近垂直的背部姿势，故意缩短杠铃杆与髋部之间力臂的做法，表明了举重者对翻举中杠杆作用的误解。加速度并不是硬拉所必须的，但绝对是翻举的精髓所在。提前形成更接近垂直的背角对硬拉来说没问题，但会降低翻举中的加速度。通过把肩膀保持在杠铃杆的前方，你的后背就能够快速将负重向上甩。因此，上拉过程中的加速实际上在杠铃杆到达确定的起跳位置之前就已经开始了。随着背角越来越不水平，膝关节会转变到能够继续加速杠铃杆的姿势，以使杠铃杆得以通过上拉的顶部。这就是从地面起始的翻举能够比从悬挂姿势起始时翻起更大重量的原因。

因此，在翻举的上拉过程中，其实有两个加速阶段：第一个是在上拉的中段，背角变得更接近垂直的时候。第二个是在膝关节二次弯曲之后，举重者通过膝关节伸肌为杠铃加速。如果第一阶段动作正确完成的话，第二阶段的起始速度不会下降多少。这就要求举重者必须对上拉过程第一阶段的加速作用有正确的理解。

在这个时候，杠铃杆需要与腿部保持接触（图 6–35），而且在整个上升过程中都要与皮肤接触，同时保持肘部伸直。杠铃杆的运动路径是垂直的，因为膝关节和髋部的协同伸展正好会使负重沿一条垂直线上升，而且向前或者向后的偏移（杠铃杆运动路径中的水平移动）都要尽可能地小。就像之前讨论过的，在拉起杠铃杆的阶段，杠铃杆的前移通常是由错误的起始姿势造成的。随着杠铃杆的上升，起始时的错误会被放大。如果你觉得杠铃杆过于靠前了，或者杠铃杆并没有在整个上拉过程中与腿部保持接触，那你就需要重新检查自己的起始姿势。可能是你的髋部位置太低了，也可能是杠铃杆的位置过于靠前了——如果是这样，你就要在杠铃杆上升过程中提醒自己要让背阔肌主动将杠铃杆拉回到与腿部接触的位置。

为了确保在每次上拉过程的中段都正确做到这一点，你可以设定一个标记来保证动作的成功执行。如果你能够在每次重复时主动地让杠铃杆接触大腿上的同一位置，而且发展出感觉这个接触点并控制它的能力的话，那么你就能够在很大程度上有意识地控制力

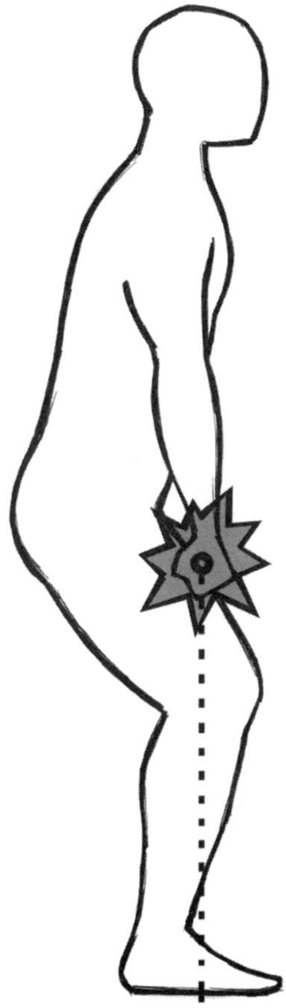

图 6–35. 杠铃杆与大腿保持接触是非常重要的。在上拉的这个阶段，背角变得更接近垂直，膝关节转变到能够完成伸展动作的姿势。杠铃杆必须尽可能沿着脚中心点正上方的垂直线运动才能被爆发性地向上拉起，为了在这个关键位置正确使出竖直向上的峰值爆发力，杠铃杆就必须与大腿接触

量翻的完成了。为了正确地迎合起跳姿势，杠铃杆与大腿的接触是必需的（图 6–35）。如果把这种接触作为一种提示来使用的话，那么你就能更容易地完成正确的力量翻，而且还能提高翻举的速度。因为这时杠铃杆会更有力地压紧大腿，而你需要使用更多的伸展力量来维持这种接触。你还可以把这种接触作为一种“诊断工具”——观察杠铃杆压在大腿上的红色压痕（如果你的训练服允许的话）的位置。你可以通过比较大腿上的位

置标记相对于最有效完成动作时杠铃杆所处的位置，发现拉起杠铃时存在的错误。

上半部分

当杠铃杆从正确的起始位置被拉过膝盖之后，它实际上应该沿一条垂直的运动路径移动，直至到达起跳位置。在这个阶段，为了最有效地产生爆发力，杠铃杆必须始终保持在脚中心点的正上方。当你跳起的时候，你的双脚会离开地面，同时作用在杠铃杆上的力也会停止，而你的身体就能落在杠铃杆的正下方来接住它。此时，杠铃杆的运动路径可以偏离垂直路线，因为负重与地面之间不会再产生力，而且在杠铃杆停止向上运动之后，它会进入支撑阶段。因为举重者在肘部向上旋转至支撑姿势的动作过程中，杠铃杆的运动路径会产生某种程度的偏移，只要这种偏移不大，就不是问题。如果偏移过度——超过了几英寸——那么杠铃杆在上升的过程中一定是发生了某些事情，所以才导致了这种偏移。

图 6–36. 髋部和膝关节进入完全的伸展状态，从而使拉起杠铃的动作得以完成。同时，斜方肌进入耸肩姿势，这样一来身体的动量就会导致双脚抬起、足部跖屈。任何一次完整的拉起动作都会在上部经历这种姿势

正如视频分析所展示的，所有翻举和抓举动作都会涉及耸肩动作。耸肩是斜方肌向心收缩的结果，这种向心收缩在身体向上爆发式跳起的时候，保护了肩膀骨骼的解剖学结构，并加强了上半部分拉起的力量。肩胛骨被斜方肌和相关的肌肉组织悬挂在脊柱上——通过上背部肌肉，它们在骨骼上的唯一连接点位于手臂和锁骨上。如果你在手握沉重杠铃跳起时没有耸肩，肩胛骨会由于跳跃中产生的脊柱向上的力量被剧烈地压向胸廓。斜方肌的收缩是一种无意识的条件反射：当你握住杠铃杆起跳的时候，斜方肌就会收缩，这也是我们不必在学习翻举的早期讨论这个问题的原因。但随后，随着你变得越来越强壮，重量也变得越来越大的时候，耸肩就会成为完成对抗负重向上爆发式跳起的一条重要提示。

当你伴随着略微向后的动作起跳时，耸肩就会产生。你拉动身前的杠铃完成耸肩的过程必须包含略微向后的动作，这样耸肩的动作才不会导致身体被向前拉。这也有助于你在拉起杠铃的最后阶段，把整个系统的重心保持在脚中心点的正上方。因为髋部已经努力地完成了伸展（图 6–36），而且也已经把杠铃略微推离了身体，与此同时肘部必须旋转到杠铃杆下方才能让举重者把杠铃支撑在肩膀上，所以此时的杠铃杆运动路径会略微向前偏离垂直路线。偏移发生之前的时刻实际上就是峰值爆发力产生的时候。如果这种偏移发生在起跳之前，那么这就会成为一个技术问题，就会对爆发力的生成产生负面影响。

图 6–37. 过度后仰表明举重者试图用自身的体重控制过于靠前、远离脚中心点的杠铃杆的水平位置。参考图 4–24

当杠铃杆上升到足够高的位置，同时你的肘部必须解除锁定的时候，肘部就会开始向上旋转并进入支撑姿势中了。随着肘部完成旋转处于指向前方的姿势中，翻举也就完成了。在旋转过程中，肘部永远不会高于肩膀——实际上直至杠铃杆被支撑住，肘部甚至不会到达与肩膀齐平的高度。在你停止对杠铃发力之后，进入跳起过程的结束阶段，肘部会解锁，并会上升一段距离到达弯曲的位置，然后开始前移并转入支撑姿势。**只有在对抗地面产生的力停止作用时，你才能弯曲肘部，此时杠铃杆停止上升，你的身体开始下沉接住杠铃杆**。不要试图把肘部高高抬起、用手臂拉起杠铃杆——没有其他更有效的方法可以降低翻举的速度了。

有一项叫作直立划船的健美练习——举重者用窄距双手正握法把杠铃杆提至下巴的高度。大多数人的脑海深处或多或少都会有这样的想法——所有东西必须用手臂举起，特别是当你需要把这些东西提到高于腰部的位置时。你的脑海中会嵌入这样的图像——一位健美运动员正在做直立划船动作。这是一种用手臂和三角肌完成的慢速动作，尽管从表面看上去它与翻举相似，但它其实与爆发性力量翻没有半点儿关系。在杠铃杆离开起跳位置之后，你根本不需要去想手臂——其实什么都不用想。翻举是一种手握杠铃杆完成的跳跃动作，前面的动作完成之后肩膀会迅速**前移**来接住杠铃杆。在这个阶段，肘部好像完全没有动作——杠铃杆会响应起跳动作上升，然后肘部会自动向前挤，同时肩膀会架住杠铃杆。

在杠铃杆离开起跳位置之后，它必须保持贴近胸部，从而使杠铃杆在进入支撑位置时不需要后移太多距离。如果杠铃杆在起跳阶段与支撑阶段之间远离身体进行移动，并进入一个所谓的“转圈”的路径的话，你将不得不缩短杠铃杆与肩膀之间的距离（图 6–37）。也就是说，你不得不把杠铃杆拉近肩膀（在使用小重量的时候是可能的），或者，更可能的方法是，通过身体向前跳的方式来接住杠铃杆。这些动作都不高效；身体应该引导杠铃杆垂直上升到肩膀，除此之外的任何动作都是缺乏效率的。

在纠正转圈路径之前，你首先要搞清楚杠铃杆前移的原因。如果起跳过早——也就是杠铃杆在大腿上对应的起跳位置过低的时候——因为背角没有足够接近垂直，杠铃杆就会前移转圈。如果杠铃杆要笔直上升，背部必须足够接近垂直，这样在起跳之前，大部分的髋部伸展动作已经完成了。否则，剩余的髋部伸展会使杠铃杆向前摇摆转圈（图 6–38）。通过观察杠铃杆在跳跃启动时接触大腿的位置，你可以确定这种错误。在翻举之后，卷起你的运动裤，寻找杠铃杆与大腿接触的位置——一条模糊的红线，在杠铃杆与大腿接触之后的几秒钟内这条线都是可以看见的。或者你也可以在杠铃杆上涂抹防滑粉，使长裤上的标记更加清晰可见(图6–39)。如果起跳时杠铃杆与大腿的接触位置一直过低的话，那么起跳之前你就要等待更长的时

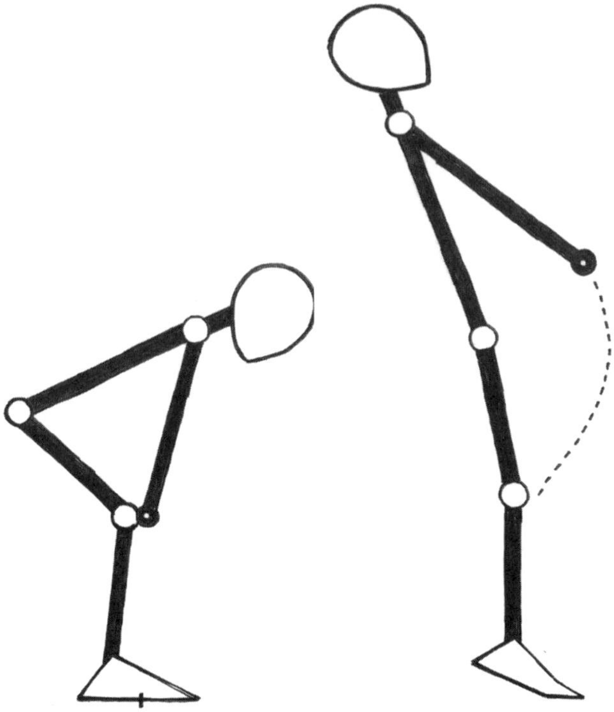

图 6–38. 如果起跳过早，也就是杠铃杆接触大腿的位置过低时，杠铃杆就会向前摆动。这种情况的产生是因为背角的原因：拉起杠铃杆的完成取决于刚性背部提供的、由髋部伸展产生的角速度。如果背部不足够接近垂直，跳跃的力量就会被引导到不垂直的路径上

图 6–39. 对举重室内的很多任务来说，防滑粉都是一种必不可少的、方便有效的用品。在这个案例中，它能够帮助你确认并标记出在起跳姿势中杠铃杆与大腿之间的接触位置

间，或者让杠铃杆触碰大腿上更高的位置。

如果因为在把杠铃拉离地面的较低部分让重心向脚尖偏移，导致杠铃杆出现转圈的话，脚跟与地面之间的接触就会减弱，同时膝盖也会在杠铃杆经过时前伸。在这种情况中，因为杠铃杆在离开地面上升时前移了，所以杠铃杆就会转圈——你拍摄的视频会显示出杠铃杆的运动路径，或者你的教练会向你指出（图 6–40）。把重心从脚尖后移到脚中心点的上方之后再开始上拉。在杠铃杆上升到大腿上足够高的位置——即到达起跳位置——之前，你需要确保脚跟始终向下紧贴地面。

如果你从正确的位置起跳之后，还能够以某种方式让杠铃杆转圈的话，那么可能是你把杠铃杆从大腿上撞离了身体。出现这种罕见问题的原因是你没有向上跳，没有完成让杠铃杆沿身体笔直上升的动作。出现这种错误往往是因为举重者对动作的错误理解：举重者可能认为，杠铃是通过大腿反弹杠铃杆产生的推力“摆动”到肩膀位置的。我们对力量翻的教学方法让这种情况几乎不可能发生，但一些学员在他们之前的学习中形成的坏习惯是短时间内很难改正的。对跳起动作的强调和手臂的正确使用可以保持杠铃杆在经过上拉路径的上部的过程中靠近身体。如果需要的话，此时你可以想着通过耸肩动作上拉杠铃杆，或者让杠铃杆在上升的时候碰触你的衣服。保持杠铃杆**足够靠近**身体，以至于你能在杠铃杆经过胸部时感觉到它在上升，这说明你的确耸肩了。

实际上，试着在杠铃杆上升的时候让

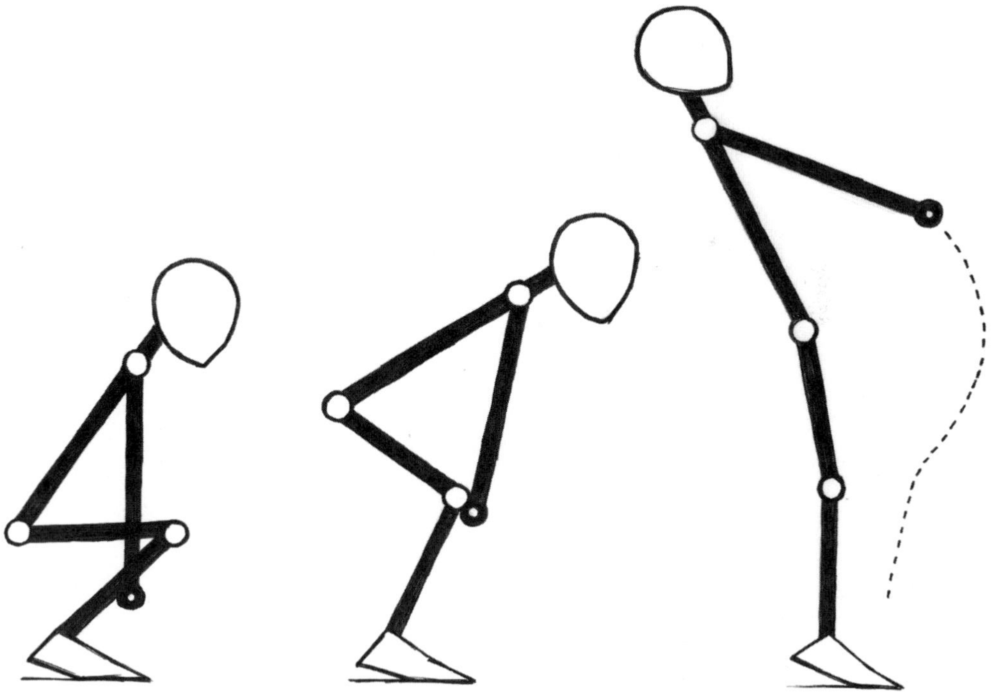

图 6–40. 一种始于膝盖下方的错误的杠铃杆运动路径。当起始姿势特别糟糕的时候，这种错误就会出现，同时也会导致脚跟的抓地力不够——没有牢牢抵住地面，膝盖前移，并使杠铃杆处于脚中心点之前

它碰触举重者的衣服，往往能够纠正其在拉起动作的底部所犯的错误（图 6–41）。这是“修正性补偿”的一个极好的例子：通过集中足够的注意力纠正一个动作系列中出现在收尾阶段的错误，可以无意识地纠正这个动作系列在起始阶段出现的问题。如果举重者在支撑杠铃杆之前设法使其碰到自己的衣服，那他就需要把重心后移到脚跟来做到这一点——因为在完成动作的过程中衣服更靠近脚跟，而不是脚尖。这种修正性补偿的小窍门在举重室以及所有体育运动中都能够派上用场。

“拉起的完成动作”通常对翻举和抓举来说都是一样的：髋部和膝关节处于完全伸展的状态；双脚处于跖屈的状态（重心处于脚尖上方）；斜方肌上拉肩膀做出耸肩动作；头部处于相对于颈部的正常姿势中，下巴也许会略微上抬，但颈部不会过度伸展；肘部还没有解锁；身体略微后仰（参考图 6–36）。如果所有源于髋部和膝关节伸展的爆发力都转换到了上拉过程中，举重者就能实现这样的姿势。无法完全伸展髋部和膝关节的现象很常见，这样举重者在动作的结束阶段就不能充分利用这种在力学上最具爆发力的姿势。当教练鼓励他们的运动员尽可能从跳跃动作中获取爆发力的时候，“完成拉起！”这条提示就在全世界的训练馆中响起了。

尽管完全伸展的上部姿势会让举重者踮起脚尖，但主动的脚踝伸展实际上并没有为举重者的爆发力带来多大帮助。小腿肌肉收缩也会产生力量，但实际上是膝关节和髋部伸展的**动量**抬起了你的身体，并在拉起的上部阶段让你踮起了脚尖。一些教练把提踵训练加入到训练计划中并取得了成功，但成功的原因可能是因为它让举重者意识到了结束姿势中踮起脚尖的这部分动作。像“踮起脚尖！”这样的提示法对完成拉起过程来说也许是一条有用的提醒，因为它能够让你意识到最终的完成姿势是怎样的。但对大多数举重者的翻举来说，主动尝试完成一次有力的

图 6–41. 在杠铃杆上升的时候，让它碰触衣服可以将其保持在靠近身体的理想的垂直运动路径中。让杠铃杆触碰衣服能够无意识地纠正某些错误——尤其是拉起杠铃杆时的错误：当你把杠铃杆拉向衣服的时候，杠铃就不可能远离身体向前摆动。在拉起杠铃杆的起始阶段，如果你做了该做的事——也就是使杠铃杆靠近身体的话，髋部和膝关节就不可能处在让杠铃杆摆动的姿势中。这与用手臂把杠铃杆向上拉起碰到衣服——直立划船，这种世界上最无用的训练项目——不是一码事

跖屈不会有太大帮助。

如前所述，当双脚离开地面的时候，爆发力的输出就停止了——这也是用肩膀接住杠铃过程的开始。一旦双脚脱离拉起阶段的站姿，你就不能再蹬地发力了。如果你没有用力蹬地，双脚就不会移动。膝关节和髋部的完全伸展是拉起杠铃的最后一步，之后举重者就能够实现最终姿势，这样这个过程就全部完成了。即使在拉起杠铃之后举重者能用手臂以划船的动作拉起很大的重量——实际上他们做不到——上拉杠铃的力量的降低还是会导致杠铃的速度下降。事实上杠铃向上的动量很快就会趋近于**零**，那时杠铃就会开始下降。你需要在此之前把杠铃杆翻起到支撑位置（图 6–42），所以你最好赶紧完成动作。双脚从拉起杠铃的站姿转变到接住杠铃的站姿的速度越快，杠铃减速的时间就会越短。

双脚从拉起杠铃的站距转变到大致等同于深蹲的站距是一个**很自然**的过程。就像我们讨论过的其他动作过程那样，这种转变会自然地发生，无须你刻意去想它。举重者人为地跳跃导致双脚实际上离开了地面，然后当双脚重新落回地面时就会发生这种情况。双脚水平向外略微移动，这样膝关节和髋部就能够吸收落地所产生的冲击。这种横向移动是条件反射的结果，并且是有用的。但向前跳的情况就不同了。这种经常由杠铃杆运动路径错误导致的动作，浪费了本该被更有效地用于杠铃上升的时间和力气。落地时站距过宽同样是不可取的，过宽的站距会浪费举重者过多的时间，这意味着本该用来更好地拉起杠铃的时间被消耗在了完成这种过度的横向跨步动作中。

支撑姿势

当肘部向上旋转，挤进相应位置并指向前方时，杠铃杆就处在所谓的**支撑姿势**中，

图 6–42. 杠铃的拉起过程与完成支撑之间的过渡发生得非常快。一旦最后的加速度施加到杠铃上，举重者身体的运动方向就会从向上转变为向下，同时进入设定的支撑姿势中。当举重者停止对杠铃施力，并不再需要通过上拉克服重力的时候，杠铃就会减速，并会在向上的速度变为零时开始下降，支撑必须在杠铃下降过多之前发生。尽管一定程度的向下运动是不可避免的，但在重力加速杠铃造成难以控制的向下的高动量之前，举重者必须把杠铃向下的运动距离控制在最小范围内

或者说被“接住”了。肘部的向上旋转使三角肌进入了一个肘部高于胸部的收缩状态，从而使杠铃杆能够舒服地落在肩膀上，并远离胸骨。此时，大多数举重者会在某种程度上放松抓握，一些人甚至会松开锁握的握法。松开锁握是没有问题的，如果这样做有助于你建立一个良好的支撑姿势，甚至把最后两根手指从杠铃杆上松开也没有问题。但完全放松对杠铃杆的控制是不行的，尽管一些身体柔韧性非常差的举重者会这样做。支撑姿势中最重要的因素在于肘部姿势和它对三角肌的影响，因为它们能够为杠铃杆创造一个安全放置的位置。

这实际上是正确的前深蹲动作中的杠铃杆的位置。正确的支撑姿势要求绝大部分的重量都落在三角肌上——在正确的姿势中，杠铃杆会停靠在收缩的三角肌肌腹上。三角肌能够保持肘部抬高，并使重量远离胸骨。上背部肌肉组织产生的张力确保了胸廓上挺，而斜方肌则拉高了肩膀，这样整个躯干就通过等长收缩的方式保持了刚性，此外**瓦式呼吸**为其提供了进一步的支撑。在这样的姿势中，你能轻松地支撑自己能够翻举的重量。

当你支撑杠铃杆的时候，你的前臂相对于上臂的最佳位置是使肱骨处于**外旋**的状态。这意味着前臂实际上是在肱骨的旁侧，而不是挤压在肱骨正上方（图 6–43）。想着抬高肘部并使之向内（朝中央）旋转会对你完成这个动作有帮助。在这个姿势中，杠铃杆落在了肌肉量更多的位置，而且肘部能在更高的位置完成它们的旋转，如果前臂骨骼与肱骨只是互相挤压在一起，那肘部是达不到这样的高度的。出现在支撑杠铃杆姿势中的肱骨**外旋**，得益于先前在你学习翻举的时候用以加强肘部伸直姿势的肘部内旋。手臂外旋的过程发生在跳起与支撑的过渡阶段，这个动作给这个阶段增添了“猛拉”杠铃杆的视觉效果。

很多人会以肘部朝下的方式抓住杠铃杆。出现这种错误往往是因为举重者对支撑姿势概念的理解不足、举重者的身体柔韧性不足，或者是握距相对前臂的长度来说太窄了。一位柔韧性足够好、并使用了合适握距的训练者，其身体结构允许肘部做出正确的姿势，尽管他可能出于一些原因不情愿这样做。如果你以几次错误的方式支撑杠铃杆，并感觉杠铃杆撞到了自己的胸骨，那是因为你的肘部朝下，三角肌没有足够抬高，你很可能因此变得提心吊胆，并会尝试用双手支撑杠铃杆，这样做反倒加剧了这个问题。一次性接住杠铃杆，然后抬高肘部使之进入正确的位置——足够高的位置，从而使杠铃杆

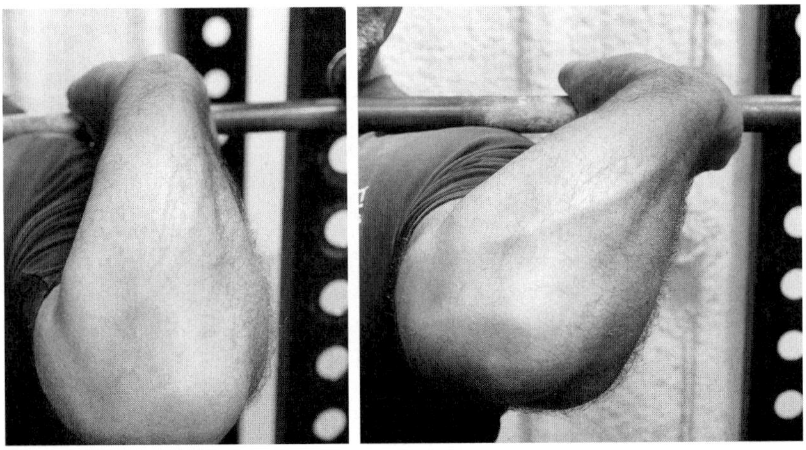

图 6–43. 右图，支撑姿势，手臂在这样的旋转姿势中，前臂和上臂彼此靠近（右图），而不是挤在一起（左图）

上升远离胸骨，以这种方式你就能够知道肘部应该在的位置。如果你不能做到这一点，就需要进行拉伸练习，或者把握距调整到有助于建立这种姿势的宽度。

很多情况下，举重者的腕关节和肱三头肌的柔韧性不足，会妨碍支撑杠铃杆所需的这种快速的、完全的肱骨旋转。其中，腕关节的柔韧性问题更为明显，但是过紧的肱三头肌同样会妨碍肘部抬起到足够高的位置，进而影响三角肌的良好收缩。为了增加你的动作幅度，你可以将杠铃杆或者一根棍子放到深蹲架上来拉伸手腕和肱三头肌（图6–44）。

如果你的柔韧性不足以让肘部**全幅度**旋转做出良好的支撑姿势，杠铃杆下的手指就可以成为链条中“牺牲”的部分。当拉起杠铃的动作结束之后，手指作为把力量传递到杠铃杆的最后一环的作用也就结束了。这个概念有时容易混淆：双手没有握住杠铃杆，在肘部旋转开始之后，它们就不那么重要了。所以当你支撑杠铃杆的时候，手指能做它们想做的任何事——它们可以紧紧握住杠铃杆，也可以很放松，只有食指、中指和无名指接触杠铃杆（图 6–45）。

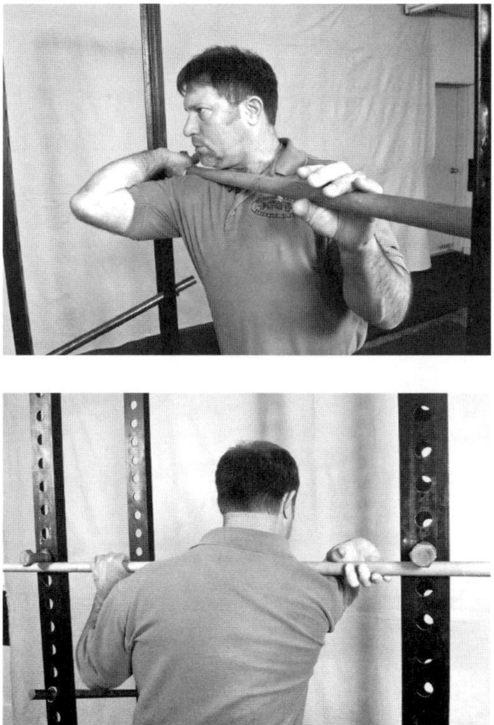

图 6–44. 框式深蹲架内的拉伸动作可以帮助举重者训练支撑杠铃杆时相关部位的柔韧性

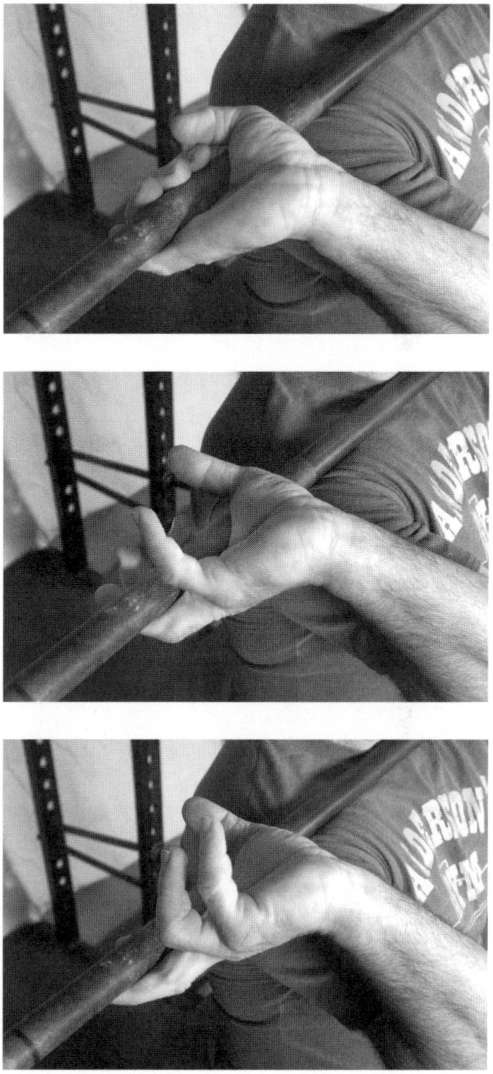

图 6–45. 理想的情况下，支撑姿势的最佳握姿需要 4 根手指在杠铃杆（顶部）下方。柔韧性的限制使举重者使用更少的手指成为可能，但最重要的考虑因素是肘部姿势。为了让肘部抬高，可以做任何必要的事情

如果你的柔韧性足够好，但仍然不能快速支撑杠铃杆，那么也许只是因为你不愿意放松对杠铃杆的控制，这样你就不能使肘部抬高。其实你只需略微放松双手，并一路向上把双手快速旋转到正确的位置，这样做几次你就能够体会到正确完成动作时的感觉。几个精神上的小窍门能帮助你提高支撑杠铃杆的速度：想象着用肘部猛撞教练的双手。有时这样的想法能够帮助你把肩膀对准杠铃杆，或者用肩膀撞击杠铃杆，就好像要用上抬的肘部击打别人一样。一个至关重要的概念是——在肘部**指向前方**之前，杠铃杆不会处于支撑状态。在肘部到达这样的位置之前停止肘部的旋转是不行的。

在杠铃杆支撑的同时，双脚会踩踏地面。因为在举重者跳起时，双脚肯定会离开地面，所以它们必定会落回地面，想着双脚踩踏地面可以使举重者更有爆发力地完成这个过程——就像翻举上部的所有动作都需要的那样。双脚的动作使与之同时发生的其他事情能够更好地同步。在双脚踩踏地面的同时，杠铃杆会落在支撑位置上，身体会根据支撑杠铃杆的时机与双脚踩踏地面的动作保持同步。如果踩踏动作的速度很快，那么杠铃杆的支撑过程也会随之加快。这两个过程的同步完全是**无意识**发生的，没有多少人的踩踏动作和支撑动作是不协调的，因为那样会让人感觉很怪异。所以，踩踏动作实际上是精确匹配了支撑杠铃杆的时机。一定程度的膝关节弯曲会与踩踏动作相伴而生，从而为接住负重提供必要的缓冲。接住负重时完全伸直膝关节是不可取的——这种情况实际上也不会经常发生，因为这同样使人感觉很奇怪。踩踏动作加快了杠铃杆的支撑进程，同时也为接住杠铃提供了缓冲。

图 6–46. 在未得到专业人士指正的新手和高中运动员当中，横向跨步很常见。横向跨步动作通常伴随着支撑阶段的其他技术问题，比如不良的肘部姿势和后仰姿势。举重者可以为双脚找些事情做来纠正这个问题：让双脚落回之前的足迹所在的位置，或者比原来的站姿略宽的位置，然后用力踩踏地面

如前所述，双脚踩踏地面时会进入一个与深蹲站姿大致相同的姿势。在实践中，这意味着每侧的站距都会宽出几英寸。一些人会把他们的双脚外移形成一种更宽的站距，也许比深蹲站距宽很多。这是举重者使身体下沉到杠铃杆下，而不是把杠铃杆拉到更高位置进行的尝试。站距这么宽的话，举重者的踩踏就不会很有效，因为这种角度不利于双脚踩踏地面，而且双脚间距过大会使动作完成所需的时间变长。踩踏动作发生得非常快，但横向跨步则不能。先不要使用杠铃，让双脚在正确的起始姿势的足迹位置踩踏几次，然后使用你能够正确支撑的轻重量杠铃，同时专注于双脚的这种位置练习翻举，就能够纠正这个错误。一些问题严重的人可能需要尝试采用拉起阶段的站姿或者更窄的站距对应的站姿完成踩踏，以获得足够的校正量消除横向跨步的问题。横向跨步是一种不良的动作习惯：很危险、很难控制，而且很低效（图 6–46）。训练力量翻的目的在于尽可能快地将杠铃杆拉起到尽可能高的位置。我

们不是为了让身体更容易地处于杠铃杆下方，而是想要把杠铃杆拉起得更高一些。如果我们想要比较容易地让身体处于杠铃杆下方，我们会用标准的深蹲翻或者箭步翻，而不是某些诡异的仿造变式。

另一个双脚跺踏地面常见的错误在于举重者把脚向后抬得太高，并会在脚落回时用脚跟猛击地板，就好像只是为了制造噪音。从侧面看，这个动作类似于膝关节弯曲，肯定不是一个完美完成的拉起杠铃过程的高效部分。这种动作被称为“驴踢”，它恰好发生在错误的时机而且会占用举重者很长的时间才能完成，这样会使举重者拉起杠铃的最后 10% ~ 20% 的过程受到破坏。任何不能使举重者尽可能高地拉起杠铃的动作都会削弱其翻举大重量的能力。驴踢产生的原因在于：举重者不知道在拉起杠铃的最后阶段双脚应该处在何种位置。如果按照我们的方法学习翻举，你就不会产生这样的问题。有意识地专注于在拉起的结束阶段把杠铃尽可能地拉高，并使重量转移到脚尖，这样做可以帮助你纠正这个错误。

当你支撑杠铃杆之后，肘部仍处于支撑姿势中，但身体要重新回到直立姿势。不要养成不正确的动作习惯——在你完全回到直立姿势并建立起对杠铃的控制之前放下杠铃。如果在支撑杠铃之后就急于把它放下，你可能很快就会发现急于支撑杠铃的结果是你会以错误的方式支撑杠铃。紧接着脚跟也会出现类似的问题。记住，你要以正确的方式完成每一次翻举。

力量翻不像深蹲或硬拉——在后者中，你可以通过坚持和努力，踏踏实实地把动作标准地完成。在硬拉过程中即使出现了一些失位，你仍然可以通过更有力的上拉来锁定杠铃杆，如果你足够强壮的话。硬拉动作的速度**较慢**，在拉起杠铃的动作完成之前你还有时间纠正一些细小的姿势问题。而翻举过程的用时**极短**——不到 1 秒，如果动作不正确，举重者就无法正确支撑杠铃。只有所有影响因素——力量、爆发力和技术动作——都具备时，举重者才能支撑杠铃。因为翻举是一项力学机制更为复杂的动作，所以相比那些速度较慢的动作，它对各项影响因素的变化更为敏感。所有举重者的日常经验都能够支持这个事实，他们会发现自己能够多次完成 100 千克重量的翻举，但就是**支撑不了** 105 千克的重量。完成拉起杠铃的过程需要整合其中涉及的所有要素，并能够让它们在各自恰当的时机为支撑重量提供帮助。速度较慢的动作依赖于**绝对力量**——在正确姿势中产生力量（在其极限内）的能力，而快速的拉起动作利用的是举重者在恰当的时机、使用正确的姿势产生最大爆发力的能力。这是两种截然不同的技能，会产生不同类型的训练刺激，也会导致两种不同类型的身体适应过程。认识到慢速动作与爆发式动作之间的区别是你理解杠铃训练的基础。

支撑之后

在杠铃被支撑、身体回复到直立姿势之后，你必须**安全**地放下杠铃，不要伤到自己，也不要使器材受损。这个过程中所使用的方法取决于举重者所使用的器材。如果举重台和缓冲杠铃片能够发挥它们应有作用的话，你就能够以可控的方式把杠铃从支撑位置放回地面上（图 6–47）。注意，不要让杠铃从落下的位置弹起。在杠铃下落的过程中，始终让杠铃杆保持水平可以帮你做到这一点。在杠铃下落过程中，你的双手直到杠铃触地之前都不应该离开杠铃杆。与举重者控制杠铃下降时相比，在顶部就松开杠铃杆并使之自由下落的做法更可能导致不均衡的地面反弹出现。自由下落的杠铃更有可能在“抽打”的过程中使杠铃杆折弯——当杠铃以不均衡的方式接触地面，并且杠铃减速产生的切向力沿着杠铃杆传递的时候，这种抽打就会出现。即使是一根质量上乘、造价昂贵的杠铃杆也会被弄弯。

如果缓冲杠铃片不可用，这个任务就会困难一些。你必须把杠铃从支撑姿势放开，并以**悬挂姿势**抓住它，然后再把它下放到地面，这样可以防止杠铃和地面的损伤。在缓冲杠铃片普及之前，举重者实际上就是以这种方式练习翻举和抓举的。所以，把杠铃放回地面是可以通过这样的方式完成的，无论你是否相信。但这种做法可能很棘手，因为杠铃杆是向着大腿下落的，所以你真的可能会受伤。你需要放开杠铃，但仍要在杠铃杆上保持足够的抓握，这样你就能在杠铃杆碰到大腿之前使之减速。采用一种与跳起时的耸肩动作完全相反的动作，举重者也能用斜方肌的力量使杠铃减速。在杠铃被放回到地面之前，举重者需要使杠铃杆停留在悬挂位置，并将其牢牢控制住。如果你使用金属杠铃片的话，用橡胶垫来保护地面更为明智。但说实话，还是准备一些缓冲杠铃片比较好。它们足够重要，你必须把它们视为必需品。

图 6–47. 缓冲杠铃片的设计让举重者能够更安全地完成爆发式举重，而且它对杠铃杆和举重台产生的压力也较小。缓冲杠铃片能够吸收杠铃下落时的冲击力，而不是像之前那样，举重者必须通过离心收缩发力来控制杠铃。但缓冲杠铃片必须被正确地使用，这样产生的反弹才是可控的。一般来说，就是在杠铃即将触地之前都不要放松对杠铃杆的控制

力量抓

虽然力量抓一直有着技术复杂、并且很难学也很难教的名声，但事实上它并不比力量翻更复杂。力量抓同样是手握杠铃进行跳跃，然后将杠铃翻转到支撑位置的动作，不同的是力量抓的支撑位置位于举过头顶的双手中，并在肩关节的正上方，而不是在肩膀上保持平衡。力量抓依然遵循我们之前讨论的平衡法则、力量传送法则和杠杆原理。力量抓的动作幅度比力量翻的更大，杠铃在举重者停止对其施力后的运动距离也更长，因此我们需要使用比力量举更轻的重量并通过跳跃获得更快的速度来完成力量抓。那些由于各种原因无法将杠铃翻举到支撑位置的人通常都可以完成力量抓，而且由于其使用的重量**更轻**，所以力量抓也是一些训练计划中的可选项。不要害怕力量抓，它并没有那么难学，而且它很有用，因此每一位举重者都应该知道如何去完成这个动作。

力量抓最显著的特点在于握杠——握距**很宽**，对一些身高臂长的人来说，握距甚至能够达到杠铃杆允许的极限——从一端套筒到另一端套筒的抓握方式。这么宽的握距是用来减少杠铃杆的运动距离的。与翻举的情况一样，举重者起跳之后就停止了对杠铃杆施力，而在举重者双脚离开地面之前杠铃会在举重者传递给它的惯性的作用下一直向上运动，因此杠铃在无动力阶段运动的距离越短越好。虽然地面的起始姿势改变了，但是宽握距可以减少5 ~ 6英寸（12.7 ~ 15.2厘米）的上拉距离。宽握距产生了与短手臂相同的效果，并会使举重者在起始姿势中的背角变得更接近水平（图 6–49）。你可能需要增加一点儿脚尖和膝关节的外展程度，以此来补偿背角变化所产生的影响，从而为腹部和大腿之间提供更大的空隙。

肤浅地看上去，力量抓就像是通过手臂

图 6–48. 力量抓

将杠铃举过头顶完成动作的。可能是宽握距迷惑了外行人的眼睛，翻举更容易被理解为一次上拉动作。但力量抓必须被看作是一次手握杠铃杆的跳跃，然后紧接着在头顶完成翻杠，身体下沉伸直手臂的姿势使举重者完成这个动作成为可能。杠铃杆既不是通过手臂举起到锁定位置，也不是沿一条弧形路径被摆动上去的。一次高效的动作是通过跳跃使杠铃杆沿着一条基本垂直的路径上升的，就像其他站在地面上完成的杠铃练习那样。

力量抓，或者通常从起跳姿势起始的悬挂版本，是以前的高中力量教练最喜欢的练习，因为它的运动距离较长，对训练者的运动能力也有一定的要求，并且还能训练爆发力。事实上，人类有记录的最大爆发力输出就产生在抓举的二次上拉阶段。那些无法完成翻举锁定的大块头可以完成力量抓，其实力量抓并不比力量举难学。如果你已经知道了如何才能完成力量抓，那你会给大学举重室中识货的人留下深刻的印象。但是力量抓使用的重量较轻，因此它不具有产生与力量翻同等程度的身体适应过程的潜力。力量抓过程中的杠铃运动路径通常是弧形的，而且力量抓需要足够的肩关节柔韧性才能完成有效的耸肩动作，从而将杠铃举起到肩部上方并锁定。因为力量抓的杠铃运动路径更长，所以你有更多的机会把这个训练搞砸。因此，与力量翻相比，力量抓可能提出了更多的**技术挑战**。

图 6–49. 抓握宽度的不同导致了两种拉起方式中背角的差异

力量抓的教学方法本质上与力量翻是一样的，学习所需的时间也差不多。再说一次，我们要按照从上到下的顺序学习这个动作，首先熟练掌握起跳和支撑姿势，然后学习把重量拉离地面的硬拉部分并将其加入到动作的前段。

因此，我们会以同样的方式开始——手握空杆进入拉起阶段的顶部位置。这就是**悬挂姿势**，与翻举动作中的一样（图 6–50）。在你学习这个动作的过程中，手握空杆的悬挂姿势将是每次动作起始的**默认姿势**。再说一遍，PVC 管或者扫帚柄对学习拉起任何东西来说都太轻了。如果想要举起重量，就需要有合适的器材。如果女性的训练项目中有抓举的话，那就应该考虑直径更小的 15 千克杠铃杆。女性的手比较小，为了符合抓举动作中手掌相对于杠铃杆形成的角度，她们的握杠过程会很辛苦。对男性来说，20 千克的杠铃杆正合适。的确，奥林匹克举重杠铃杆对完成大重量的抓举和挺举来说更合适，但对学习动作的新手来说，其他款式的杠铃杆已经足够了。

很多作者认为抓举的握距是根据一定比例的臂长得出的，需要测量并在杠铃杆上做标记。但事实是，无论最初的握杆位置如何精确，每个人都会把握距调整到适合自己的位置。效果如何取决于起跳时杠铃杆与举重者身体接触的位置。如果握距太窄，你就无法利用宽握距的优势了（多没意思）；如果握距太宽，杠铃杆就会碰到髂前上棘的位置。因此对所有人来说，最佳的握距都会使杠铃杆悬挂在髂前上棘与耻骨之间的位置(图6–51）。确定握距的**最好**方法是，手握杠铃杆站立，双手向两侧滑动(显然用正握握法）到靠近套筒的位置，此时杠铃杆抵靠在你的小腹上——髂前上棘之下、耻骨上方的位置。这个方法让你在腹部能够有几英寸的调整范围，同时双手也分别有1英寸（2.5厘米）左右的调整幅度。如果你有疑虑，就握得宽一点儿，因为我们的目的是减少杠铃杆的运动距离。在确定了握距之后，参考杠铃杆的**标记**标出你的握杠位置，以便每次都能够**快速准确**地重复。

继续，使用之前在力量翻中学习的锁握握法。这样的握距会导致手掌握住杠铃杆的角度变得相当尖锐，因此大拇指、食指和中指会承担绝大部分重量，而无名指和小指的

图 6–50. 悬挂姿势

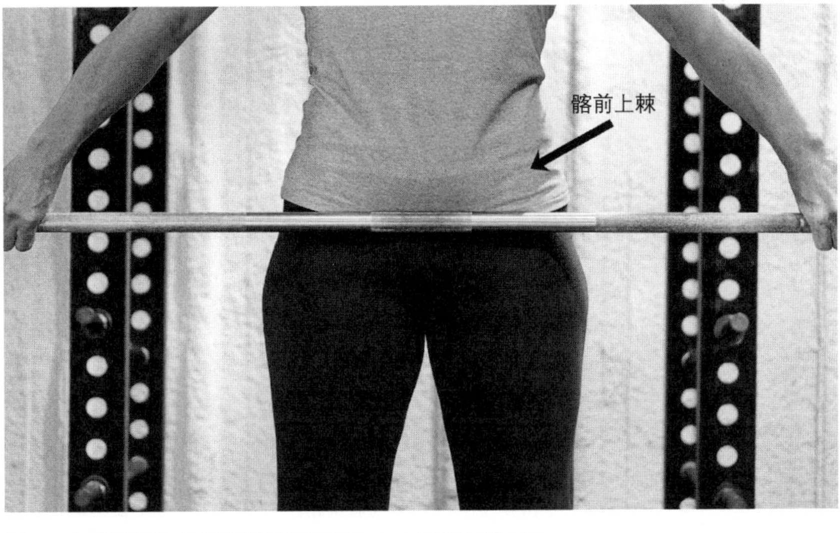

图 6–51. 宽握距会让杠铃杆处于耻骨之上、髂前上棘之下

作用则不大（图 6–52）。这样的角度让锁握法对抓举来说更加重要，因为我们用更少的手指承受了大部分的杠铃重量。在练习翻举时你就已经知道如何使用这种握法了，因此现在这样的变化对你来说应该不是问题。防滑粉也很重要，任何一家允许你练习抓举的健身房只要有一点儿明智的判断，都不应该在碳酸镁（防滑粉的主要成分）的使用上出现问题。

一旦握法调整好了，就要注意杠铃杆相对于腹部的位置。当你站直身体，同时挺起胸部，伸直并内旋肘部，伸展膝关节和髋部，目光注视着身体前方 15 英尺（4.6 米）远的地面上的一点时，杠铃杆应该与皮肤接触。你现在所采用的站姿应该是翻举和硬拉时的标准上拉站姿：脚跟相距 8 ~ 12 英寸（20.3 ~ 30.5 厘米），脚尖稍稍外展。我们稍后会修正站姿。

肘部的**内旋**十分重要，这样做可以让你在上拉过程中保持手臂完全伸直。调整好握姿之后，旋转手臂（与你手掌朝下站立时一样），然后将大拇指指向地面。稍后，当你将杠铃杆支撑在顶部时，支撑的动作会包括手臂外旋的动作——与之前的动作相反。这种**外旋**提供了很多稳定力，这正是抓举时支撑姿势的特点。

接下来是**支撑姿势**。抓举是在头顶上方支撑的，就像推举的顶部姿势那样，只不过抓举的握距更宽（图 6–53）。当杠铃杆处于肩关节正上方时，它就处于平衡状态中。因为在这个位置，负重与旋转点之间没有任何力臂。支撑姿势与头部或者颈部没有任何关系，因为颈部可以在锁定的杠铃杆下任意地移动。在这个姿势中，杠铃杆、肩膀以及脚中心点都会在垂直方向上**对齐**，而这一点在重量增大之后尤为重要。

使用抓举握姿以任何可行的方式将杠铃杆举过头顶，不要放松锁握。手臂必须完全伸直，它们会**由悬挂姿势中的内旋状态转变为举过头顶时的外旋状态**（图 6–54）。如果你把掌心直接指向天花板，你的手臂就会处于这种姿势中。以锁握方式紧握杠铃杆，不要让它滚落到手指部位，否则会导致杠铃杆与手腕之间产生较长的力臂。有些力臂是不可避免的，不过锁握可以防止过多无用力臂的出现。

将杠铃举过头顶之后，确保杠铃杆在肩关节正上方处于平衡状态（图 6–55）。将杠铃杆推后一点儿感受平衡位置在后方的限度，然后将杠铃前移，直到你感觉到重量把杠铃杆向前拉。平衡点就在中间，在这个位置时肩关节上产生的力矩为**零**。对绝大多数人，尤其是那些被告知要将杠铃杆保持在头顶正上方的人来说，平衡位置会比他们认为的稍

图 6–52. 适当的握距会让手掌处于一个无名指、小指与杠铃杆之间接触最小的角度。锁握法是抓举中最好的方法

图 6–53. 力量抓中的支撑姿势。耸起的斜方肌支撑着肩胛骨，继而支撑着手臂，最终支撑着杠铃杆并使之处于过顶的位置

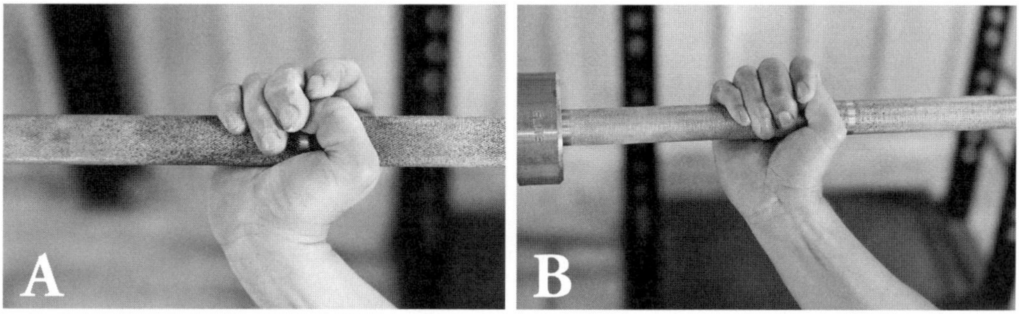

图 6–54. 正确的握姿（A）中掌心向上，保持锁握。试图用大拇指的指蹼握住杠铃杆（B）会让手臂无法正确地支撑负重，并使肘部处在有潜在危险的内旋状态中

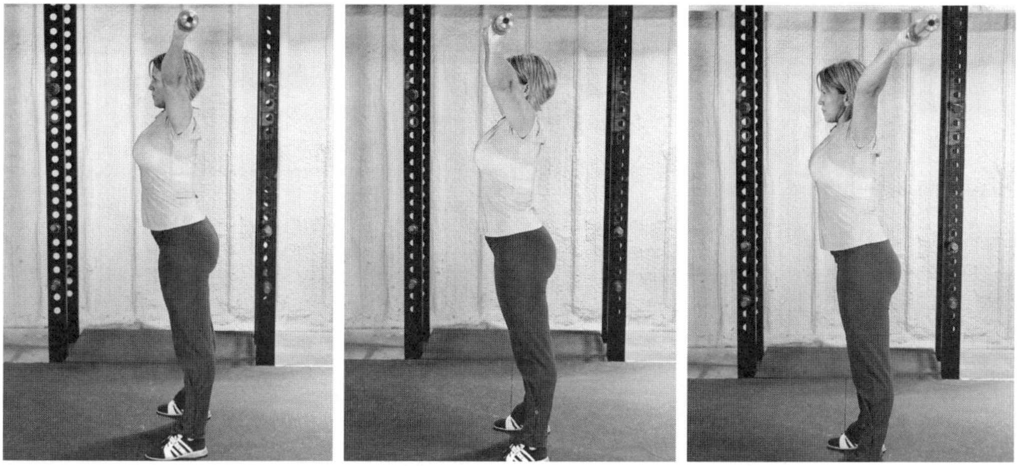

图 6–55. 头顶上方处于平衡位置的杠铃杆与盂肱关节在垂直方向上对齐。杠铃杆相对于这个位置的任何向前或者向后的偏移，都会产生需要举重者克服的力臂

微靠后一点儿。在这个过程中，**肘部要保持完全伸直**。

一旦确立了平衡点的位置，就剩下支撑姿势的最后部分了。向上耸肩，就好像你要用手掌去够天花板那样。从人体解剖学的角度来说，斜方肌是肩胛骨的主要支撑肌肉，因此在支撑位置耸起的斜方肌也是杠铃杆的**主要**支撑肌肉。想象着三角肌和肱三头肌在把手臂伸直，同时斜方肌在把杠铃支撑在上方。耸肩动作同样使上半身为支撑姿势提供了坚实的支撑，不仅仅是用手臂将杠铃杆举起，而是由上背部最强壮的肌肉支撑着杠铃杆。记住，掌心要朝向天花板，肘部要完全伸直，目光要注视身体前方稍向下的位置。

在一开始学习力量抓的时候，先将杠铃杆从支撑位置以正确的方法下放，是你能够学习更多关于力量抓杠铃杆路径信息的一个重要方法。如同我们在翻举中做的那样，我们会从练习靠近身体的杠铃杆的垂直路径开始，为之后的内容早做准备。当杠铃杆在脚中心点正上方的时候，它处于平衡状态，因此当你从锁定位置放下杠铃杆时，仍要保持杠铃杆处于脚中心点的正上方——解锁手腕，让杠铃杆垂直下落经过你的脸和胸部，然后在悬挂位置抓住杠铃杆。手腕在上拉杠铃杆的过程中是最后伸展锁定的部位，因此在下放杠铃杆的过程中也是第一个解锁的部位。随着杠铃杆的垂直下落，即使在脚中心点正上方平衡位置的是小重量的空杆，你也能感觉到**手臂并没有为抓举提供动力**。手臂并不会下放杠铃杆——杠铃杆是自由下落然后被你抓住的。不要试图借助练习划船动作的肌肉使杠铃减速，你只能通过弯曲的膝关节和髋部来缓冲杠铃的下落。在前几次训练中，可以通过将杠铃杆对准鼻子来学习如何在杠铃杆下落过程中保持它与身体靠近。在杠铃杆经过脸部之后，让它接触你的衣服——不是通过用手臂来使杠铃减速，而是通过让杠铃杆从顶部下落时就保持靠近身体。想象着脚中心点和位于它正上方的“滑槽”——杠铃杆将要落入的位置——是很有帮助的。在此过程中，你依然要保持锁握握法，这样你就不会在杠铃杆到达悬挂位置时失去对它的控制。把这个过程多练习几次。

下一个姿势是**起跳姿势**，除了一点重要差别之外，其他要点都与翻举时一样。在翻举过程中，杠铃杆会在到达大腿中部最后的接触点后离开，此时膝关节和髋部处于未锁定状态，同时手臂伸直、杠铃杆接触皮肤；起跳姿势是膝关节和髋部未锁定、杠铃杆到达大腿起跳位置的姿势。在抓举中，起跳姿势只是膝关节和髋部未锁定的姿势，因为杠铃杆在离开与身体的接触之前是伴随着伸直的肘部向上滑动并接触小腹的。**与翻举时不同，抓举中的起跳位置在小腹——跟悬挂姿势中的杠铃杆位置相同——而不是翻举中的大腿位置**。

解锁膝关节和髋部，就像准备做垂直跳或立定跳远时那样。在做这个动作的同时，将杠铃杆沿着大腿向下滑动，而且不要让杠铃杆脱离与皮肤的接触。大部分人通常会通过弯曲膝关节来完成这个动作，这样的话肩膀就会移动到杠铃杆的后面。**髋部和膝关节同时参与起跳是动作的关键**，因为两个关节的爆发性伸展相比单关节发力能够产生更多的爆发力。如果两个关节同时解锁，肩膀会直接处在杠铃杆的正上方，同时杠铃杆在大腿上的位置也会很高。（当杠铃杆下降时，肩膀会前移越过杠铃杆，举重者会处于标准的上拉姿势中。）肘部仍然保持伸直和内旋的状态，目光注视身体前方稍靠下的位置，双脚处于上拉站姿。

从杠铃杆接触大腿的位置开始，将杠铃杆向上滑动到腹部，然后尽可能高地跳起——随着杠铃杆加速向上滑动，这应该是一个很流畅的动作。在杠铃杆上升离开身体之前，杠铃杆会接触到小腹的某个位置，这同样是悬挂姿势中的杠铃杆接触位置。当你跳离地面后，要确保肘部保持伸直，并要跳得**尽可能**高些，高到你需要完全伸展膝关节和髋部才能够完成。一次正确的起跳动作会让脚尖指向地面，这并不是因为提踵是爆发力动作的一部分，而是因为爆发性的伸展动作将你拉起，从而使你不得不踮起脚尖。膝关节和髋部的伸展动作会让杠铃杆接触小腹，因此一定要确保杠铃杆与小腹的接触。刚开始的几次动作不要担心肘部，只要伸直肘部高高跳起就好。

当你伸直肘部跳起的时候，你可以开始试着将杠铃杆举起至支撑位置。保持杠铃杆在上升时紧贴胸部，**跳起后**弯曲肘部可以帮助你做到这一点。如果你在起跳前弯曲了肘部，那么沿手臂向下传递到杠铃杆的爆发力就会减少（还记得分别用铁链和弹簧拉车的区别吗？），同时，紧绷的肱二头肌也会降低支撑杠铃杆时必要的肘部外旋速度。如果你在**起跳后**仍试图保持肘部伸直，杠铃杆就会远离身体向前摆动转圈。因此，你最终还是会弯曲肘部，同时也会弯曲手腕，但必须是在起跳之后。你只要想着将杠铃杆举起到支撑位置，肘部和手腕便会以正确的顺序完成任务。

起跳之后，随着手腕和肘部的解锁，肘部会**从内旋状态变为外旋状态**，然后在支撑姿势中你需要重新伸直手腕和肘部（图6–56）。起跳之后的解锁可以让杠铃杆迅速向上通过胸部和脸部，并使杠铃杆靠近身体沿脚中心点正上方的垂直线运动。解锁状态下的这两个关节使手臂像链条一样，能够把肩膀和杠铃杆连接起来。起跳为杠铃杆的上升提供了爆发力，使其能带着足够的惯性向上，通过拉起阶段的无动力部分到达支撑位置。手臂的作用仅仅是将后背与杠铃杆连接在一起——只用来传递力量，它们本身并没有产生任何力量。

抓举的最后一个部分就是让身体**下沉**到杠铃杆下方，并籍此把肘部和手腕举过头顶并伸直（图6–57）。当你感觉自己由于跳起动作而踮起脚尖时，杠铃杆会迅速向上通过胸部和脸部，这时你要迅速把身体沉到杠铃杆下方。这个动作需要再次弯曲膝关节和髋部，你可能还需要回到与起跳相同的姿势。这次只需使它们处于未锁定状态即可，这样你才能在伸直肘部、举起杠铃杆时处在一种具有缓冲能力的姿势中。随着背部和髋部的下沉，是身体的下沉最终使肘部和手腕再次伸直，而不是借助肌肉的力量将杠铃杆拉到了最后的位置（顺便提一下，这是一项辅助训练，叫作“肌肉抓”）。

下沉身体提供了最后的“抓举”效果，从而使手臂外旋进入了支撑姿势，在抓举最后10%的动作过程中，其速度取决于举重者把身体沉到杠铃杆下同时伸直手肘将杠铃举起的决心。下沉身体的速度必须足够快，以至于你在支撑时能够听到杠铃片发出的嘎嘎声——要在下沉身体的同时让杠铃杆猛“砸”到位。要想又快又准地完成这个动作，可以在下沉身体的同时想象着将双手向上“刺”向杠铃杆。这样练习几次，然后放下杠铃让双手休息一下。

记住，下放杠铃时要**首先解锁手腕**，然后在杠铃下落经过胸部时抓住它。就像在上拉过程中你不是将杠铃推举到锁定位置一样，下放过程中你同样不能将杠铃慢慢地放下来。如果你是将杠铃推举到锁定位置的，那么你的手腕会先于肘部伸展开，这样的话驱动杠铃杆上升的就不是起跳的力量了。另外，这样在下沉身体的过程中，举重者也不能爆发式地旋转并伸直肘部和手腕，因此动作会变得很慢。很多人被允许在最后几英寸的距离中通过翻转手腕来把杠铃举起来，因此他们头脑中的动作图像也是不正确的。如果你的

图 6–56. 由悬挂姿势到支撑姿势的转变，就是一次手臂从内旋状态到外旋状态的转变。这种变化使拉起杠铃通过上部的过程产生了杠铃杆的垂直运动路径

图 6–57. 跳起及锁定

动作是错误的，那你做得再快也没有意义，如果你是为了使用抓举握法推举起杠铃而提前把杠铃杆翻转过来，那么你就会失去由起跳提供的最后一部分爆发力以及从下沉身体的动作中获得的速度。在一开始学习下放杠铃时首先解锁手腕就可以把这个问题扼杀在萌芽中。

一旦你通过下沉身体以及手腕和肘部的猛然伸直举起杠铃完成锁定，你所做的就是基本的抓举动作。接下来的部分同样会包含将杠铃从地面拉起至起跳位置的过程。再说一次，硬拉是将物体拉离地面的最有效的物理模式。我们会从动作的上部开始练习：将杠铃杆从悬挂姿势向下滑落到起跳位置，并在起跳时使之靠近身体上升，最后在支撑姿势中抓住杠铃杆，如此反复练习几次（图6–58）。然后，使杠铃杆滑落到略低于膝盖骨的位置——在膝关节以下，但不要低于胫骨顶端太多（图 6–59）。将杠铃杆缓慢地向上滑动至大腿中部，然后加速拉起杠铃并跳起，要确保杠铃杆能够接触到小腹，并在跳起时保持手臂伸直。不要在杠铃杆接触大腿中部时停顿——把这种接触当作加速的“触发器”，就像你在翻举动作中做的那样，在拉起杠铃的过程中不要有任何停顿。支撑杠铃杆，然后解锁，从这个位置开始反复练习几次抓举动作。如果你在几个步骤的中间需要休息的话，就将杠铃放下：抓举时双手的负荷会比较大。

在这里你容易出现的错误是：杠铃杆与大腿失去接触，无论是在膝盖上方还是在大

图 6–58. 三种教学姿势：悬挂姿势、起跳姿势和支撑姿势

图 6–59. 将杠铃下放到地面的过程中，杠铃杆位于“膝盖下方”时的姿势

腿中部的位置。如果你在上拉过程中太过匆忙而失去了耐心的话，那你往往会过早地起跳——在杠铃杆到达正确位置前就起跳，这必然会导致杠铃杆和你的身体被向前拉。或者，你可能认为杠铃杆在起跳位置时是离开大腿的，但这是对这个动作的错误理解。在拉起杠铃的过程中，要保持杠铃杆与皮肤的接触，决不能使其离开大腿。杠铃杆在离开小腹之前必须保持与皮肤的接触，这样才能形成最有效的杠铃杆垂直运动路径。多用一点儿时间练习，记住，最关键的是杠铃会在拉起动作的**顶部**快速运动，而不是在底部或中段（至少现在是）。

下一个姿势出现在杠铃杆位于胫骨中部时，也就是装上负载后杠铃片着地时的杠铃杆高度（图 6–60）。由于握距很宽，肩膀前伸越过杠铃杆，背部处于用力伸展的状态，因此以这个姿势做出力学上标准的硬拉动作是很有挑战性的。使膝关节保持足够的外展可以补偿过于接近水平的背角。**如果膝关节和肘部处在正确的位置，绝大多数人的膝盖外侧都会碰到肘部的内侧，**这有点儿类似于硬拉起始姿势中二者的接触。这种膝关节外展的姿势让大腿避开了腹部向前的运动路径，从而让我们能够更轻松地使用更接近水平的背角完成起始动作。在握紧杠铃杆开始上拉之前，先要让膝关节外展碰到肘部——从现在开始把这个动作看作是起始姿势的一个特点。脚尖的充分外展可以使膝关节更轻松地外展，因此如果你的双脚还没有自行完成调整，现在可以调整一下你的站姿。从现在这个位置开始，随着膝关节的伸展，缓慢将杠铃杆沿小腿上拉，然后经过膝盖到达大腿中部，并在整个过程中保持杠铃杆与皮肤的接触。当杠铃杆到达大腿中部时，加速跳起，然后把杠铃举起至支撑位置。

大多数人倾向于在抓举时将杠铃过快地拉离地面。即使在你已经正确地学习了抓举

图 6–60. 杠铃杆位于胫骨中部时的姿势，这是加载负重后杠铃片着地时杠铃杆的位置

动作——把杠铃从地面拉起的第一个阶段，即“拉离地面”的阶段也还是存在快速完成拉起的倾向。现在就要培养这样的意识——第一部分必须要缓慢而又准确地完成，只有在拉起杠铃的较高部分，爆发式的阶段才会开始。

现在，你已经能够完成一次全程的力量抓了。休息一下，然后加大杠铃杆的重量。刚开始的时候，用轻重量练习力量抓是最合适的，特别是当你还不够强壮的时候。“轻重量”可能意味着比常用的 10 千克缓冲杠铃片还要轻。如果是这样的话，你需要想办法获得这样的杠铃片。这种杠铃片通常很贵，但是对一位难以驾驭 40 千克负重的训练者来说，能否获得这种杠铃片，很可能成为他是否继续练习力量抓的决定性因素。如果有这种杠铃片，就要充分加以利用。相比直接从 20 千克跳到 40 千克，这些轻型杠铃片会让学习过程中重量的递增更加自然。过大的重量增幅经常会导致用手臂拉起杠铃的错误，并完全毁掉我们之前详细阐述的学习过程。慢慢地向上拉，并说服自己抓举是一种要伸直手臂、最后的动作阶段通过下沉身体完成的跳跃动作——而不是通过宽握距完成的直立划船动作。

当用于抓举、加载缓冲杠铃片的杠铃杆

已经达到40千克的时候，大多数人都会只用一个动作，直接将举过头顶的杠铃扔回举重台——让橡胶垫来承受冲击。在缓冲杠铃片被发明并得到普及之前，举重者需要通过控制肌肉的离心收缩来放低杠铃。这种要求增加了抓举训练的内容，它可能很有用，但没有那么有趣。如果你有能力购买缓冲杠铃片的话，那就应该正确地使用它们。将杠铃从头顶放下需要精确的控制能力，在杠铃片接近地面之前都不要放松对杠铃的控制。如果可能，要确保杠铃片均衡地着陆，因为不均衡的落地过程会使杠铃杆出现弯折，即使最好的杠铃杆也不例外。在一些所谓的圈子中很流行从头顶把空杆直接扔下来或者让负重杠铃自由下落的方式，这些圈子里的人最好去其他地方训练。因为这些设备很昂贵，作为训练者你应该尊重健身房，在这里你要控制住自己不成熟的、渴望吸引别人注意力的冲动。

我们最好使用单次组或两次组——每组完成1次或2次重复——来练习力量抓。拉起杠铃的路径很长，很容易让身体疲劳。5次重复的训练组可能会让你开始犯一些错误，而这些错误是在身体没有疲劳的时候不会出现的。高重复次数的训练组很快就会让你的抓举动作变形。如果你在训练中做的错误动作的次数比正确动作的次数还要多的话，那么你对错误动作的熟悉程度就会远胜于正确的动作。所以，把每组的次数限制在2次以内，然后通过完成更多组，而不是每组做很多次重复的方式增加训练量。

7

有用的辅助训练项目

深蹲、卧推、硬拉、推举和力量翻共同构成了一个成功的、设计合理的训练计划的基础。但也有一些其他的练习能够辅助这五个主项，并提高举重者在主项中的表现。

毫不夸张地说，你能在一家设施齐全的健身房中完成上千种练习。比尔·佩尔（Bill Pearl）的经典著作《通向宇宙内部的捷径》（*Keys to the Inner Universe*）中描述了 1621 种练习。但不是所有这些练习都对力量训练有用，实际上它们之中只有很少的练习有助于提高举重者在核心杠铃训练中的表现。

这一点的重要性源于以下几个理由：你的训练应优先考虑——取决于你的训练水平——增强力量、爆发力或增加肌肉量。不管训练了多长时间，或者你多么强壮、多么有爆发力，或者你的块头有多大，你的训练总是与你在基础练习及其变式中的表现联系在一起的。这些资源——时间、恢复过程、家人朋友对你的耐心——总是供不应求，这使我们需要重点考虑完成目标的效率。最佳辅助练习能够直接帮助举重者提高在基础练习中的表现，从而获得最大的收益。

这并不是说基础练习需要很多帮助。因为基础练习本身属于完整的练习，大量的肌肉都在以人体解剖学上正常的、有用的运作方式移动着众多关节。但在一段时间之后，经常是在严酷训练几个月之后，只是执行基础练习所提供的刺激不足以产生能够引起身体进一步适应的压力。这样的改变不是因为基础练习存在缺陷，而是因为训练者能够成功地适应这些练习提供的刺激。在取得一定的进展后，进步的速度会变慢是训练的自然结果，而取得进步正是我们训练的目的。《力量训练计划》第 3 版，会使用大量篇幅探讨这个问题。

比如，对卧推和推举来说，一项绝佳的辅助练习是**引体向上**。引体向上给肱三头肌、前臂和上背部的肌肉增加了足够的训练量，使这些肌群在卧推中能够贡献更大的力量。如果训练者需要一点儿额外的训练量，那么只能通过添加某种多关节的功能性练习来完成。引体向上就是这样的练习，而且非常有用，以至于从很早的时候开始它就作为唯一的非杠铃训练项目出现在了训练计划中。增加训练量的不够高效的方式是添加一种孤立的肱三头肌练习，比如拉力绳版的肱三头肌伸展。这项以机器为基础、并要求按照严格的动作来完成的练习，省去了对背阔肌、上背部肌肉、前臂肌肉、三角肌后束、肱二头肌和握力的训练。既然卧推会用到所有的这些肌肉，那我们为什么不用另一种多关节练习同时训练所有的这些肌肉呢？引体向上作为一项辅助练习更有效，就像你用人们通常认为“不够标准”的动作（从而使用了多关节）做大重量的仰卧肱三头肌伸展那样，你实际上会获益更多。

在开始探讨这个话题之前，我们先要讨论一下如何把练习添加到你的训练计划中。任何时候当你尝试一个新的练习时，第一次训练使用的重量都要**保守**一些。否则，你最终会以一种痛苦的方式记住一个教训，所以你最好现在就意识到这一点。任何时候尝试一项新的练习，你都会面临使用一种从未做过的动作模式，或者一件从未用过的器械的状况。即使是使用部分动作幅度完成一个熟悉的练习，在此之前你也没有单独练习过那部分动作。之前只是在完成整个动作的过程中用过这部分动作，与完整动作相比，单独练习部分幅度动作是一个不同的力学任务——这两者之间的差异足够大，以至于你只能选择一种方式，而不是另一种方式来完成它。在你还没有适应新的练习动作之前，这个动作也许会让你的身体感觉有点儿酸痛——也可能很酸痛。这种酸痛也许只是因为你做辅助动作的重复次数与做原始动作时的不同，而你还没有适应的重复次数同样可以让你身体酸痛。

但一种全新的动作模式可能不只是会让你感觉酸痛——**使不适应的肌肉感觉酸痛是一回事，使不适应的关节感觉酸痛是另一回事**。如果不是结构性损伤的话，关节酸痛往往意味着炎症。酸痛的肌肉也意味着炎症，但肌腹是有血管的——很多血管以及毛细血管会传送血液到肌腹，从而使它们快速愈合——关节则不同。与肌肉酸痛，甚至是肌肉损伤相比,关节酸痛是一件更严重的事情。关节问题可以持续数年，而肌腹损伤在几天或者几周内就会愈合。很多关节酸痛其实都是在你尝试一个新的练习时出现的，尤其是在你尝试尽可能大的重量或者尽可能多的重复次数时。

当然，这并不意味着你是一个懦夫。这表明你对新的练习的态度是明智和谨慎的，这样你之后就不会在不知不觉中成为一个懦夫。如果你是一位年长的训练者，这一点对你格外重要。开始一项新的练习时需要**充分热身**，而且使用的重量或者重复次数只能提高到与你自己的中等重量热身组相当的水平，从而为下一次练习留出一定的余地。采用这种方式进行训练的话，到下一次练习时你就能在原有的基础上取得进步，而不必等待某个身体部位逐步恢复。

辅助练习有三种类型：①强化某个动作的一部分，比如说部分硬拉（不管是架上硬拉，还是下半程硬拉）；②基础练习的变式，比如说直腿硬拉；③补充练习，这些练习能够以一种基础练习不会使用的方式强化基础动作中用到的部分肌肉，比如引体向上。所有有价值的辅助练习都属于这三类之一。

部分幅度动作

正如之前所提到的，硬拉可以成为一项非常困难的训练。当你像一个非常强壮的训练者那样使用非常大的重量时，硬拉使你很难在训练计划要求的时间内恢复过来。举重者做一组 5 次重复、超过 500 磅（226.8 千克）的极限硬拉可能需要一周甚至更长的时间才能恢复——为下一次训练做好准备，与此同时深蹲也会或多或少受到影响。当你的硬拉能力变得足够强时，大重量的 5 次重复组消耗的身体力量让你很难按照训练时间表恢复过来，因此交替练习两个辅助项目，以此代替硬拉就变得有用了。**下半程硬拉**从地面拉起杠铃向上到达膝盖顶端，它囊括了硬拉动作的下半部分，而**架上硬拉**从膝盖下方起始将杠铃上拉到顶部并完全锁定。这两个动作组合起来涵盖了整个硬拉动作，同时比完整动作需要的恢复时间更短。

下半程硬拉

下半程硬拉（图 7–1）使用双手正握的握法和与硬拉相同的站姿。与硬拉一样，下半程硬拉也是从杠铃的**静止状态**开始拉起。在这里简单回顾一下拉起杠铃的力学会有帮助，需要的话请参考第 4 章的相关内容。膝关节伸肌从地面把杠铃向上移动，同时腘绳肌和臀肌保持背角不变，竖脊肌保持脊柱的刚性并使之处于伸展状态，这样来自膝关节和髋部的力量就能够被高效地传递到杠铃杆上。斜方肌和菱形肌把这个力传递到肩胛骨——手臂悬挂的起始位置，同时背阔肌保持手臂向后，这样杠铃在从地面到膝盖顶端，然后再下降的过程中都能始终处于脚中心点的正上方。

采用标准硬拉站姿和与硬拉相同握距的双手正握法。挺起胸部，然后锁定背部并使之进入伸展状态，采用第 4 章中讨论的标准硬拉的准备动作。在硬拉中，当杠铃杆靠近胫骨粗隆（位于胫骨顶端、髌骨下方一两英寸处的较大突起）的时候，背角会开始变得更接近垂直。下半程硬拉有些不同——当杠铃杆通过这个点时，要主动尝试着保持背角不变，这样背部在全程硬拉的中段就能够更有力地工作。试着让肩膀处于杠铃杆的前方，直到杠铃杆越过髌骨。在杠铃杆到达髌骨之前，背角可能发生改变。但你的任务是，尽你所能保持住杠铃杆上方的背部姿势，把尽可能多的工作量传递给竖脊肌和背阔肌。这种额外的背部做功是练习这个项目的理由之一。这个项目的惊人之处在于，保持重量处于脚中心点正上方的正确位置的背阔肌得到了大量锻炼。

沿着小腿上拉杠铃杆，直到杠铃杆越过髌骨，然后把杠铃放下。不要想着缓慢地下放杠铃，因为下半程硬拉主要是向心收缩。请记住：每次重复都是从杠铃的静止状态开始的。比尔·斯塔尔会告诉你，在放下杠铃之前把杠铃在顶部保持 1 秒钟，这样做能够大大增加背部肌肉和背阔肌的训练量。在拉起杠铃时想着下面这些是有用的：①双脚用力蹬地；②在杠铃上升时把杠铃杆后拉使之与小腿接触；③尽你所能保持肩膀前伸越过杠铃杆。呼吸方法与硬拉时相同：在拉起杠铃之前深吸一口气，然后屏住呼吸直至放下杠铃。从 135 磅（61.2 千克）开始，以合理的增幅加至正式组的重量。

你不会在练习硬拉的同一天练习下半程硬拉，所以当你做这个练习时，你可能还没有热好身——这与你在做完核心练习后继续做一项小肌群辅助练习的情况不同。在完成下半程硬拉的训练时应该像做标准硬拉那

图 7–1. 从上到下，下半程硬拉的底部、中段和顶部姿势

样热身。用高重复次数的方法训练下半程硬拉貌似比较有效，但因为它们的动作幅度较小——一组 8 次重复的正式组所用的重量会大于一组 5 次重复的标准硬拉正式组所用的重量，并可能达到单次最大重量的 85%——所以使用这样的重量，进行一组正式组的练习就足够了。

因为俯身姿势，举重者在底部的呼吸是这项训练中最大的问题；当你呼吸困难的时候，一组较长正式组中的最后几次练习就变得不好玩了，而你也不可能在起始姿势中真正屏住一大口气。如前所述，其中的握姿是双手正握，或者说是翻举的握姿。为了在比赛中完成单次大重量硬拉而使一只手掌旋后（拇指朝外）是必要的，但是以一侧肩关节内旋，同时另一侧肩关节外旋的状态完成多次重复会造成肩部受力的不平衡，一些人不能很好地耐受这种受力不均的状态。下半程硬拉很适合锻炼握力，因为你不会使用单次最大重量练习下半程硬拉，而双手正握比正反握难度更大，所以你也可以把下半程硬拉作为**握力**练习来使用。如果你变得足够强壮可以使用更大的重量，而握力不能应付你所使用的重量的话，那么你可以使用助力带，或者以交替的方式使用正反握法——每次重复时双手交换握姿。这样的改变会有点儿麻烦，如果你的握力已经足够强的话——也就是在正常硬拉时，你不会在握住杠铃的时候出现问题——就可以使用助力带。

注意，在杠铃上升的时候要保持杠铃杆靠在小腿上——这是背阔肌的任务。可以把下半程硬拉看作是在底部“用双脚把杠铃推离地面”的过程，而杠铃杆越过膝盖到达顶部的过程几乎就是一个划船动作。

架上硬拉

架上硬拉是该动作的另一半内容（图 7–2）。这个动作在框式深蹲架内完成，放置杠铃的保险杠被设置在膝盖下方的某个高度上。保险杠在膝盖下方的位置决定了下半程硬拉与架上硬拉的重叠程度。刚好低于髌骨的位置可能是不够的，如果低于胫骨中部就背离了把整个拉起过程一分为二的初衷。低于膝关节线 3 ~ 4 英寸（7.6 ~ 10.2 厘米）的高度是比较合适的，这个高度刚好位于胫骨粗隆下方。下半程硬拉的目的在于训练举

图 7–2. 从左到右，架上硬拉的起始、中段和完成姿势

重者将杠铃拉离地面的能力，这在很大程度上要依靠股四头肌的发力和腘绳肌对背角的固定。架上硬拉则应该尽可能减少股四头肌的发力，其重点在于髋部伸展——锻炼腘绳肌和臀肌，总之，在动作过程中要保持背部平直。髋部伸展是这项练习的训练要点，并且很显然，架上硬拉也应该从杠铃完全静止的状态开始。

你在架上硬拉中使用的站距与硬拉中的站距是相同的，但与将杠铃拉离地面的起始姿势相比，你的胫骨在架上硬拉中会处于更接近与地面垂直的姿势中。杠铃杆应该处于与杠铃刚刚被拉离地面时相同的高度——杠铃杆处于脚中心点的正上方，与胫骨接触并刚好位于膝盖下方。肩膀应该处于杠铃杆前方，而且在杠铃杆上升到大腿处之前，保持肩膀的这种位置是很重要的。在这点上，下半程硬拉和架上硬拉都与硬拉不同，因为当杠铃杆低于膝盖高度时，硬拉允许背角发生自然的变化。背部必须牢牢锁定，腰椎和胸椎处于伸展状态——胸部挺起，下背部处于正常的人体解剖学中的伸展姿势，但不要过度伸展，这种姿势在深蹲和硬拉部分做过描述，而且适用于所有拉起杠铃的练习。当杠铃处于胫骨上较高位置的时候，做出这样的姿势会更容易，因为此时腘绳肌对处于锁定状态的骨盆和腰椎施加的张力较小。与下半程硬拉相同，架上硬拉也采用了双手正握的握法，而且举重者也经常因为大重量而使用助力带。

从起始姿势开始，沿着大腿把杠铃杆向上拉，始终保持其与皮肤的接触，肩膀处于杠铃杆前方，胸部挺起，膝盖保持在正确的位置没有发生前移。当杠铃杆到达大腿处足够高的位置时，你就不能保持肩膀前伸了，此时要用力伸展髋部——“髋部发射”是完成这个动作的不错的提示。结束姿势与硬拉相同，肩膀向后，胸部挺起，膝关节和髋部伸直，双眼注视着前方 12 ~ 15 英尺（3.7 ~ 4.6 米）处的地面。并不夸张的耸肩动作是有必要的或者说是有用的。髋部向前猛推并进入伸展状态，胸部保持挺起，这就是你需要在顶部完成的全部动作。呼吸方法也与硬拉时相同——在每次重复前深吸一口气然后屏住。用 5 次重复组做架上硬拉是比较合适的。因为较小的动作幅度，举重者在这个项目中使用的重量相当大，用接近单次最大硬拉重量的负重做一组 5 次重复的次大重量架上硬拉是很寻常的。再说一次，举重者应该采用与硬拉相同的渐进方法做好热身准备。

虽然这个动作看起来很简单，但很容易做错。当杠铃杆越过膝盖时，大多数人允许膝盖前伸，从而使背角更接近垂直，然后以一定的角度把杠铃杆沿着大腿“拖”上去——部分重量会压在大腿上，从而使杠铃杆脱离了垂直路径。这样的膝盖挪动在力量举比赛的硬拉项目中是违规的，因为杠铃杆实际上会略微下降，这个动作也被称为“硬拖”。身体想要这么做的理由与翻举中的二次拉起的原理相同：如果你重新弯曲膝关节的话，你就有使用股四头肌伸直膝关节的第二次机会。但与翻举不同，架上硬拉是专门用来强化腘绳肌的，所以腘绳肌必须完成这样的任务——在背部保持平直的状态下拉动髋部进入伸展状态。肩膀前伸越过杠铃杆，保持膝盖向后，杠铃杆贴在大腿上，而且只有在杠铃杆完全上升到大腿位置后再伸展髋部是很重要的。

杠铃耸肩

杠铃耸肩是一种从膝盖上方、硬拉顶部、髋部伸展的位置起始的架上硬拉。因为杠铃耸肩的动作幅度很小，而且处于良好的力矩状态中，所以举重者可以在训练中使用非常大的重量——高于举重者的硬拉极限 100 磅（45.4 千克），甚至更多——练习杠铃耸肩。

实际上，为了达到效果，杠铃耸肩必须使用非常大的重量。但它是一个高级训练项目，不是所有人都适合做的。这个动作使用的重量如此之大，这意味着——即使新手们正确地练习耸肩，他们在骨密度、关节整体性和运动控制这几个方面也很难适应，并可能很快遭受严重的伤病。我的一位缺乏耐心的朋友就是因为过早的练习了耸肩，结果折断了C6（第6颈椎）上的棘突。杠铃耸肩（图7–3）最好留给那些训练了至少一两年的竞赛举重运动员，力量举运动员或举重运动员之外的其他运动员根本没有必要练习这个项目。它存在于此是出于我们对不同的训练方法完整性的考虑,以免有人认为这个项目并不存在。

如果你确信自己准备好了，就将保险杠调整到大腿中部的位置，然后在架子内把杠铃加重到135磅（61.2千克）。耸肩动作与力量翻的顶部动作类似，对耸肩动作来说，最佳的热身方式是把135磅（61.2千克）的重量从这个较高的位置向上翻举并将其架在肩膀上。这样的热身方式能够为之后的大重量正式组建立正确的动作模式，并淘汰掉菜鸟级选手：如果你不能轻松地从完全静止的位置悬挂翻举135磅（61.2千克）的重量，那你就不应该去做大重量的杠铃耸肩。在用135磅（61.2千克）的重量做了几个5次重复组之后，加一个大杠铃片，然后尝试翻举这个重量5次。如果你能做到，那很好；如果你做不到,那就可以用这个重量做耸肩了。耸肩动作的力学机制与翻举中的二次拉起相同，更大的重量限制了你翻杠并将杠铃架到肩膀上的能力，但余下的动作都是原封不动的。随着重量加大，杠铃的移动距离会越来越小，直到最后的热身组以及正式组，肘关节甚至不能解锁，只有髋部、膝关节和肩膀在移动时，停止增加负重。

这个大重量练习可以使斜方肌完成由髋部和腿部启动的动作。这个动作的关键点在于让斜方肌在顶部完成**猛提**的过程。将杠铃从保险杠上缓慢拉起，然后挺胸，绷紧下背部并将其牢牢锁定，伸直肘部，然后爆发式地向后耸肩，就好像你要用斜方肌的顶部碰触头骨后侧一样。然而这并不意味着头部会向后移动——只是需要斜方肌向后、向上耸动，而不是向前朝着耳朵耸动。不要试图在顶部保持这种姿势。在每次重复时，都要以硬拉的结束姿势握住杠铃杆，然后将其下放至保险杠。在抓住杠铃杆回到悬挂位置之前，不要让杠铃直接从耸肩的位置下落到保险杠上，因为这样很容易使背部和髋部出现严重的伤病。每一次动作的起点和终点都要在保险杠上，这个要求正是正确的杠铃耸肩与不正确版本——每次重复都从悬挂姿势开始，缺少爆发式的部分——之间的区别。如果杠铃从保险杠上启动，举重者就能使用髋部和腿部驱动杠铃向上，并使之进入斜方肌耸肩的姿势，这种做法使举重者能够使用很大的重量，并使之成为一项有效的练习。

毫无疑问，大重量耸肩会促进斜方肌的生长。当重量较轻时，比如使用硬拉的单次最大重量练习耸肩，对增强翻举力量也是不错的选择。当重量较大的时候，耸肩练习会锻炼斜方肌并能够使之为硬拉的顶部动作做好准备，同时使大脑为超大重量带来的压力做好准备。举重者通常需要借助助力带完成更大重量的正式组，因为当斜方肌把杠铃通过耸肩的动作向上提的时候，**猛提**的动作必须出现。通常在热身之后再进行一组正式组就足够了。超过一组的训练会给举重者的身体带来极大的压力，因为如此大的重量带来了极大的骨骼负担——即使每次重复所需的时间非常短暂。同样的，杠铃耸肩在训练计划中的安排应该比较保守——在设计合理的训练计划中，两周一次的杠铃耸肩训练已经足够了。

关于框式深蹲架的注意事项。架上硬拉

图 7–3. 杠铃耸肩

和杠铃耸肩显然依赖于框式深蹲架，框式深蹲架的设计对这些练习，以及在这个计划中所有其他能在框式深蹲架内完成的练习来说都是至关重要的。一个优质的框式深蹲架不应该太贵，一些最简单的设计实际上是最好的。框式深蹲架应该带有一块底板——它不应该只是被铺在地面上，它应该能够在举重者站上去的时候把架子向下压住。一块处于深蹲架内并连接在框架上的**厚重**的胶合板能够承受举重者和杠铃的重量，从而起到稳定深蹲架的作用，这样当举重者下放杠铃到保险杠上的时候，深蹲架就不会出现移动。举重者在立柱间的位置取决于深蹲架的深度（前侧和后侧立柱之间的距离）。

深度较浅的架子让人很难受，如果存在尺寸问题，架子用起来会非常困难。深蹲架应该足够深，这样举重者就可以在里面进行深蹲——从前到后完成练习都没有问题。无论你多细心，在练习的过程中身体都会出现挪动，如果立柱靠得过近，那你在挪动时经常会撞到立柱，这样的话动作的质量就会大打折扣。如果架子太深的话，保险杠就会产生过度的“反弹”，因为前后立柱之间更长的跨度会使保险杠变得更长，这种结构特点会产生更多弹性。在做动作的过程中让杠铃杆在保险杠上到处反弹，对练习来说也是具有破坏性的。图 7–2 中的架子深度是 22 英寸（55.9 厘米）。

如果架子不够宽，在杠铃杆上加载负重就会成为问题。一个较窄的架子会让一根负重不均衡的杠铃杆——杠铃杆加载后总会这样——倾斜。这一点与另外一点——当你深蹲收杠的时候，较窄的架子可能让你的双手不知所措——使两侧立柱相距 48 ~ 49 英寸（121.9 ~ 124.5 厘米）成为较理想的、便于使用的框式深蹲架的基本要求。立柱上的插槽之间的间距应该是 3 英寸（7.6 厘米），或者更近。这样的间隔让举重者能够足够精细地调整保险杠的高度，这一点对所有架内的练习和架外的深蹲、推举练习都很重要。（如果你想了解更多关于深蹲架的细节，或者打算自己做深蹲架，请参考训练计划那一章的器械部分。）

部分深蹲和推举

同样的原则——使用主项的不同版本或部分动作作为辅助练习，我们一概用“部分”这个术语加以描述——适用于深蹲和推举。当然，举重者使用深蹲和推举的部分动作的效果也是不一样的，因为这些练习的本质是不同的。硬拉从地面开始，没有牵张反射的过程，与深蹲的差别远不只是杠铃杆的位置。深蹲中的髋角和膝角比硬拉起始时的角度更小，更大的**动作幅度**是二者之间非常显著的差异，因为增加的动作幅度恰恰发生在力学上最不利的部分。唯一从力学上缓解了困难姿势的一点是由腘绳肌、臀肌和内收肌在底部反弹时产生的牵张反射。从静止姿势起始，没有牵张反射帮助举重者发力的深蹲叫作**停顿深蹲**。从不同姿势——深蹲深度比大腿水平时略低、比大腿水平时低很多或者比大腿水平时略高——起始的停顿深蹲是相当有用的。这种停顿使向上抬起杠铃的过程变得非常困难：做 5 次低于大腿水平位置的箱式停顿深蹲所用的重量，也许只能达到你的单次最大重量的 50% ~ 60%。如果从静止姿势起始强化这些位置的深蹲力量，那么你必须在不借助反弹的情况下产生将杠铃从底部抬起的爆发力。当反弹的过程被重新加回到深蹲动作中时，你在停顿深蹲中得到的爆发力会使你的深蹲变得更有力。

停顿深蹲。举重者可以以两种方式练习停顿深蹲——在箱子上或者在框式深蹲架内。箱式深蹲是一种被几代举重者证明的、效果不错的古老训练法（图 7–4）。箱子放在举重台上，处于举重者身后、相比正常双脚站

图 7–4. 用堆起的缓冲杠铃片完成的箱式深蹲。只要材料是结实的，就可以使用

位可以安全后撤一步的位置。这个箱子可以是一只真正的木质或者金属的箱子，也可以是一只增强式跳越箱或者只是堆起来的几片缓冲杠铃片。它的高度应该可以调整，而且箱子不能够发生滑动——相对于举重台或者举重者的臀部，否则就会发生惨剧。站姿大致与深蹲站姿相同——可能比深蹲站姿略宽，这样可以使内收肌拉伸得更开一些，进而增强其从静止姿势拉起杠铃的发力能力。

起杠，然后小心地后退到这样一个位置——臀部后坐到达动作底部并与箱子紧密接触。这个距离会随着箱子的不同而改变，但一般来说，脚跟的连线会与箱子的前缘平行。如果使用的是堆起来的缓冲杠铃片，它们的形状会让举重者的脚跟略处于杠铃片的前缘之后。这种深蹲本身就是正确动作的夸张演绎，举重者需要把大量注意力集中在髋部后坐、膝关节外展，以及使身体足够前倾以将其保持在这种极端后坐姿势所需的平衡位置上。这种动作上的夸张是必要的，因为你要在这个位置完全停顿下来，在没有反弹的情况下，从低于大腿水平位置的停顿姿势中驱动髋部向上移动。站姿上的不同就能够反映这一点——为了在没有反弹的情况下产生夸张的髋部驱动力，举重者需要在动作底部绷紧身体。

当你靠近箱子的时候，要放慢速度，这样你的臀部才不会撞到箱子。这样做的目的在于小心地让箱子负重，从而避免压迫举重者的背部。停顿一两秒，然后用力驱动髋部垂直向上起身。不要在底部呼气，因为气体能够为你提供一定的支持。如果说你在此生中还需要支持的话，那一定是在箱式深蹲的底部。你可以以各种组数和次数的组合来做这项练习，取决于你想要的效果。箱子的高度可以从低于大腿水平位置几英寸减少到一两英寸，然后是等于、高于大腿水平位置。如前所述，幅度较大的版本使用较轻的重量，而箱子较高的版本能以大大超过深蹲极限的重量来完成。（单单这一点就能反映出低于大腿水平位置的深蹲的重要性。举重者能够使用更大的重量、更轻松地完成幅度较小的深蹲，因为它们不是完整的动作幅度。是的，一两英寸的变化就能够使结果截然不同。）

在一种叫作“摆动箱式深蹲”的版本中，当举重者的上半身轻微后仰时，重量会短暂地离开双脚，然后在举重者用力驱动髋部向上离开箱子之前，重量会重新回到双脚上。请记住：箱式深蹲是一项高级练习。对经验不足或者身体尚未做好准备的训练者来说，在这项练习中受伤的概率很大。处在箱子和杠铃杆之间的脊柱受到挤压的风险很高，高中体育教练应该更好地了解这一点，而不是急于让运动员做这项练习。如果你没有准备好，请不要做这个练习。以上陈述绝对算得上**免责声明**。

在深蹲架内完成的部分深蹲。另一种做部分深蹲的方法是，在框式深蹲架内调整保险杠的高度，当举重者背上的杠铃杆在动作底部碰到保险杠时，就产生了他想要的深蹲幅度。令人着迷的是，我们有两种方法能够做到这一点（图 7–5）。较简单的方法是把保险杠调整到你想要的高度，在深蹲架内设置好挂钩，然后起杠，下蹲到杠铃杆搭在保险杠上的停顿位置，最后站起。这种方法能够让举重者的身体绷紧，并在没有反弹的情况下帮助举重者在下蹲到底部的过程中储存一些弹性势能，从而保证了先离心收缩、再向心收缩的运动过程。比较困难的方法是使保险杠处在你想要的位置，并在保险杠上给杠铃杆加重，然后再下蹲到杠铃杆下方，进入深蹲的底部姿势，接着从一个名副其实的**完全静止**的姿势中背负着杠铃起身。采用这种方法练习深蹲的话，深蹲幅度中较低的部分是这个动作真正的挑战，即使你用的是小重量，做起来也是很困难的。与箱式深蹲一样，当保险杠的高度高于大腿的水平位置时，动作就会变得简单——股四头肌大量参与的同时，只有很少的后侧肌肉参与动作，这很容易使膝盖产生酸痛。

保险杠的反弹会代替本应该由腘绳肌和内收肌产生的反弹，如果这样的话就背离了架内深蹲的初衷。杠铃杆应该被下放至保险杠，并且完全停在上面，然后才能被驱动向上。与箱式深蹲一样，**完全静止**在保险杠上同样使举重者有机会锻炼底部的启动爆发力，并且不会有任何压迫脊柱的风险。如果你是从顶部姿势开始一路蹲到底部的，那么你更容易在底部绷紧身体；如果你是从底部团着身体的姿势起始的话，那么你很难进入高效的深蹲姿势。两种方法各有优劣，但当你开始练习部分深蹲的时候，你就会感受到哪一种方法更适合你。请记住：**这种类型的深蹲不适合新手训练者**。

请注意，这些选项中不包含半深蹲——蹲到与硬拉起始姿势大致相同的髋角和膝角的动作。半深蹲完全是人为规定的姿势，从解剖学的角度看，它没有任何意义。全幅度深蹲是有效果的，因为腘绳肌和内收肌在动作底部处于完全拉伸的状态，但是没有类似的效果发生在半深蹲过程中。有用的深蹲辅助练习动作都是非常接近全幅度深蹲的动作。从底部上升到中段，然后再蹲下的训练是有用的，因为所有在底部停顿然后站起的变式都不会借助反弹的效果。（如果你处于深蹲底部姿势时的力量很强的话，深蹲的上半段就会变得很容易，因为上半段是力学上比较容易的部分；相反地，训练顶部的动作不会强化举重者在底部的力量。）不同于把硬拉分成两部分的做法，把深蹲分成上下两段然后分别训练的方法不会很有成效。举重者不需要训练上半段，不管怎样，底部才是深蹲动作中比较困难的部分，半深蹲只是增加了膝盖的压力。相比之下，硬拉中没有相对简

图 7–5. 两种架内深蹲的方法。上图，即使没有牵张反射的过程，从顶部起始的动作也会使离心收缩为向心收缩阶段提供帮助。使用这种方法，举重者能够深蹲更大的重量。下图，从底部姿势起始，杠铃杆架在保险杠上，这要求举重者从动作最困难的位置和完全静止的姿势开始向心收缩。这样的做法大大增加了动作的难度，并减少了举重者能够使用的重量

单的部分，因此，其上下两段动作可以被有效地分开训练。

部分推举和卧推。推举，与硬拉一样是从完全静止的状态开始的，至少对第一次重复和完成单次最大重量的练习来说是这样的。从深蹲架内不同的保险杠高度起始的部分推举都是非常有用的辅助练习。从完全静止状态启动需要的爆发力能够在架子允许设置的每个位置得到锻炼——从视线水平的高度到锁定位置，或者从锁定肘部的姿势开始到把杠铃举过头顶支撑住的姿势。举重者能以与架内深蹲相同的方式训练卧推，从完全静止

状态起始的辅助训练能够增强常规卧推动作中在底部的反弹效果。

对推举来说，举重者可以把保险杠调整到自己想要的任何位置，可以是下巴的高度（刚好高于肩膀），甚至可以是略低于锁定位置的高度（图 7–6）。使用常规推举的握姿把杠铃杆推离保险杠，挺胸并使肘部处于良好的姿势中，保持杠铃杆靠近面部。在杠铃杆离开保险杠之前，身体紧靠杠铃杆并绷紧，同时在试着上移杠铃杆之前使肘部和肩膀处于紧绷状态。**要确保保留了杠铃杆下躯干的关键动作**。保险杠的位置越高，举重者能够使用的重量就越大。重量越大，顶部动作的不稳定性就越大，举重者防止过度后仰的难度就会越大，肩膀和腹肌上感受到的压力也就越大。在这里，使用腰带是个好主意。

如果使用比标准推举更大的重量，那你要抵制完成很多组部分推举的诱惑，特别是在你第一次尝试的时候。举重者可以把保险杠的高度调整到对应的推举动作中部的位置（大多数人的粘滞点，大概处于前额的顶端，举重者更多地使用肱三头肌发力代替三角肌发力的过渡位置）练习部分推举。一般来说，任何可以用来加强主项粘滞点的部分幅度动作都是相当有用的，大多数的部分幅度动作就是基于这个目的被设计出来的。组内重复次数可以根据组数的不同在 3 ~ 10 次之间变化，但不要盲目加大训练量。从完全静止姿势起始的多组训练会对肩膀造成巨大的压力。所以，你可以首先选一个重量，完成设定的次数，如果你感觉选错了重量，就在下次训练时重新调整。

把保险杠调整到胸部上方想要的高度，放上负载的杠铃，举重者就能够以相同的方式练习部分卧推了（图 7–7）。小心地躺在卧推凳上居中的位置，使杠铃杆下的身体处

图 7–6. 在深蹲架中，举重者从动作幅度内的不同位置起始的推举

图 7-7. 当杠铃处于胸部上方不同高度时，架上卧推能让举重者使用更大的重量。举重者必须注意过度使用这种练习对身体造成的压力

于正确的姿势，将头部靠在卧推凳上，胸部和肘部的位置和姿势，要与你在正常卧推中把杠铃杆推到这个高度时的相同。在部分卧推中，在你把杠铃杆从保险杠上推起之前，要让你的肘部和肩膀处于**完全绷紧**的状态——这对于执行正确的力学机制并避免对肱骨肌腱插入点产生过度的动态冲击是很重要的。5 次重复的训练组对推举和卧推来说都是适用的。但我要再次强调，一组大重量组足矣。这些部分动作会对身体造成很大的压力，如果你用大重量做了太多练习的话，很可能产生胸肌插入点的肌腱炎。与膝盖和髋部相比，肩膀对过度锻炼更加**敏感**，也更容易受伤。如果用大重量从完全静止状态起始的练习太过频繁,或者是训练量过大的话，可能导致肌肉连接处出现严重的炎症。如果你没有因为动作幅度较小而被能使用较大重量的优越感冲昏头脑的话，部分卧推能够使你变得非常强壮。

你也能够从顶部锁定姿势开始任何一种卧推动作——在架内把挂钩设置在这个高度，起杠，然后把杠铃杆下放至保险杠，停顿，然后驱动杠铃向上，就像架上深蹲那样。与深蹲状况相同，保险杠上的反弹会违背这项练习的**初衷**——该动作的价值在于，通过从完全静止状态起始的训练，锻炼粘滞点处的力量。你必须控制好停顿过程，防止杠铃杆在保险杠上脱离应处的位置。这种版本的卧推不太常用，但可以这么做。更常见的卧推版本是木板卧推——举重者把不同厚度的木板直接放在胸上，然后控制部分卧推的动作幅度。当卧推背心（它能够帮助举重者把杠铃推离胸部）在比赛中司空见惯之后，举重者大多都会采用这种方法增强卧推顶部的力量。木板卧推不需要框式深蹲架，但需要保护者帮助举重者放置和移除木板。

请注意，在我们的卧推和推举练习的照片中，架内杠铃杆下都有**两条**保险杠。这是一项重要的安全性预防措施，因为如果支持性的保险杠因为任何理由被移动了的话，这些训练就有使你受伤的风险。如果你把搭在保险杠上的相对较轻的杠铃（就像在部分推举和卧推中使用的）向架子前侧拉动的话，保险杠实际上能从卡槽中滑出。放置在训练高度向下一格的第二组保险杠能有效地防止事故发生，这对任何在架内完成的部分幅度动作来说都是一个好主意。

多年以来，这些练习的众多版本陆续被开发出来，举重者使用它们取得了不同程度的成功。这其中的关键在于正确的姿势、对训练产生的效果和作用的理解，以及对重量的明智选择。

对所有的基础训练项目（无论是能够正常利用牵张反射的练习，还是从完全静止姿势起始的练习）来说，从静止状态启动的部分动作都是有用的。对硬拉和推举来说，在动作幅度内的不同位置上，从静止状态启动的部分幅度动作的训练都模拟了原动作的力学机制。对深蹲和触胸离开式卧推来说，它们使你在没有牵张反射帮助的情况下，产生纯粹向上的动作。无论如何，它们都是有好处的。

但部分幅度动作不能替代原动作。完整动作是举重者的主要训练对象，部分幅度动作的作用是辅助训练。如果它们可以代替主项的话，那它们早就成为主项了。根据定义，完整动作涉及了部分动作中没有的一些肌肉和神经肌肉活动的细节。因此，从提高运动表现的角度来说，部分动作不及完整动作。完整硬拉也是优于其部分动作变式的。举重者需要练习完整硬拉的技术动作，只有经验丰富的举重者才能用下半程硬拉和架上硬拉代替动作幅度更大、并且更难的完整硬拉。所有能让举重者使用更大重量或者处于更困难的发力姿势的部分动作，其目的都在于产生比完整动作施加于身体更大的压力或者作用于特定部位的压力。只有经验足够丰富、能够理解如何使用部分动作并了解其中原理的举重者，才能在合适的情况下谨慎地使用这些动作作为训练项目。

深蹲变式

我们应该讨论基本杠铃深蹲的几种变式。前深蹲和高杠位深蹲，或者叫作奥林匹克深蹲，是常用的辅助训练项目。它们不是后深蹲的部分幅度动作，但如果需要，你可以将其作为后深蹲的替代版本使用。每个人的观点不同，但为了让大家能够完全了解深蹲，我们就来讨论一下这些深蹲变式。

奥林匹克深蹲

相比本书中描述的低杠位姿势，很多教练更喜欢奥林匹克深蹲。这可能是因为奥林匹克深蹲不需要相应的教学过程：训练者能够自行选择把杠铃杆放在斜方肌顶部的高杠位姿势，除非教练让他改用其他姿势，而且在进行到动作底部时，膝盖前伸的姿势无须举重者有意动员后链肌群就会产生。如果你告诉一位少年“去深蹲架那儿练习深蹲吧，我这儿正忙着教授更有技术性的抓举和挺举呢，这些可能增加我报酬的教学工作”——换句话说，在你没有教授他如何练习深蹲的情况下，他就会做高杠位深蹲。同时教授很多训练者的教练可能更倾向于让他们把杠铃杆放在较高的位置，这样在很多时候就可以忽视杠铃杆位置的问题。

肩关节柔韧性不足的人更愿意选择高杠位的姿势，而很多有着慢性肩部问题的年长训练者却无法选择，因为他们只能以这种方式进行深蹲——对他们来说，这显然比完全不能练习深蹲要好得多。糟糕的肩膀柔韧性有时会得到改善，但有时，特别对年长训练者来说，可能完全得不到改善，特别是当这种情况是由关节囊骨化引起的时候。我们已经讨论过优先选择低杠位深蹲的理由，所以在这里我们可以把高杠位姿势看作是它的一种替代版本，并给出一个使用这种动作的非常有说服力的理由。

高杠位姿势要求举重者更注意保持胸部挺起，这取决于上背部的力量。背部姿势越是接近垂直，更长的背部长度带来的影响就越小。任何深蹲只有当杠铃杆处于脚中心点正上方时才能处于平衡状态，如果举重者试图保持高杠位深蹲处于平衡状态，那他就需要更接近垂直的背部姿势。但更接近垂直的背部姿势会让膝角更加封闭，导致腘绳肌更少地参与动作——因为髋部已经伸展开了，

图 7–8. 前深蹲的三个视角。注意这种陡直的背角和杠铃杆处于脚中心点正上方的位置

膝关节也更弯曲了。**膝盖前伸越多，髋部的参与程度就越小**。与低杠位深蹲相比，所有的这些姿势要求和杠杆作用的劣势，都让举重者在奥林匹克深蹲中不得不使用更轻的重量。如果你觉得高杠位深蹲可能有用的话，你可以将其作为你的标准深蹲练习，并专注于胸部直立的姿势。因为髋部的发力会被大大削弱，所以它在此时作为一则提示就是无用的。

前深蹲

因为几个重要的理由，我们才会说前深蹲是一项完全不同的练习（图 7–8）。它与深蹲的差别显著，所以仍然在尝试学习深蹲动作的新手不应该练习这个动作。与深蹲相比，前深蹲使用的动作模式不同——当举重者想着如何完成前深蹲的时候，髋部并不是重点，膝关节和胸部才是前深蹲的关键。两种动作之间的差别完全是因为杠铃杆位置的不同造成的（图 7–9）。无论是在顶部扛着杠铃杆的姿势中，还是将其上下移动的过程中，任何处于平衡状态的深蹲动作都会保持杠铃杆处于脚中心点的正上方。因此，为了保持杠铃杆在双脚上方的垂直路径中运动，低杠位深蹲中举重者的背角会处于

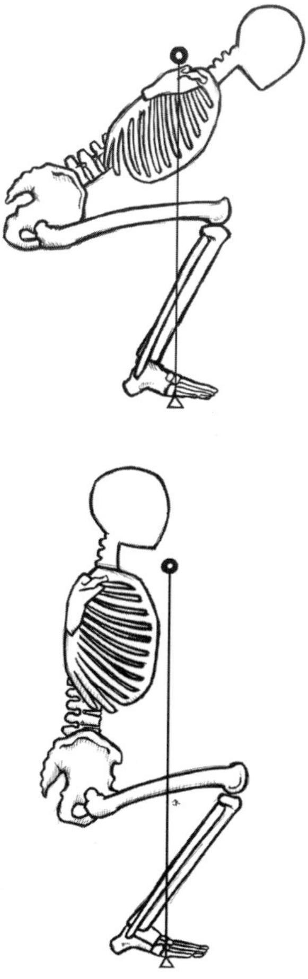

图 7–9. 两种深蹲动作中杠铃杆的位置，以及由此产生的背角、膝角和髋角之间的关系

30° ~ 50° 的范围内——具体角度取决于训练者的身体比例。但在前深蹲中，因为杠铃杆落在三角肌前束上，同时肘部上抬、双手保持杠铃杆处于正确的位置，所以背角必须接近垂直，以保持杠铃杆处于脚中心的正上方，同时还要防止杠铃杆从肩膀滚落。当重量太大使你无法下蹲，或者使你的背部无法保持足够直立从而保持杠铃杆处于正确位置时，前深蹲就会失败。在这两种情况中，杠铃都会向前滑落。

因为背部必须保持近乎垂直的状态，所以必须通过膝关节和髋部帮助举重者做到这一点：从这个动作的最初阶段开始，膝关节前伸并外展，髋部处于杠铃杆的正下方。与深蹲相比，这样的位置组合让胫骨处于一种更接近水平的姿势中，而这种姿势极大地改变了膝关节和脚踝，以及髋部和下背部区域的力学机制。

杠铃杆的位置决定了从底部驱动杠铃向上的最佳方式。低杠位深蹲用了一种强力的、有意的髋部发力法。也就是驱动臀部垂直向上离开底部位置，并使臀肌、腘绳肌和内收肌能够更有效地收缩。这种髋部发力方式是可能的，因为杠铃杆的位置足够低，使举重者的背部处于一个能抬起臀部的角度中。要在背着杠铃时抬起臀部，只需要把胸部保持在冲下的姿势中，同时保持背角不变。

髋部发力在前深蹲中行不通。当背部处于一个更接近水平的背角时，髋部代表了一个“平面”——臀部的顶端、骶骨和下背部最靠下的部位——这样教练就能用手触碰这个平面并向训练者展示。教练可以将手放在这个区域，然后告诉训练者“向上推”，这则触觉提示法能大大提高产生髋部发力的肌肉的收缩效率。前深蹲使髋部直接处于杠铃杆的正下方，或者尽可能靠近这个位置，在这种姿势中没有提示法所能触碰的平面。躯干柱体止于胸部和肩膀，这些部位和肘部都是可以接受提示的表面。专注于胸部、肩膀和肘部——即使在你下放杠铃杆的时候也要驱动它们“向上”——保持背部的**垂直姿势**对完成大重量前深蹲是至关重要的。无论是姿势还是提示你想象动作的方式，前深蹲的专注点与深蹲形成了鲜明对比。二者的差异如此之大，它们本不应该被混淆的，但举重者还是经常搞混这两个动作。正是因为这一点，举重者最好在完全掌握深蹲的动作模式之后再练习前深蹲。

前深蹲是如此不同的动作，你也许希望它会带来与深蹲不同的成果。对背部、髋部和腿部来说，的确如此。与深蹲中更接近水平的背角相比，前深蹲中更接近垂直的背角貌似能够使负重产生的压力更直接地作用在脊柱上，这在某种程度上是正确的。在下背部处于近乎垂直的姿势中时，上背部的工作会更加艰难，因为杠铃被保持在举重者的身前、水平方向距离背部更远的位置上。在后深蹲中，无论是低杠位还是高杠位姿势，杠铃杆都会直接落在支持着杠铃的肌肉上方。前深蹲使杠铃杆完全跨过胸部的厚度，对体型较大的人来说这个跨度长达 12 英寸（30.5 厘米），甚至更长。这个水平距离产生了一个力臂，在力学上对保持胸椎伸展的肌肉形成了一个挑战（当举重者第一次做这项训练时，肩胛骨之间感觉特别酸痛是很常见的）。杠铃杆也处于髋部之前，以髋部为支点产生了一个力臂——即使这个力臂没有深蹲中的那么长，相应的髋部负载也相对较小。所以当下背部处于垂直姿势中时，胸椎竖脊肌的负荷会很大。前深蹲的姿势中，实际上从下背部到上背部存在着从压力到力矩的渐变过程，所以情况并没有看上去那么简单。在前深蹲中，只要上背部竖脊肌能保持举重者的身体姿势，腰椎上的压力就会较小（因为前深蹲中所用的重量更轻），所以很多人发现在前深蹲中下背部会更轻松一些。但这也意味着，作为一项背部练习，前深蹲没有深蹲那么有效。

当你练习前深蹲的时候，不要考虑你的背部，而要考虑你的膝关节。为了帮助举重者保持背部垂直，膝盖必须前伸，使髋部处于杠铃杆的正下方。这意味着，胫骨在前深蹲的底部会处于更接近水平的姿势中——膝角更加封闭，脚踝背屈，沿胫骨产生的力矩比深蹲中的力矩大很多（图 7–10）。对大多数人来说，这些因素意味着在前深蹲底部，小腿肌肉会碰到腘绳肌，有时会在跟腱和股四头肌上产生相当动态的压力。对一些人来说，这种封闭的膝角会在膝盖后侧软骨处产生足够严重的“挤压”，导致身体出现不稳定因素和伤病。这种情况根本不会在正确完成的低杠位深蹲中出现。对每一个人来说，如果胫骨的角度更接近水平，那么肌肉就要对抗更大的力矩做功，举重者就需要经由更大的动作幅度打开膝角，这样的任务是更为艰难的。

因为与深蹲底部的膝盖位置相比，前深蹲使膝盖处于如此靠前的位置，所以在这个动作过程中腘绳肌几乎没有参与髋部伸展。在前深蹲中，垂直的背部和骨盆的姿势，以及胫骨过小的角度使腘绳肌处于一个起点与插入点相互靠近的位置,所以肌腹就变短了。如果腘绳肌已经收缩的话，它们就不能收缩更多了，这样一来就不能为髋部伸展提供很多力量。腘绳肌在前深蹲中的作用在于保持垂直的背角，但已经收缩的状态使其不能进一步收缩。

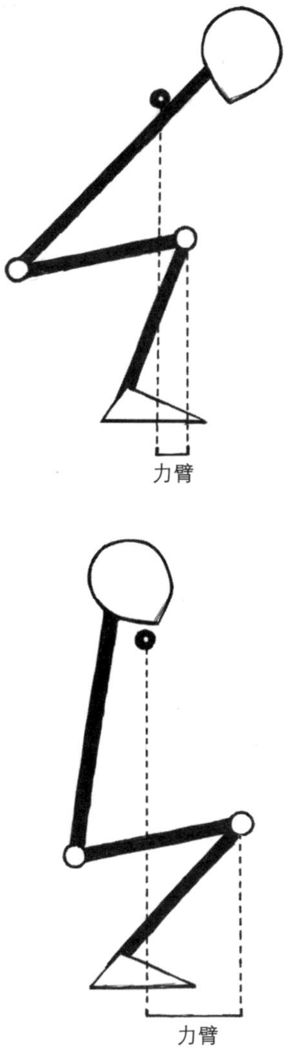

图 7–10. 因为前深蹲中垂直的背部姿势，所以举重者的膝盖必须处于这样的位置，这样就产生了沿胫骨的力臂，而这个现象在深蹲中并不明显

可是髋部仍然需要伸展，所以臀肌和内收肌最后就会在不依靠腘绳肌帮助的情况下完成大部分的任务。膝盖前伸、背部垂直的姿势让股四头肌处于一个需要完成大部分做功的状态，因为这个动作主要就是膝角的打开。四条股四头肌中的三条只跨过膝关节，所以任何伸展膝关节的动作每次都会牵涉大部分的股四头肌。前深蹲的特点在于非常明显的臀肌酸痛——在不借助腘绳肌的情况下向心收缩臀肌的结果——这是你最初几次做前深蹲时经常出现的情况。

所以，深蹲和前深蹲的主要差异在于发力肌群的参与程度。膝盖前伸的姿势增加了胫骨上的力矩，从而使膝关节伸展动作的力

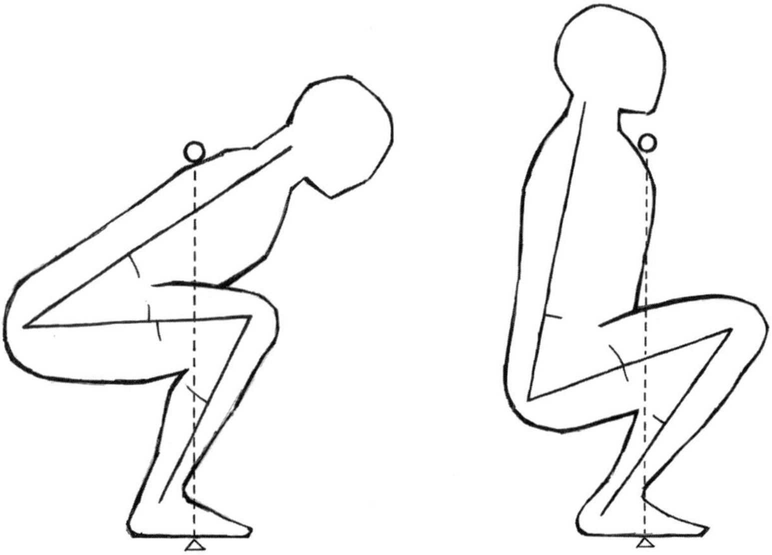

图 7–11. 深蹲与前深蹲之间的差异取决于杠铃杆的位置。由此产生的角度和它们对动作中的生物力学的影响，产生了这两个项目的不同训练效果

学效率更低。与此同时，垂直的背部姿势削弱了髋部的作用。总体效果就是，你无法在前深蹲中使用与低杠位深蹲相同的重量。这种差异主要是因为两个系统相同的平衡位置（在两种情况中，杠铃杆都必须处于脚中心点的正上方）要求产生的正确背角的不同造成的（图 7–11）。

最好在框式深蹲架内或者立式深蹲架旁学习前深蹲。将杠铃杆放置在与后深蹲相同的高度——胸骨中部的高度。相比后深蹲，握姿在前深蹲中更为重要。这种握姿允许你的肘部抬得足够高，从而在前深蹲过程中，肩膀能够在背部保持垂直姿势的同时支撑负重。握距在很大程度上取决于举重者的个体柔韧性。不同的训练者采用的握距会有所不同，并会随着训练者身体柔韧性的变化——通过拉伸改善了柔韧性，或者因为伤病丧失了部分柔韧性——而改变。一般来说，训练者的柔韧性越差，所需的握距就越宽。有些前臂相对于肱骨过长的人会发现，使用正常握距抬高肘部是很困难的。根据需要调整握距，这样就能把肘部抬得足够高以支撑杠铃杆（图 7–12）。如果你在拉伸和完成了足够的肩膀、肘部、手腕的热身之后，仍然不能

图 7–12. 前臂相对于上臂的长度差异影响了前深蹲和翻举中的肘部姿势。左图，前臂比例失调的一个极端例子。较长的前臂使肘部更朝下。举重者可以通过加宽握距的方式补偿前臂比例失调，中图和右图

把杠铃杆放在三角肌上（同时还要至少放几根手指在杠铃杆下），你可能就无法有效地练习前深蹲了。

在起杠之前，把杠铃的重量放在肩膀上，抬高肘部，绷紧肩膀，同时挺胸。重量落在三角肌的肌肉上，如果肘部在起杠之前没有抬高的话，它们就永远无法抬高了。与此同时胸部也必须挺起，并处于一个加固肩膀的位置，上背部肌肉可以帮助你挺起胸部。从起杠开始，一直到完成最后一次重复，都要通过尽可能抬高肘部并挺起胸部的方式保持这种姿势。为了提示自己完成这个动作，你可以想象去触碰一只放在胸骨上方的手（图 7–13）。

起杠，然后后退几步远离挂钩。（最好使用缓冲杠铃片给杠铃杆加重，这样在试举失败的时候只要使杠铃向前落下即可，并且不需要保护者。因此，举重者和架子之间的距离必须足够远，这样杠铃在落下时才不会撞到地面上的其他东西。）站姿基本上与后深蹲中的一样：脚跟间距与肩同宽，脚尖外展约 30° 。在调整好站姿之后，挺起胸部，抬起肘部，深吸一口气来支持这样的姿势，然后开始下蹲。在下蹲的过程中，通过强迫膝关节前伸并外展，保持挺胸并抬起肘部，甚至可能想着使身体略微后倾，来保持背部的垂直姿势（图 7–14）。因为小腿肌肉与腘绳肌会略微接触，你能相当容易地感觉到前深蹲的底部姿势。

底部不要停顿。上升的过程始于胸部的向上驱动，而不是肘部。肘部保持抬高，胸部被驱动向上，因为只是抬高肘部，所以并不会主动地影响到脊柱上部——要点在于“挺胸”的提示法。随着胸部被驱动向上，髋部会在其下方垂直升起，这样能够保持背部垂直的姿势和杠铃杆在三角肌上的位置，从而使杠铃杆不会向前和向下滚动。肘部抬起的姿势能够把杠铃杆卡在手指与颈部之间，但重量是落在三角肌上，而不是手上的。无论是在动作的顶部还是底部，背部始终要绷紧。举重者必须有意识地挤紧脊柱，使之保持在垂直的姿势中。因为杠铃杆处于颈部前方的位置，所以由此导致的作用于上背部的力矩就会增大，这样一来前深蹲动作的挑战性会

图 7–13. 挺起胸部的提示法。中间的手就是胸部要碰触的目标

图 7–14. 垂直的躯干对前深蹲来说是必要的。这是一种使这种姿势形象化的方法

更大。

在前深蹲和后深蹲动作中杠铃杆的位置以及腘绳肌作用的差异，使得举重者需要使用**不同**的提示法。如前所述，**后深蹲依赖于髋部发力，提示法需要作用于骶骨**。**前深蹲的重点在胸部和肘部**。“深吸一口气”对胸部姿势至关重要，而“挺胸”能够帮助竖脊肌的上部发力，因此，在最初的几次前深蹲训练中，竖脊肌上部会感觉酸痛。如果你在下蹲过程中想着“身体后仰”，同时你的平衡感没有受到干扰的话，这样的提示会让你感觉到这种胸部姿势；大多数人无需身体真的后仰就能掌握这个概念。

图 7–15. 身体比例影响着举重者在前深蹲中采用有效姿势的能力，这对所有杠铃训练项目来说都是如此。躯干较短、腿部较长的举重者在前深蹲时会遇到困难

有些人的身体比例使前深蹲变得很困难。较短的躯干与较长的双腿对完成标准的前深蹲来说是个糟糕的组合，对此我们无能为力。如果举重者因为无法解决的身体比例问题而不能保持正确姿势的话，我们建议他最好不要做这项训练（图 7–15）。

因为这项训练对姿势走样更为敏感，所以举重者经常会用 3 次重复的训练组来练习前深蹲，并通过多组训练来积累训练量。

呼吸控制在前深蹲中至关重要。上背部要对抗更大的力矩——由杠铃杆与背部之间更长的距离造成的——这样就产生了更多举重者必须应对的旋转力。由增加的胸腔内压提供的支持力，经常使举重者能够在最后一次大重量前深蹲中保持住杠铃的位置，而不是把它砸到地面上。屏住一大口气使整个上半身绷紧，从而保持胸部挺起，肩部和肘部抬高。在每次重复的顶部你需要重新吸一口气，也许只是加满前一次的气，这样你就能保持身体绷紧的状态。

如前所述，一次失败的前深蹲会使杠铃从肩膀向前滑落。这是无法避免的，即使你努力训练，最终也会经历前深蹲的失败。所以你或许需要在热身组中练习一下这种失败的动作，为这种偶然情况做好准备。除非你习惯在杠铃下落时远离杠铃杆——在你和杠铃杆之间保持足够的距离，使它不会在下落过程中砸到你——否则杠铃杆很可能砸到你的膝盖或者大腿下部。大多数人的自我保护意识都能够避免这种潜在的失误出现，但谨慎起见，你至少要把前深蹲失败的动作练习几次。

与前深蹲有关的问题之一在于杠铃杆的位置。如果杠铃杆架在肩上的位置太靠后的话，喉咙就会受到杠铃杆过于强力的挤压，结果可能导致举重者暂时的意识丧失——杠铃杆的压力闭塞了颈动脉所致。如果你在对这种情况做出反应之前因为完全丧失意识而直接摔倒的话，这是很危险的（意识暂时丧失本身是无害的）。如果你感觉到意识开始发生变化——并且你能够感觉到自己会在何时丧失意识——要么在你能做到的时候收杠，要么安全地把杠铃放到举重台上。之后单膝跪地，这样当你的意识逐渐丧失的时候，你下落的距离不会太长。如果你在下落过程中碰到了深蹲架、杠铃杆或者杠铃片的话，不受控制的意识丧失会造成严重的头部受伤。再重复一遍：暂时性的意识丧失本身是无害的，而且举重者可以通过把杠铃杆略微前移远离喉咙来纠正这个问题。只要你做好了动作纠正，一旦眩晕得到缓解，你就能没有障碍地继续训练。但如果你在训练中晕倒了，你会发现在那次训练的剩余部分你会变得更容易进入那种状态，所以在纠正杠铃杆位置的时候要小心在意。

再说一件事：有一种被称为加州前深蹲的深蹲版本——举重者的双手在身前交叉，右手放在左肩上，左手放在右肩上。与标准的双手姿势相比，这种动作对上半身的柔韧性要求比较低。相应的，杠铃杆在肩膀上的安全性也比较差（图 7–16）。在使用大重量训练时，这种动作缺乏安全性。因为我们要用大重量训练，所以我们不会选择使用这种动作。

图 7–16. 加州前深蹲。我们并不推荐这种动作

加州前深蹲的标准姿势来源于翻举——在奥林匹克举重中，一个在前深蹲之前的动作——在这个姿势中，抬起的肘部会把双手和杠铃杆向后挤进放置杠铃杆的位置中，同时使肩膀能够“捕获”杠铃杆。这种双臂交叉的姿势完全依赖于肘部姿势，并完全丧失了双手提供的稳定性。以这种方式做前深蹲相当于只是把双手保持在身前，让杠铃杆仅借助三角肌保持平衡状态。如果你需要在试举失败的时候使杠铃落下，双臂交叉的姿势会使这个过程很难控制。是否可以把你要用来做前深蹲的任何东西翻举到肩膀上，是存在争议的——这种争议正是由加州前深蹲引起的。

卧推变式

卧推是一项如此受欢迎的练习，所以这个基础项目有很多种变式也就不足为奇了。控制杠铃杆运动路径的可选择性卧推机早就是多站式机器中的一员了；特殊的杠铃杆被设计出来，允许重量通过胸部顶端，一直向下到达肘部无法移动到的位置；各种各样的机器被发明出来，它们允许健身者独立训练任何一个身体部位（其作用相当于哑铃，只是价钱贵多了）；夹胸机把肱三头肌排除在训练之外。但这些变化都没有为动作的技术改进带来特别的帮助。我们之所以说卧推是一项有价值的训练，就在于它能够将潜在的大负重和杠铃训练的动作控制结合在一起，而所谓的健身设备却把卧推的很多好处都移除了。最有价值的变式保留了原动作的价值，同时允许原动作中可能需要额外锻炼的部分得到训练。卧推有两种类型的变式——不同握距的变式和卧推过程中肩部角度不同而产生的变式。

握距变式

变式中的握距可以比标准握距更宽，也可以更窄。握距越窄，前臂在底部就会越向中间倾斜，在杠铃杆触胸的时候，肘部也会越早停止下移，这样围绕肩关节的动作幅度就会更小——尽管杠铃杆在顶部的运动距离更长。当肱骨下移时，它转动的角度越小，胸部肌肉的做功就越少；肘部打开的角度越大，肱三头肌做功就越多（图 7–17）。中等握距——前臂在底部处于垂直姿势——用到了最大的肘部移动距离。非常宽的握距对应于更短的杠铃杆移动距离以及肘部移动距离，因为在肘部能够下降很长距离之前，杠铃杆已经触胸了。如果举重者使用宽握距，肱三头肌会在一个更小的角度内伸展肘部，这样胸肌和三角肌最终需要完成更大的工作量。所以，当手臂在锁定位置处于垂直姿势时，杠铃杆的移动距离将达到最大；当前臂在动作底部处于垂直姿势时，肘部的移动距离将达到最大。也因此宽距卧推被认为是一项胸部练习。因为宽距卧推的动作幅度较小，所以举重者能举起更大的重量。而且在此过程中举重者没有借助多少肱三头肌的力量，而是由胸部承担了大多数的工作量。

窄距卧推其实不只是一项肱三头肌练习，尽管它有这样的名声。肱三头肌打开的较大的肘关节角度为肱三头肌提供了更多的刺激；胸肌和三角肌的作用与标准卧推中的一样——内收肱骨，但是动作幅度不同，因为虽然肱骨在锁定状态下比标准卧推时更接近垂直，但在底部时的位置不如后一种情况中的低。由于胸肌和三角肌在底部的发力减少了，所以在窄距卧推中使用的重量会比标准卧推中的小一些，但不会小太多。与宽距卧推相比,窄距卧推举起大重量会困难得多，因为窄距卧推的动作幅度更大，而且这个过程还伴随着胸肌和三角肌参与程度的降低。宽距卧推的动作幅度更小,且做功量也较小，这就允许举重者使用更大的重量。宽距卧推忽略了部分肱三头肌的工作，而是更多地依靠胸肌和三角肌的力量。窄距卧推的版本使用了更多肱三头肌的力量，但它对胸肌和三角肌的使用较少,所以这个动作的难度更高。如果你的兴趣主要在移动最大重量——正如一位力量举运动员需要做的那样，那么符合比赛规则的最宽握距就是你应该使用的。如果你的兴趣在于产生最大程度的肌肉压力，

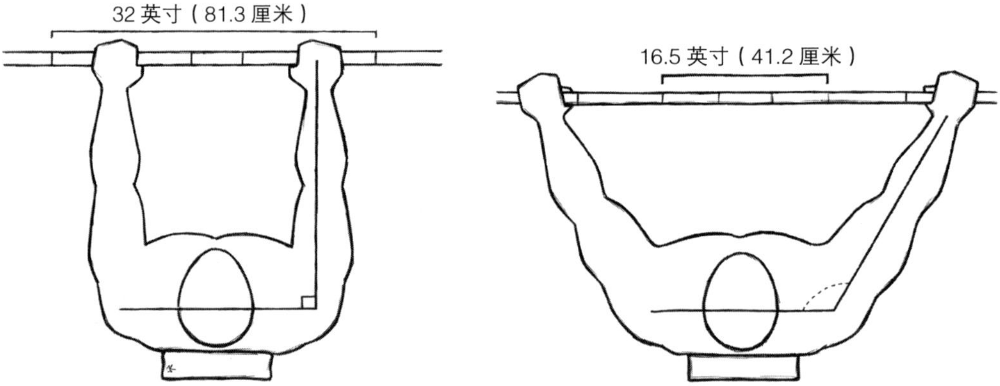

图 7–17. 窄距卧推与宽距卧推起始姿势的比较。当举重者的手臂在锁定位置中处于垂直姿势时，杠铃杆移动的距离会达到最大

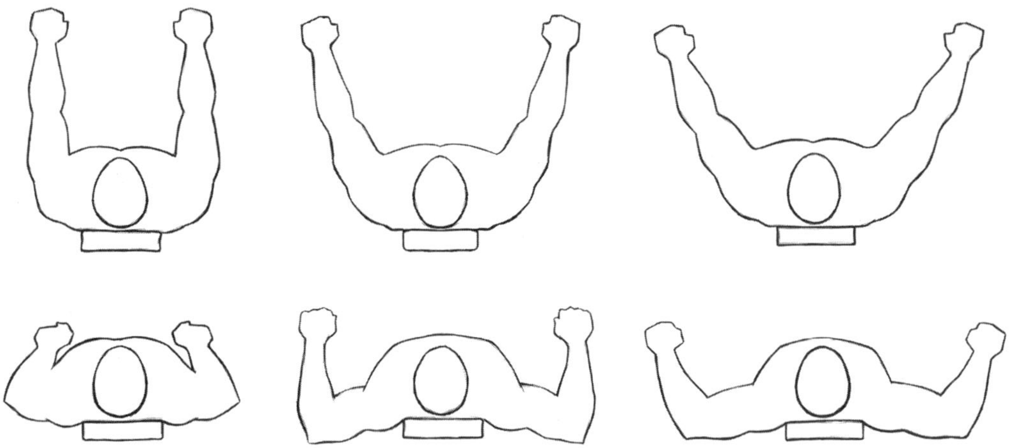

图 7-18. 从左到右，窄距卧推、标准卧推和宽距卧推的顶部姿势和底部姿势之间的比较。前臂在动作底部处于垂直姿势时的握距能够产生围绕肩关节的最大的动作幅度。任何其他的前臂位置都会在动作达到全幅度之前使杠铃杆触胸

进而产生肌肉适应过程的话，中等握距是最有用的。如果你需要更多地锻炼肱三头肌，那就采用窄距卧推（图 7-18）。

窄距卧推的最佳效果来自于举重者所能忍受的最窄握距，而这又取决于举重者的手腕柔韧性。在一根标准的力量举杠铃杆上，滚花之间的间隙在 16 ~ 17 英寸（40.6 ~ 43.2 厘米）之间，所以滚花的边缘就是很好的起始位置。在一次卧推训练之后，使用卧推单次最大重量 50% 的重量，把食指放在滚花边缘形成的线上，调整好握姿，然后起杠。训练方式与标准卧推一样——同样的呼吸方法、背部姿势、双脚姿势和胸部姿势。完成训练组后收杠，等待一会儿，把每边的握距向内收窄一根手指的宽度，然后再做一组。就像这样，每做一个 5 次重复组，两侧各收窄一根手指的宽度，直到手腕感觉不适，然后两侧各增加一根手指的宽度。随着重量变大，你也许需要略微加宽握距，因为用小重量完成某个握距的卧推时不会有痛感，但在用大重量的时候就很有可能有痛感了。

人们经常使用高重复次数练习窄距卧推，但这只是传统做法，认为窄距卧推必须这么做是没有道理的。因为窄距卧推所用的重量比标准卧推更轻，所以举重者可以在完成卧推训练后再做这个练习，或者单独安排一个轻重量训练日练习窄距卧推。举重者必须把杠铃杆握得非常紧，因为与传统握姿相比，这时的手腕位置使握杠的可靠性更差——以前就有人在推起杠铃时，因为手腕不合时宜地抽搐导致动作的失败。窄距卧推同样因为会出现突然力竭的状况而名声在外——在上一次动作完成之后，没有任何征兆表明下一次的上推会被卡在半程。一般来说，与用到更多肌肉的练习相比，依赖于更少肌肉量，或者更少肌群的练习更容易在运动过程中因为突然力竭导致失败。

角度变式

另一种有用的变化卧推的方式会涉及肱骨靠近胸部的角度，而这是由卧推凳的角度所控制的。由此产生的背角就决定了推举中胸肌和三角肌参与的程度和质量。相对于水平角度，卧推有两种角度变式：下斜卧推，

肩膀的高度低于髋部；上斜卧推，肩膀的高度高于髋部。

下斜卧推是一项相当无用的练习，因为在下斜卧推的过程中，背角缩短了杠铃杆移动的距离，这就使举重者因为动作幅度的减小而减少了做功（图 7–19）。因为下斜卧推的难度下降，所以举重者在这个动作中使用的重量就变大了，而这就夸大了举重者对自身能力的评估——这实际上是自慰，更像是 30° 腿举和半深蹲过程中发生的情况。人们推荐下斜卧推是因为它对“胸肌下部”的训练效果，事实上屈臂撑能更有效地完成这个任务，而且还能够涉及更多肌肉、更多的平衡性和协调性，以及更多的神经系统活动——之后我们还会讨论这些内容。下斜卧推的危险性在于——如果举重者没有使杠铃杆停在胸骨下部的接触点上，杠铃杆就会撞到喉咙上。如果这个问题再加上大重量和一位差劲的保护者，那你就可能经历一次非常非常糟糕的“胸部”训练。

但上斜卧推是一种有用的变式。如果你同时练习卧推和推举，那么练习上斜卧推所能够取得的成果就是多余的，因为卧推和推举就已经能够充分地涵盖所有肩部和胸部的锻炼任务了。“胸肌上部”被相当彻底地涵盖在推举中，而卧推用到了胸部的整个肌腹，所以没有必要练习胸部肌肉中孤立的这部分肌肉。但很多运动项目都涉及了手臂与躯干的角度大于 90° 的情况，有些人相信应该专门针对这种角度做阻力训练。上斜卧推确实做到了这一点，但运动员在练习时必须以身体被支撑在这个角度上为代价，而这种事情从不会在相关的运动项目中发生（参考第 3 章中的讨论）。

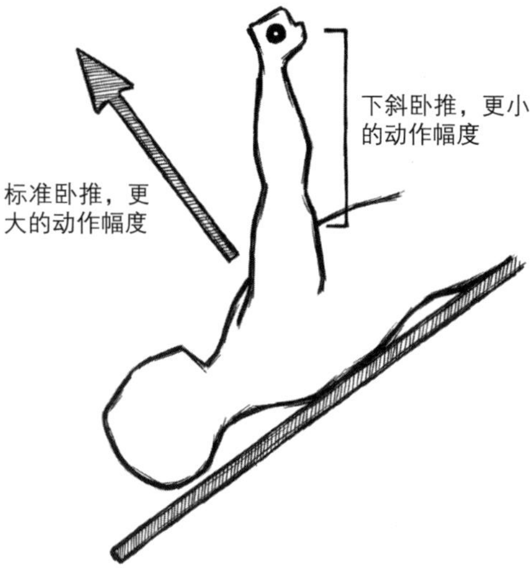

图 7–19. 卧推和下斜卧推动作幅度的比较

但正是这种限制让它成了一种“辅助”练习——如果它很完美，它就应该是主项，并且拥有自己专门的章节。只要动作做得规范，上斜卧推在某些情况下是有用的；但这个练习很容易让举重者作弊，如果作弊就没有意义了。最常见的情况是，训练者把他们的髋部抬离上斜卧推凳，从而使躯干处于更接近水平的姿势，这样一来上斜的角度就变得毫无意义了。如果水平卧推是你想要做的练习，那你只要练习卧推就行了。事实上，这也是只练习卧推和推举的一个不错的理由。举重者在做上斜卧推的时候，他们的贪婪经常会压制住诚实感——他们试图在上斜姿势的限制下举起过大的重量，因此，导致其在最后一次动作中为了把杠铃推回卧推架而使髋部抬起。上斜卧推是一项辅助训练——不要使用过大的重量，否则你就不得不作弊，而这背离了辅助训练的目的。臀部要始终处于卧推凳上。

大多数上斜卧推架都能调整，这样举重者就可以根据个人的喜好调节倾斜角度（图 7–20）。就像卧推架那样，上斜卧推架有支持性的立柱，这种立柱也能调节，这样举重者就能在一个与卧推凳上斜角度相匹配的高度上起杠。（一些生产商会出售固定结构的上斜卧推架，其中的上斜角度和立柱都不能调节。）上斜卧推架中也有设置在框架内的座子，这样训练者就可以在不过分依赖双脚发力的情况下保持稳固的姿势。如果双脚能够更多地参与到这个过程中就更好了，这能把动力链的某些方面（虽然不是全部）延伸到地面。你偶尔会发现一些很古老的、以这种方式建造的卧推架——地面上有一块与卧推凳成 90° 的脚踏板，但它们现在已经不是工业标准了。

做这项训练的时候，你要选择一个与垂直方向的夹角在 30° ～ 45° 之间的背部角度。较平坦的角度会使练习与卧推过于相似，而过陡的角度又会使练习与推举过于接近——但背角固定不变是个缺点，因为这会对肩膀造成很大的压力。认为推举更好的一个理由是：举重者可以自然地调整背部的姿势，从而使肩膀可以承受每次艰难的重复带来的压力。但上斜卧推架把举重者的身体“钉”在一个固定的位置，这些压力也许会超出疲劳的肩膀所能承受的范围。

立柱应该把杠铃杆架在一个这样的高度上——能让举重者起杠，完成重复，然后通过最小幅度的肘部弯曲完成收杠，同时没有收杠失败的危险。这意味着立柱应该被调整得尽可能高，这样就可以使举重者的肘部近乎伸直。当肘部伸直的时候，杠铃杆会高过挂钩几英寸。如果立柱高度太低，举重者就需要做太多的功才能起杠。而更重要的是，举重者不得不做很多功来收杠，这时候要他很好地控制住杠铃就不大可能了。最轻松的收杠位置会随着卧推凳而变化，你需要尝试并经历错误才能找到这个位置。

上斜卧推与卧推的大多数差异是位置性的。这两种练习的完成过程基本上是一样的（图 7–21）。胸部挺起，背部绷紧，向着天

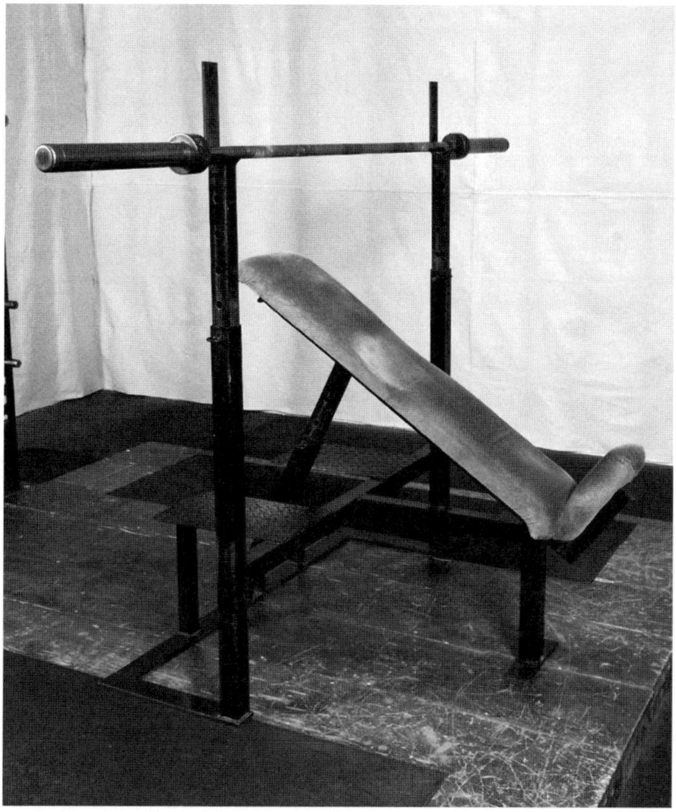

图 7–20. 一种有用的上斜卧推架

图 7–21. 上斜卧推。请注意垂直的杠铃杆路径和处于锁骨正上方的杠铃杆位置

花板上的聚焦点驱动杠铃，全脚掌着地牢牢地踩在地面上，并“屏住一大口气”以支撑胸部。上斜卧推中，肩膀以及背部靠在卧推凳上的姿势、肘部姿势、双眼注视方向、呼吸控制、握姿和双脚姿势都与卧推中的姿势相同，不同之处在于角度。肩膀向中央挤压并处于紧绷状态，背部挺直并在座椅与肩膀接触点之间起支撑的作用。在整个动作中，肘部处于杠铃杆的正下方，与卧推中的情况一样，肘部控制住着杠铃杆的路径。双眼注视着天花板上静止的参考点，而不是跟随杠铃杆移动。在每次重复时，举重者都要屏住呼吸，并且在每次重复之间的顶部姿势中换气。上斜卧推的握姿与卧推中的一样——大拇指围绕着杠铃杆,杠铃杆停靠在手掌根部。双脚牢牢地踏在地面上，从而支撑起身体靠在卧推凳上的姿势。杠铃杆的运动路径是笔直的，但杠铃杆的触碰点不在胸骨中部，而是在下巴下方，略低于胸锁关节（锁骨和胸骨的交汇点）的位置（图 7-22）。在几乎完全垂直的杠铃杆运动路径中，上斜卧推的动作幅度略大于标准卧推的动作幅度。肘部处于杠铃杆正下方的位置，这样杠铃杆的触胸点就能够与肩关节持平。与卧推中的情况一样，肱骨的角度不会达到 90° 的外展状态，这样也就不会产生任何程度的肩关节夹挤。

在杠铃在胸部上方锁定的起始姿势中，杠铃杆位于肩关节正上方并处于平衡状态，锁定的手臂与地面垂直，就像卧推中的情况那样。但因为这种上斜的角度，架子和起始位置之间的距离比卧推中的短多了，起杠和收杠实际上比卧推中更简单。因此，经验丰富的举重者可能发现对上斜卧推来说，保护者不是那么重要了，但这不应该被理解成对愚蠢行为的许可。

如果上斜卧推需要保护的话，那么器材必须是适合保护的。大多数不错的卧推架有一个固定在框架内的保护者踏板。这使保护

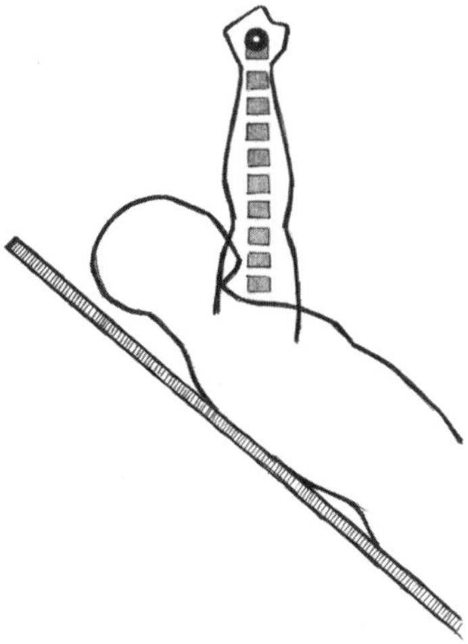

图 7-22. 上斜卧推中杠铃杆处于锁骨与胸骨连接处略靠下的位置点的正上方。杠铃杆在下降时会非常靠近下巴

者能处于举重者上方足够高的位置，一旦意外出现，保护者就能在一个具有良好杠杆作用的位置中安全地拉起杠铃。上斜卧推中不能依靠一位站在地面上的保护者，特别在使用大重量的时候，器材必须允许保护者处在正确的位置。同样的，如果你感觉自己需要两个人的保护才能上斜卧推某个重量的话，你要么应该使用更轻的重量，要么就应该做另一项练习。因为在上斜卧推中，两位保护者不能安全地发挥保护作用，如果你在上斜卧推中尝试单次最大重量，那么这说明你没有理解辅助训练的目的。

硬拉变式

我们会在这里讨论四项主要的硬拉变式：罗马尼亚硬拉（Romanian Deadlift，简称为 RDL），直腿硬拉（Stiff-Legged Deadlift，简称为 SLDL），低位硬拉（Deadlifting from Blocks）和站姿躬身（Goodmorming，包含直背版和圆背版）。

KO
ARTTOWS SPORT

图 7–23. 伟大的尼库・弗拉德——传说中罗马尼亚硬拉的引入者。弗拉德很强壮

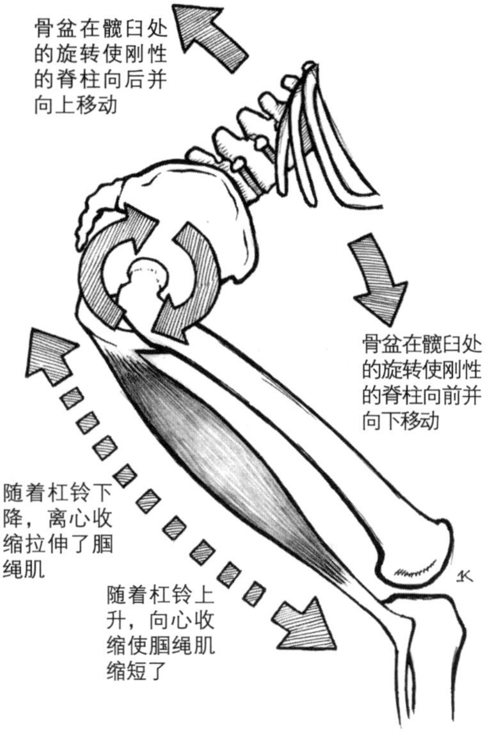
骨盆在髋臼处的旋转使刚性的脊柱向后并向上移动
骨盆在髋臼处的旋转使刚性的脊柱向前并向下移动
随着杠铃下降，离心收缩拉伸了腘绳肌
随着杠铃上升，向心收缩使腘绳肌缩短了

图 7–24. 腘绳肌在罗马尼亚硬拉中的作用基本上全部围绕髋部伸展展开，包括离心阶段和向心阶段

罗马尼亚硬拉

以前，传说中的、不可思议的罗马尼亚举重运动员尼库・弗拉德（Nicu Vlad）造访了美国奥林匹克训练中心。弗拉德很强壮，很有可能比其他体重达到220磅（99.8千克）的人都要强壮；传说他完成了两次700磅（317.5千克）的前深蹲。所以当他做了一种从未有人见过的动作之后，很自然地就吸引了人们的注意——特别是那些身体没有他强壮的人。这个动作是这样的：以双臂悬挂的姿势完成起杠动作，后退远离架子，然后把杠铃杆下放到胫骨中部的位置，并将其重新拉起到悬挂位置。这个动作看起来像硬拉，但它的起点在顶部而不是底部，所以自然它应该有一个新名字。之后这个动作就被叫作"罗马尼亚硬拉"（图 7–23），尽管它在罗马尼亚的说法翻译过来很可能不是这个意思——如果它有一个罗马尼亚名的话——它也许只是弗拉德使用不熟悉器材的方式而已。不管怎样，从那天起，这个动作在全美境内传播开来。我们基于它的词首大写字母把它称为"RDL"。

与硬拉相比，罗马尼亚硬拉有两个明显不同的重要特点。第一点在于，它很少使用股四头肌，因为膝关节在动作开始时近乎笔直——处于解锁状态，但没有完全解锁——而且之后几乎一直都处于那种状态，所以在动作中股四头肌没有机会主动伸展膝关节。罗马尼亚硬拉是一项专门用来训练髋部伸展力量的练习（图 7–24），股四头肌不应该参与发力，除了以等长收缩的方式从前侧固定膝角外。在动作幅度的底部，通常由膝关节伸肌和髋部伸肌分担的工作量现在只由臀肌和腘绳肌完成。下背部肌肉保持腰椎与骨盆同步锁定。当需要把骨盆底部拉近膝盖后侧的时候，腘绳肌就会发挥其作用——在坐骨结节连接点处的作用，产生围绕髋关节的

图 7–25. 罗马尼亚硬拉

转动，而且腘绳肌和臀肌是这个练习中的主要发力肌群。因为罗马尼亚硬拉是以离心－向心收缩的方式使用腘绳肌和臀肌的，所以这个动作会产生比硬拉更多的延迟性肌肉酸痛（delayed onset muscle soreness，简称为DOMS）。

但更重要的是这两个动作的本质差别。硬拉是通过向心收缩的方式将杠铃拉离地面的，离心阶段并不是真正被关注的部分，因为杠铃到达顶部的锁定位置时，这个动作本质上已经结束了。相比之下，罗马尼亚硬拉就像深蹲一样——始于离心收缩即“反向阶段”，这个阶段发生在向心收缩之前。杠铃在膝关节和髋部的伸展姿势中开始移动，当杠铃被下放时，膝关节和髋部弯曲，然后牵张反射启动了使膝关节和髋部重回伸展状态的向心收缩。

任何发生在牵张反射之后的肌肉向心收缩都会变得更强力，这是因为运动单元能被更有效地动员，以及肌肉和结缔组织的弹性部分在肌腹离心拉长的过程中储存了弹性势能。跳跃是体现这个法则的最佳例子：任何种类的跳跃在每一次起跳前，髋部和膝关节都会小幅下沉，从而为即将收缩完成跳跃动作的肌肉建立牵张反射。不借助身体下沉完成跳跃会很费力——牵张反射在人类的运动中是一种如此正常的部分，所以人们很难将其排除在外。牵张反射的原理也解释了为什么在一组5次重复的硬拉中，举重者都那么喜欢从第二次重复开始就使用回弹动作。举重者通过机智或者夸张地运用牵张反射，能够在大多数举重室的练习中作弊。我自己曾以这种方式“弯举”了205磅（93.0千克）的重量。

但对罗马尼亚硬拉，以及深蹲、卧推、挺举，可能还有推举（取决于练习方式）来说，牵张反射不是作弊，而是动作中固有的部分。尽管股四头肌被排除在外不能在这个动作中协助发力，但借助罗马尼亚硬拉动作底部的弹起，举重者仍能使用相当大的重量。罗马尼亚硬拉只是利用了影响髋部伸肌的那部分牵张反射。

罗马尼亚硬拉起始时，杠铃在架子上，保险杠的位置略微低于双手在悬挂姿势中的高度。这种架子的位置让你能够轻松并安全地收杠，即使因为抓握不稳导致在收杠前杠铃的高度降低了也一样。采用与翻举宽度相同的握姿，起杠，然后后退到足以避开架子的位置。采用与硬拉相同的站姿，脚跟相距8 ~ 12英寸（20.3 ~ 30.5厘米），脚尖略微外展。挺起胸部，双眼注视着身前大概10英尺（3.1米）外地面上的某个位置。

练习罗马尼亚硬拉的要点在于：当髋部伸肌工作的时候，背部处于伸展姿势并保持锁定。解锁膝关节，使股四头肌产生一些张力，但膝关节弯曲的程度不会到使杠铃杆沿大腿下降一两英寸的地步。尽管膝关节在双脚上方的位置会略有变化，但膝角几乎是保持不变的。这样的姿势会使膝盖处于脚背到脚尖中点的上方。挺起胸部，挺直下背部使之绷紧并锁定，试着在整个动作过程中都保持这样的姿势。通过后挺髋部的方式开始沿大腿下放杠铃，杠铃杆要时刻保持与腿部皮肤的接触，并允许髋部弯曲。同时，将肩膀前推，使之向外并处于杠铃杆的前方，使身体进入熟悉的拉起杠铃的姿势中。当杠铃杆靠近膝盖时，也要推动膝关节向后，使胫骨处于垂直于地面的姿势中。继续下放杠铃杆使其经过膝盖，并保持杠铃杆靠近胫骨，**然后在保持下背部姿势锁定的情况下尽可能地放低杠铃**。在背部开始解锁之前——你需要在开始的几次练习中找准这个时机——停止放低杠铃，然后开始将杠铃拉回。底部的肌肉拉伸应该能在不停顿的情况下帮助改变杠铃的运动方向。在拉起杠铃的过程中，保持杠铃杆接触双腿，并保持胸部和背部处于锁定姿势

（图 7–26）。在顶部呼吸，并且在每次动作前深吸一口气。

向举重者强调驱动所有身体部位向后是很重要的。要使用髋部而不是膝关节，这样能调用髋部伸肌同时把股四头肌排除在外。这样的想法对举重者完成动作是有帮助的：把重量后移到脚跟上，膝关节后移，杠铃杆被向后推并保持与双腿的接触，臀部后移。实际上，除了肩膀向前滑动并处于杠铃杆之前，其他所有的身体部位都要向后移动。在杠铃杆被提起到膝盖高度之前，胫骨必须保持与地面垂直，当膝关节开始解锁之后，膝盖决不能前移。任何膝盖前移的动作都会使股四头肌处于一个在提起杠铃的过程中通过伸展膝关节帮助发力的状态中，从而使我们想要的髋部伸展效果打了折扣。

最常见的错误是膝盖前移的问题。你会倾向于在底部释放膝关节上的张力：腘绳肌产生的张力会在整个杠铃下放过程中不断生成，而且不会解除，直到肌肉收缩变短——或者通过在顶部完成髋部的伸展，或者通过在底部放松膝关节并使之前移。如果你允许膝关节下降并前移来缩短腘绳肌的话——膝关节就会弯曲，并导致腘绳肌的两端相互靠近，这样腘绳肌中的张力就会在底部得到释放——那么在举重者回到顶部姿势的过程中，股四头肌就会通过伸展膝关节完成本该由腘绳肌完成的工作量。

还记得吗，我们在硬拉一章中讨论过肩膀应该处于杠铃杆前方的问题。这意味着手臂相对于肩膀会略微后倾，背阔肌会把肱骨向后拉以保持杠铃杆处于脚中心点的正上方。在不屈膝的情况下，杠铃杆沿腿部被下放的高度越低，为了保持杠铃杆处于脚中心点正上方，手臂的倾斜角度就越大，而背阔肌为了维持这种姿势必须做的功就越多。当杠铃杆在小腿上处于很低的位置时，手臂后倾的角度就会变得相当大，这就会使完成杠铃杆高度远低于膝盖的严格的罗马尼亚硬拉变得很困难。事实上，如果在动作底部杠铃碰到了地面的话，那很可能是因为你用了相当轻的重量来做这个练习。

另一个常见的问题是，举重者不能保持背部处于完全伸展的刚性姿势中。罗马尼亚

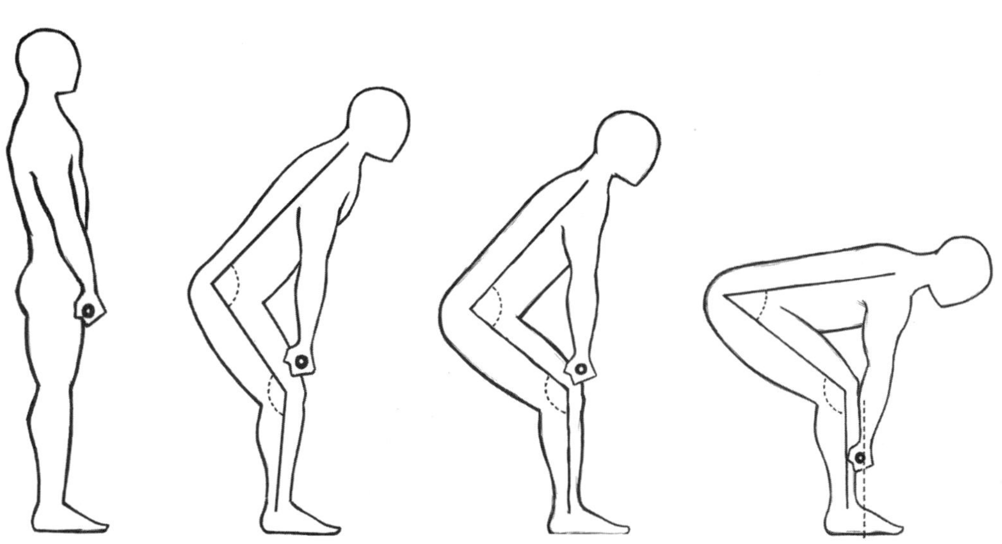

图 7–26. 在罗马尼亚硬拉中，从顶部到底部的运动过程。请注意，这项训练中的动作幅度主要源于髋角的变化

硬拉的主要好处之一在于：当腘绳肌伸展髋部的时候，竖脊肌必须保持脊柱的刚性，并以等长收缩的方式做功。这种背部姿势相当难以保持，举重者需要集中大量的精神保持挺胸、挺直并绷紧下背部，同时推动髋部、膝盖、杠铃，以及脚跟向后，并使肩膀前移。对一个慢速练习来说，罗马尼亚硬拉从技术角度看是很难的，因为举重者很容易把动作做错。如果背部拱起或者膝盖前伸，目标肌群做的功就会减少，这样举重者会感觉动作更简单。但当举重者正确地完成练习时——背部锁定在刚性的伸展姿势中，膝盖没有前伸的时候，罗马尼亚硬拉大概是硬拉和翻举的最佳辅助练习，因为它恰恰锻炼到了导致大重量硬拉失败的那部分因素。

为了完成标准的罗马尼亚硬拉，举重者使用的最佳提示包括："挺胸""挺直下背部"和"膝盖靠后"，并且可以偶尔提醒自己保持重量离开脚尖。挺胸的提示能够提醒你保持胸椎处于伸展状态；挺直背部的提示经常被大多数人解读为一条针对下背部的提示；膝盖靠后的提示能够让股四头肌不参与动作，但这有可能导致杠铃杆前移离开双腿，你可能需要想着"把杠铃杆向后拉"来提示背阔肌发力。

当你在做大重量罗马尼亚硬拉的时候，你要使用双手正握的握姿。正反握会导致肩膀不对称受力，这种握姿对这项练习来说并不理想。如果你使用一侧反握的握法，背阔肌就不能有效地后拉杠铃杆使其靠近双腿。大重量罗马尼亚硬拉所用的重量相对硬拉来说并不会真的太重，大多数人使用的重量都在单次最大硬拉重量的 65% ~ 75% 这个范围，所以直接用朴素的双手正握法通常不会有问题。如果你的握力不够（可能此时你使用的重量不只是单次最大硬拉重量的 65% ~ 75% 了），你可以用锁握的握法或者借助助力带，但你的双手必须同时处于正握的姿势。作为一项辅助练习，罗马尼亚硬拉的组内重复次数最好控制在 5 ~ 10 次之间。

直腿硬拉

在大多数健身房里，直腿硬拉也许是一项更常见的练习，因为大多数人都把硬拉做错了（图 7–27），导致这个动作最终看起来就像直腿硬拉（图 7–28）。直腿硬拉本质上是从地面起始的罗马尼亚硬拉——与罗马尼亚硬拉相比，这个动作过程中没有牵张反射，但髋部的位置更高，背角更接近水平，胫骨更接近垂直。因为直腿硬拉动作始于地面，所以它的动作幅度比罗马尼亚硬拉更大；而在罗马尼亚硬拉中，因为腘绳肌伸展能力的限制，下背部会在动作到达某一点时解锁，这样的话杠铃杆就会停在相应的高度上。当

图 7–27. 传统硬拉的起始姿势（左）和直腿硬拉的起始姿势（右）

图 7-28. 直腿硬拉

杠铃杆被加载17英寸（43.2厘米）的杠铃片后，大多数人都不能以严格的动作完成从上向下直至地面的全程罗马尼亚硬拉，这时你需要做直腿硬拉，它允许你的膝关节足够弯曲，并使你的背部进入一个良好的起始姿势中。膝关节弯曲的程度显然取决于个体的柔韧性。这个练习的要点在于直腿——膝关节尽可能地伸展，髋部高于硬拉中的位置，下背部在起始姿势中保持平直——所以会尽可能少地利用膝关节的弯曲。

采用常规硬拉站姿，让杠铃杆处于脚中心点的正上方。采用常规双手正握的翻举握姿，理由与罗马尼亚硬拉相同。解锁膝关节，然后用力把它们调整到正确的位置，并在柔韧性允许的限度内尽量伸直膝关节。挺起胸部，深吸一口气，然后拉起杠铃。直腿硬拉实际上是一个按照第109页描述的5个步骤来完成的硬拉动作，但是没有第三步——使胫骨下沉并前伸贴到杠铃杆。这意味着在杠铃被拉离地面时，杠铃杆处于脚中心点的正上方，仍然处于小腿前方的空中。当杠铃杆刚好高过你的膝盖的时候，它会接触到你的腿，然后你就要像常规硬拉一样在顶部锁定杠铃。重复一遍，每次重复时，举重者都要把杠铃放在地面上，重新调整姿势，然后从完全静止的姿势拉起杠铃；这是一个硬拉动作，不是罗马尼亚硬拉，**每次动作都要从完全静止的姿势开始**。

直腿硬拉和罗马尼亚硬拉都是多功能练习，你能以多种方式把它们应用到自己的训练中。根据举重者想要的效果，动作的完成次数可以在一定范围内有所变化。当这两个动作在轻重量训练日作为硬拉的替代动作被使用时，5次重复的训练组效果不错。事实上，与硬拉不同，举重者能用直腿硬拉和罗马尼亚硬拉做多组训练，因为它们不会产生众所周知的全程大重量动作对身体的压力。作为硬拉之后的减重练习，举重者可以通过完成8 ~ 10次重复的组来累积额外的训练量。高重复次数组，比如20次重复的罗马尼亚硬拉，对你的训练来说也是有趣的补充。

虽然罗马尼亚硬拉和直腿硬拉都会在短期内产生极端的腘绳肌酸痛，从而干扰举重者正常的膝关节动作幅度，但假以时日，这两项训练都能极好地增强腘绳肌的伸展性。它们是极好的拉伸方式，并且经常配合轻重量被用作硬拉和深蹲的热身动作。

低位硬拉

硬拉的另一种变式是站在木块上做这项训练。通过增加木块的高度来增加动作的幅度，从而增加了举重者做功的量——你也可以用直径小于17英寸（43.2厘米）的杠铃片达到相同的效果。借助木块也增加了膝关节在练习过程中的伸展幅度，这样一来就运用了更多股四头肌的力量。因为杠铃杆距离锁定位置更远，所以举重者需要更大程度的屈膝和屈髋，才能承担起从底部进入起始姿势的任务。更尖锐的角度需要更好的腘绳肌伸展性，这样才能使举重者以腰椎伸展的姿势进入起始状态。这样的要求使柔韧性不足的人更难进入正确的起始姿势，所以并不是所有人都能做这项训练。请注意，很显然站在木块上的硬拉比全程硬拉带给身体的压力更大，所以要慎重对待。不要用最大重量做多组训练，因为低位硬拉是一项辅助练习。只要用次大重量积累训练量，就可以使标准硬拉的起始过程变得更轻松。

站姿躬身

站姿躬身有时被看作是一项深蹲变式，因为这个动作的开始就像深蹲一样：杠铃从架子上被取下，然后被举重者扛在斜方肌上。但因为站姿躬身这项练习是训练背部和腘绳肌的，与罗马尼亚硬拉相比没有涉及更多的膝关节伸展，而且在杠铃杆的运动过程中有很多与拉起机制相关的要素，所以它更多地被看作是一种硬拉的变式。因为这个动作与下属向上司致敬时的动作有一点儿相似，所以站姿躬身又被叫作“早上好”。它是举重室中的一项古老的训练，现今已经很少有人使用了，但作为一项能够强化举重者拉力的练习，还是值得大家考虑的。

与高杠位深蹲中的情况相似，在站姿躬身中，杠铃杆被放置在斜方肌上。基本上，在这个动作中,举重者要把杠铃杆放在颈部，然后俯身,直至躯干与地面平行或者更低时，再返回身体直立的姿势。这个动作类似于罗马尼亚硬拉，因为整个动作本质上是始于离心收缩的髋部伸展，你可以把它看作是杠铃杆架在颈部的罗马尼亚硬拉。

在罗马尼亚硬拉中，当举重者拉起杠铃时，杠铃杆始终处于脚中心点正上方的垂直路径中。而在站姿躬身中，杠铃杆会沿弧形的运动路径下降。弧形路径产生的原因在于杠铃杆与髋部之间沿背部的距离通常长于髋部与解锁的膝关节之间的距离，所以当杠铃杆下降的时候，杠铃杆的运动路径会前移。这样的弧形路径有意使杠铃杆偏离脚中心上方的平衡位置，因而在杠铃杆与平衡点之间就会产生力矩，举重者会将其作为练习中的部分阻力加以利用，就像大重量杠铃弯举中的情况。随着重量变得更大，举重者 - 杠铃系统的重心会更靠近杠铃——这就使杠铃杆的运动路径更靠近脚中心点。

有两种练习站姿躬身的方式：直背的和圆背的（图 7-29）。尽管杠铃杆处于脚尖前方，但直背的站姿躬身使髋部在动作底部的位置比罗马尼亚硬拉的底部姿势中的位置略微靠后（因为杠铃杆落在斜方肌的顶部，而不是悬挂在肩胛骨的下方）。圆背版的站姿躬身允许杠铃杆和髋部更靠近脚中心平衡点。两种版本的差异在于背部的有效长度——弯曲的脊柱沿水平方向的有效长度比处于刚性

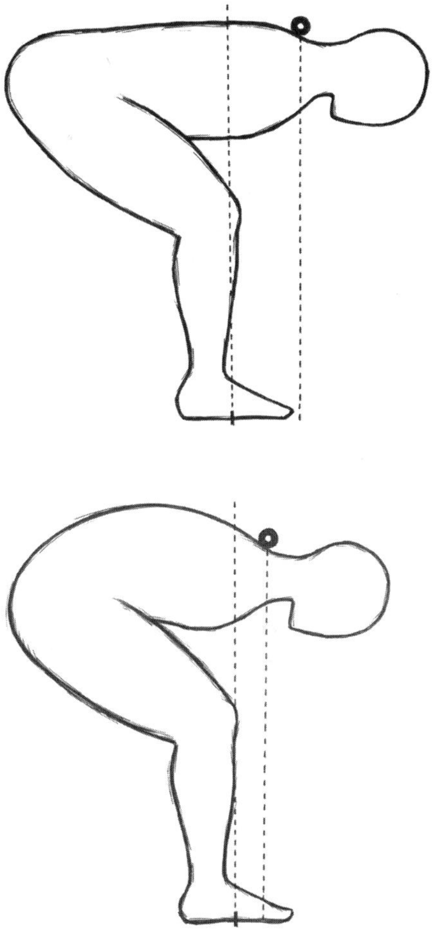

图 7-29. 站姿躬身的两种版本

伸展状态中的脊柱要短，也就是两种动作中沿背部产生的杠铃杆与髋部之间的力臂长度不同。

直背站姿躬身最像罗马尼亚硬拉（图 7-30）。膝关节未锁定，胸部上挺，下背部挺直（自然伸展），杠铃杆落在斜方肌上，并借助双手将其下拉按在颈部，这样能够防止杠铃杆在动作底部滚动或滑动（保持杠铃杆紧靠颈部并防止它滑动是很重要的，特别是在当你使用一根中间有滚花的杠铃杆的时候。如果杠铃杆移动了，它很可能在你的脖

图 7–30. 站姿躬身的直背版本

子上压出一道沟）。这个动作基本上是这样的：在下背部拱起之前，在腘绳肌的柔韧性允许范围之内，你要尽自己所能向后移动髋部向下放低杠铃杆。要点是在整个下降和上升的过程中都要保持背部伸展，并且你应该清楚这个动作与罗马尼亚硬拉之间的相似之处。身体的柔韧性决定着你的动作深度，而且站姿躬身还能拉长腘绳肌，所以没有比动作标准的直背站姿躬身更好的拉伸动作了。

圆背站姿躬身是一项完全不同的练习。我们多次把高效并且安全的背部姿势描述成“正常的人体解剖学姿势”——胸椎和腰椎自然伸展的姿势。这个姿势是使椎间盘承压的最佳方式，并且是力沿躯干传递的最有效的途径。但在很多情况中，无论是工作中还是在很多运动项目中，你必须在不理想的脊柱伸展的姿势下提起重物，这就使得很多非入门的举重者针对这种情况所做的训练变得有意义了。比如大力士比赛中的抱石球项目，运动员不可能以脊柱伸展的姿势将石球抱离地面，然后起身站直。（图 7–31）运动员必须以脊柱弯曲（或者称为背部拱起）的姿势把石球从地面抱起至膝关节和髋部锁定的位置。或者是某种发生在野外的情况，你需要抱起一件物品——也许是一位身着 85 磅（38.6 千克）装备的战友——其形状完全不符合你在头脑中精细建立起来的正确的动力学感觉。

如果必须采用脊柱弯曲的姿势，那么你就必须屏住一口气来稳定脊柱。当椎间盘符合它们在静息状态下的标准几何学形态时，它们就处在能够承受压缩性负重的最好姿势。但在从地面拉起重物时——在拉起的最后阶段、背部直立之前，重物带给脊柱的力主要不是压缩性的。当重物离开地面的时候，带有旋转性或者切向力成分的力矩就是作用于背部的主要的力。如果脊柱处于弯曲状态，并且举重者能保持脊柱在弯曲状态下的刚性的话，那么在现场情况中碰到的次大重量负荷就能被安全地搞定，特别是对一位习惯于举起更大重量的强壮举重者来说。当举重者处于不理想的脊柱姿势中时，在所有杠铃训练项目中都会用到的瓦式呼吸法能够为脊柱

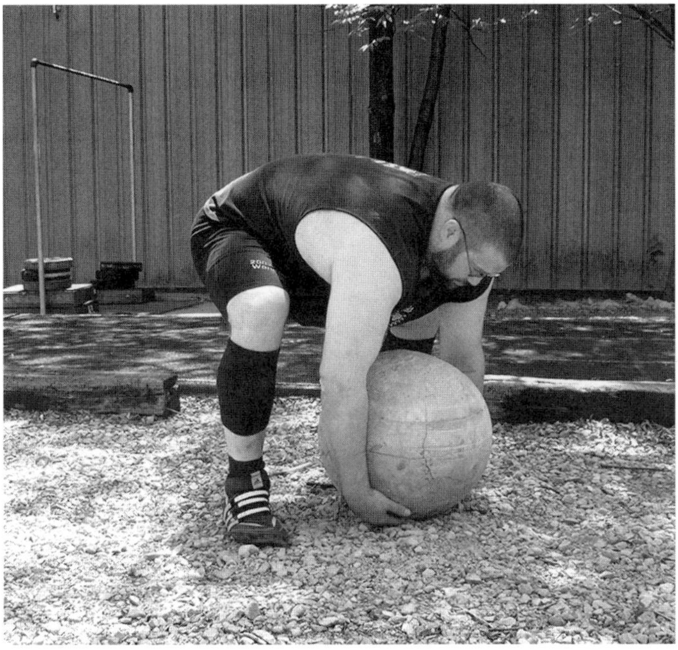

图 7–31. 圆背的举重练习训练了举重者的背部，以应对完美的力学姿势不可能实现的情况。抱石球是一个很好的例子

提供稳定性和保护（图 7–32）。

一些拱起背部的动作能够让你为这种不可避免的情况提前做好准备。当这种动作被有计划、有控制地练习，而不是某天迫于外界压力不得不做时，它可以成为常规的拉力及背部训练的有效辅助项目。圆背站姿躬身有意地运用了不理想的脊柱力学机制，针对某些不可避免的产生不良力学姿势的情况——比如一次力竭的硬拉尝试或者工作中的日常活动——来强化背部。在可控的、能够渐进增重的杠铃训练项目中引入这种动作相对来说是比较安全的。

圆背站姿躬身可能比圆背硬拉更好，因为举重者倾向于在圆背站姿躬身中使用较轻、较安全的重量，而且在这项不易出错的练习中，举重者不太可能打乱正确的动作模式。因为拱起背部的动作往往被视为进阶项目，不适合经验不足的举重者练习，所以认为圆背站姿躬身优于圆背硬拉实际上也并不贴切，因为有经验的举重者应该能毫不费力地把这两种风格的硬拉区分开来。要点在于，圆背举重并不总是坏事，因为这是不可避免的，圆背站姿躬身则为应对运动及生活中的这种情况提供了入门训练。

按照与直背站姿躬身相同的方式起杠，深吸一口气，然后通过髋部后移并下沉的方式放低身体。迅速放低胸部，使它向着膝盖的方向贴近。与直背站姿躬身所能允许的动作幅度相比，举重者经常能够在这个动作中把胸部放得更低。因为在这个版本中，保持腰椎伸展的腘绳肌的柔韧性是足够的，所以它不会成为你完成动作过程中的限制因素。在整个下降和回升的过程中，保持背部弯曲的姿势,并通过瓦氏呼吸支撑这种弯曲状态。起身时要首先拉起背部，然后将髋部前推，最后配合性地挺起胸部，按这样的顺序返回起始姿势。与直背站姿躬身相同，采用 8 ~ 10 次重复的高次数组比较合适。圆背站姿躬身是一项可选的高级练习。如果你没有选择这个动作，没有人会怪你。但如果你用这个动作训练的话，你需要使用轻重量并正确地完成（图 7–33）。

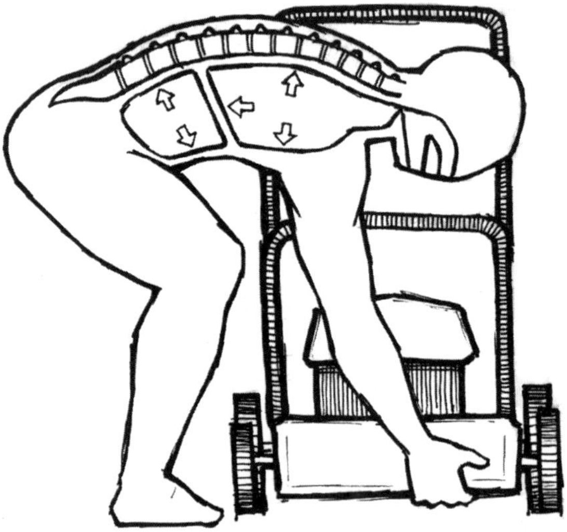

图 7–32. 处理形状古怪的物体通常不会涉及大重量的问题，因为你不可能在不良的力学姿势中提起大重量。问题在于不良姿势中的脊柱稳定性。在一个力学机制无法得到改善的脊柱弯曲姿势中，瓦式呼吸法就是对脊柱最好的保护

图 7–33. 圆背站姿躬身

站姿躬身能够对髋部伸肌产生更直接的刺激。但你必须记住：练习站姿躬身时重量是靠在颈部的。任何由髋部伸肌所做的功必须沿脊柱传递，这样一来作用在较小的颈椎和胸椎上部的力矩会非常大，所以使用大重量或者高速移动杠铃时要小心。站姿躬身是一项辅助训练，不是主项，举重者必须意识到它的用处及其可能出现的风险。世界上最强壮、最明智的人不会用超过 225 磅（102.1 千克）的重量做站姿躬身，因为这是一项辅助练习，他们一般会采用 8 ~ 10 次重复的训练组。正确地完成这个动作，它能让你的背部更强壮，而错误地练习则会使背部受伤。使用多大的重量需要你做出明智的选择。你没有理由在这项训练中使用超过深蹲 35% 的重量完成 8 ~ 10 次重复的训练组，而且在深蹲重量的 35% 达到 95 磅（43.1 千克）之前你是没有理由做这项训练的。

推举变式

这里有两种版本：颈后推举和借力推举。

颈后推举

当人们在考虑如何以不同的方式把杠铃举过头顶的时候，他们第一个想到的就是颈后推举。而它的“近亲”——布拉德福德推举，则涉及了推举过程中杠铃杆位置从前到后的改变。当杠铃杆放在颈部后方的时候，肩膀所处的姿势在大重量下没有特别的优势。这种姿势刚好处于肩关节动作幅度的临界点，并会在控制肩关节的韧带上施加很大的压力。

肩关节（或者说是盂肱关节）由三块骨骼连接形成：锁骨、肩胛骨和肱骨。如果说肱骨头是一个球的话，那么肩胛骨的肩臼就是这个“球窝关节”的窝。肩臼相当浅，它并不像髋臼那么深。与髋关节相比，肩关节更多地依靠韧带和肌腱的支持。这种布局的总体效果就是——关节在动作幅度的临界点可能无法达到理想的稳定状态。颈后推举把肱骨头置于负重条件下的最差位置。如果举重者想要安全地使用这项练习，他就不得不使用非常轻的重量，这对力量训练来说几乎就是浪费时间。体型庞大的壮汉们曾用大重量做过这项训练，但没有人是通过这个练习变得壮硕的。

借力推举

借力推举是一项更好的练习。它不仅仅是借助双腿在推举中作弊的练习。与奥林匹克举重衍生出来的推举相比，借力推举运用了由髋部和膝关节产生的动量，并以此来启动上举杠铃的过程，然后用肩膀和肱三头肌锁定杠铃，就像标准推举动作中那样（图 7–34）。这个动作始于牵张反射，这就需要膝关节和髋部略微弯曲，身体略下蹲，然后再驱动杠铃返回原位——相关的伸肌肌群首先会略微拉长，然后立即有力地收缩处于锁定姿势。这种有力的伸展动作产生了足够的驱动力，这样才能把杠铃杆推离肩膀并使之上升。这实际上不太像一个“推举”动作，而更像是一个反弹过程，因为膝关节和髋部没有在解锁之后停止不动。确切地说，这就如同你在用髋部和大腿的力量把杠铃杆从肩膀上弹起那样。

这样的反弹要求向上的力量到达的时候，杠铃杆是搭在三角肌的肌肉上的。如果杠铃杆落在举重者的手中——停靠在手掌或者手指上，而不是稳当地落在肩膀上——那么反弹力就会被肘部和手腕吸收，而不会被传递到杠铃杆上。这意味着借力推举的握姿与力量翻相同，比你在推举中使用的握距更宽。因为对前臂较长的人来说，使用标准推举中的握距很难使杠铃杆落在三角肌上。杠铃杆与肩膀之间的紧密接触能让髋部和腿部驱动杠铃向上的效应充分发挥出来。在每次

图 7–34. 借力推举

重复前屏住一大口气能够帮助举重者支撑躯干，并能够使上推过程更为稳健。

与第 3 章中的推举技术相比，举重者能用借力推举举起更大的重量，与严格的推举动作相比更是如此。因此，一组大重量推举可能以完成一两次借力推举的方式结束。一种更好的方法是，在你的脑海中尽可能地把这两项练习区分开，足够仔细地选择正式组的重量，这样一组 5 次重复的推举就不会变成一组 2 次重复的推举加上 3 次重复的借力推举的组合版本。在你完成了最后一组推举之后，你也许会做两组更大重量的借力推举来增加额外的训练量。也许更好的方式是，你可以在另一个训练日中把借力推举当作是一项完全独立的训练来做——无论是在卧推之后，还是作为主要的上半身练习都可以。

除了那些与推举相同的问题，借力推举也有其自身的问题，以及与膝关节和髋部有关的问题。最常见的错误是，举重者在借力的时候倾向于把重量向前下沉至脚尖处（图 7–35）。反弹的力量必须来自整个脚掌，而不是脚尖，否则举重者 – 杠铃系统就会前移。如果身体的下沉过程包含向前的力，那么向下并向前的动作接下来就会转变为向上并向前，而不是竖直向上向下。如果杠铃杆在上升过程中前移的话，你就不得不把它“追”回来，这会削弱来自肩膀的力量。确保向着脚中心点下沉身体可以纠正这个错误。如果

图 7–35. 在身体下沉的过程中把重量前移到脚尖，而不是保持在全脚掌上的倾向在上升的动作中加入了向前的力。你可以想着在下沉过程中保持重量处于脚跟的方式来控制这个动作。身体竖直下沉并保持平衡，使压力均衡地分布在髋部和膝关节之间

你正以身体前倾的姿势下沉，保证笔直下沉的最简单的方法就是在每次重复前抬起你的大脚趾。这样的话，你的重量就会向脚跟方向后移，一旦你习惯了这种感觉，你在每次动作中即使不使用抬起大脚趾的提示法也能避免身体的前倾。这是一个方便的小技巧，尤其是在你有兴趣练习奥林匹克举重的情况下。箭步挺之前的下沉动作本质上与借力推举中的下沉动作相同，如果你能够及时纠正这个问题，那它以后就不会再困扰你。

不管你信不信，借力推举带给膝关节的压力是很大的。在大重量借力推举中，膝关节伸肌的肌腱很容易受损。如果身体在下沉的过程中向脚尖前倾的话，这一点就会格外明显。不要前伸膝盖，尽可能减少对膝关节的滥用。护膝虽然也能帮到你，但标准的动作才是对你最有帮助的。

力量翻的辅助练习正好属于奥林匹克举重的范畴,但这不是我们在本书要讨论的——你不该认为这些动作被遗忘了。如果你对奥林匹克举重感兴趣的话，可以联系一位有能力的举重教练，并继续深入探索这项运动。没有比力量翻更好的使用杠铃训练爆发力的方式了。

补充练习

不是每一项辅助练习都必须复制某个主项的一部分。在五个主项中，就没有任何与反手引体向上类似的动作。而对处于任何阶段的举重者来说，反手引体向上都是一项非常有用的练习。反手引体向上是多关节的全身运动，它能够训练很多肌肉群，而且动作质量取决于动作的幅度和标准度——具备主项训练的所有特点。相比之下，把屈腕练习做错是很难的。可是，谁会在乎你把这个动作做错了呢？与主要的举重练习一样，良好的补充练习同样有助于提高举重者的功能性运动表现。通过一定的动作幅度，它们能够同时锻炼多个关节。当你变得更强壮的时候，就说明它们起到了相应的作用——帮助举重者提高其在运动和工作中的表现。

与举重的主项相比，补充练习通常会使用更高的重复次数。但这不是铁律；因为其中一些动作本身也是极有价值的力量练习。从这点上来说，某些动作优于其他动作：以低次数和大重量的方式训练负重反手引体向上和屈臂撑是相当有用的，而大重量的负重山羊挺身会对膝盖产生很大的压力。每项练习都有它们特定的用途，而且会以不同的方式融入每个训练者的个人计划中。

反手和正手引体向上

引体向上可能是人类知道的最古老的阻力训练。树栖灵长类动物在运动过程中就会使用这个动作。自从我们可以站立以来，我们就很难抗拒抓住一根头顶上方的树枝，然后让下巴越过那个高度的诱惑。你要足够强壮才能够完成这个动作。引体向上不只是一个好的练习，更是体现上半身力量的良好指标。如果你做不了很多反手引体向上，那么随着你借助这项重要练习使身体变得更强壮的同时，你的推举和卧推能力也会提高。这也正是引体向上能够作为唯一的补充练习出现在新手训练计划中的原因。

反手和正手引体向上最有价值的一点就是它们对背阔肌的训练效果，其实它们对上背部的其他肌肉来说同样重要——菱形肌、大圆肌、前锯肌和肩袖肌肉，以及前臂和手部的肌肉。反手引体向上甚至对锻炼胸肌也有一定的作用。如果训练者从静止悬挂姿势起始努力训练，并且能够完成足够的重复次数使腹肌感到疲劳的话，这个练习也能锻炼腹肌。

在这本书中，“引体向上”指的是这项训练的正手版本，而反手引体向上的握法与前者相反（图 7–36）。两者之间的主要区别在于肱二头肌参与了反手引体向上，但在正手引体向上中没有发挥作用。额外的肱二头肌发力使反手引体向上比正手引体向上更简单，同时也兼顾了手臂的健美要求。正手引体向上更难，它可能更强调背阔肌的参与程度，这是因为肱二头肌缺席，所以必须由其他肌肉完成本应该由它完成的任务。因为正手握法，引体向上可能加重身体柔韧性不足的举重者的肘部伤势。正手握姿缩短了双手

图 7–36. 反手引体向上（上边两图）掌心向后抓握，在框式深蹲架内完成的正手引体向上（下边两图），掌心向前抓握

与肩膀之间的距离，而如果你没有保持身体靠近双手的话，反手握姿就倾向于增加这个距离（图 7–37，右图）。所以，如果有些训练者在做反手引体向上时过于远离单杠的话，他在完成正手引体向上时也许会感觉更简单。一旦力量允许，你就可以在严格动作的反手和正手引体向上中增加重量，以增加自己的训练量。躯干移动得越多，得到锻炼的躯干肌肉就越多，这也是腹肌经常会酸痛的原因所在。但无论反手引体向上还是正手引体向上——整个身体都在移动——都比这项训练的机器版——“拉力器下拉”的效果更好，因为后者只有手臂会移动。

作为一个入门练习，反手引体向上优于引体向上，从总体上来说它也是一项更好的练习，因为反手引体向上能够锻炼更多的肌肉。当我们双脚紧贴地面站立时，单杠要略高于手指尖向上所能触及的高度。当你的身体以这个高度悬挂在杠上的时候，你的脚尖应该刚好触及地面。当然，这是一个理想的高度，事实上器材的高度可能会低于或高于这个高度。框式深蹲架顶部的横杠用起来不错，或者也可以把杠铃杆架在较高位置的保险杠上使用。如果你足够幸运，在一家能够为训练者提供单杠的开明的健身房训练的话，就好好享受吧，因为这是不常见的。大多数人会感觉直径 1¼ 英寸（3.2 厘米）的单杠握起来最舒服——除非你的手特别小。但凑合着用并不困难，而且大多数训练机构都会有让别出心裁的训练者练习反手引体向上的空间。

在反手握姿中，手掌要朝向自己，握距与肩同宽。举重者采用的握距可以有几英寸的变化，这取决于其肘部的柔韧性。双手旋后越容易，握距就可以越宽。较宽的握距可以增加双手的旋后和肱二头肌的参与程度。握距越宽，肱骨外旋的程度就会越大；握距越窄，肱骨内旋的程度越大，同时肩胛骨外

图 7–37. 正确的反手引体向上动作始于肘部伸直的姿势，结束于下巴明显越过单杠、并尽可能高出的姿势。不正确的反手引体向上没有完成完整的动作幅度，这样的动作始于弯曲的手臂（左图），结束于下巴低于单杠的高度（右图）

展的程度也会越大，肩胛骨牵拉肌和三角肌后束的参与程度就越低。但因为极端的窄握距或者宽握距产生的关节压力的存在，所以握距可能并不是一个可以实际操纵的变量。因为握距影响了肩膀与负重之间的相互作用，所以某些肩部伤病会受到握距的影响。与肩同宽的握距利于我们完成相应的训练目标，并适合于大多数人。防滑粉能够改善训练者的抓握状况，并减少老茧的生成，所以使用防滑粉是必要的。带有滚花或者表面粗糙的杠铃杆会损伤双手，而且会对你余下的训练造成负面影响。

动作本身显然很简单：双手握杠，把肘部“向下”拉，从而使双脚离开地面。每次重复始于底部完全伸展的姿势——肘部伸直，肩胛骨被向上拉起的姿势，完成于下巴越过单杠的时候。更厚道的做法可能是让胸部碰到单杠。但只要下巴越过了单杠，同时脸部朝前，头部不后仰，就可以算作一次重复。试着使身体尽可能靠近单杠。达到黄金标准的动作始于静止悬挂状态，并会在底部身体完全舒展的姿势中略做停顿。部分反手引体向上非常常见，它们应该被称为“前额”或者“鼻尖”引体向上，而且这种动作经常伴随着肘部没有在底部伸直的状况出现。对高重复次数组来说，你可以在底部利用牵张反射，只要你的身体确实下放到底了。在这种情况下，训练者需要在每次动作的顶部快速呼吸。对更高重复次数的力竭组（也许是12次或者更多）来说，你会发现在这组的前⅔ ~ ¾的过程中你能够利用反弹，随着训练的推进，因为你需要在动作的底部利用重复之间的间隙呼吸一两次，最后的几次重复会从静止悬挂姿势开始。同样的原则也适用于正手引体向上，如果你决定尝试的话。

在底部或者顶部减小动作幅度的做法与减少深蹲幅度一样糟糕——这项练习的益处主要在动作的起止点上产生。举重者在动作底部拉伸了背阔肌，然后被向上拉起的肩胛骨通过首先向上耸肩继而向下的运动过程锻炼了背阔肌和所有的上背部肌肉。顶部的结束阶段锻炼了肱二头肌和肱三头肌。一次完整的重复意味着你在空间中把身体移动过了一段恒定的、可测量的距离，而不是在空中随意摆动身体。因此，每次动作都是相同的，并且你的锻炼量是可以量化的。

如果你无法完成一次完整的反手引体向上该怎么办？略微降低单杠的高度（或者人为抬高地面，这可能更简单），然后以跳跃的方式起始动作——直到你足够强壮，能够完成标准动作（图 7–38）。确保自己能够有控制地放低身体，从反向动作阶段得到最大的训练效益，并且只在必要的范围内借助跳跃的力量。或者在深蹲架内使用阻力带，直到你强壮到只需借助一次跳跃就能完成相应的动作（图 7–39）。对某些体重较重的新手来说，完成一次动作标准的反手引体向上也许太难了。如果你根本无法完成一次动作标准的引体向上，那你最好等到自己的背阔肌和手臂通过硬拉和推举训练变得更强壮，或者你的体脂降到足够低的水平，使你能够搞定悬挂在单杠上的体重时再上手。

摆荡式反手和正手引体向上是跳跃式引体向上的体操衍生版本（图 7–40）。在摆荡式版本中，举重者在拉起自己之前利用了身体小幅摆动产生的动量，当这种摆荡被转换成髋部向上的弧线运动时，摆荡产生的能量就会帮助身体向上运动。摆荡式引体向上会调用更多的肌肉，除了背阔肌和手臂，还会用到腹肌、髋部伸肌和下背部肌群，这样训练者就能够在这项练习中锻炼更多的肌肉，并能完成更多的次数。标准的反手和正手引体向上则是专注于更少的肌肉，并能够强化锻炼这些肌肉。

摆荡式反手和正手引体向上这两个动作本身已经证明了它们对强化标准动作需要的

力量是无用的，它们只是练习者没有足够的力量完成标准动作时的作弊方式，而且我们也已经证明了这种动作会危及训练者的肩关节。你需要抵制追随潮流，抵制以长期进步为代价获得短期满足感的诱惑。很多能够完成 15 次摆荡引体向上的人根本不能完成 2 次始于静止悬挂的引体向上，因为他们从一开始就在利用摆荡动作作弊，所以他们不会取得进步。如果你想要在一次健身训练中使用摆荡式引体向上的话，要确保你的肩膀和手

图 7–38. 跳跃式反手引体向上，被训练者用来为以后的完整版反手引体向上强化力量

图 7–39. 在便利的框式深蹲架中，使用阻力带能帮助举重者完成反手引体向上

图 7–40. 摆荡式引体向上

臂足够强壮，能够完成8 ~ 10次的标准动作，这样你才不会在追逐毫无意义的重复数的过程中伤到自己。如果你把这件重要的事情抛之脑后的话，你收获的回报可能就只是肩部的外科手术了。

对我们的上半身来说，负重反手和正手引体向上是除推举外极佳的大重量训练。杠铃片通过一根链条悬挂在腰带上，如果重量不够大，那用双脚夹住哑铃也可以。一个好的经验法则是：当你能够完成12 ~ 15次的自重引体向上之后，你就可以开始做一些负重版本的训练了，还可以交替使用高重复次数自重训练和低重复次数负重训练。无论是负重的、自重的，还是需要辅助的，多组训练对反手和正手引体向上都是比较合适的。很多人会使用与卧推和推举训练相同的方式——在每次的3个5次重复训练组中递进增加1.5 ~ 2磅（0.7 ~ 0.9千克）的重量——逐渐增加反手引体向上的负荷，并因此取得了稳定的线性进步。这些方法你都可以尝试一下，看看哪种最适合你。

屈臂撑

双杠屈臂撑源于体操运动。这个练习包含了以下动作：用手臂将身体支撑在双杠上方，放低身体，然后驱动身体向上回到起始姿势（图7–41）。如果因为某些原因你不能练习卧推的话，屈臂撑是一个不错的替代练习，而且它远远优于下斜卧推——举重者其实并没有充分的理由去练习下斜卧推。如果“下胸部”和肱三头肌是你锻炼的目标，那么屈臂撑应该就是你的选择。因为就像其他有用的练习那样，屈臂撑能够锻炼除了下胸部和肱三头肌之外的其他很多肌肉，所以屈臂撑优于下斜卧推。屈臂撑能够使我们的整个身体参与运动，在这方面就和俯卧撑一样。但屈臂撑优于俯卧撑，因为它可以增加负重——能够逐渐增重，并且可以由举重者独自完成。俯卧撑则不同，就算有两个人参与练习，训练者也不能方便地加载负重。

当更多肌肉、更多关节、更多用来控制它们的中枢神经系统参与到动作中时，该动作的运动质量就更高。参与一项练习的身体部位越多，这项练习就越符合上述条件。当训练者的整个身体都在移动的时候，训练者就达到了一个更接近理想的状态——大量肌肉和神经控制着众多关节，中枢神经系统对不同身体部位完成的很多不同的事情保持追踪，以确保它们都能够正确地完成相应动作。按照这种逻辑分析的话，我们就可以说俯卧撑优于卧推，因为俯卧撑会涉及训练者整个身体的运动和控制。但举重者很难为俯卧撑加载负重，特别是当举重者独自训练的时候，因为人体在这个姿势中很难负重。要是可行

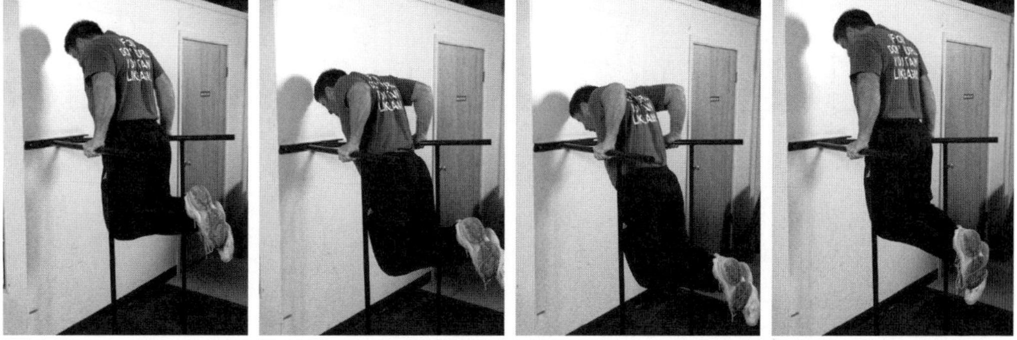

图7–41. 在非平行的成角度屈臂撑架上完成的“双杠”屈臂撑。注意，肩膀在动作底部的高度低于肘部

的话，我们今天早就用上了某种能够为俯卧撑加载负重的优质装备了。

长久以来，人们认为卧推解决了上述问题，但实际上它并没有。在卧推中唯一移动的部位是手臂，所以如果俯卧撑对应的是卧推的话，那么引体向上对应的就应该是拉力器下拉。但卧推允许在这种近似的动作中使用负重，这就让很多人无须通过高重复次数的俯卧撑训练也能提高他们完成俯卧撑的次数。如果不能加载负重，一个身强体健的人就会发现，不用高次数是很难训练推起的动作的，但高重复数的练法对大多数训练目标来说并不适合。屈臂撑解决了这两个问题——在一项上半身练习中，既允许举重者使用大重量，同时也能够使整个身体参与运动。

不负重的屈臂撑比俯卧撑的难度更大，因为在屈臂撑过程中，整个身体都在动，而不仅仅是没有得到双脚支撑的部分。对水平更高的训练者来说，在屈臂撑这个动作中负重是很容易的，无论是在腰带上悬挂杠铃片还是其他物体，或者是在双脚间夹一个哑铃（一种只适合小重量的选择）。这个动作的前侧部分是略微倾斜的躯干姿势，因为前臂在整个动作中都会保持与地面垂直。相对单杠上双手的位置来说，如果举重者的体重是均匀分布的话——即一半体重处在双手之前，另一半处于双手之后——那么身体就会在这个动作中呈现一种倾斜的姿势。这个角度足以调动大量的胸肌参与其中，而且主要是使用肌腹下部产生的力量。手臂相对上半身来说是向下发力的，同时背阔肌也参与了肱骨的内收，这就会使更多的肌肉参与到这项练习中。

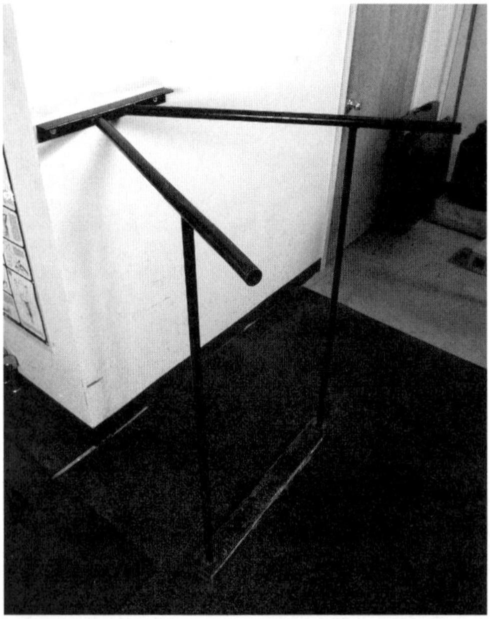

图 7–42. 非平行的屈臂撑架，练习者可以使用不同的握距

举重者能在这项练习中使用大重量。很多力量举运动员在伤病恢复期都借助屈臂撑来保持卧推的力量——因为此时进行卧推会加重他们的伤病，但屈臂撑不会。屈臂撑可以进行高次数的自重训练，也可以像卧推那样，以渐进加重的方式进行负重训练。随着重量的增加，训练者会感受到更多的全身训练效果——大重量屈臂撑会使手臂和整个躯干感到疲劳。

训练者最好在专为屈臂撑设计的双杠上练习屈臂撑；但是不像体操工作室，或者以前的健身房，现在的健身房里往往没有一组这样的平行双杠。最舒适的屈臂撑双杠是由 1¼ 或 1½ 英寸（3.2 或者 3.8 厘米）粗的管子或者杠铃杆原料做成的，通常宽 24 ~ 26 英寸（61.0 ~ 66.0 厘米），高 48 ~ 54 英寸（121.9 ~ 137.2 厘米），这个高度足以满足训练者在屈臂撑的底部使双脚完全腾空的要求。此外，屈臂撑双杠需要摆放在非常稳定的位置，要么是固定在墙面上，要么是打造一个结实的基座将其放在地面上，而且在动作过程中都不能出现任何使其倾倒的摆动。两杠之间成 30° 角的非平行双杠允许训练者使用不同的握距（图 7–42），从而能更接近推举、卧推以及挺举中使用的握距，而且不

图 7–43. 如果没有其他器材可用，或是你正在旅行的话，你可以借助两张椅子做屈臂撑

会对训练者双手的中立姿势产生负面影响。但在必要时，比如在酒店的房间里，两把能够背靠背放稳的椅子就可以代替双杠练习屈臂撑（图 7–43）。

在练习屈臂撑的时候，要调整好握距，然后借助跳跃进入起始位置，并保持肘部锁定、胸部挺起。深吸一口气然后屏住呼吸，通过弯曲肘部并使身体略微前倾的方式逐步放低身体。继续向下，直到肩膀低于肘部。如果有人从旁观察，这个姿势很容易鉴别——靠近肩关节的肱骨会低于与地面水平的位置。这种标准保证了动作幅度的完整，并能够使胸肌得到拉伸。这也为训练者提供了一种判断动作完整性的方法——一种能量化训练量并在训练者之间比较运动表现的方法，从而达到了与深蹲中低于大腿水平高度的标准相同的目的。从处于拉伸状态的动作底部驱动身体向上，直到肘部锁定，胸部挺起并回到位于握杠双手正上方的位置。完成动作之后在顶部呼气。呼吸只能在动作的顶部锁定姿势中完成，不要在动作过程中进行。气压为胸廓提供了支持力，这对有效控制移动的身体很重要。

在练习屈臂撑的过程中，最常见的两种错误都与动作的完整性有关。当旁边没有人提醒的时候，大多数训练者会在肱骨高于水平的位置停止下放身体。因为与全幅度的屈臂撑相比，部分幅度的动作更容易完成，就像部分深蹲比全幅度深蹲更容易完成那样。部分幅度的屈臂撑不会像部分深蹲那样给举重者带来受伤的风险，但是部分屈臂撑没有全幅度屈臂撑那么有价值，这与半深蹲的效果不及全幅度深蹲的道理相同，因为它们锻炼的肌肉较少。与你在其他练习中作弊时的情况一样，如果你在腰带上加重，并在以负重方式练习屈臂撑时遇到了麻烦，然后选择在深度上作弊的话，那么你既是在浪费训练时间，又是在强壮的问题上自欺欺人。完成全幅度的屈臂撑并根据需要使用较轻的重量训练（图 7–44），你就不会错失屈臂撑带来的实际效益。

另外一个常见错误是训练者没有在动作的顶部锁定肘关节。这与削减动作幅度的行为是不同的，因为这经常是无意识的行为。疲劳的肱三头肌并不总是知道它们是否已经完全收缩了。动作结束时的挺胸提示法可以帮助训练者锁定肘关节，因为挺胸姿势能够把躯干上部的重量拉到双手后方，从而使肱三头肌能够在对抗分布更均衡的负重时伸展肘部。

还有一点，需要提醒先生们注意，当你用铁链和腰带做负重屈臂撑的时候，某些重要的器官会很不幸地靠近铁链和杠铃片，所以你一定要调整好铁链和杠铃片的位置，尽量避免在动作失控或者杠铃片摇摆的情况下弄伤这些器官。

吊环屈臂撑最好留给体操运动员，或者其他不以训练力量为主的体重较轻的人来练习。吊环屈臂撑对你的肩膀来说是一个**危险**的动作，练习负重吊环屈臂撑对任何人来说都是愚蠢的做法，因为吊环不必横向移动很多距离就能够使你的肩关节处于一个无法控制的不稳定的姿势中。因为重力会促使肱骨和肩锁关节相互靠近，所以肩膀很容易受到挤压。此外，作用于这个结构的额外的横向力矩在很多人的肩袖上导致了很多本可以避免的外科修复手术（参考图 3–7）。请善待你的肩膀，在双杠上练习屈臂撑吧（图 7–45）！

杠铃划船

首先，**杠铃划船不是力量翻的替代项目**。如果你一定要练习这个项目的话，那你就是决定以一项更重要的练习为代价来做一项辅

图 7–44. 负重屈臂撑，用屈臂撑腰带和杠铃片做的负重

图 7-45. 利用健身房中现有的器材，你可以在框式深蹲架内做屈臂撑

助练习，而这个更简单的辅助练习并不会产生主项练习能够带给你的大多数更为重要的效果。我这么说是因为自从本书的第 2 版出版以来，这种情况比较普遍。力量翻是这个计划中的主项之一，但杠铃划船——也许只是对中级举重者比较有用——就不属于主项的范畴了。

有些跑题了，但我还想再说一件跑题的事情。大多数人都把划船与使你处于固定位置完成动作的器械联系在了一起——拉力器划船或者 T 形杠铃划船的器械版本是最常见的。但最有价值的划船训练会让你采取某种姿势并在整组训练中保持这种姿势。以这种方式，你既能以划船动作移动杠铃，又能通过锻炼增强背部的稳定性以保持背部在划船动作中的正确姿势，从而取得两方面的训练效益。与所有有益的杠铃训练相同，你在训练中完成的工作量越大，这项训练就越好。所以，现在就让我们学习如何正确地练习杠铃划船吧！

杠铃划船的每次动作都**始于地面并终于地面**（图 7-46）。在每次重复之间，杠铃不会悬挂在手臂上。每次重复之间都包含一次呼吸和一次上背部的姿势调整。从地面的起始让腘绳肌和臀肌帮助举重者移动杠铃，这样背阔肌和肩胛牵拉肌就可以比手臂处于静止悬挂姿势时拉起更大的重量。这种练习方式不仅能够锻炼与划船密切相关的背阔肌、上背部和手臂肌肉，而且还能够使下背部肌肉和髋部伸肌也得到锻炼。

当你从地面起始练习划船时，最重要的技术因素是下背部的姿势。与硬拉中一样（而且基于相同的原因），腰椎必须处于伸展状态。划船与硬拉的主要差异在于：在划船过程中，背角会在杠铃被拉离地面的同时发生改变。膝关节已经处于伸展状态，而且事实上其参与程度也并不高，所以髋部伸肌通过抬高胸部（力量通过锁定的背部传递到杠铃杆上），得以在杠铃离开地面的初始阶段贡献力量。随着肘部弯曲，杠铃杆被猛拉到胸廓下部区域，这样动作就完成了。与硬拉的情况相同，杠铃杆会在肩胛骨的正下方被拉离地面；但与硬拉不同的是，在划船过程中，背角永远不会变得接近垂直，并且也不会超过水平面向上 15° ~ 20° 的范围。

以硬拉的站姿准备提起杠铃，也许不必那么靠近。热身的时候，你能以弯曲的杠铃杆运动路径把轻重量拉起到腹部。但随着重

图 7-46. 杠铃划船。每次动作都始于地面且终于地面

量变得更大，标准的拉起杠铃的力学机制会占据主导，杠铃杆会沿脚中心点正上方的垂直路径运动，就像所有拉起大重量的练习那样。随着重量加大，不管你是否想这样，杠铃杆都会自行调整到处于脚中心上方的正确位置。不同的举重者采用的握距会有很大的差别，但与卧推大致相同的握距可能是最好的开始。在使用较大重量的时候，可以使用锁握握法或者借助助力带。双眼应该注视着身前几英尺地面上的某个位置。不要笔直地向下看，同时也不能直视前方，因为这样会使颈部处于过度伸展的姿势。

深吸一口气，用直臂将杠铃从地面提起向上移动，然后弯曲手肘继续拉高杠铃，猛拉杠铃杆使其碰到你的上腹部。肘部带动了整个动作，你应该把肘部朝着天花板**猛提**。杠铃划船的最重要的技术部分在于背部姿势：在整个动作过程中，脊柱必须处于伸展状态并被锁定，胸部挺起，同时下背部挺直。在杠铃碰到腹部之后，下放杠铃至地面，呼气并重吸一口气，然后重新调整背部姿势。不要尝试在顶部保持杠铃杆顶住腹部的姿势，或者过于缓慢地下放杠铃。与硬拉一样，杠铃划船主要通过向心收缩完成做功。因为较大的重量几乎相当于是砸回地面的，所以你要用缓冲杠铃片或者在标准铁质杠铃片下放上橡胶垫。

划船要求举重者**通过髋部伸展将杠铃拉离地面，而不是借助膝关节伸展**。在用小重量的时候，只用手臂你就可以完成划船动作，但随着你使用的重量逐渐接近正式组，髋部伸展会变得更为重要。膝关节几乎伸直，只是略微弯曲，在杠铃上升之前，髋部要高于硬拉动作中的位置（与直腿硬拉中的髋部高度相同），这样你就很少有机会用到股四头肌的力量。这个动作起始时，手臂要伸直，胸部上挺，随着杠铃离开地面，你的背部会略微抬高——这个动作由腘绳肌和臀肌完成并作用于刚性的背部，竖脊肌则通过等长收缩保持背部处于刚性状态。髋部伸展启动了上拉杠铃的过程，然后肘部捕捉到髋部伸展产生的动量，并借助肩膀的伸展和肩胛的内收提起杠铃。背阔肌、肱三头肌、肱二头肌、前臂肌肉、三角肌后束，以及围绕着肩胛骨的一些小肌肉是这个动作的主要发力肌群。稳定脊柱的躯干肌肉使躯干作为一个刚性平台发挥作用，举重者依靠这个平台产生力。在完成将杠铃拉离地面的起始动作之后，在由上半身产生的最后阶段的动作中，腘绳肌和臀肌稳定了骨盆，进而稳定了下背部。正如复杂的人体动作中经常出现的那样，肌肉发挥的作用在运动过程中会发生改变——起始时是某一种作用，结束时又会发挥另一作用。髋部伸肌在杠铃划船中的作用转变就是一个很好的例子。

当重量很大、举重者难以保持动作标准的时候，划船练习就没有那么有用了。杠铃触碰腹部的结束姿势受到与翻举相同的部分限制因素的控制，所以一个能被举重者用来正确完成划船的重量也许只比他完全做不了划船的重量轻 15 磅（6.8 千克）。一次不完整的划船动作不会产生这项训练独有的动作幅度，这种动作可能被叫作“部分直腿硬拉”更合适。因此，我们通常安排 5 次重复或者更高次数的组练习划船，因为只能用来完成 3 次划船的重量很难保证动作的标准性。正如任何补充练习那样，用较轻的重量把动作做标准，完成 5 次、8 次或者 10 次重复的组并做多组训练，比使用过大的重量、丧失训练收益的做法要好得多。

每组练习中的前几次重复只会用到小幅的——也许小于 10° 的髋部伸展，但随着训练的继续和上背部感到疲劳，举重者需要更大幅度的髋部伸展才能完成剩余的重复。请确保你是在继续做划船，而不是硬拉。背角不应高于水平面太多。如果你的胸部在最后

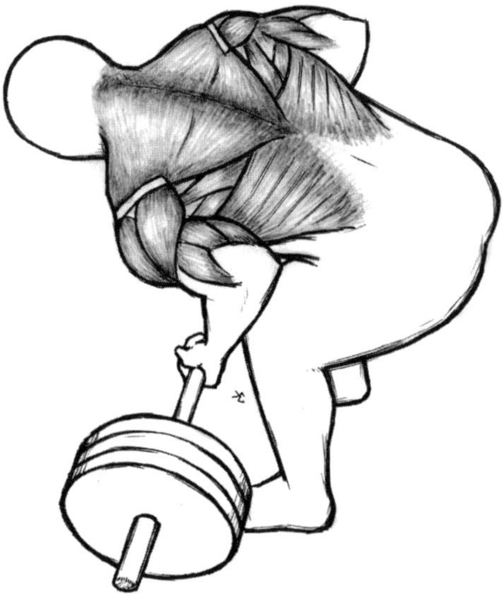

图 7–47. 俯视图，在反手杠铃划船中，当背阔肌跨越整个背部发力时，肌腹的肌肉纤维近乎与杠铃杆平行

图 7–48. 举重者有时会用反手握姿练习杠铃划船。这位举重者同时使用了锁握的握法

几次重复中抬起过高，杠铃杆与身体的接触点的位置就会过低，用于锻炼目标肌肉的动作幅度就减小了，这就说明你使用的重量过大了。

随着重量变大，你会非常倾向于下沉胸部使之靠近杠铃杆，这样你就是在从上向下来完成动作，而不是从下向上。胸部过度下沉说明重量太大了。而“过度”在这里是一个相当主观的概念：有些训练者也许不允许任何程度的胸部下沉，如果这样他就不可能在这项训练中使用大重量；有些训练者也许有这样的看法——只要杠铃杆碰到胸部，就算完成了这次重复。灵活性是补充练习与主项练习之间的差别之一：如果一项练习的标准中本来就有很大程度的灵活性的话，举重者就不能有效地评估或者客观地量化这项练习。因此杠铃划船只是一项很好的补充练习，而非一项合格的竞赛项目。

标准杠铃划船的一项变式是使用反手握法，这会使肱二头肌更多地参与到动作中（图 7–47，7–48）。反手划船会刺激身体柔韧性不足的训练者的肘部——当肘部在大重量下处于弯曲状态时，这种极端的肱骨外旋以及掌心完全向上的握法，会刺激前臂肌肉在肘部的插入点，尽管人们通常能在反手引体向上中很好地承受这种外旋的压力。反握划船很快就能导致训练者出现网球肘或者高尔夫球肘。所以，如果你决定尝试这个版本的动作的话，你需要在前几次训练中从轻重量开始，然后谨慎地加到更大的重量。与你在正手杠铃划船中的握距相比，你应该用较窄的握距使握姿问题最小化。

山羊挺身和臀腘挺身

有几种需要借助特殊器材完成训练的补充练习，这些练习足够有用，所以值得我们去购置这些器材。**罗马椅**是一款古老的健身房器材，我们能在大多数训练设施中发现不同样式的罗马椅（图 7–49）。在 19 世纪晚期，罗马椅由著名的体育工作专家“匈奴王”路易斯·德拉克（Louis “Attila” Durlacher）从被称为“罗马柱”的设备改进而成。罗马椅是一种非常基础的凳子（在训练中，罗马椅的任何部分都不会移动；但机器会），它在从上方支持着训练者的小腿或双脚的同时，还能从下方支持着训练者的大腿，因此它允许训练者通过双腿的支撑使身体处于水平姿势。当你脸部朝上的时候，你可以用罗马椅锻炼腹肌；而在你脸部朝下的时候，你可以用罗马椅锻炼背部。

根据命名习惯，在这种凳子上完成的腹肌训练被称为“罗马椅仰卧起坐”。很多年来，在罗马椅上完成的背部练习都被叫作“背部超伸展”，但这个名称特指大多数关节都不喜欢的一种位置，因此人们更喜欢把它叫作“山羊挺身”（图 7–50）。你也许还会不时地听到人们用“背部超伸展”来称呼这项练习，但随着人们变得更加熟悉生物力学的术语，这样的称呼已经很少听到了。

山羊挺身通过向心收缩和离心收缩很有效地**直接锻炼了竖脊肌**。躯干肌肉的常规功能是稳定脊柱，以等长收缩的方式防止椎骨之间出现相对运动，或者只允许出现极小幅度的相对运动。但在这项练习中，这些躯干肌肉可以通过脊柱的主动运动得到强化，这个练习起到了反向仰卧起坐的作用——竖脊肌能够在一段很宽广的动作幅度内伸展弯曲的脊柱。脊柱被伸展到与地面平行的状态，而这个过程同时也包含了髋部伸展的部分——由臀肌（所有臀肌，包括臀大肌、臀中肌和臀小肌）、腘绳肌和内收肌与脊柱的伸展动作协同完成。

你在罗马椅上以一种面部朝下的姿势练习山羊挺身——大腿中部靠在前面的支撑板上，腿的后侧（小腿之下，脚跟之上，刚好在跟腱位置）夹进脚部衬垫或滚筒衬垫中，保持身体平行于地面，保持膝关节处于非常轻微的解锁而又不能弯曲的状态，同时借助来自腘绳肌的少许张力防止膝关节伸展过度。这个动作从脊柱的离心伸展起始——只有胸部朝着凳子支柱下沉，直至躯干垂直于地面——然后是向心的脊柱伸展，抬起胸部，通过髋部伸展，臀肌和腘绳肌完成动作，使躯干回到平行于地面的姿势。用胸部引导这个动作是很重要的，这样才能让背部进入伸展状态——背部在动作顶部完全挺直的姿势。这个动作锻炼了竖脊肌、臀肌和腘绳肌上部。

臀腘挺身凳是一种改进版的罗马椅，这种罗马椅在山羊挺身的基础上加入了自重“腿弯举”的动作，从而形成了被称为臀腘挺身

图 7–49. 一种简单的罗马椅

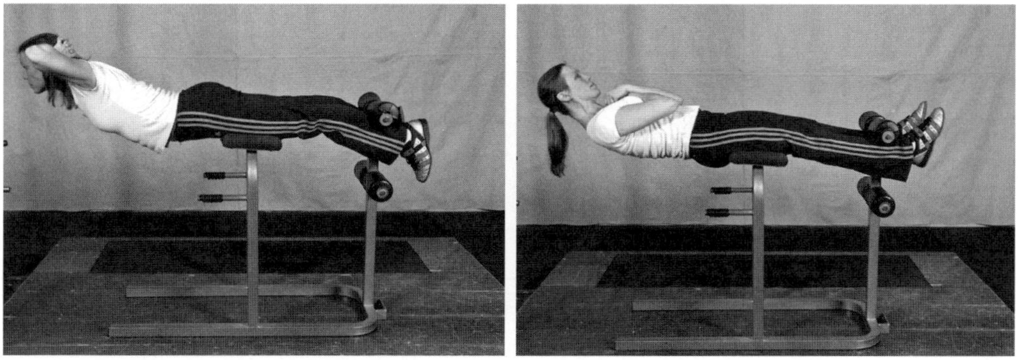

图 7–50. 山羊挺身（左图）和罗马椅仰卧起坐（右图）

的动作。随着越来越多的人发现臀胭挺身的用处，这种凳子也变得越来越流行。在臀胭挺身的结束姿势中，躯干是垂直于地面的。因此,这个练习包含了山羊挺身的所有元素，除此之外大大提高了胭绳肌的参与度。允许加入这种额外动作的改进是焊接在双脚滚筒后方框架上的一块踏板（图 7–51）。这个踏板为双脚提供了一个可以用力蹬踏的位置，这就使训练者能够弯曲膝关节从而上抬躯干和大腿并使之进入垂直姿势。因为腓肠肌的帮助，胭绳肌就能在双脚蹬住踏板的情况下完成这个动作。腓肠肌只有在其远端动能受到踏板拦阻时才能在近端发挥作用，否则无法为训练者屈膝贡献力量。

跨越两个关节的肌肉能够影响任何一个关节周围的动作。近端功能是由更靠近身体中心的关节完成的，而远端功能则是由远离身体中心的另一端的关节完成的。人体中的大多数关节都是由同时跨越另一关节的肌肉移动的。胭绳肌可能是最经典的例子，因为它们既能伸展髋部，又能使膝关节弯曲——臀胭挺身使它能够发挥这两种作用。腓肠肌是这类肌肉的另一个例子，它通过跟腱连接了跟骨，并分成左右两个头在膝关节后侧连接了内侧和外侧的股骨上髁。腓肠肌既能伸展脚踝（在这里特指被称为“跖屈”的动作），也能弯曲膝关节。另一块重要的小腿肌肉——比目鱼肌，与腓肠肌共用跟腱，但它的近端连接在胫骨上，并没有跨越膝关节。

臀胭挺身凳利用了我们身体结构的特点，为我们的双脚提供了一块可蹬踏用力的平面。位于前侧支撑板前方的体重把脚跟紧靠在滚筒上，从而使身体能够通过杠杆作用被抬起，而小腿肌肉产生的张力又能够让双脚紧踏踏板。踏板限制了踝关节伸展，使腓肠肌收缩的力量被传递到股骨处的插入点，进而使膝关节弯曲。在躯干平行于地面之前，**臀胭挺身本质上就是山羊挺身**——髋部和脊柱处于伸展状态（图 7–52）。然后双脚用力蹬住踏板，膝关节弯曲加强了背部伸展

图 7–51. 臀胭挺身凳，一种改进的可调式罗马椅，包含脚踏板，这样能让举重者完成全幅度的动作

产生的向上的动量，使举重者的躯干向上抬起到与地面垂直的位置——此时膝关节弯曲90°，背部和髋部处于伸展状态，胸部挺起。

与简单的山羊挺身相比，臀肌在臀腘挺身中的发力更强。它们能够帮助训练者在背部伸展和膝关节弯曲的过渡阶段产生动量。当臀肌在这项练习中发力的时候，训练者可能不会特别清楚地察觉到这一点——这取决于训练者的个体情况。训练者可能不会明显地感觉到臀肌的作用，因为腘绳肌在发力时的动作幅度明显大得多，它们做出的贡献巨大而明显，而臀肌则是在一段较短的距离内非常有效地收缩，臀肌起点与插入点之间的距离也没那么远。运动员的训练水平越低，特别是深蹲力量越弱，他在这项练习中对臀肌的感觉就会越明显。水平越低，训练者完成10次重复的完整组，甚至是一次完整动作的可能性就越低。训练者开始练习臀腘挺身时会感觉很困难，但随着动作模式的熟悉度和训练相关的神经肌肉效率的提高，这个练习很快就会变得更容易了。

在脊柱达到完全挺直的状态之前，这个动作本质上与山羊挺身相同，而且脊柱挺直必须与后续动作协调起来（图7–53），否则训练者就会错失发力时机。然后膝关节弯曲，训练者将胸部抬起至完全竖直的状态来结束动作。这个动作的最佳提示法与胸部有关：想象着快速、有力地抬起胸部，腘绳肌、小腿肌肉和臀肌就会在正确的时机完成各自的工作。训练者要么以比较简单的方式保持双手在胸前交叉，要么让双手的手指互扣置于脑后——后者比较难，因为这样做的话就会有更多的体重远离髋部。臀腘挺身适合用高重复次数进行练习，每组10 ~ 15次重复，练习3 ~ 5组的效果最好。

在这项训练中，你是利用位于支撑板之后的部分身体肌肉抬起了位于支撑板前方的部分身体，位于支撑板之前的体重越大，这个练习的难度就越大。因此，大多数臀腘挺身凳前后支撑板间的距离是可调节的，这样

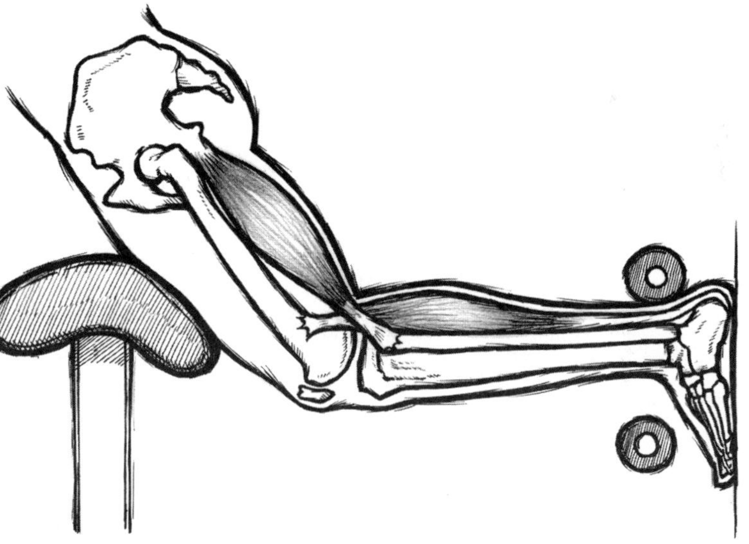

图7–52. 臀腘挺身本质上是一个山羊挺身动作，外加一个立刻跟上的自重腿弯举动作。因为踏板的拦阻使双脚可以发力，这样举重者就能够借助小腿肌肉在近端的帮助完成弯曲膝关节的动作。如果没有踏板，你就不能完全弯曲膝关节，然后使躯干到达竖直的姿势，如图7–53所示

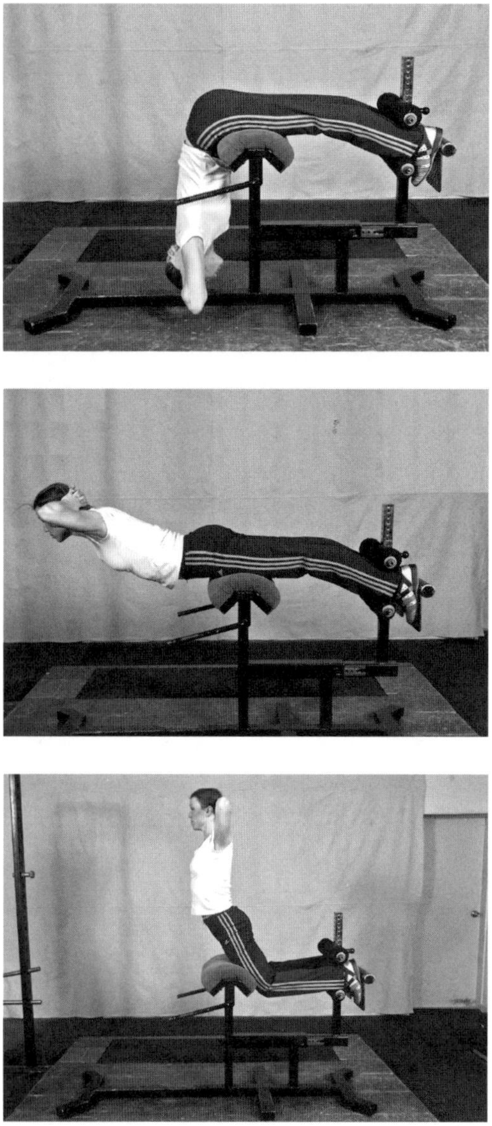

图 7–53. 臀腘挺身

一来这个动作的难度也就可以被相应地调节。因为相当明显的原因，你要把前侧支撑板后调足够的距离以确保其避开裆部，并使这项练习变得足够难，保证你得到足够的锻炼。但注意不要把后侧支撑板放得过于靠前，不然前侧支撑板就会过于靠近你的膝盖。这样的位置的确增加了动作的难度，但同时也极大地增加了作用于膝关节的切向力——毕竟膝关节只是通过十字韧带、囊韧带和肌肉张力来固定的。如果需要，水平更高的举重者会在颈后或者胸前加载重量以增加训练量。在这项训练中，**增加重量以提高训练负荷的做法比增加力矩的做法好多了**。

如果你的大腿在支撑板上滑动，那就表明你在挺直背部之前就使膝关节发生了弯曲。请记住：只要膝关节弯曲，腘绳肌就会缩短。在这个动作中，如果你在完成山羊挺身阶段之前就发生了这种情况的话，那么：①你在腘绳肌还没完成任何实际工作之前就已经收缩了腘绳肌，因为它们还没有帮助举重者抬起躯干；②你让它们处于部分收缩的状态，这样腘绳肌在山羊挺身阶段结束之后就不能以完全收缩的方式发力。**在你挺胸和完成髋部伸展之前，一定不要让膝盖从支撑板上滑下**。这是很多训练者最常犯的一个错误，它会严重影响这项练习的效果。同理，也不要在前支撑板是用滚筒做成的凳子上练习臀腘挺身。

当你开始这项练习的时候，你可能感觉臀腘挺身非常难。一位未经训练的人甚至不能完成一次完整的抬起躯干到垂直姿势的动作。这很正常，其实你只要在一组练习中尽自己所能把身体抬高即可——尽管随着一组练习的进行，身体抬起的高度会逐渐减小。如前所述，这项训练很快就能变得更容易，主要是因为你很快就能学会如何更高效地完成它。在包含 6 次或者 7 次重复的训练中，大多数人都能至少完成一次完整的动作。当你能做几组全幅度动作的时候，你就能在热身组后进行负重练习了——把一个杠铃片抱在胸前或者把一根杠铃杆搭在颈后。

“功能性训练”的一个不错的定义是：能够在可计量、可增加的负荷下完成的一种正常人体运动。根据这种定义，任何种类的山羊挺身或者仰卧起坐都不是功能性训练。因为常年的背部疼痛或者遭受反复的小型背部伤病的困扰，一些人在做这些练习时会有困难。围绕着脊柱的所有肌肉的正常功能是稳定脊柱。而深蹲、推举和所有拉起杠铃的练习，在各自的主要发力肌群之外，都为这些肌肉提供了足够的挑战和锻炼机会。如果你是一位老年举重者，并且随着年龄增长出现了一定程度的脊柱功能退化的话，你或许会发现离心和向心的背部锻炼以及以脊柱弯曲为基础的腹肌训练所产生的问题多于它们所能纠正的问题。如果你正遭受着下背部伤病的持续困扰，那你可以尝试在几周内停止练习所有涉及脊柱弯曲和伸展的练习，然后看看伤病频率会发生什么变化。通过主项中的杠铃训练，你的腹肌和背部肌肉会保持强壮，你也不会再碰到干扰自己训练的那些伤病问题。

弯举

因为你一定会做这个练习，所以我们在此也需要讨论一下练习弯举的正确方式。人们通过练习弯举来锻炼肱二头肌，有太多的人过于重视这块肌肉了。但这是万物的本性，而去质问这一基本问题的我们又是谁呢？有效的弯举需要举重者首先了解肱二头肌的解剖结构，同时还要乐意与传统观点在技术层面产生分歧。

肱二头肌是人体中很多跨越两个关节的肌肉之一（从专业角度讲，这块肌肉叫作上臂肱二头肌，或者“臂”二头肌，以区别于腘绳肌中的股二头肌。）。就像它的搭档肱三头肌一样，肱二头肌跨越了肘关节和肩关节，从而能产生围绕这两个关节的运动（图7–54）。反手引体向上结合了肘部弯曲和肩部伸展两种关节运动，引体向上也是如此，二者的区别在于正手与反手的握法。引体向上中的肘部弯曲没有涉及多少肱二头肌，但它在反手引体向上中的参与度很高。

这两者之间的差异源于肘部的结构特点。肱二头肌的远端连接在桡骨——两根前臂骨骼中较短的一根骨骼——的**桡骨粗隆**上。当前臂旋前的时候（拇指朝内），桡骨粗隆位于桡骨的后侧及内侧。而“旋后”是双手向外旋转，拇指朝外的姿势，这种姿势被称为“反手”。随着肱二头肌缩短，肱二头肌在桡骨上的连接点就会向内、向上旋转，前臂就会旋后。事实上，如果肱二头肌处于完全收缩的状态，那双手就处于拇指朝外的姿势。以正手握姿完成的引体向上很少使用肱二头肌，更多的是使用肱三头肌和背阔肌的力量——反手引体向上则用到了很多肱二头肌的力量。正手引体向上中肘部弯曲的部分是由其他屈肘肌群完成的：肱肌、肱桡肌和

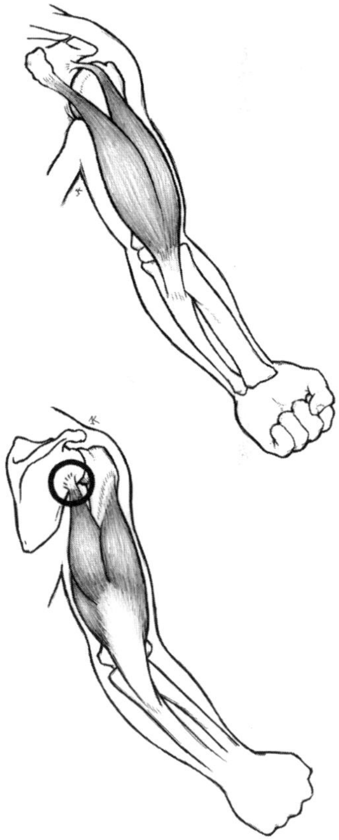

图 7–54. 肱二头肌（上图）和肱三头肌（下图）都跨越了肘关节和肩关节，从而能产生围绕这两个关节的运动

其他一些较小的肌肉。

肱二头肌也能够完成肩关节弯曲的动作。解剖学上的动作描述有时候很随意，围绕肩关节的弯曲被定义为**肱骨向前和向上**的运动。因为肱二头肌的两个近端连接点（因此被称为肱二头肌）位于肩关节的主要骨骼——肩胛骨的前侧，所以肱二头肌也会参与这个动作。因为肌腱的连接点跨越了这个关节，同时肌肉也移动了这个关节，所以肩关节弯曲属于肱二头肌的功能。

无论何时，不管我们抓住什么东西，把它拉近身体的时候，我们都会用到肘关节弯曲和肩关节伸展的动作。这也是反手和正手引体向上成为如此有用的练习的原因：它们在负重的条件下复制了这种很常见的动作(图7–55）。事实上，肘关节弯曲通常与肩关节伸展相伴而生——这就是手臂的工作方式。这也是为什么肩关节柔韧性不足的训练者需借助特殊的器械才能完成肘关节的弯曲。牧师凳就是这样被发明出来的，此外它还为训练者提供了一种孤立训练肱二头肌的方法。移动单关节的单一肌肉群的孤立训练很少能明显提高它在其他包含这个肌肉群的更复杂的动作中的表现。请记住我们对“功能性训练”的定义——能在可计量、可增加负重的条件下完成的正常人体运动。根据这个定义，需要借助机器或者特定设备来完成的动作都不是功能性训练（我们在这里没有把杠铃或者框式深蹲架包括在“特定设备”中，因为我们不可能把自己的训练限制到只使用树枝和石头的地步）。如果一块肌肉在一项练习中被孤立了，它的肌腱连接也就被孤立了，于是这类练习总是存在产生伤病的潜在风险。

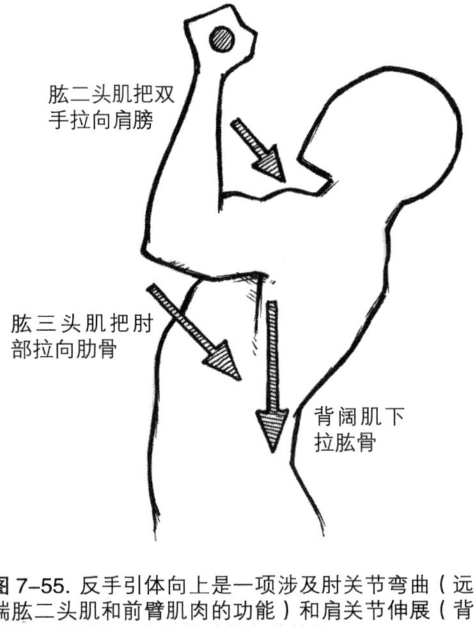
肱二头肌把双
手拉向肩膀
肱三头肌把肘
部拉向肋骨
背阔肌下
拉肱骨

图 7–55. 反手引体向上是一项涉及肘关节弯曲（远端肱二头肌和前臂肌肉的功能）和肩关节伸展（背阔肌和近端肱三头肌的功能）的练习

肩关节弯曲的例子很难找到，因为把物体举过头顶通常是用正手抓握和推举动作完成的，而这主要依靠三角肌和肱三头肌。以前臂旋后的姿势完成肩关节弯曲的动作几乎只发生在**弯举**中。但因为肩关节弯曲是由肱二头肌完成的，所以这个动作应该融入肱二头肌的训练中，这样这项功能才可以得到锻炼——弯举应该包含肩关节弯曲，因为它能这么做。杠铃弯举既允许肘关节弯曲，也允许肩关节弯曲，同时还会运用手臂的正常功能，而且不需要特别的器材（再说一遍，杠铃不属于特定设备）。所以按照严格的定义，杠铃弯举应该被看作是一项功能性训练。

有多少位肌肉杂志的作者就有多少种弯举的做法。如果你花时间把所有变式做一遍的话，那你就偏离了本书的要点。让我们假定你还没有这么做，而且你想要在最短的时间内以最佳的方法、最大限度地锻炼肱二头肌。这种方法就是杠铃弯举，你需要用一根标准的奥林匹克杠铃杆来练习。举重者需要以站姿练习这个动作（因为弯举不可能以坐姿完成），并且最好在架子外面做，杠铃被架起的高度与推举中的高度相同。

反手握杠，握距可以从略窄于肩宽到宽于肩宽几英寸的范围内变化。握距越宽，保持握距所需的旋后程度就越高；旋后程度越高，在肘部完全弯曲的状态下肱二头肌的收缩程度就会越高。这取决于举重者个体的柔韧性，一种略宽于肩宽的握距能让这项训练达到更好的效果（这与反手引体向上中所采用的握距大致相同，反手引体向上使用这种握距的原因也是如此）。

这种版本的杠铃弯举始于顶部，即肘部处于完全弯曲的姿势，与肘部处于伸展状态并从底部开始的更常见的练习方法**相反**（图7–56）。当我们把杠铃下放至肘部完全伸展的底部位置，并在没有停顿的情况下将杠铃拉回到肘关节弯曲的姿势中时，肱二头肌能够从牵张反射中获益产生更强力的收缩，举重者因此能够使用更大的重量。只能在动作顶部呼吸，并且在底部不能呼气使支持性的气压降低。保持肘部紧贴胸廓，并且在开始阶段肘部应处于杠铃杆的前方。

与站姿躬身一样，杠铃弯举**有意**使用了一种偏离脚中心平衡点的杠铃杆运动路径。你要以一个弧形路径通过离心收缩下放杠铃，并使之远离自己的身体。这样做的话，就制造了力臂——在杠铃杆和肘部之间、杠铃杆和肩膀之间，以及杠铃杆和脚中心点之间——因此你是主动控制了系统的力学机制以产生阻力。保持肘部靠紧肋骨，并使之处于区分身体前后部分的中轴线的前方。当肘部在弯举底部几乎伸直的时候，它们就会向后滑动到这条线之后。肘部永远不会完全伸直，因为这样会使肱二头肌失去张力，但肘部要**接近伸直**。举重者需要一些张力来启动向心收缩的动作，而这正是弯举的精髓所在，完全伸直肘部会使这个过程变得很困难而且低效。

当你沿与下降过程相同的弧形路径向上移动杠铃杆的时候，你需要把肘部向前滑动来启动弯举的向上阶段。在整个上升过程

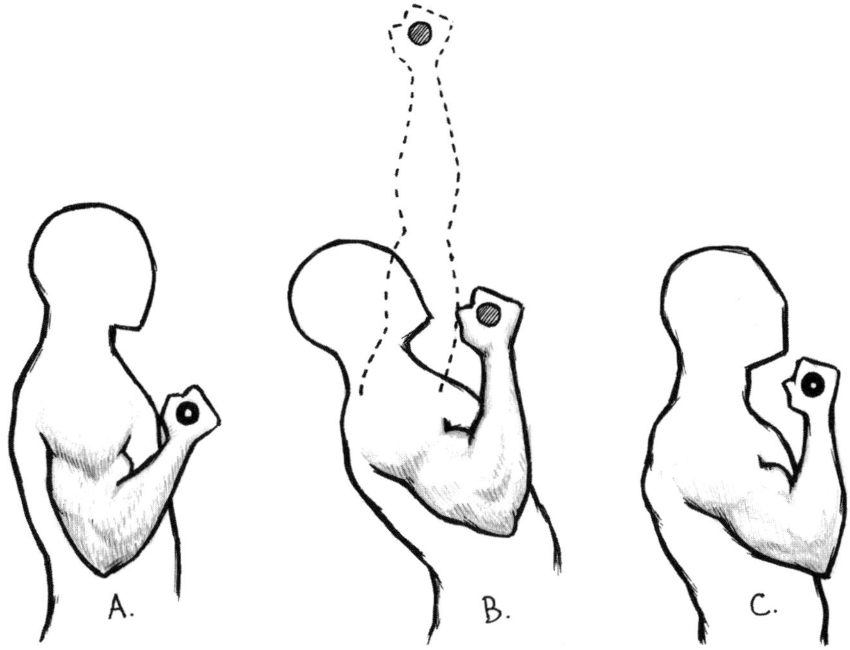

图 7–56. 三种锻炼肱二头肌的方法。（A）肘关节弯曲的孤立训练：严格动作的弯举。（B）带有肘关节弯曲的肩关节伸展：反手引体向上。（C）带有肩关节弯曲的肘关节弯曲：本书中所描述的杠铃弯举

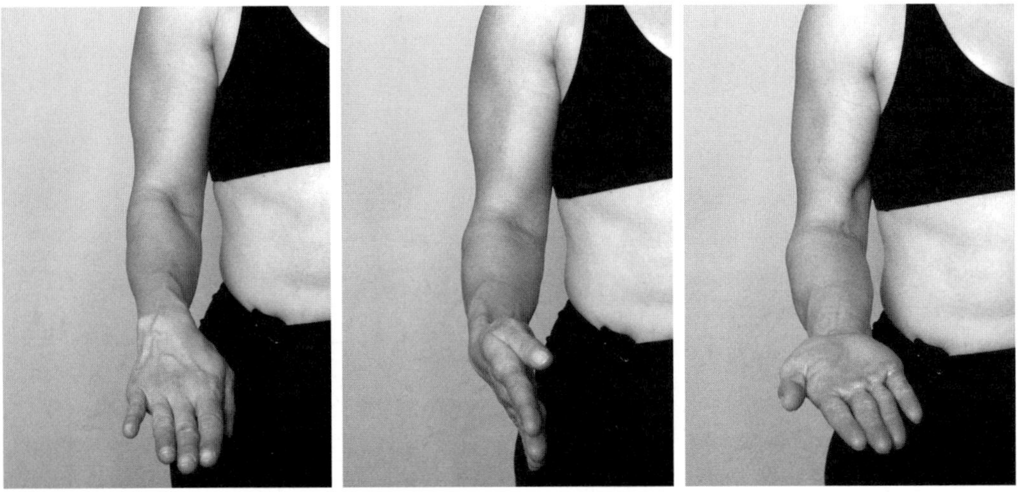

图 7-57. 前臂旋后（拇指朝外）对肱二头肌收缩的影响。肱二头肌是前臂的主要旋后肌，除非前臂完全旋后，否则肱二头肌不会处于完全收缩的状态

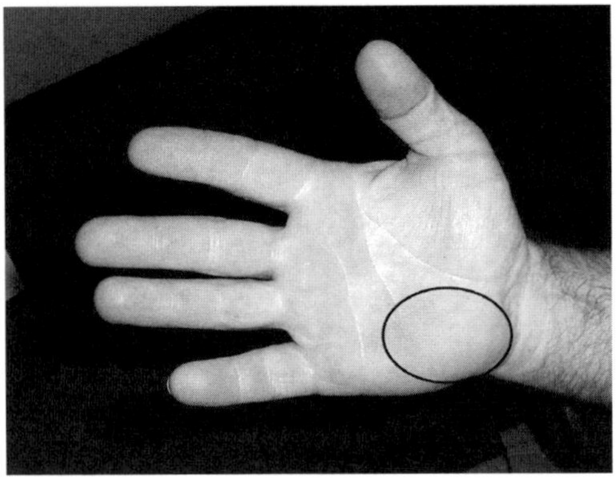

图 7-58. 手掌内侧区域——“小鱼际”（参考图 3-10），是保证手掌在弯举中处于最大旋转程度的关键。想着用手掌中的这个部位并把杠铃杆向上推

中，肘部要保持靠紧肋骨。这样在保持前臂处于旋后状态的同时也保证了双手的旋后（图 7-57）。一种针对这种状态的不错的提示法是，想象着把手掌内侧（刚好位于手腕上方的小拇指一侧区域）向着杠铃杆推挤（图 7-58），就好像这里是唯一能够与杠铃杆接触的部分。你需要保持手腕处于**中立**状态——既不能弯曲，也不能完全伸展，而是保持在掌骨与前臂处于一条直线的状态。驱动杠铃杆向上回到起始位置，保持手掌旋后，肘部紧靠肋骨。在这个向上的阶段，肘部会前移回到杠铃杆前方，并在肘关节弯曲的同时产生肩关节的弯曲（图 7-59）。这种现象很常见——肘部离开胸廓，两肘间距与握杠的双手间距相同，甚至比双手间距更大。这种错误会使三角肌也参与到动作中，这样就减少了肱二头肌的参与程度。保持肘部靠紧肋骨，并且让它们在上升阶段向前滑动。

在弯举中，只要你使用了一定的重量，保持完全直立的姿势是非常困难的。举重者 - 杠铃系统必须在脚中心的正上方保持平衡。这意味着，当杠铃杆沿弧形路径向前运动时，身体必须后仰以平衡杠铃的重量。重量越大，身体后仰的程度就越大。在大重量杠铃弯举的过程中，尝试保持完全直立的姿势不仅是不必要的、不可取的，也是不可能的。如果你的目标是获得力量，你必须使用更大的重量，这时你会发现使沉重的杠铃处于平衡位置之前、身体处于其后的物理系统是无法避免的。**绝对不要**弯曲或者伸展膝关节，也不要在动作底部用髋部产生过度的向上运动来借力。“过度”是由你自己判断的——我们再次察觉了为什么一些练习被叫作“补充”

图 7–59. 杠铃弯举。请注意肘部要处于弯曲状态的顶部起始姿势

练习。你想在弯举练习中取得什么成果，决定了借力弯举是否可以成为一项合理的练习。如果你想借助一点儿髋部伸展的力量启动大重量，然后单纯依靠肘关节和肩关节弯曲的力量完成动作，那么这种借力弯举就是合理的。但如果你想同时借助髋部和膝关节的伸展力量启动弯举，并下沉身体到杠铃杆下，以肘部完全弯曲的姿势接住杠铃的话，你就是在做反握翻举，这就背离了这项练习的目的，而且增加了身体受伤的风险，并会招致更有经验、遵守原则的举重者的批判。

肱三头肌练习

健身房中的大多数肱三头肌训练都是在某种拉力器设备上完成的。大多数情况下，大家都会选择“肱三头肌下压”这项常见的练习，我们在杂志和训练手册中见到最多的就是这个动作——它做起来很容易，训练者可以对着镜子边做边看。但是单纯的下压练习只能够锻炼肱三头肌远端伸展肘关节的功能，而忽略了肱三头肌跨越肩关节和肘关节的事实和它在近端的功能。伸展肩关节是肱三头肌的近端功能，最高效的肱三头肌练习应当兼顾这两种功能。你可以通过单纯的下压练习做拉力器下压，但这种器械存在一种有趣的限制：随着你变得更强壮，你最终能够使用的重量足以将你的双脚拉离地面。

有一项更好的肱三头肌练习动作，它能如此有效地打造卧推锁定阶段的力量，以至于拉里·帕西菲科把它叫作“第四个力量举项目”。这就是**仰卧臂屈伸**（lying triceps extension，简写为 LTE），举重者在水平长凳上以正手握姿使用大重量做这项练习。如果你的动作是正确的，这项练习很安全，但也极其困难，不过这个动作对增强训练者上半身的整体力量，特别是锻炼肱三头肌非常有效。如果你按照很多“蠢人”的做法——被称为“碎颅者”——完成这个练习的话，它就会在很大程度上丧失本身的有效性和安全性。

对仰卧臂屈伸来说首选的器材是曲杆杠铃（图 7-60），一种杠铃杆中间弯曲，原本作为直杠的一种替代器械、用于弯举练习的杠铃。一些“可怜虫”在 20 世纪 70 年代发明了这种器材，他们大概并没有因此赚到钱。很显然，最后某个恰好出售器材的大型杂志出版商开始把这个器材作为自家产品推销了出去——这是商业运作的典型案例。

问题在于，曲杆杠铃几乎不能像直杆杠铃那样动员肱二头肌收缩并取得弯举的锻炼

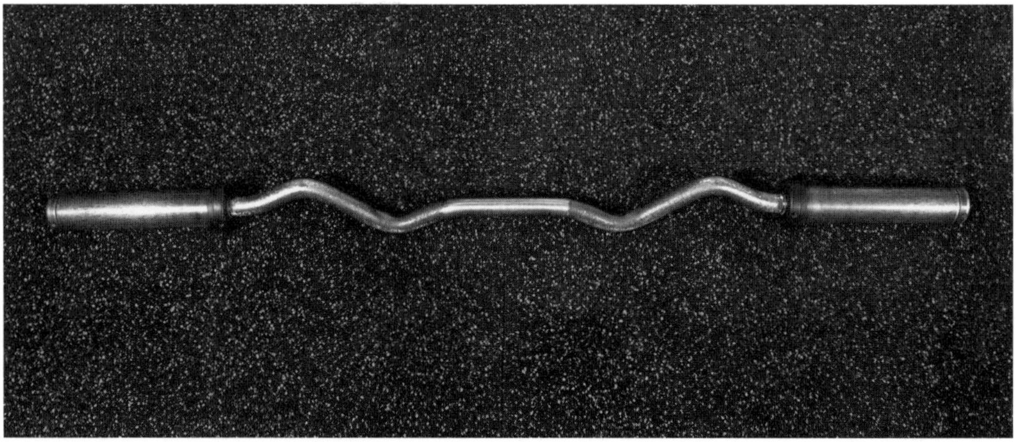

图 7-60. 曲柄杠铃杆，用于练习仰卧臂屈伸

效果。正如我们之前讨论的，前臂和双手的旋后程度直接影响了肱二头肌的收缩程度。事实上，弯曲的杠铃杆把旋后的压力从手腕和肘部移除了，但这是以肱二头肌的良好收缩为代价的。杠铃杆的弯曲度是专门用来减小前臂的旋后程度的（图 7-61），而任何没有达到完全旋后的姿势都会导致不完全的肱二头肌收缩。

但曲杆杠铃非常适合练习仰卧臂屈伸。肱三头肌由三束肌肉组成，它们始于肱骨和肩胛骨，并在肘部的鹰嘴处共享一个插入点（肱三头肌的外侧头和内侧头始于肱骨；长头始于肩胛骨）。双手在杠铃杆上的角度对肱三头肌的收缩并没有影响。弯曲的杠铃杆提供的角度越易于正手抓握，训练者做这项练习就越舒适，而且不会降低动作效果。

仰卧臂屈伸与其他锻炼肱三头肌的动作不同的地方在于它可以锻炼肱三头肌的**近端功能**。因为这个动作在伸展肘关节的同时，也利用肱三头肌的长头产生了肩关节的伸展。同时这个练习也涉及了背阔肌、部分胸肌、肋间肌、腹肌，以及前臂肌肉，从而大大增加了参与锻炼的肌肉数量。如果你想把一项肱三头肌辅助训练加入你的训练计划中，这个练习就是你的首选。

与卧推一样，当举重者用大重量练习仰卧臂屈伸时也需要一位保护者。举重者需要在长凳上调整好位置——头顶刚好越过凳子的边缘，然后从保护者手中接过杠铃。而保护者则需要把杠铃硬拉到正确的位置，然后将其递给举重者，接着后退避开举重者的动作。弯曲的杠铃杆的中部有**三种**角度。以正手（手掌朝上）的握姿让双手抓在最靠内的角度位置，同时杠铃杆中部的弯曲部分要朝下。肘部会处于外旋状态，并指向长凳的另一端。与卧推中的情况一样，杠铃杆会被锁

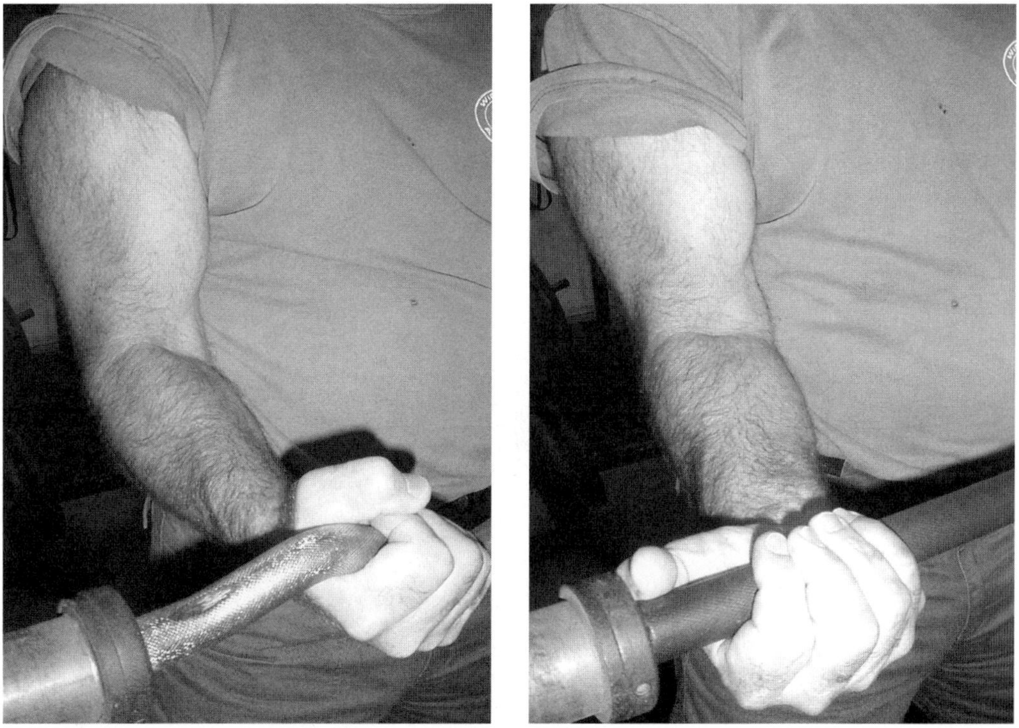

图 7-61. 前臂外旋对肱二头肌收缩的影响。这也是曲杆杠铃最适合锻炼肱三头肌的理由

定在肩关节的正上方。此时胸部应该挺起，臀部保持与长凳的接触，双脚稳稳地蹬住地面，双眼在整个动作过程中都注视着天花板（如图 7–62 所示）。

在保持上臂垂直于地面的同时解锁肘关节，让杠铃杆沿向后的弧形路径在脑后向地面移动。当肘部弯曲到大约 90° 时，让肩膀向后弯曲下放杠铃到略微高于头顶、刚刚碰到头发的位置，并继续将杠铃放低到大致与长凳**相同**的高度。这样的动作会拉伸肱三头肌、三角肌和背阔肌。当杠铃杆到达略低于举重者头部后侧的高度时，让拉力产生回弹，

图 7–62. 仰卧臂屈伸

开始将杠铃向上拉回。用肘部把杠铃向上拉起，随着肘部靠近动作的最高点，伸展肘部并将杠铃锁定在起始位置。

在把杠铃杆下放至长凳并拉伸肌肉的同时，要保持杠铃杆尽可能靠近头顶，然后利用牵张反射启动向上的运动，就好像你要把杠铃扔向天花板，并用肘部来启动这个过程一样。牵张反射大大增加了动作幅度和爆发力（如果通过爆发式的动作移动杠铃的话），使仰卧臂屈伸比标准的“碎颅者”有用得多。如果肘部弯曲度不够，使杠铃杆在底部过于远离头顶的话，就会丧失一些围绕肘关节的动作幅度。在顶部深吸一口气有助于胸部挺起，并使底部的牵张反射更有效率。当举重者以这种方式练习仰卧臂屈伸的时候，肩关节伸展和肘关节伸展都会被用到，并使更多的肱三头肌在更大的动作幅度内得到锻炼。用 10 ~ 15 次重复的训练组做这项练习。

杠铃训练：无可替代

有很多无用的辅助练习，不仅无助于提高人们在主项或体育运动中的表现，而且会带来更糟糕的负面影响——与单纯的浪费时间相比。使用单关节，并且经常需要借助机器来完成的训练是非功能性的，因为它们没有遵循正常的人体运动模式。这些机器非常容易因为过度使用关节而导致伤病，举重室中的大多数伤病都是由这些练习造成的。这不仅是一种潜在的危险，而是显然存在的——在一个大多数人只用机器锻炼的世界里，大多数伤病都会在机器上产生。孤立训练会导致肌腱炎，因为人体关节本不是以这样的使用方式被设计出来的——所有的冲击、力矩、张力和压力都只被施加在一个关节上。在现代健身会所之外，没有任何一种动作是只涉及股四头肌的。孤立股四头肌的唯一方式是在一架为此设计出来的机器上做某项练习。这种功能是脊椎动物在数亿年的进化过程中都没有预料到的。膝关节是很多肌肉的连接点，所有的这些肌肉都是在共同工作的时候得到发展的。任何偏离了某个关节原本功能的练习，对关节功能的贡献都会很小，而且还会成为某些问题的潜在源头。

训练机器让某些人赚足了钱，这无可厚非。但它们已经偏离了更有效的训练方式。所以壶铃挥摆和杠铃训练才再一次被看作是上好的训练形式。很高兴我们能帮助大家。

8
训练计划

今天是5月15日，你决定从今天开始做日光浴——一种极好的、美丽的热带日光浴。所以你立刻到后院里（这样能够避开邻居和不知情的路人），然后在午休时间躺下来接受紫外线的照射——仰卧15分钟，然后翻过身来俯卧15分钟。接着，你站起身走进房内吃午饭，然后重新开始工作。那天晚上你的皮肤会略显粉红。第二天，你刚吃过午饭就去到屋外做每侧15分钟的日光浴。你很坚定地执行着自己的计划，并且连续一周都会在屋外花30分钟时间来美黑，因为你就是这种有纪律、有决心的人。在一周结束时，你的肤色已经变成了古铜色。这个结果使你备感振奋，并决定在这个月接下来的时间内坚持这个计划。这时问题就来了：在这个月结束的时候你的皮肤会是什么颜色的？

如果你问100个人，我想有95个人会告诉你：等到月底时你的肤色会变得非常、非常深。但事实上你的肤色与第一周结束时的基本一样。为什么皮肤没有变得更黑呢？因为皮肤已经变得足够黑了，它已经适应了阳光暴晒的刺激，而且变黑也能够防止它再次晒伤。这是皮肤变黑的唯一理由，它确切并特定地适应了日照的刺激。皮肤并不“知道”你是否想要它变黑，它只“知道”阳光“告诉”它的事，而太阳只和它“对话”了15分钟。经过15分钟的日光暴晒，你的皮肤已经达到了预期的效果——变黑了，但它不会变得更黑，因为15分钟就是皮肤要适应的刺激。如果你每次在阳光下暴晒都会变黑的话，我们早就变成黑人了，特别是那些住在阳光强烈地区的人，因为我们每天都会暴露在阳光下——我们每天总要上下车进出房屋或者工作场所几次的。皮肤适应的不是累积的日照，而是持续时间**最长的、最强烈的**一次日照。如果你想让肤色变得更深，你需要在外面停留更长时间，为皮肤提供相比它已经适应的强度更多的**刺激**。因为很多人都不理解适应过程中的这个关键方面，所以很少有人能够真正理解他们的训练计划。

计划设计的原则

训练遵守与晒黑相同的原则——一定程度的刺激被施加到我们的身体上，然后身体就适应了这种刺激，但你必须保证这种刺激是设计合理的。你不会只躺下2分钟就认为这样可以让你的皮肤变成古铜色，因为2分钟的刺激不足以产生身体的适应。同样的，只有蠢人才会在第一天接受日光浴时就让每侧身体在阳光下暴晒1小时，因为这样的刺激破坏性如此之大，导致你无法以一种建设性的方式恢复过来。太多太多的人多年来都是周一周五去健身房卧推225磅（102.1千克）的重量，从不尝试改变重量、组数、次数、速度或者组间的节奏。一些人不在乎，但一些人真的很困惑，为什么他们的卧推能力没有提高，尽管没人要求他们这样做。还有一些人是每3 ~ 4周卧推一次（实际的频率可能更低），并且用任意的数字，比如等同于自身体重的重量，做10次重复，然后9次，接着按照8、7、6、5、4、3、2的顺序递减，最后做 1 次。他们想知道为什么自己没有取得进步，而且还总是感觉浑身酸痛。

你的卧推力量不会去适应你在健身房卧推的总次数，或者是你想让自己变强壮的诚挚渴望。它适应的是杠铃训练施加在身体上的刺激。此外，它会精确地适应施加在身体上的这种刺激。如果你做 20 次重复的组，你就会变得善于做 20 次重复的组。如果你做大重量单次组,你会变得更擅长这种训练模式。但单次组和 20 次重复组是截然不同的，训练者在做这两件事情的时候，肌肉和神经系统的运作是不一样，它们需要两种不同的生理能力，从而使身体产生不同的适应方式。适应过程会响应刺激而产生，并且会**特定地**响应那种刺激，因为刺激是导致适应的原因。这也是为什么老茧会在杠铃杆摩擦双手的部位产生，而不会在双手的其他部位或脸上，又或者在训练者的全身出现。很显然，人体没有其他适应刺激的方式。

此外，训练者必须能够从这种刺激中恢复过来。不同于第一天就在阳光下暴晒 2 小时或者每个月就练习 55 次卧推，这种刺激必须能够让训练者接受。如果这种刺激太过强劲，导致你不能及时恢复，从而在一定时间内施加更多刺激，让自己进一步适应的话，那么这种刺激不但不是一项有益的、能产生进步的工具，而且还是无用的。

理解应用在身体活动中的生理学核心原理，对制定计划来说是必不可少的。**锻炼和训练是两码事**。**锻炼**是一种满足自身需要的身体活动，并且是为了眼前的效果——在锻炼中或者刚好在锻炼之后产生的效果。**训练**是一种心中带有长期目标的身体活动，构成训练的每一次练习都是为了达到这个目标而被专门设计出来的。如果一项身体锻炼计划不能通过施加某种特定的刺激产生训练者期望的身体适应过程，从而使其变得更强、更快或者体能更好的话，我们就不能将其称为训练。它只是锻炼而已。但对大多数人来说，锻炼已经足够了——肯定比总坐着强。

但对运动员来说，力量水平的提高会比任何其他适应过程更能提高运动表现，特别是在运动员不够强壮的情况下。力量是运动能力的基础。如果你是一位优秀的运动员，你会比一名技术水平与你相当的运动员更强壮。如果你想成为一名更优秀的运动员，你就需要让自己变得更强壮。如果你已经很强壮了，那么你就需要把主要的精力投入到提高运动表现的其他方面。也许你还没有那么强壮,因为一般来说大多数人都不足够强壮。你也许自认为很强壮，但事实上，你知道自己还能变得更强，不是吗？你肯定会这么认为。你也许已经向其他人证明了自己足够强壮，甚至你自己可能也坚信这一点，而且你的教练可能也这么认为。但这种欺骗没有建设性，因为如果你能变得更强的话，你就应该去做，而力量的缺乏可能正是你的表现没有达到预期的原因。如果你的进步停顿了一段时间，那就试着使自己变得更强壮，然后看看会发生什么吧。对一个能发挥实际作用的力量训练计划来说，必须能让你做到一些只有变得更强壮才能完成的事情，而且这种要求必须融入训练计划中。

运动员的经验越是不足，计划就应该越简单，运动员水平越高，计划就必须越复杂。我们要利用一种我们称之为“新手效应”的现象。简单地说就是，当一个从没有训练过的人开始练习举重的时候——在训练初期他很快就会变得更强，之后随着他变得越来越强，其进步速度反而会变得越来越慢。这就是常见的**收益递减法则**，而这个法则也适用于适应性生理学。新手还没有强壮到可以超出其自身的恢复能力施加刺激的地步，因为他们还完全没有适应刺激，在发掘自身运动潜能的道路上他们还没有取得多少进步，他们做的大多数事情，只要不是对身体疯狂的滥用，都会导致适应过程。

当一位未经训练的人开始一个训练计划之后，他一定会变得更强——无论计划制定的如何，他都会变强。因为他在身体方面做的任何事情都难于自己之前所做的事情，所以这样就产生了一种他从未适应过的刺激，如果休息充分的话，他的身体很快就能产生适应过程，从而使自己变得更强壮。这种刺激总是会产生更大的力量，因为这是任何需要身体产生力量的物理刺激所能够产生的最基本的身体适应过程。对一位新手来说，骑自行车会在短时间内增强其卧推力量。但这并不意味着骑自行车是练习卧推的一项优秀计划；这只能说明，对一位完全没有适应过任何刺激的人来说，骑行起到了适应性刺激的作用。对一位入门卧推者来说，骑行的问题在于它很快就会丧失作用——它不是一种足够有效的、系统的生成力量的刺激，没有能够使训练者在卧推训练中持续进步的能力，因为它没有产生针对卧推训练的生成力量的刺激。

一个好计划和一个不太好的计划之间的差别就在于持续刺激身体产生所需的适应过程的能力。所以，根据定义，一个在某一方面能够定期增强训练者刺激的计划是一个适合新手的有效计划，不能做到这一点的计划就是低效的。对一位新手来说，任何计划都比没有计划强，所以所有的计划都有效，只是效率有差异。这也是为什么每个人都觉得自己的计划是有效的，以及为什么你经常能够在电视或者网络上看到总有人在努力推荐一项新的训练计划。只要重量增加带来的身体适应还在不断产生，那么每次适当增加重量的方式就是最好的，因为这种方式是被专门设计出来，同时兼顾施加在训练者身体上的刺激和身体适应过程的。

既然提高新手运动表现的最佳方式是增强力量，那么一位新手运动员想要在最短时间内尽可能提高其运动表现的话，以线性方式提高全身力量的计划就是最合适的。所以对新手来说，只有一种高效的安排杠铃训练的方式，那就是在训练者使用基础项目锻炼全身的同时，使生成力量的刺激保持线性增长。如果训练者能从施加于身体的刺激中得到充分的恢复，以支持这种训练方式并能够在一段时间内高效地取得进步的话，这种方法就能带来力量的线性增长，因为它利用了最基础的生物学规则——如果对生物体的刺激导致了一个适应过程，并且这个刺激没有超出生物体的承受限度，那么这个生物体就会适应其所处的环境。

新手每次训练的时候都可以用接近其能力极限的强度来训练，这恰恰是因为他们现有的能力相比其遗传潜能低太多了。这种相对艰苦的训练能够让新手很快变强。（因为新手比较弱，所以他们能从相对艰苦的训练中恢复过来，这种训练从绝对水平的角度看并不是真的很困难。）**与较强的人相比，较弱的人显然能更快地变强**。但是这种情况很快就会发生改变，随着你在训练生涯中不断进步，你的计划应该变得更加复杂，因为人体适应性反应在不断发生着改变。中级训练者已经进阶到了这样的程度——身体改变所需的刺激已经足够高，当这种刺激被应用在连续的训练中时，刺激产生的变化就会超出训练者的恢复能力。中级训练者能够进行足够困难的训练，因此他们必须把一定程度的主动恢复融入训练计划中。但如果这类运动员经常挑战最大训练强度的话，他们仍能取得很快的进步。高级运动员的训练水平已经足够接近其遗传潜能了，他们应当更多地关注并确保训练强度和训练量足够多变，这样就不会出现训练过度的问题。图 8-1 描述了这些原理，对这些原理的详细讨论见《力量训练计划》第 3 版。

所以，一般来说，在你每次训练的时候，

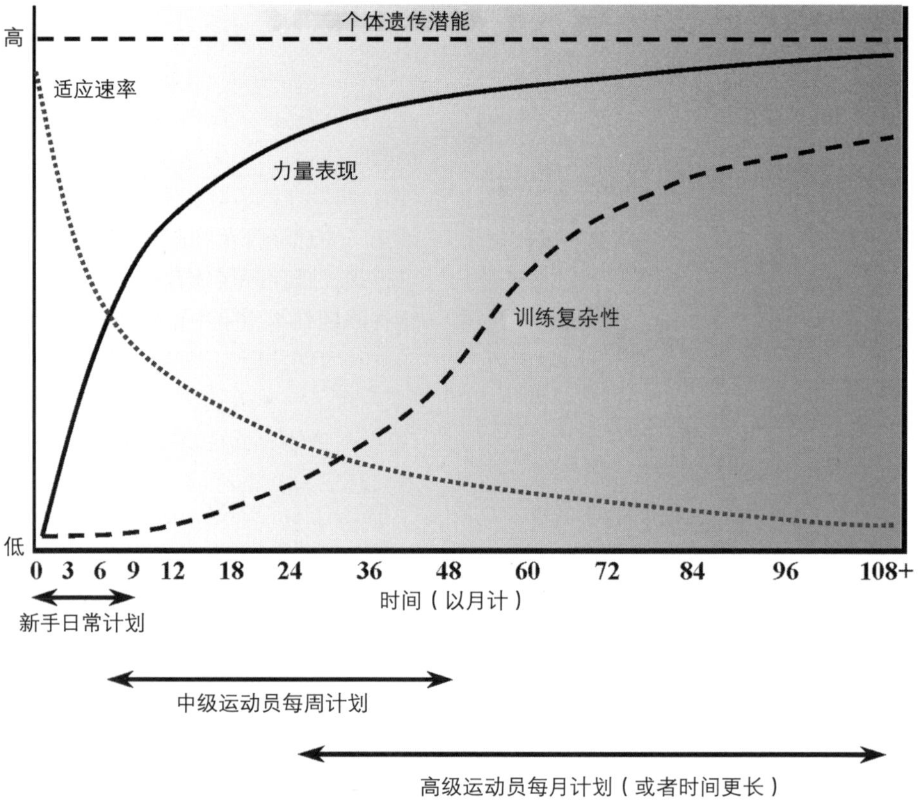

图 8–1. 运动表现的进步与训练复杂性相对于时间的普遍关系。请注意，在一段训练生涯中，适应训练的速率会减缓

你需要尝试在一项练习的正式组中加重，直到无法继续增加重量。这是“渐进性阻力训练”的基本原则，以这种方式制定训练计划能够使之不同于锻炼。只要有可能，你要确保每次多举起一点儿重量。每个人都可以以这种方式训练一段时间，一些人会比其他人坚持得更久，这取决于个体的遗传潜能、饮食习惯以及休息质量。如果遇到了挑战，你的身体能够逐步适应；如果没有碰到困难，你就不能进步。训练使挑战变成了一种计划之内的事件，而不是由情绪或者心血来潮造成的偶然事件，它在一个训练计划中肯定也不是随机出现的。

在通过举重室的门之前，你应该已经知道了自己要在里面做的每一件事，包括其中的次序、所用的重量，以及如何基于今天的表现确定下一次的训练安排。应该没有人会在不清楚自己要做什么的情况下去训练。在健身房里散步、看看什么好玩就去做，直到乐趣消失再找其他有趣的事做，这样的做法不是训练。每次训练必须有一个明确要达到的目标，通常是比上一次训练举起更大的重量，或者基于自己的训练史找到另一个明确的目标。

力量在每项练习中获得的增长是不同的，因为不同练习锻炼到的肌肉量不同，对技术问题的敏感度也不同。一项练习涉及的肌肉量越多，它能够使你变强的速度就越快，同时使你变强的潜力也越大。比如硬拉，对大多数人来说都能相当快速地取得进步，而且比其他举重项目都要快，因为这个练习围绕着髋部和膝关节产生的动作幅度有限，并且很多肌肉都能够参与其中。相比之下，推举力量增长得相当慢，因为上肢带的肌肉比较小，卧推则因为动力链较短使其进步速度快于推举。

对一位经过训练的运动员来说，硬拉的重量高于深蹲的重量，而深蹲的重量又高于卧推的重量，卧推和力量翻使用的重量比较接近（卧推通常会稍强一点儿），而推举的重量比其余四项都要小（图 8–2）。这种排序适用于大多数运动员，并能够预测应该发生的情况。如果你的卧推重量高于硬拉，那一定是哪里出了问题。可能是握力的问题、伤病或者缺乏动力——比如，你非常厌恶硬拉。无论哪一种情况，训练者都应该想办法去解决它，以免力量失衡导致其他练习出现问题。在举重室中，训练者必须从不同项目功用的所有方面考虑它们之间的本质差异。

学习举重

首先学习深蹲，因为这是计划中最重要的训练，并且深蹲的技术对其他所有练习来说都是至关重要的。当你开始这个计划的时候，如果别人曾以不正确的方式教过你，你必须将其忘掉（最糟糕的情况）；如果从未有人向你展示过这个练习那更好，这样学起来会更简单，因为你不必纠正不正确的运动路径（最佳情况）。与学习一个新动作相比，纠正一个已经深留在脑海中的动作模式要困难得多，任何一名体育教练都清楚这一点。这种问题在举重室中格外明显，正确的技术动作是我们做所有事情的根本，一个源于之前不正确教学的、顽固的动作问题能让训练者付出很大的代价——浪费时间和进步缓慢。

假设你在第一天的训练中有时间学习不止一个练习动作（你应该安排好时间让你做到这一点），那么深蹲之后的下一个练习就是推举。深蹲使下半身处于疲劳状态，而推举则能够让训练者在学习另一项技能的同时让下半身得到休息。通常来说推举学起来会比较容易，因为训练者不会受到来自肌肉杂志中的图片或者是某些“乐于助人”的哥们儿的先入为主的观念的影响。因为推举对大多数人来说都比较陌生，将其作为第一天训练的上半身练习比较好，而且这样能够引起你的注意，让你知道这一次你在举重室中的确在做一些不同以往的事情。

硬拉会是第一天学习的最后一个练习。

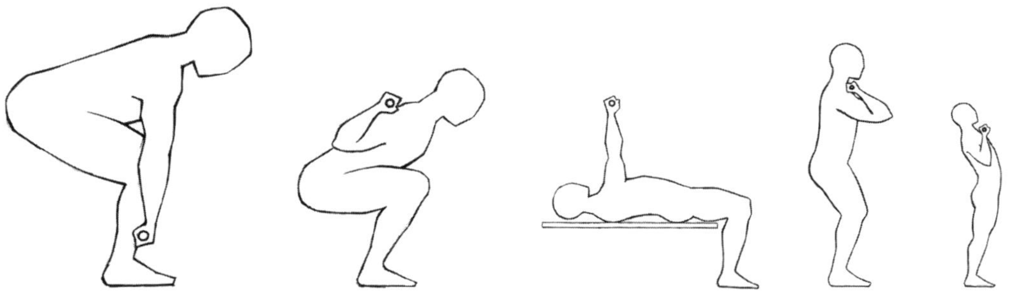

图 8–2. 在典型的举重者训练生涯早期，这是举重者在各个基础杠铃训练项目的潜在力量增长的排序——从左到右，从最强到最弱。硬拉、深蹲、卧推和推举，主动运用的肌肉量越来越少。其他因素影响了翻举——尽管这个练习涉及了大量的肌肉，但这个项目的技术要求使它只能排在卧推和推举之间，这种排序是基于力量及其增长潜能的

你在硬拉中学习调整下背部的姿势，这项工作要在第一天的结束阶段、深蹲之后完成，这样做有助于巩固你对背部姿势的理解，并能使你的身体和大脑更好地理解这个概念。把杠铃拉离地面的正确的力学机制对翻举来说至关重要，作为对这个概念最好的说明，硬拉告诉我们，把杠铃拉离地面并不复杂。如果首日的深蹲训练对你来说比较困难，或者你耗费了很长的时间，又或者你的年纪比较大，抑或者你体能较差，那么第一次的硬拉训练你可以只用轻重量简单了解一下动作，不必做大重量的正式组。使用轻重量能够防止训练者在第一次训练后身体过度酸痛，从而影响其第二次训练。下一次硬拉训练时你可以使用更大的重量，在你从第一次深蹲训练中恢复过来之后，你就能更容易、更精确地确定目标重量了。

假如你没有碰到什么大问题的话，你可以在下一次训练中学习另外两个练习。第二次训练要以深蹲开始，然后学习卧推。你的肩膀和手臂可能在推举训练后变得疲劳，但这对卧推没有什么影响，毕竟卧推是一个更强力的练习。与推举一样，卧推能够在两个练习之间使下半身得到休息——你需要这种休息间隙，因为你接下来将要做力量翻。

力量翻，作为技术上最具挑战性的练习，应该最后被介绍，并且一定要在你能够在硬拉中将杠铃正确拉离地面之后才能学习力量翻。如果你在第一次训练中正确完成了硬拉，那么你就能在第二次训练中学习力量翻。如果你需要更多时间掌握正确的硬拉动作，你首先要把它完成。过早地介绍力量翻会出现问题，因为这个动作的底部姿势取决于自然完成的硬拉动作。

训练顺序

对新手来说——事实上也是对大多数高级训练者来说，他们应该使用非常简单的训练方法。有效的训练不必很长、很复杂。很多人认为举重室中取得的进步在于多学几种弯举方式，他们认为只掌握一两种基础练习方法是不够的。但进步取决于更大的力量，而不是更多的练习。我们能够操控的变量是负重，而不是对练习的选择。你不需要做很多不同的练习来变强——你只需少数几个重要的练习就可以变强，这些动作能够把全身当作一个系统，而不是孤立的各个身体部位的集合来训练。所有国家级训练机构提倡的训练计划的问题在于，他们没有认清这样一个基本原则：人体是作为一个有机整体对施加其上的刺激做出最佳适应的。同时施加在人体尽可能多的部位上的压力越大，适应过程的效率和效益就越高。对一位新手来说，最简单的训练是按次序来的。最初的几次训练可以遵循以下这种简短的计划。

A	B
深蹲	深蹲
推举	卧推
硬拉	硬拉

在开始的几周中，训练者可以在周一、周三、周五的计划中交替使用这两种训练，直到硬拉的新鲜感略微消失，并且起始阶段的快速力量增长会使硬拉的重量远远超过深蹲的重量。这时开始引入力量翻训练。

A	B
深蹲	深蹲
推举	卧推
硬拉	力量翻

在开始的几周后，你每次都要练习深蹲，并交替练习卧推和推举、硬拉和力量翻。在这个计划中，每周训练 3 天，这样训练者就可以在每周的结束阶段休息 2 天。这意味着

你在上一周练习两次推举和硬拉，在接下来的一周练习两次卧推和力量翻。你要以列出的次序完成练习——首先是深蹲，第二个是上半身练习，第三个是拉起杠铃的练习。这样的次序允许深蹲完成全身的热身，从而使训练者能够更好地完成随后的训练（深蹲能够很好地完成这一点）；然后上半身练习使双腿和背部得到了休息和恢复，并能够为接下来的拉起杠铃练习做好准备。

对大多数人来说，这样的计划在相当长的时间内效果都非常显著。在两周或者三周之后，你可以把反手引体向上作为此时唯一有用的辅助练习加入计划中。你也许会决定在力量翻之后加入三组反手引体向上，然后按照这个计划尽可能多练习几个月。或者是将山羊挺身或臀腘挺身加入到计划中，以代替拉起杠铃的练习，降低硬拉的频率到每 4 次杠铃训练中练习一次，并将其与力量翻交替使用。如果恢复有问题的话，这样的调整可能是必要的，它可能对年长的训练者、女性训练者，或者某个只是不想吃饱睡足的人来说也是必要的。现在计划就变成了这样：

A	B
深蹲	深蹲
推举	卧推
硬拉 / 力量翻	山羊挺身
	反手引体向上 / 引体向上

调整后接下来的两周看起来是这样的：

第一周

周一	周三	周五
深蹲	深蹲	深蹲
卧推	推举	卧推
山羊挺身	硬拉	山羊挺身
反手引体向上		反手引体向上

第二周

周一	周三	周五
深蹲	深蹲	深蹲
推举	卧推	推举
力量翻	山羊挺身	硬拉
	反手引体向上	

对反手引体向上之外的任何辅助练习的选择都应该**非常小心**，一定不能让它们干扰五个主项的进步。请记住：如果你正在主项上取得进步，那么你正在变得更强壮，并处在完成目标的过程中。如果你不确定辅助练习的作用，就不要使用它。哈哈。

当你已经进展到超越新手阶段的时候，你仍然可以使用这个计划，只需做少许的补充即可。训练者在每个练习中引入变化，主要是负重的改变。即使是更高阶的训练者，在训练中加入很多不同的练习也是没有必要的。因为当主项练习的力量水平提高时，我们的目的就达到了。训练者必须正确地看待其加入的辅助练习，它们的存在是为了加强你在主项中的力量，而不是为了它们自身的进步。比如，推举和卧推总是比单纯的手臂练习更重要，如果弯举和肱三头肌练习影响了你在推举或者卧推训练中的恢复，而不是增强了你在这些项目中的力量，那么它们就被滥用了。

大多数的奥林匹克举重教练都会把可以更快完成的动作安排在完成较慢的动作之前，按照这样的训练顺序就需要把爆发力的练习——抓举和挺举，及其变式安排在深蹲和推举这些力量训练之前完成。如果参加比赛是训练计划的重点的话，这样的顺序是有道理的，尽管一些在奥林匹克举重项目上最具竞争力的国家并不总是这样做。力量翻是我们的训练计划中的爆发力动作，由于新手计划没有把任何一项练习当作竞赛项目，因此把力量翻训练安排在训练计划的最后对其力量的发展更有成效，因为这样就可以把前期的重点放在深蹲上。首先练习深蹲可以为之后的所有练习提供极好的热身准备。深蹲作为这个计划中最重要的训练，你应该给予其足够的重视并在精力充沛的时候完成这个练习。

热身组

热身有两个重要的作用。首先，它可以使软组织——肌肉、肌腱以及构成关节的韧带——变得更暖和。一般的热身练习不但能够提高软组织的温度，还能够动员关节滑液的分泌。这些准备活动包括快速行走、慢跑、骑单车（一种比较好的热身方法，因为膝关节在这项训练中的动作幅度比较大，这样就能够更好地使膝关节为深蹲做好准备），以及使用划船机（最好的一种热身方法，因为它的动作幅度较大，并且训练者的背部、手臂和腿部能够充分参与到这项练习中）。特定的热身活动，比如某项杠铃训练本身的空杆练习，同样可以起到热身、动员和拉伸该项练习涉及的特定组织的作用。热身对伤病的预防很重要,因为与未经准备的身体相比，暖和的身体更不容易受伤。

提升身体组织的温度是很重要的，在此过程中你要记住以下几个因素: 在热身阶段，训练场所的温度应该被视为一个因素。一间较冷的房间会影响热身的效率，而一间暖和的房间有助于热身。对大多数运动员来说，冬季和夏季对热身的要求是不同的，运动员在八月和一月训练时的感觉也是不一样的。如果训练者的某处伤病正在恢复，他需要针对伤病影响的组织进行额外的热身。训练者的年龄同样影响着热身的要求。青少年对热身不足的敏感程度没有成年人那么高，对成年人来说，其年龄越大，他在训练之前的准备活动需要的时间也越长。

热身的第二个作用在杠铃训练中尤其重要：它能够使你在重量变大之前适应相应的动作。轻重量热身组，首先从空杆做起，然后逐渐加重直至达到正式组的重量——这个过程使训练者熟悉了动作模式，因此当重量变大的时候，训练者就可以专注于用力推起杠铃，而不是担心该如何推举杠铃。运动传导通路——神经肌肉系统对复杂运动模式的适应——在每次使用时都必须做好准备，无论是你在投掷一个棒球还是在完成一次深蹲的时候。你对相应的动作模式越熟悉，热身的重要性就会越低，但对新手来说，热身总是非常重要的。热身组在准备好运动传导通路的同时，也能够让身体组织为即将到来的更大重量的训练做好准备。当你开始最初的几组训练时，你可以及时纠正一些错误的姿势，这样在进入正式组训练的时候，你就能够更加专注于驱动负重，而不是保持正确的动作。

忽略热身是非常愚蠢的。很多政府制定的学校计划中都试图增加一个力量训练计划，却遗漏了作为训练重要组成部分的大部分热身练习——他们并没有为热身练习分配足够的时间。如果是这样，那负责项目的教练就是玩忽职守。注意下面这条相当有力的陈述：如果你的计划中不能有适度热身的时间，那它就根本不能有训练的时间。甚至可以说，即使把力量训练从你的计划中剔除，也比由于热身不足遭受不可避免的伤病更好些。是的，热身就是这么重要。

热身活动会随着训练项目的不同而改变。如果房间内比较冷，一开始在划船机或者单车上热身可能对提高全身温度有帮助；如果房间内比较暖和，这种做法大概就没必要了。因为深蹲本质上是全身练习，并且是训练计划中的第一个练习，所以将其作为你的热身活动也是很好的。你应该做一两组空杆练习，认真地、彻底地做好准备，然后在空杆组与正式组之间做 5 个热身组。下一个上半身练习会从这种热身中获益——如果没有伤病的话，训练者只需 3 ~ 4 组的热身练习就足够了。只要推举没有花费太长时间，那么你在练习硬拉的时候，深蹲的余热仍然存在。力量翻，作为一个更复杂的练习，出于技术目的需要更多的热身练习。如果做辅助练习，训练者需要把它们留到最后，而且要在肌肉和关节已经处于充分热身的状态下完成——只需要一两个热身组。

任何受过伤的身体部位都需要经过额外的热身。如果受伤的区域没有对热身组产生反应——在你做了两三组空杆练习之后感觉好多了——你就需要决定是要继续练习轻重量组，还是等待受伤的身体部位逐步恢复。

首先，我要阐明一些术语的含义。**正式组**指的是某次训练中使用重量最大的组，导致身体适应过程的刺激实际上是由它们产生的。**热身组**是正式组之前的重量较轻的组。**多组**是指用相同重量完成多个正式组。正式组能够产生相应的训练效应，从而促进训练者力量的增长，因为它们使用的重量是最大的——对新手来说，这种重量是他们从未使用过的。热身组的作用只是让训练者为正式组做好准备，它们不应该妨碍正式组。所以你要牢记这个原则并据此安排你的热身组练习。最后一组热身不应该重到干扰正式组的程度，但它必须足够重，使你可以在做正式组之前切实地感受到重量。尽管正式组会包含 5 次甚至更多的重复，但最后的热身组可能只包含一次或两次重复。比如，如果正式组是 225 磅（102.1 千克）×5×3（用 225 磅做三组，每组 5 次），那么 215 磅（97.5 千克）×5（用 215 磅做 5 次）就不是最适合最后一个热身组的选择。当然，这也要取决于你的偏好、技术水平和经验，但无论如何 205 磅（93.0 千克）×2，甚至是 195 磅（88.4 千克）×1 会是更好的选择。因为我们的关注点在完成正式组中的所有重复，所以热身的选择必须合理，既要为更大的重量组节省力气，又要足够重，使你不会在做第一个正式组时感到震惊。

为了说明正确热身的重要性，我们会举个例子，以此来检验极端糟糕的热身所产生的效果。有一种叫作“金字塔”的老式训练方法，至今它仍然在全世界的举重室和健身房中盛行。对卧推来说，训练安排可能会是这样的——135 磅 ×10，155 磅 ×8，175 磅 ×6，185 磅 ×5，195 磅 ×4，205 磅 ×3，215 磅 ×2，以及 225 磅 ×1（1 磅 ≈ 0.454 千克）。当你完成最后一组的时候，你可能感觉自己完成了一次不错的训练。可是问题在于，你在做最后一组 225 磅（102.1 千克）的练习之前已经完成了 6390 磅（2898.5 千克）的工作量，所以你提高最后一次重量的机会几乎微乎其微。在你达到应该完成的正式组的时候，你的力气已经用完了，因为你的所有热身组实际上都成了正式组。热身组没有使你为将要提高的正式组做好准备，所以你以后就不可能举起比这次练习中最后一次重量更大的重量，你的进步就相当彻底地被阻断了。如果热身组使你感到疲劳，而不是使你完成了身体准备的话，它们就不是热身练习，这样的话你的力量也不可能继续增长。

一般来说，最好从一根空杆（45 磅或者 20 千克）开始，在确定正式组的重量后，在 45 磅和正式组的重量之间以均匀的增量划分。表 8-1 提供了一些例子。取决于正式组的重量，大多数人都会需要选择 3 ~ 5 个热身组。太大的重量需要训练者使用更大的增量来热身，这样两个相邻热身组之间的差距就不会那么大。如果需要额外的热身（房间温度较低、训练者比较年长或者受过伤），你可以用空杆和第一个负重组的重量多做几组练习。这种方法不仅能够达到热身效果，而且还能避免训练者在正式组之前因为做了太多较大重量的练习而导致身体疲劳。

随着热身进程从空杆开始递增，组间的休息时间也应该略有增加。一般来说，组间的时间应该能让你从前一组中的训练中恢复过来，这样前一组中产生的疲劳就不会影响你接下来要做的那一组练习。动作使用的重量越大，组间的休息时间就应该越长。这种类型的训练需要训练者完成每一个正式组中的所有重复，因为这个计划基于训练者每次训练中举起更大的重量，而不是以更快的速度完成每次训练或者每项练习。力量训练计划的目的就是让你变得更强，即让你能够产生更大的力量并举起更大的重量。一些用于健美的训练计划依赖于由短暂的组间休息产生的累积疲劳，它们是专门用来增加肌肉耐力的。尽管耐力会随着加量的增长而增长，但在我们新手阶段的计划中，它并不是我们专门设定的目标参数。你能以举起更大重量的方式获益更多，并通过高效的组间时间设置使身体得到恢复，而不是试图缩短组间间隔,使身体疲劳限制你产生最大力量的能力。

深蹲	重量	次数	组数
	45	5	2
	95	5	1
	135	3	1
	185	2	1
正式组	225	5	3

卧推	重量	次数	组数
	45	5	2
	85	5	1
	125	3	1
	155	2	1
正式组	175	5	3

硬拉	重量	次数	组数
	135	5	2
	185	5	1
	225	3	1
	275	2	1
正式组	315	5	1

推举	重量	次数	组数
	45	5	2
	75	5	1
	95	3	1
	115	2	1
正式组	135	5	3

力量翻	重量	次数	组数
	45	5	2
	75	5	1
	95	3	1
	115	2	1
正式组	135	3	5

表 8–1. 热身组和正式组的参数设置举例

根据运动员的训练水平，组间间隔会在以下几个方面存在差异。新手不足够强壮，因此相应的练习不能在训练中带给身体较大的疲劳感,他们完成训练的速度可以相当快，组间只要休息一两分钟就可以了，毕竟他们还不能举起很大的重量。在最开始的两三组练习中，只要杠铃配重被加好，他们就能很快完成，特别是在两个或者更多的人一起训练的时候。水平更高的训练者需要更多的时间，在最后一个热身组和正式组之间大概要休息 5 分钟。如果进行多组训练，那么非常强壮的训练者在正式组之间可能需要 10 分钟或者更长的时间。

正式组

根据训练项目和个体的不同，热身组之后的正式组的数量也会有所不同。深蹲能够从多组训练中获益（新手训练者需要做3组），卧推和推举也是一样。硬拉难度已经足够大了，训练者在大量深蹲练习之后经常还会练习硬拉，所以一个大重量组通常足够了，再多的硬拉训练往往会使大多数人训练过度。训练者可以使用更多的训练组完成力量翻，因为力量翻使用的重量比深蹲和硬拉使用的重量轻。力量翻的限制因素在于技术和爆发力，而不是绝对力量。

多个正式组使身体能够适应更大的训练

量，这种适应过程对针对运动表现的训练来说是很适合的。一种流派认为，只要正式组的强度足够高，完成一组动作就足以刺激肌肉生长了。对新手来说，这种方法很快就会产生几个问题：首先，经验不足的训练者不知道如何在杠铃下产生最大强度的力量，而且在一段相当长的时间内他们都不会知道。第二，如果他们不知道如何以很高的强度进行训练，那他们通常需要大于一组的训练来累积足够的刺激，以产生身体的适应过程，因为一组训练提供不了足够的刺激。第三，这也是最重要的一点，一组高强度组能够让身体适应如何尽力完成一组高强度组，因为我们知道训练是有特定性的。的确，力量是运动适应最普遍的结果，你能产生的力量越大越好。但对一位新手训练者来说，力量产生的环境也是相当重要的，因此我们不能用单次最大重量（1RM）来训练新手，也不会用可以连续完成 2 ~ 5 次重复的次大重量（2 ~ 5RM）来训练新手（接下来我们会讨论）。除了相扑摔跤和其他几项运动之外，运动项目通常不会涉及一种孤立的、时间相对短暂的高强度发力动作，而是由一轮重复发力的动作组成。如果你缺少在一组低强度的正式组中有效产生足够力量的经验的话，那么很高强度的单一训练组并不是锻炼发力能力的最佳方式。多组训练更贴切地模仿了运动项目中经常涉及的发力模式，并使训练者能够更有效地学习如何努力训练，从而产生更有用的身体适应过程。

事实上，对中级训练者来说，最有效的训练策略是在深蹲、卧推和推举中完成 5 组 5 次重复的多组训练，这样的多组训练在每周 3 次的训练中仅出现一次，并且每周以较小的可控增量来增加重量。

最容易在每次训练之间阻碍你进步的方式是——无法完成设定的正式组中所有的重复。最容易导致这种情况的原因是——在正式组间没有休息足够的时间，这样在你开始下一组练习之前就没有先消除前一组练习产生的疲劳。如果随着正式组的继续疲劳在累积，预期的结果就不是 5–5–5 次，而是 5–4–3 次。但如果组间等待的时间足够长的话，5–5–5 实际上还是有可能完成的。这是新手训练者最常犯的错误：把力量训练与健身训练搞混。这个计划需要你在每次训练中增加重量（只要有可能），但如果你没有完成所有正式组中的所有重复的话，在下一次训练时你就不能继续加重了。确保给自己足够的时间来完成重复数。如果重量确实太大了——因为增幅过大，或者你还没有从之前的训练中恢复过来——那么你的计划必须进行调整。但耐心不足不应该成为进步停顿的理由。

一个正式组应该包含多少次重复？取决于你想要的适应过程。对大多数训练目的而言，5 次重复是比较合适的，而对其中的理由的理解也是很重要的，这样在遇到特殊情况时你才能正确地处理出现的问题。

当你正尝试理解任意一组变量的本质的时候，从极端情况开始考虑经常会有帮助，它们的限度能揭示出极端情况之间的状况。既然如此，我们把单次最大重量（1RM）的深蹲和连续完成 20 次重复的次大重量（20RM）深蹲做个比较，看看这两组之间生理需求的差异（图 8–3）。相关的解释归功于格林·潘德利（Glenn Pendlay），它源于一段谈话，而这段谈话构建了可能是迄今为止最有用的训练适应过程的模型。

影响单次大重量成功试举的最重要的因素在于相关肌肉的发力能力。重量越大，用来移动重量所需的力量就越大，这是很显然的。单次组不需要太长的时间，所以肌肉耐力不是其中的影响因素，由于同样的原因，心肺功能也不是影响因素。即使是一次实打实的极限试举用时也不会超过几秒钟。肌肉要做的唯一事情就是产生足够的力量以克服

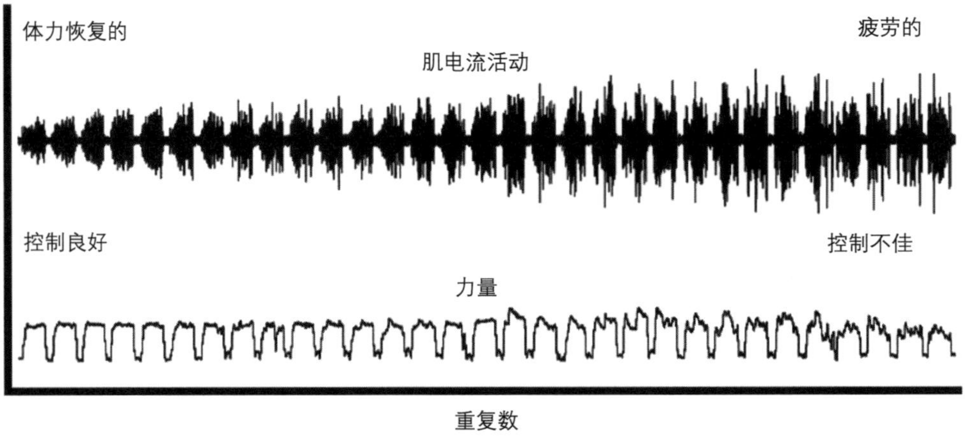

图 8–3. 对学习杠铃练习来说，5 次重复组是最理想的。从肌电图（electromyography，简写为 EMG，对神经肌肉电流活动的记录，顶部）和测力板数据（对举重者产生的肌肉力量的测量，底部）中，我们可以明显看出——随着重复数的增长，训练者的运动协调性在逐渐丧失。在 1 ~ 5 次的重复范围内，肌肉以一种协调的方式发力，肌电流波紧凑而整齐，力量的生成也很连贯。在 10 ~ 14 次的范围内，运动协调性丧失了一些，肌动电流波变得不稳定，力量生成仍能保持连续。在 25 ~ 29 次的范围内，肌动电流变得非常随机，力量生成出现了退化。在一个新练习的学习阶段，以超过 5 次重复的方式训练通常会使举重者很难重复或掌握正确的技术动作。请注意，第 1 次和第 20 次重复的力量生成的峰值水平是相同的，虽然举重者对重量的控制开始变弱。一组 20 次重复的组使用的重量实际上并不“重”，但它的过程注定是漫长而艰难的

杠铃重量产生的阻力，一次性地将其举起并移动完整的动作幅度。所以，在单次最大重量的训练中，身体能够通过更好地在单次重复中产生大量的力量来适应训练。身体是通过调整人体系统中的相关组成部分做到这一点的——神经系统、神经肌肉系统和肌肉本身，特别是肌肉中真正参与收缩的部分。

训练中存在一些次于主要适应过程的其他适应过程，但它们都参与了帮助身体完成一次短暂的、高强度的发力过程。心理适应使训练者能够克服对大重量的恐惧。心脏通过更好地在背负大重量的条件下工作来适应这个过程，血管通过提高对峰值血压需求的反应能力来适应这个过程。肌腱变厚能更好地传递力量，而韧带变厚变紧能在负重条件下保持住关节的整体性。杠铃杆下的皮肤会变厚，眼球也会习惯性暴突，同时你还会学到一些新的词汇，用于表达与新的个人深蹲纪录相伴的失败或者成功的情绪。但是，最主要的适应过程仍然是更大力量的生成。

另外，一组大重量 20 次重复组是一种完全不同的体验，并且是运动训练中最高的要求之一。如果你做好了充分的精神准备，并充满了一种要么增长、要么死的自杀式欲望的话，你通常能够用之前认为只能做 10 次重复的次大重量完成一组 20 次重复的深蹲。对 20 次重复的要求和身体对这种做法的适应过程是完全不同的。20 次重复的次大重量大概是单次最大重量的 80%，从深蹲这个重量所需的力量来看，甚至在最后一次重复时这个重量也不能算是大重量。一组 20 次重复的次大重量组最难的部分在于，你会在一种类似地狱般的噩梦状态中完成最后的 5 次重复。你不得不承受着这些痛苦再做一次、又一次深蹲：肌肉 pH 值不断降低、上气不接下气、心脏不能再跳动得更快。20 次重复的次大重量组需要训练者在不断加重的缺氧状况以及代谢损耗下持续产生肌肉的收缩。

为了响应这种类型的刺激，身体会更好地响应这种刺激产生的高代谢需求（图 8–4）。系统性适应过程本质上主要是与心血管相关的，因为在做组过程中以及之后主要的刺激源涉及了对血流和供氧的控制。心脏更善于在负重条件下输送血液，同时血管会扩张并且数量增多,肺部会变得更善于为血液充氧，尽管肺部的运作方式不同于长跑中的情况。主要的肌肉适应过程是那些在发力过程中支持了局部代谢的过程。糖酵解效率提高了。在耗时较长的正式组的刺激产生的酸性环境下，肌肉组织参与收缩的部分变得更善于在这种情况下运作。在心理上，20 次重复的次大重量组很困难，因为这个过程很痛苦。善于完成这种训练的训练者培养出了在做组过程中使自己置身事外的能力。或者说他们只是非常坚强。

理解这一点是很重要的——单次最大重量不会产生 20 次重复的次大重量组施加在身体上的压力，20 次重复的长组也不会使用单次最大重量那么大的重量。它们都很难，但原因是不同的。因为它们是如此的不同，所以它们会以两种完全不同的方式产生身体的适应。这些极端情况之间是连续变化的：一次大重量 3 次重复组在适应过程方面更接近单次最大重量的情况，而 10 次重复组与 20 次重复的次大重量组有着更多共同点。5 次重复组对新手来说是一种非常有效的安排，甚至对那些相比肌肉耐力对力量更感兴趣的高级训练者来说也是如此。5 次重复组让训

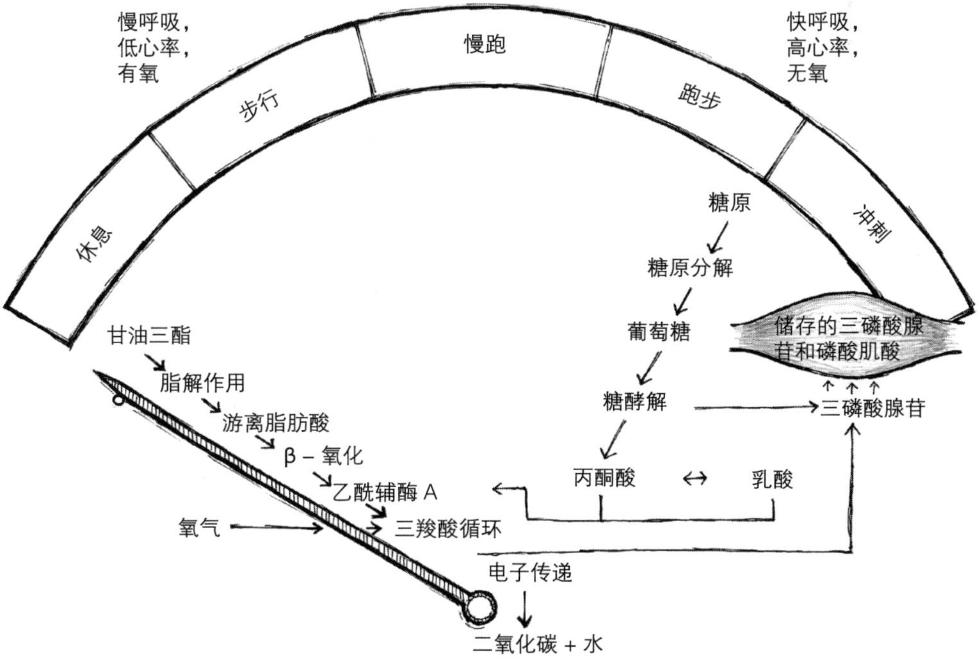

图 8–4. 代谢速率计。我们的训练强度和持续时间直接影响了身体中主要用于为锻炼活动供能的新陈代谢途径。所有的身体活动都处于一种连续的状态中，从休息状态到最高强度的锻炼。所有的活动都由已经存在于肌肉中的 ATP 供能，所有的生物能量活动都是用来补充这些储备的。低强度训练取决于心肺输送氧气和肌肉摄取氧气的能力，以及使身体通过有氧途径把脂肪酸当作燃料随时提供能量的能力。这种有氧过程发生在肌细胞线粒体中。当活动强度和对能量的需求提高时，对 ATP 的需求的增长会超出有氧代谢的能力。重量训练和其他形式的高强度训练中存在一个连续的、以厌氧燃料产能的无氧阶段。上图展示了燃料与不同类型的运动中用到的新陈代谢途径的关系。除了短时间的最高强度的活动，其他活动都会用到一种以上的代谢途径，所以上图代表了强度渐增的活动中的情况

练者能够使用足够大的重量，这样产生力量的能力肯定会增长，但重量还没有重到使心肺功能完全得不到锻炼的程度。在你的整个训练生涯中，5 次重复组会是你用到的次数范围中最有用的。

进步

有效的新手期训练正是利用了这一点——未经训练的人在训练初期很快就能变强。这种效应会随着时间的流逝逐渐衰减，直到训练者达到高级水平——他已经很强了，只能小心地控制所有的训练变量来获得更多力量。新手能够并且应该在每次训练中提高正式组的重量，直到这种方式不能继续维持进步。实际上，新手会按照计划预期的速度变强，而且上次有难度的练习放到今天可能就不是问题了。他们的适应速度如此之快，以至于我们很难定义“最大强度”这个概念。如果一个小家伙变强的速度跟得上他正式组加重的速度，那么 10 磅（4.5 千克）的重量增幅相对于力量的增长根本不算大。保持这种进步速度的关键在于谨慎选择每次增加的重量。

正式组的重量增幅会随着练习、训练者的年龄和性别、训练经验以及坚持计划的连贯性的不同而变化。对大多数拥有良好技术动作的男性训练者来说，每次深蹲训练可以增加 10 磅（4.5 千克）重量，并且假定你每周训练三次，坚持 2 ~ 3 周。当你不能完成最后一个正式组的最后一两次重复的时候，简单的力量增长就开始消退了，这时你可以以 5 磅（2.3 千克）的增幅练习几个月——先把正式组的重量倒退 5 磅（2.3 千克），然后再以 5 磅（2.3 千克）的增幅开始继续。对非常年幼的小孩子、年长的训练者以及大多数女性而言，起始阶段使用 5 磅（2.3 千克）的增幅足够了，然后他们需要更小的增幅。这时比标准的 2.5 磅（1.1 千克）杠铃片还要轻的杠铃片使更小的增幅成为可能。

如果进步对女性和小孩子很重要的话（为什么不呢？）使用合适的器材正确地训练对他们来说是很重要的。你可能需要用 2 英寸（5.1 厘米）的平垫圈制作杠铃片，或者把 2.5 磅（1.1 千克）的杠铃片磨小，但这显然很有必要，所以自己动手吧。你能在网上通过各种渠道买到小杠铃片，而且棒球棒的配重通常很适合杠铃杆。每个人都会面临某个训练的节点，因此小杠铃片对所有人来说都是有用的。因为每项举重练习的进步最终都会放缓，因此即使对高水平的男性运动员来说，小杠铃片也是有用处的。不要总是担心训练增幅小，而要更多地关注进步停滞的问题。

一些天赋特别好的、体重较大的男性会在最初的两周使用 15 或者 20 磅（6.8 或者 9.1 千克）的增幅。即使是对最具天赋的运动员来说,任何高于这种重量的增幅也是过量的，因为每周的深蹲重量提高 60 磅（27.2 千克）在现实中很难长时间地维持。不要急于在训练过程的早期找到你的停滞点。与使用较大增幅，然后过早出现卡壳相比，用较小的增幅保持进步通常是更好的选择。进步停滞意味着你无法完成规定正式组中的每次重复，而下一次的训练重量只有在这次所有重复都按规定完成之后才能增加。**与摆脱卡壳相比，不要让自己卡壳更容易**。

卧推涉及的肌肉比较少，所以重量增幅也较小。如果第一次训练就能够正确地确定自己的初始力量水平，大多数男性都能在一段时间内使用 5 磅（2.3 千克）的增幅，如果交替练习卧推和推举的话，他们能在 3 ~ 4 周内保持这种进度。一些有天赋的、体重较大的男性能做到连续几次 10 磅（4.5 千克）的增幅，但这种人并不多。较年长的男性、年幼的人以及女性需要以较小的增幅开始，特制的轻型杠铃片对想要在卧推上保持进步的此类训练者来说尤其重要。不要担心很小的增幅会减缓卧推力量的增长，即使每周只能增长 2 磅（0.9 千克），也意味着一年 104 磅（47.2 千克）的增长，对卧推来说这种进展不会让你丢脸。

推举的增长与卧推类似，因为推举杠铃用到的肌肉比深蹲和卧推中用到的肌肉要小。推举会使用很多肌肉，这是事实，但限制因素在于较小的上半身肌肉的力量及其力学效率。俗话说得好，一根铁链不会强于它最弱的一环。推举通常会使用与卧推相同的增幅，尽管推举的初始重量只是卧推重量的 50% ~ 70%。因为你是在交替使用这两项练习，所以随着它们的重量增长，这两者之间会保持相同的差距。

硬拉的进步比其他举重练习都要快。因为硬拉的起始姿势基本上就是一种半蹲或者是一种高于半蹲的姿势，硬拉动作在力学上的效率很高，并且这个练习几乎能够涉及身体的每一块肌肉。在两三周内，大多数男性每次的硬拉训练都能增加 15 磅（6.8 千克），而非常年幼的训练者、女性以及较年长的男性会用一种更保守的方式训练。而 5 磅（2.3 千克）的增幅对硬拉来说可以维持几个月。因此，对所有训练者来说，硬拉的起始重量高于其他所有的举重练习，并且应该能够以更快的速度增加力量，同时还可以继续保持比其他项目更大的训练重量（除非你成为了一名高水平的力量举选手）。一位卧推强于硬拉的训练者需要停止对硬拉训练的逃避。但是因为比其他举重练习使用了更多的肌肉和更大的重量，所以硬拉更容易导致过度训练。**对一位新手来说，他不应该用多组的方式训练硬拉**。做多次大重量硬拉很容易给身体造成过大的负担。一组达到真正强度的正式组已经足以使你保持进步了。

有趣的是，力量翻在一段时间内的增长方式类似于卧推，而不是深蹲或者硬拉。理由涉及这个动作的生物力学本质和限制其进步的因素。力量翻具有爆发性和技术性，它需要的不只是绝对力量。在这个动作的上半部分，训练者将杠铃翻到肩膀上的能力限制了力量翻使用的重量；重量越大，力量翻就越依赖于训练者产生足够的动量把杠铃翻到足够高的位置并支撑的能力。这种动量受制于训练者产生爆发力的能力——动员大量运动单元瞬间进入收缩状态——一种很大程度上取决于遗传因素的身体特性，与力量相比训练对它没有多大作用。对大多数男性来说，每次的力量翻训练也许只能增长 5 磅（2.3 千克）重量。因为相同的理由，练习力量抓的重量同样会增长缓慢，虽然其中所用的重量比力量翻更轻。女性和较年轻的、较年长的以及体重较轻的训练者需要在训练早期使用更小的增幅。

补充练习本质上属于不高效的孤立肌肉训练，且进步非常慢。任何声称仰卧臂屈伸或者杠铃弯举可以快速进步的人都没有使用特别标准的动作，这种愚蠢应该受到批判。

当训练者无法维持这种较小的增幅时，他就可以被视为一位中级训练者了，这时以更复杂的方式控制各种训练变量的乐趣就开始了。为了保持持续的进步，在训练项目、训练量和强度上的变化被称为周期化训练。这对新手来说是不必要的，因为他们可以通过在每次训练中增加重量使自己尽快变强，但这对高级训练者来说是必不可少的，没有**周期化**训练他们就无法进步。中级训练者，正如字面含义，介于上述两者之间，他们需要在一定程度上控制训练参数以取得持续但放缓的进展。超出新手阶段的计划制定不在本书的讲述范围之内，但在《力量训练计划》第 3 版中我们会进行详细讨论。

所有的指导方针都只适用于信念坚定并且从不错过训练的训练者。不能按照预定方案训练的训练者就是没有遵循计划，因此他们的进步是无法预见的。如果你是因为严重的疾病，或者可能是因为失去双亲、配偶或者一条心爱的狗而不得不错过一两次训练的话是情有可原的。重新开始训练时，你应该再做一次上一次完成的训练。但如果你持续地错过训练，那你就不是在训练，显然你应该把这种有价值的时间用在更有效率的其他的地方。

类似的，如果训练者试着以快于计划规定的速度加重，他肯定也没有严格遵循之前制定的训练计划。如果你在训练中坚持使用不现实的增幅，导致自己无法取得进步那就是你的错。野心是有用的，但贪婪就不是了。人类历史和经济科学阐明了，希望得到比现在拥有的更多，这种渴望推动了个人和社会的进步。但贪婪是丑恶的，当它不受理智的控制及调和时，你计划中的进步就会陷入停顿。当然，为了取得进步必须在训练中增加重量。但如果你屈从于 10 磅（4.5 千克）的卧推增幅，或者 50 磅（22.7 千克）的深蹲增幅的诱惑，并且只是因为较重的杠铃片比较方便的话（或者正确的杠铃片不够方便），那你的进步就会停滞。与完全不加重或者缺席训练相比，在杠铃杆上加载过大的重量同样有害。投入必要的时间和关注以保证正确的重量增幅，并以正确的方式完成正确次数的训练。

你希望自己的计划展现出成果的想法是可以理解的。但请你理解这一点，如果你在这本书中没注意到其他内容：更强壮并不一定意味着杠铃杆上更大的重量。一定要抵制以正确的技术动作为代价来加重的诱惑——当你为了杠铃杆上的重量牺牲动作正确性的时候，你所做的事对任何人都是无用的。进步会停止、坏习惯会养成、伤病会累积，从长期来看没有人可以从中获益。图 8–5 给出了一组初学者的训练计划供参考。

营养和体重

对得不到的东西产生欲望是很常见的。但请你牢记——事情的因果关系不可能因为你的愿望和欲望就能改变或被绕开。曾经是小孩子的每一个人或者带过小孩子的人都会熟悉所谓的“猛长期”，它自然地发生在人体所有正常发育的阶段。生长是我们发育和成熟过程中的阵发性事件，在婴儿 – 儿童 – 少年 – 青少年的整个连续过程中都不是平滑过渡的，但在猛长期中会出现一段时间的平稳线性增长。在训练中我们可以人为地创造一种猛长期，如果施加在身体上的刺激足够，并且饮食也足以帮助我们恢复的话，令人惊叹的进步就会产生。这也是为什么年龄越接近自然生长期，人体就能越高效地对刺激做出反应：实现生长的生理过程还在运作，并且身体系统还没有固化成型。训练者的年龄越大，产生一段猛长期的能力就越弱。但这种刺激 – 响应的关系是大家公认的——在你响应刺激的能力范围内，你付出越多，得到的就越多。通过尽可能最有效的方式训练、饮食和休息，你可以使这种能力最大化。

这样的计划会让一位运动员产生最合适的体重。也就是说，如果你希望块头更大，你就会生长；如果你想要减脂，这同样会发生。这是可能的，并且是相当可能的——一些骨瘦如柴的孩子使用这种优秀的杠铃训练计划并搭配优质的饮食，在最初的两周内增长了 10 ~ 15 磅（4.5 ~ 6.8 千克）的体重。“优质”意味着每天大约吃 4 顿饭，以肉类和蛋作为主要的蛋白质来源，并摄入大量的水果、蔬菜及牛奶。大量的。在大重量训练的圈子里，大多数信息都认为开始时每天每磅（1 磅≈ 0.454 千克）体重摄入 1 克蛋白质比较合适，它们与其他种类的营养一起每天要产生 3500 ~ 6000 卡路里的热量，当然具体数值要取决于训练者的训练要求及其身体构成。尽管专业营养学家们会对这种做法感到惊讶，并向这些人发出警告，但这样的热量摄入对大多数举重人群都很有效，并且是数十年都很有效。

按这些数值摄入营养的最佳方式之一是每天喝 1 加仑（3.8 升）的牛奶，特别是当训练者以增重为主要目标的时候。每天在正常的饮食间歇喝 1 加仑全脂牛奶会帮助任何瘦弱的小家伙增重。真的！其实真正的问题在于让他们着手去做。大约从 1990 年开始，人们对腹肌的渴望呈现出一种显然是持久的趋势，男孩子们都想要“六块腹肌”。这个历史现象的心理学原理最好留给其他人去探究并解释。把健美放在一边，如果一个人想要变得更强壮的话,更大的体重最终是必需的。如果大多数人都会在某个时刻发现，体重增长实际上会让他们的形象看上去更好（足以令人惊叹），我想他们就会变得不那么抗拒增重了。

喝牛奶比较合适是因为这很简单，买得到、不需要任何准备，而且还拥有哺乳动物生长所需的所有营养成分——新手训练者肯定是这样做的。牛奶貌似也有特别的地方，即使含有相同的热量、蛋白质、脂肪和碳水化合物，其他食物对身体生长的促进效果也不能匹敌牛奶。这可能是因为牛奶含有很高的类胰岛素生长因子（IGF-1）的缘故——一种与促进哺乳动物的生长有关的多肽类激素。但这种研究还没有最终定论，所以在此我们不得不说经验告诉我们，在新手期喝了很多牛奶的人的确比没有喝的人变得更大、更强壮了。这种经时间证明的方法对每一个能消化牛奶的人来说都是有效的，尽管对那些真正乳糖不耐受的人来说，也许不添加乳糖酶（分解乳糖所需的酶）他们就无法从中获益。如果其他大多数人在开始阶段每天喝 1 夸脱（0.95 升）牛奶，然后在接下来的两周内逐渐增加牛奶的摄入量的话，最终每天喝 1 加仑牛奶对他们来说是没有问题的。

体重增长与力量增长的方式相同——开始时比较快，随着训练的推进会变慢。对天赋比较好的人，比如一个肩膀较宽、有上进心、5 英尺 10 英寸（177.8 厘米）高、140 磅（63.5 千克）重的小家伙来说，经过一年稳定的良好训练，并辅以良好的饮食以及足够的牛奶摄入，增长 60 磅（27.2 千克）体重是很可能的。这种结果对这类训练者来说实际上是正常的，尽管当这种事情发生的时候，人们总会讨论类固醇，因为这是人类的本性——任何比你强壮的人都用药了。不寻常的事情是寻找到一位真正能够执行计划所有内容的天赋出众的运动员。在 4 个月中使体重增长 20 磅（9.1 千克）的人有很多，但只有少数勤奋的训练者能做得更好。大多数人，哪怕只是比之前吃得好了一点点，也能在最初的几周增长几磅的体重。

肥胖男性（这里没有鄙视的意思）的结果则完全不同——他们的体重在前几个月中不会有太大变化。他们会注意到自己的裤子在腰部变得松弛了，但大腿和髋部会保持相同的状态，而衬衫在胸部、手臂和脖颈处会变得很紧。与瘦弱的小伙伴相比，他们的力量会增长得更快些。这是因为在他们的体重大体不变的同时，他们的身体成分已经发生了改变——肌肉量的增加导致了体脂的降低。

所以如果你能够按照书中的计划，而且你是一位年龄在 18 ~ 35 岁之间、初始体重在 160 ~ 175 磅（72.6 ~ 79.4 千克）之间的男性新手，在最初的五六次深蹲训练中，每次的正式组重量都会提高 10 磅（4.5 千克）。如果你第一次的训练是 115 磅（52.2 千克）×5×3 的多组训练，那么你在第六次训练时就可以达到 165 磅（74.8 千克）×5×3 的水平。在这类新手中，能够正确饮食和休息的健康的训练者都能做到这一点。正确的饮食可能意味着每天摄入 6000 卡路里——包括 1

新手

样本

杨·安格斯

星期一
8/2/04
深蹲
45×5×3
65×5
85×5
105×5×3
推举
45×5×2
55×5×3
硬拉
88×5×3

年龄：17
体重：
158

星期三
8/4/04
深蹲
45×5×2
65×5
85×5
105×5
120×5×3
卧推
45×5×2
65×5
85×5
95×5×3
硬拉
88×5×2
110×5
132×5
154×5×2

星期五
8/6
深蹲
45×5×2
75×5
95×5
115×5
125×5×3
推举
45×5×2
55×5
60×5×3
硬拉
88×5
110×5
132×5
154×2
165×5
后背拱起

星期一
8/9
深蹲
45×5×2
75×5
95×5
115×2
135×5×3
卧推
45×5×2
65×5
85×2
95×1
100×5×3
硬拉
88×5
110×5
132×2
154×1
165×5×2
进一步

星期三
8/11
深蹲
45×5×2
75×5
105×5
125×2
145×5×3
推举
45×5×2
55×5
65×5×3
力量翻
空杆×3
×多次重复
55×3×2
65×3
75×3
88×3×3

星期五
8/13
（小心）
深蹲
45×5×2
75×5
105×5
135×2
155×5×3
卧推
45×5
65×5
85×2
105×5×3
硬拉
88×5
110×5
132×5
154×1
176×5

图 8–5. 这一页以及下一页，典型的初学者训练计划在最初几天的例子

杨·安格斯

星期一 8/16

深蹲
45×5×2
75×5
105×2
135×1
165×5×3

推举
45×5×2
55×5
65×2
70×5×3

力量翻
55×3×3
75×3×2
88×3 (40k)
42.5k×3×3

体重：165

星期三 8/18

深蹲
45×5×2
85×5
115×3
145×2
175×5×3

卧推
45×5×2
75×5
95×3
110×5×3
115×5
120×5

山羊挺身
自重×10×3

反手引体向上
自重×6
自重×5
自重×3

星期五 8/20

深蹲
45×5×2
85×5
125×5
155×2
185×5×3

推举
45×5×2
55×5
65×5
70×2
75×1
78.5×5×3

硬拉
88×5
132×5
154×2
176×1
198×5

星期一 8/23

深蹲
45×5×2
95×5
135×5
165×2
195×5×3

卧推
45×5×2
75×5
95×5
110×2
120×5×3

山羊挺身
自重×10×3

反手引体向上
自重×7
自重×5×2

体重：169

星期三 8/25

深蹲
45×5×2
95×5
135×5
175×2
205×5×3

推举
45×5×2
60×5
70×2
80×5×3

力量翻
55×3×2
75×3
40k×3
45×3×5

星期五 8/27

深蹲
45×5×2
95×5
135×5
185×2
215×5×3

卧推
45×5×2
75×5
105×2
125×5×3

山羊挺身
自重×10×3

反手引体向上
自重×7
自重×6
自重×5

加仑的全脂牛奶，或者是一种低碳水化合物、无奶制品的“原始饮食”——每天摄入3500卡路里，选择哪种饮食取决于你的初始身体构成。如果这种进展或者与之类似的训练成果没有产生，就说明你没有执行这个计划。在这段时间内，如果你的体重不足，那增长5～10磅（2.3～5.5千克）的体重是正常的，如果你需要减脂的话，体重大体会保持不变。在这类人群中，如果体脂率高于20%，那你就太胖了；如果体脂率低于10%，那你的体重就不足。低于10%的体脂水平通常不是竞技运动员的身体应有的，肌肉量的明显增长需要体脂的提高。高于20%的体脂率意味着你正朝着一个不正确的方向前进——体脂高于合成代谢环境所需的水平，并且这种体脂对移动杠铃或者击败对手来说是多余的。

根据体脂率判断训练者是体重不足还是超重也许有些草率，但这个方法通常很有效。在我们缺少身高－体重－体脂的表格可以同时考虑所有的三个变量时，我们也只能这样做了。很多想要或者需要增长体重的人同样喜欢他们身上轮廓清晰的腹肌，如果他们的体脂率低于10%，他们并不愿意听取增加体脂的建议。实际上，对大多数人来说，保持10%左右甚至更低的体脂率所需的饮食习惯无法保持新手增长肌肉所需的合成代谢环境。而且10%的体脂率——如果你不是天生的低体脂率（你知道自己是谁）——是不健康的；产生并保持这种体脂率的条件与高水平的力量及爆发力的运动表现水平是无法共存的；而且这种表现水平是增加肌肉和变强壮所必需的。更确切地说，通过变强继而才能变壮。

可能你就属于这种情况。你要下定决心，至少在开始的一两年中不要担心自己的体脂水平（如果你已经很瘦的话），因为与打造力量相比，重新达到低体脂的状态更容易。乔·韦德所做的“卓越贡献”直接导致了一些训练者会以其他所有事情为代价而过于关注变瘦。你经常会见到体脂率6%的体型巨大的健美运动员在比赛中展示造型，也许你会觉得这很正常、很令人向往，而且还会认为这是可能的。但不要忘了，其中不但有药物的参与，还有很多古怪的饮食方式，韦德先生应该为忘记提到这些接受指责。这样的做法会好很多——你要更现实地看待这些事情，并且不要让健身杂志和补剂行业把你忽悠得团团转。

另一方面，如果你的腹部有点儿松软的话，那你显然已经创造出了增长力量所需的条件。在开始阶段你通常会比瘦弱的人更强，因为你的身体没有瘦子在生长方面存在的问题，所以如果你正确安排饮食的话，力量的增长对你来说会更容易。你仍然会吃很多，但不要喝牛奶，如果你的体脂率在开始的两三周内没有降低的话，你需要削减碳水化合物的摄入。你首先会注意到自己的裤子在腰部变得松垮。

所以，如果你在第一次训练中选择了正确的重量，却没有在深蹲的第一次和第六次训练之间提高40～50磅（18.1～22.7千克）的重量的话，要么是因为你不属于年龄在18～35岁之间、初始体重在160～175磅（72.6～79.4千克）之间的男性新手这类人群，要么是因为你没有按计划训练。如果因为在三个月内增长了30磅（13.6千克）的深蹲成绩你就自认为增长了很多力量的话，说明**你并没有执行这个计划**。如果你觉得这个计划很难，因为5英尺8英寸（172.7厘米）的你从148磅（67.1千克）降至146磅（66.2千克），并在第三次训练时就停滞不前，从而使深蹲成绩只增加了15磅（6.8千克），那么**你同样没有执行这个计划**。如果你比较胖，决定在开始新手计划的同时采用阿特金斯饮食法，然后身体持续感到酸痛，并在深蹲成绩增长了30磅（13.6千克）之后就停滞不前的话，**你同样没有执行这个计划**。

在开始训练几周后，当每次训练增加10磅（4.5千克）的增幅无法继续维持的时候，5磅（2.3千克）的增幅就成了主旋律。这样的增幅使训练者的力量能够在很长一段时间内保持稳定的线性增长，也许能够持续几个月。这样算下来，每周的深蹲成绩能够增长15磅（6.8千克），虽然比前两周的增速少了一半，但每个月仍能获得约60磅的显著增长（27.2千克）。对男性新手来说，如果他们能够保持正确的饮食方式的话，在经过六七周的训练之后，他们就可以达到205 ~ 225磅（93.0 ~ 102.1千克）×5×3的深蹲训练水平。正确饮食是这个计划的一部分。如果训练者开始做这个计划时体重是165磅（74.8千克），他此时应该可以达到185磅（83.9千克）的体重。如果他的身高更高的话，那体重就可以更大一些。如果经过6周的训练你的深蹲成绩只增加了30磅（13.6千克），**那你就没有执行这个计划**。如果高5英尺9英寸（175.3厘米）的你开始时重155磅，训练6周后重160磅（72.6千克），**那你同样没有执行这个计划**。如果高5英尺9英寸（175.3厘米）的你开始时重235磅（106.6千克），6周之后你的深蹲重量只比初始时增长了50磅（22.7千克），而且体重仍然是235磅（106.6千克）的话，**那你同样没有执行计划**。

实际上，在这个阶段之后，深蹲的增速会降到**平均**每周约10磅（4.5千克）的程度，因为大多数人偶尔会生病，也会因为学习、工作、家庭等原因错过一两次训练，或者也会因为受了一点儿小伤需要处理。理想情况下，这些干扰是不会发生的，但你会发现它们存在于大多数情况中，并且训练者在最初的6 ~ 8周体会到的力量与肌肉的极端快速增长是无法维持的。但计划不会变，因为每次5磅（2.7千克）的增幅理论上可以适用于整个新手阶段。这些阻碍要逐一单独处理，只要进展正以预计的方式发生，饮食就要保持不变。这通常意味着，在坚持这个计划10 ~ 12周之后，你的深蹲成绩会继续增加40磅（18.1千克），一般男性的深蹲成绩会达到245 ~ 265磅（111.1 ~ 120.2千克）×5×3的水平。在这期间，如果你是一位身型瘦小的男性，你的体重会继续增长；如果你是一位比较肥胖的男性，你的体脂应该会继续接近正常水平。迄今为止，瘦小的男性已经增长了大概40磅的体重，而肥胖的男性在经历了起始阶段的减重之后可能开始真正增长体重了，这取决于他们开始时的肥胖程度。

所以，如果经过了3个月之后，你的深蹲重量只增长了50磅（22.7千克）的话，**那你就没有执行这个计划**。如果以10%的体脂率经过了3个月的训练之后，你的成绩只增加了6磅（2.7千克）的话，**那你同样没有执行这个计划**。如果以30%的体脂率经过了3个月的训练之后，你的深蹲没有增长至少150磅（68.0千克），那么**你同样没有执行这个计划**。再说一遍，这个计划要借助饮食帮助你进步，为了达到增长更多肌肉的目的，每个人的饮食方式都不尽相同，因为我们不希望体脂处于失控状态。这种失控状态与适当的、必要的、健康的体重增长不是一回事。

在经过最初的三四个月训练后，对大多数开始时瘦小的男性来说，体重的改变是必然的。如果你正确地执行了计划，你的体重会有相当大的增长，而且大约会有60%的增长属于瘦体重（Lean Body Mass）——肌肉、肌腱和骨骼。这意味着你的体脂率可能从低于10%增长到18% ~ 19%。这没问题，而且这对瘦体重的增长来说是必要的。但现在是时候调整我们的饮食了，因为你的身体接近瘦体重快速增长的极限了。所有方面的进步速率都减缓了——显著的进步不会永远持续下去，但初始阶段的进步必须产生以使我们达成目标。现在，我们需要在一段时间内把牛奶的量减到每天半加仑（1.9 升），之后可能还要继续减少。同时，还要将每日的热量摄入降至 4000 卡左右，并通过减少碳水化合物的摄入、关注饮食质量而不是像前期那样以注重数量的方式完成。这样的调整会让你的体脂率降回 15% ~ 17% 的范围，这是对男性运动员来说比较正常的体脂水平。肥胖男性此时的体脂率也应该向 20% 靠拢，因为他们的饮食与开始阶段大致相同。但他们的体重现在应该开始上升了，因为减脂的速度放缓，而瘦体重的增长速度开始超过前者。以这种方式，这两种极端的人群交汇在大致相同的饮食摄入水平，曾经比较瘦小的男性需要保持稍高一些的热量摄入，这是因为他们天生就具备保持偏瘦状态的趋势。

伴随这些改变，你进一步增长了 30 ~ 40 磅（13.6 ~ 18.1 千克）的深蹲重量。这个计划没有明显改变，但随着生活变得复杂以及不断积累的身体适应，进一步干扰了你的积极意向，计划带来的增长开始逐渐变小。但如果你坚持计划，并且没有把这种进展减弱的趋势当作借口放弃计划，而去做一些超慢训练、高强度间歇训练，或者奥林匹克预选赛训练的话，你的进步仍然会得到积累。这意味着你的深蹲重量可能增长了 200 磅（90.7 千克）。

所以，如果你在进入计划 8 个月之后仍然坚持每天喝 1 加仑牛奶的话，**那你就没有执行计划**。如果当你减脂的时候，无论开始时的胖瘦，你只增重了 8 磅（3.6 千克）的话，**那你就没在执行这个计划**。如果你的深蹲重量只增加了 50 磅（22.7 千克）的话，**那你同样没有执行计划**。

训练让你获得力量，力量的增长让你增长了体重，而体重的增长又促进了力量的增长。它们之间密切相关，并以渐进的方式接近极限。你越年轻，增长曲线就会越陡。同时你也需要摄入过量的卡路里以及蛋白质，这虽然会产生一些脂肪的积累，但你随后就能够把它们处理掉。每次训练，你都要尽自己所能承受相应的训练强度，这样一来训练对身体的刺激就会不断增长。变量是负重，而不是练习的种数、组数或者重复数。负重的快速增长以及持续快速适应的能力会在几个月后减弱。但在这个阶段内，你一定不要浪费快速增长的好时机。在这之后，计划和饮食必须改变以应对进步趋缓的现实。

装备

自从 20 世纪 70 年代以来，很多人在举重室和健身房浪费了太多钱。一般来说，商用训练机器就是一种昂贵的单功能设备，而且在每平方米价格高昂的训练空间中，一步的间距内只能安置一台机器，完成一种练习。家用健身设施通常是多站式的，而且通常会采用弹性介质，这就为多种愚蠢的练习提供了可调节的阻力。另一方面，杠铃很便宜。训练者可以用杠铃完成多种不同的练习。带有竖直立柱的卧推凳是专门用来卧推的单一功能设备，它并不是一件绝对必要的器材，因为我们完全可以用一张平坦的长凳和一个框式深蹲架代替它完成卧推（图 8–6）。这个计划中的所有练习都是使用最低限度的设备，这样我们就能够更好地利用现有的资源。与数十万美元一套的普通 15 站式机器相比，我们只需用三分之一的钱就能建设出世界上最好的杠铃训练室，其中包括缓冲杠铃片、高质量的杠铃杆以及能够容纳很多训练者的举重台空间，并且它们都在一起。在家里，你能在车库内构建一间良好的自由重量健身房，并用相当于健身房三年的会费购买一套全新的器材。你也许会建造一间属于自己的健身房，以下的指导方针适用于你的车库或者任何一家你决定加入的健身房。

图 8–6. 一种简单的功能性举重台 – 框式深蹲架 – 水平长凳的组合。你能用它们完成所有的基础杠铃训练

图 8–7. 架内应该有一块与举重台地面齐平的底板，这样当训练者在架外深蹲时，起杠和收杠过程就会变得更安全

框式深蹲架和举重台

你应该围绕框式深蹲架组建训练设施。框式深蹲架内应该有一块底板（图 8–7），举重台应该与底板连接在一起，使其与举重台表面保持完全的平齐。一块 8 英尺 ×8 英尺（251.5 厘米 ×251.5 厘米）的举重台用起来就不错，而且它还为各种练习提供了宽阔的空间。深蹲架和举重台单元会占据大概 96 平方英尺（8.9 平方米）的空间，你可以在这里完成这个训练计划中的所有训练。如果卧推凳和杠铃组合被单独使用的话，它们会占据大概 36 平方英尺（3.3 平方米）的空间。围绕这些器材的房间布局要能够容纳配重以及保护者所需的空间。

框式深蹲架是这间房间中最重要的设

备，它的作用仅次于史上被发明出来的最有用的健身房装备——杠铃。你可以用杠铃、一个设计正确的架子，以及一把水平长凳完成五个主项的所有练习。架子上的立柱间距应该足够宽，既能安全地容纳杠铃，又不会在杠铃杆套筒与立柱之间空出过多空间（立柱间距大概 48 英寸，约 121.9 厘米）。在安全范围内架子宽度越大，较高的、体型较大的训练者就能更容易、更安全地使用架子，因此这样的深蹲架适合每个人。一个 7.5 ~ 8 英尺高的深蹲架允许较高的训练者借助顶部横杠做反手和正手引体向上。架子的深度可能需要适合偶尔在架内完成的深蹲。对大多数人来说，22 英寸（55.9 厘米）的深度比较合适，这样你就可以在架内做屈臂撑。底板的深度应该大一些（约 36 英寸，即 91.4 厘米），这样架子就足够稳定且不会倾倒。最佳的架子安装方式是用螺丝把架子的四角固定在地面上，这样在训练者做引体向上和反手引体向上摆荡身体时架子不会倾倒。

架子应该安装上一块沉重的胶合板底板，而且在底板下要用焊接的横向固件进行加固。底板会在架子的前后两侧向外延伸，这样底板与举重台表面就可以保持平齐并形成连续的平整表面。此外还应该有一个挂钩附件，这样杠铃杆就可以悬挂在架外。我的挂钩附件是两个很大的带肩螺栓，从肩部边缘没有螺纹的部分向下一半的距离焊有止位块。会有四根保险杠从前到后跨越架子的纵深，最好在架子的前后两侧各露出 4 英寸（10.2 厘米）或更长的一段。在形成立柱的钢条上，训练者可以利用其上的钻孔调整保险杠和挂钩的高度。钻孔之间的间距越小，不同身高的训练者就能越好地调整保险杠或者挂钩的高度——钻孔中心之间保留 3 英寸（7.6 厘米）的间距是很不错的选择，4 英寸（10.2 厘米）的间距就不那么好用了。钻孔应该从顶部延伸至底部。整个架子应该被正确地焊接为一体，并且要保证螺栓部分没有松动（图 8–8）。

胶合板是最常用的举重台材料（图 8–9）。它比较便宜，并且强度很高，六块胶合板能组建出一块完美的 8 英尺 ×8 英尺（251.5 厘米 ×251.5 厘米）的举重台。层与层之间是交替叠加的，这样接缝就不会贯穿整块举重台的厚度。当多层板子被胶合并通过螺丝拧紧时，举重台的整体强度就会很高。请确保你购买的胶合板的层内没有空隙，因为如果一根负重杠铃落到空隙点上方的话，板子就会塌陷。这意味着你需要购买 B 级或 B 级以上的胶合板，这样其中的节孔才会是都被塞紧了的。

刨花板能做出一块很优质的、平坦的、结实的硬直平面，而且其中没有空隙，但它也有一些缺点。它的原始尺寸是 49 英寸 ×97 英寸（124.5 厘米 ×246.4 厘米），三层刨花板不能以相互交替的方向完美地叠加在一起——相邻两层板之间的边缘会错开 1 英寸（2.5 厘米）。即使材料平整且坚硬（¾ 英寸厚，约 1.9 厘米的板子就像混凝土板），但它对湿度还是非常敏感，只要某处存在漏洞，整个举重台就没用了。但如果你能保持房间干燥，并且不介意举重台的边缘被撕裂，那么可以用刨花板做出相当好的举重台。刨花板比胶合板还要便宜，因为现在 A 级或 B 级的胶合板很贵。

接下来，你可以用橡胶材质的马拖车垫子完成举重台的表面处理，使这块台面坚不可摧。农用商品店里能买到这些垫子，它们的厚度在 ½ ~ ¾ 英寸（1.3 ~ 1.9 厘米）之间。不管你想不想，重量都会落到台面上，因此这些垫子对保护举重台来说很重要。胶合板厚 ¾ 英寸（1.9 厘米），橡胶垫厚 ¾ 英寸（1.9 厘米），整个举重台的厚度大概是 3 英寸（7.6 厘米）（参考图 4–48 中的例子）。深蹲底板和举重台平面必须平齐，以排除被绊倒的风险。并且不可避免地，深蹲架底板或者举重

图 8–8. 好的框式深蹲架会很重。这个架子是焊接而成的，它有着 4 英寸宽的立柱，钻孔中心的间距为 3 英寸，还包含直径为 1¼ 英寸的保险杠和架顶横杠（可用于练习引体向上），一块沉重的胶合板底板被固定在立柱上，此外还有沉重螺栓制作的挂钩。这个架子的详细设计见下一页

台表面需要用薄垫片填充，因为深蹲架底板和举重台在高度方面经常会不匹配。可以用橡胶、胶合板或者其他平坦的高密度填充物来垫高架子下方的地面，从而使两者齐平，或者用额外的橡胶垫垫在举重台或者深蹲架底板的表面。你能通过许多途径买到定制的举重台——它们通常是为奥林匹克举重设计的，会很贵，但很好看。购买这种举重台其实是没必要的，但如果你的预算允许，这也是不错的选择。

垂直立柱式卧推凳

用于卧推的垂直立柱式卧推凳很坚固——全焊接制成，没有可松动的螺栓，可

图 8–9. 一块便宜耐用的胶合板举重台台面的层次

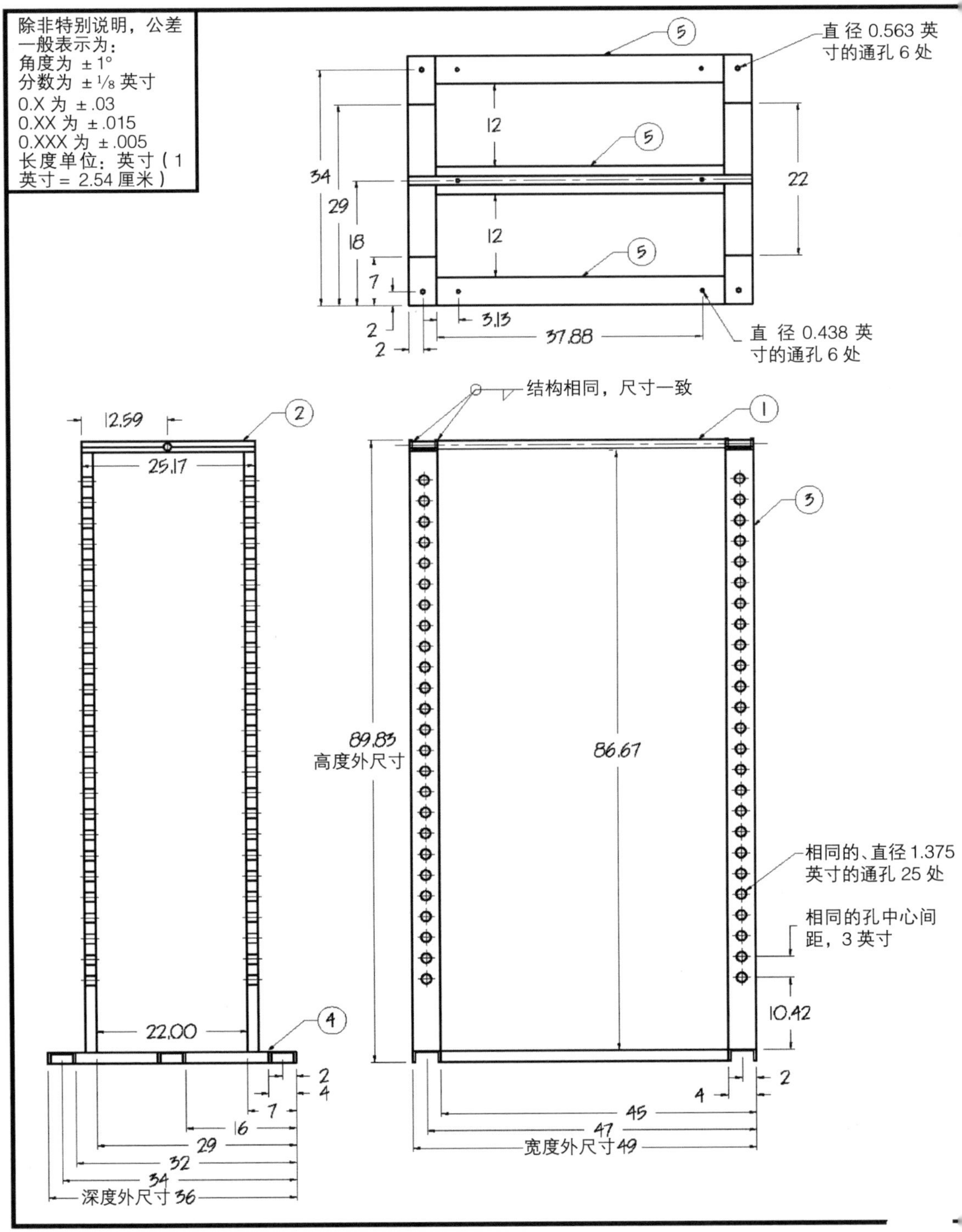
除非特别说明，公差一般表示为：
角度为 ±1°
分数为 ±1/8 英寸
0.X 为 ±.03
0.XX 为 ±.015
0.XXX 为 ±.005
长度单位：英寸（1 英寸 = 2.54 厘米）
直径 0.563 英寸的通孔 6 处
直径 0.438 英寸的通孔 6 处
34
29
18
12
12
22
7
2
2
3.13
37.88
结构相同，尺寸一致
12.59
25.17
22.00
89.83
高度外尺寸
86.67
相同的、直径 1.375 英寸的通孔 25 处
相同的孔中心间距，3 英寸
10.42
2
4
7
16
29
32
34
深度外尺寸 36
4
2
45
47
宽度外尺寸 49

图 8–10. 深蹲架制作图

条目	描述	数目	总尺寸
1	$1^1/_4$ 英寸架顶横杠	1	49
2	C4×5.4 横向构件	2	50.34
3	C4×5.4 立柱	4	347
4	C4×5.4 左右基座	2	72
5	C4×5.4 前中后底板	3	123
6	$1^1/_4$ 英寸保险杆	4	120
7	$^3/_4$ 英寸船用级胶合板	1	
8	螺帽直径 $1^1/_8$ 英寸、长 6 英寸的架钩螺栓	2	

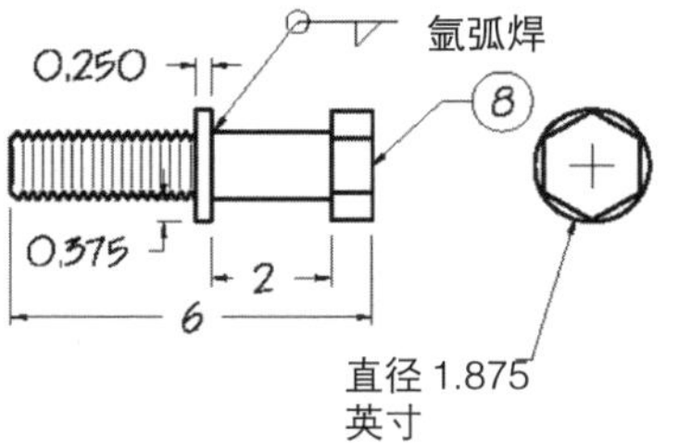

注意：

组装完成之后，除了保险杆和架钩，其他部件都要涂成黑色

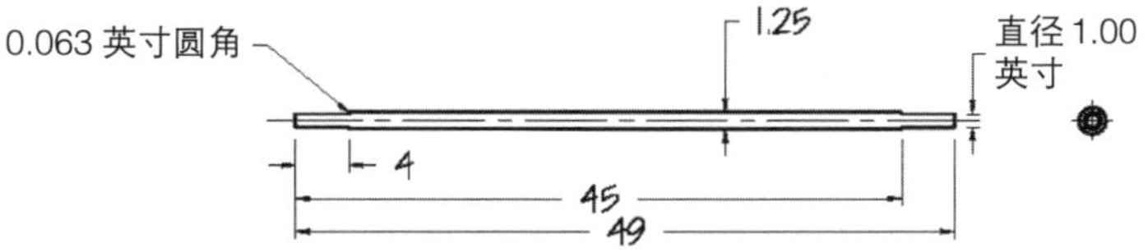

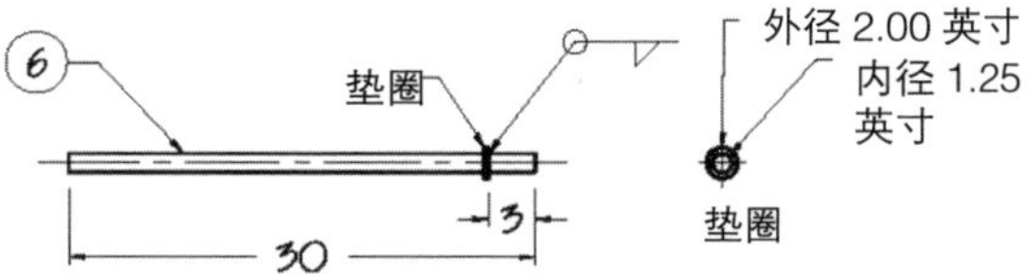

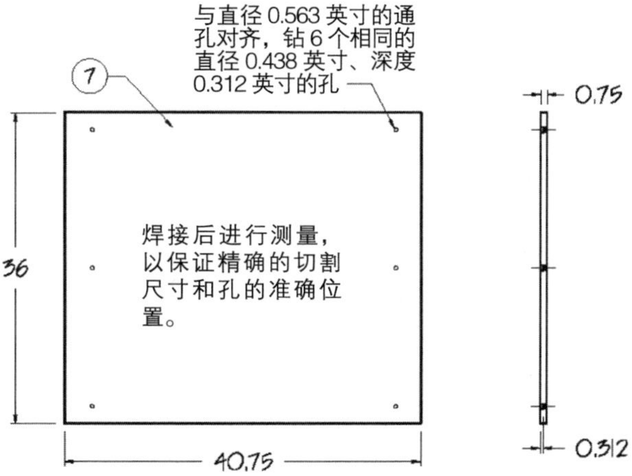

德州威奇托福尔斯精确 CAD 绘图		
名称：深蹲架		
委托人：马克·瑞比托	比例尺：实际尺寸	编号：AC 08132011-1
绘图：杨	日期：2011 年 11 月 1 日	

Precision CAD

能有也可能没有可调节式挂钩（图 8–11）。如果挂钩不能调整，那么固定式挂钩应该位于卧推凳平面上方 19 英寸（48.3 厘米）的位置。这种器材通常会有较宽的立柱，间隔大约 48 英寸（121.9 厘米），这种设计能够把杠铃负重的不平衡以及收杠时双手发生意外的风险降至最低。当卧推凳上的衬垫处于压缩状态时，卧推凳表面会有 17 英寸（43.2 厘米）高、12 英寸（30.5 厘米）宽、48 英寸（121.9 厘米）长。卧推凳的支脚不应该干扰训练者双脚的放置，也就是说，卧推凳的支脚不应该宽到碰到训练者双脚的程度。卧推凳的制作应该满足以下几点——当训练者用力地把大重量杠铃收回架子时，卧推凳不会向后倾倒。卧推凳应该满足以下条件：保护者站在卧推者的头部上方中心位置时，周边没有阻碍其工作的因素。一些卧推凳会配有安全挂钩，它固定在顶端挂钩的下方。当一位独自训练的卧推者被卡在杠铃下时，安全挂钩能够帮助杠铃脱离训练者的胸部，并且训练者无须把杠铃扔到地面上，或是等待第一位响应者过来帮忙。如果卧推凳有安全挂钩，它们应该处于刚好高于胸部的位置——大约高于凳面 9 ~ 10 英寸（22.9 ~ 25.4 厘米）。

图 8–11. 一把标准的垂直立柱式卧推凳。请注意处于立柱低位上的安全挂钩

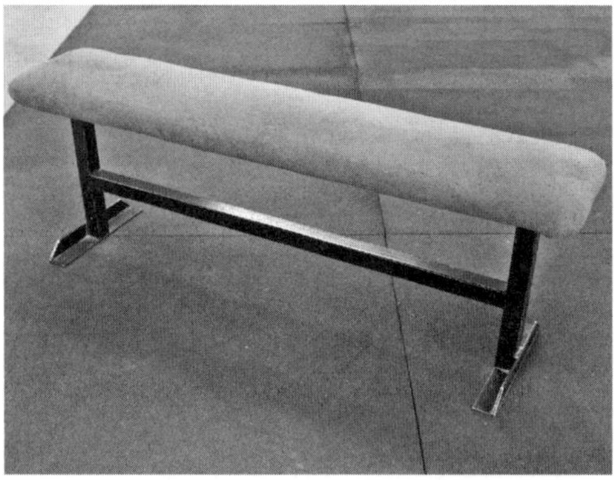

图 8–12. 如图 8–6 所示，训练者能够使用框式深蹲架和一把水平长凳的组合练习卧推。这张水平长凳应该与垂直立柱式卧推凳一样坚固

大多数商业健身房都配备有卧推凳，这样就可以为其他练习空出框式深蹲架（假设那家健身房有框式深蹲架，并且训练者知道应该如何用框式深蹲架练习卧推）。但我要再说一次，卧推凳并不是必需的，因为框式深蹲架和一把水平长凳就可以用来练习卧推（8–12）。你的车库健身房只需要一把水平长凳，此外不需要任何东西。这把长凳需要具备与立柱式卧推凳相同的尺寸和类似的简单结构，只是没有立柱。过多的衬垫会增加卧推凳的有效高度，这对身材较矮的训练者来说并不合适。此外，这同样会招致使用过正确器材的、水平较高的训练者的厌烦，其实对每一个想要踏实地靠在卧推凳上练习的人来说这种情况都是非常糟糕的。卧推凳太宽也会在动作底部产生问题——当杠铃杆触胸的时候，卧推凳会阻碍训练者肩膀和手臂的移动。

为了方便清洁，大多数卧推凳都会使用乙烯基材质的软垫。这种材料很容易就能擦干净，但织物衬垫更为耐用，特别是汽车用的织物衬垫。织物表面能够在训练者卧推时为背部提供更好的摩擦力。你可以用钢丝刷和吸尘器清洗织物，也可以用矿物油和抹布去除污渍。

杠铃杆、杠铃片和卡扣

如果你有杠铃杆，就应该舍得为它花钱。如果你的杠铃杆不够好，那就买一根比较好的，因为廉价的杠铃杆不仅用起来不舒服，还存在潜在的危险——这种投入其实是非常糟糕的。廉价的杠铃杆会弯曲，即使是昂贵的杠铃杆也会在不合适的情况中出现弯曲——比如，一根负重的杠铃杆在横跨卧推凳落下的时候。但廉价的杠铃杆即使被正常使用，它也总是会弯曲。对生产商和使用廉价杠铃杆的健身房来说，它们的存在都应该是一种尴尬，但不知为何他们却从未这么觉得。你能够做到更好，并且你也应该这样做。

标准的“奥林匹克”杠铃杆——对有着2英寸（5.1厘米）套筒、并适用于2英寸（5.1厘米）孔杠铃片的杠铃杆的统称——应该重20千克或者44磅，并且重量的偏差小于几盎司（1盎司≈28.3克）。美国的传统是把杠铃杆的重量提高到45磅（20.4千克），因为美国的杠铃片一直都是以磅为单位生产的（即使为了满足国际杠铃协会的比赛标准，杠铃杆的实际重量是20千克）。杠铃上的重量总会被称为“135”磅（61.2千克），尽管它实际上重134磅（60.8千克）。廉价杠铃杆有时会低于规格规定的重量，所以，再说一遍，千万要小心这些廉价杠铃杆。

一根优质杠铃杆应该有着合适的滚花和标记，应该用辊销或者卡环，而不是螺栓——固定成一体，并且除了偶尔擦拭和每隔6个月在套筒和轴承处滴一滴油之外，只需很少的维护工作。它应该符合国际比赛的规格，不是因为你会参加国际级的比赛（尽管你可能），而是因为它的套筒适合于所有举重室可能会用到的不同品牌的杠铃片。最重要的是，一根好杆子是用优质钢棒料制成的，正常的使用不会使它变形。准备好用250美元甚至更高的价钱买一根好杆子。很多廉价的杆子售价会低于150美元。它们是垃圾，不要买它们。并且不要犹豫退回一根正常使用时被压弯的杆子，因为它不应该出现这种情况。一家信誉好的公司会换回一根失败的杆子，因为生产商会在这种情况下为它们负责。如果他们不这样做，那就将这件事告诉你的所有朋友。

所有真正的举重室都装备有2英寸（5.08厘米）中孔的标准杠铃片（图8–13）。我们把带有1英寸孔的小杠铃片称作“演习片”，因为没有专门为它们设计的优质商业用杆，它们的用处不大。标准杠铃片的规格包括2.5磅（1.1千克）、5磅（2.3千克）、10磅（4.5千克）、25磅（11.3千克）、35磅（15.9千克）和45磅（20.4千克）。当然，除了35磅（15.9千克）杠铃片之外，其他杠铃片都是必需的。你可以用一片25磅（11.3千克）的和一片10磅（4.5千克）的杠铃片代替35磅（15.9千克）的杠铃片，在杠铃片架上省下的空间可以用来存放其他的、更有用的杠铃片。应该为女性、儿童和其他想要在卧推和推举上保持线性增长的每个人提供轻于2.5磅（1.1千克）的杠铃片。你能以合适的组合把2英寸的平垫圈用胶水或者胶带粘在一起做出更轻的杠铃片。公制的杠铃片规格是1¼千克、2½千克、5千克、10千克、15千克和20千克，偶尔也会有45千克的片。在举重比赛中也会用到轻至½千克的杠铃片。

杠铃片上铸造有重量数值，优质的杠铃片会被研磨到很接近这个数值的重量，并且它们之间的差异应该明显小于½磅，或者¼千克。你只能在少数地方买到重达25千克的公制缓冲杠铃片和以磅校准的缓冲杠铃片。缓冲杠铃片对力量翻是有用的，并在很大程度上减少了杠铃杆和举重台的磨损。所有超过25磅（11.4千克）的杠铃片和所有的

图 8–13. 标准的奥林匹克杠铃片是最好的选择。它们有着各种规格及外形。轻至 ¼ 磅（0.11 千克）的金属片很有用，重达 25 千克（55 磅）的片能让举重者使用更少的杠铃片加载大重量

缓冲杠铃片（因为如果它们更小，就不会触地，也就无须缓冲）都应该有 17.5 英寸（45 厘米）的直径。优质杠铃片也应该有正确的内径尺寸——供杠铃杆穿过的中心圆孔的大小。如果内径尺寸不精确、过大的话，那么在深蹲、卧推和推举中，这种杠铃片就会松垮地“挂”在杠铃杆上，很不好用。当训练者练习硬拉的时候，这种劣质杠铃片用起来相当恼人，因为当杠铃片在地面支撑杠铃杆的时候，杠铃片与杠铃杆套筒之间的空隙会让杠铃片向两侧倾斜，在两边缺少卡扣的情况下会导致杠铃片持续向外滑动。

杠铃片架有两种主要的类型：A 形架和托盘架（图 8–14）。A 形架的两侧各有两个杠子，它的空间结构允许训练者把 45 磅或者其他完整尺寸的杠铃片放在底部，将更小的杠铃片放在顶部的杠子上。这样的架子能装下超过 650 磅（294.8 千克）的标准杠铃片。杠子本身应该由长 8 英寸（20.3 厘米）、直径 1 英寸（2.5 厘米）的钢棒做成，这样具有 2 英寸（5.1 厘米）中孔的杠铃片中可以套在杠子上，并留出 1 英寸（2.5 厘米）的空隙。这对轻松收起杠铃片来说很重要——如果杠子由 2 英寸（5.1 厘米）粗的材料制成，那你每次都需要用两只手才能收起杠铃片。这会很令人恼火。托盘架使用起来比较容易，因为架子上没有中心杠，但它们通常不能像 A 型架那样放置很多杠铃片，并且它们的设计也不是很稳固。

卡扣通常被看作是举重室中的安全必需装备。尽管卡扣在发生意外时很重要，但在训练者学习如何保持杠铃杆处于水平状态，使杠铃片不会侧向滑动时，卡扣更有用。在深蹲时，杠铃片的滑动经常是个问题，因为在你起杠后扛着杠铃退后的过程中无法避免侧向的动作。在你深蹲的时候卡扣很有用，但当你练习卧推或者推举的时候它们就没那么有用了。因为理论上，杠铃杆会在整个动作中保持水平，而且你在起杠时只需要退后一步。万一出现不平衡的肘部伸展，使用卡扣会相当方便。如果不平衡伸展的问题变得明显起来了，用卡扣就是一种谨慎的做法。可能的话，最好纠正这个问题。卡扣在硬拉中很有用，因为它们在拉起、放下的循环中

图 8–14. 杠铃片架对举重室的布置来说很重要。市面上常见的是 A 形杠铃片架和两种托盘架——如果你非常聪明且有这方面天赋，可以自己做杠铃片架

可以防止松弛的杠铃片沿杠铃杆侧向滑动。力量翻的情况也是如此，尽管缓冲杠铃片在这方面没有标准杠铃片那么糟糕——这是因为它们中心圆孔壁的厚度更大，杠铃片与杠铃杆的接触面积较大。

卡扣的设计有很多种，从不贵的弹簧卡扣（很好用，并且可靠，除非被磨坏或者弹簧损坏），到昂贵的、非常稳固的塑料卡扣、螺纹套筒式卡扣，以及可调式竞赛卡扣。在力量举和举重比赛中使用的卡扣重 2.5 千克，而其他种类的卡扣差别比较大。弹簧卡扣适用于大多数训练目的。如果安全性是一个问题，可以每侧用两个弹簧卡扣（图 8–15）。如果需要保证重量足够精确的话，卡扣的重量要被计算在内。

防滑粉、服装、日志和健身包

举重室应该有防滑粉——无论是健身房提供，还是你自带。防滑粉能够增强杠铃杆与双手之间的摩擦力，这样就能够减少与抓握相关的意外事故的发生。除此之外，防滑粉还减少了老茧的形成，因为杠铃杆相对于手掌和手指的运动会与皮肤发生摩擦，皮肤会响应这种刺激而形成老茧。在举重室中，防滑粉应该被保存在专门的盒子中，并置于一个战略位置。如果健身房因为某种被误导的理由不提供防滑粉，那你只能自己带——把防滑粉放在一个塑料袋或者一个罐子内，

图 8–15. 在大多数运动用品商店中都能买到这种最常见且不昂贵的弹簧卡扣。每侧使用两个弹簧卡扣可以保证举重过程的安全性

然后再放入健身包中。你能够在大多数运动品商店买到防滑粉或是在网上订购防滑粉。如果健身房的服务足够周到，能够为训练者提供防滑粉的话，作为良好的回应，你也应该节约使用。不要把手浸在防滑粉里，不要使防滑粉落在地上、不要把防滑粉撒到空中或者以其他方式浪费防滑粉。提供防滑粉的健身房觉得大家的训练比室内的保洁问题更重要，你应该对此心存感激。

每位训练者都应该有合适的训练服装，比如一件棉质 T 恤、有弹性的运动长裤或短裤，以及一双适合深蹲和拉起杠铃的鞋子。一些健身房会为训练者提供腰带，但这种情况并不多见，你可能需要自己准备一条。力量训练最美好的地方之一在于必备的个人装备其实很少，特别是与其他运动相比。花在

鞋子上的钱大概是训练者需要支出的唯一一大笔钱，与此相比腰带比较便宜，而且伙伴之间还可以共享。

训练者应该准备的另一件东西是训练日志——用来记录自己的每一次训练。没有人能记住计划中所有练习所涉及的所有数字。你也许能记住一两周的训练内容，但一个人的完整训练史会构成一组宝贵的数据，它们应该被记录下来方便将来之用。你能在每次的训练和整个训练生涯中使用这些信息，从而确定训练中所遇到的问题的本质，这样就能分析不同训练阶段的效率。训练信息应该以你和你的教练都能轻松读懂的格式书写，因为你会定期翻看自己的训练日志。作文本用起来不错，价格也相当合适。活页记事本在健身包中很容易撕破。最好的训练记事本应该是装订式分类账本，足够的页数能让训练者连续记录自己几年内的训练信息。**所有认真对待训练的人都会把他们的训练内容记录下来**。

至于健身包，你可以先买一个，把自己的所有东西都放进去并随身携带。这样你就能用自己的鞋子、腰带、防滑粉、训练日志、创可贴、卷尺、脚部外用真菌药、备用鞋带、备用衬衫、毛巾、护膝、助力带并带上你的幸运巨魔娃娃了。不要考虑这个包是否时尚。买一个包，每次训练都带上，这样我就不需要盯着你的毛巾了。

酸痛和伤病

练习重量训练的每个人都会伴随着两样额外的东西：酸痛和伤病。它们不可避免地与训练者的进步相伴而生。如果你足够努力争取进步，那么你会努力到身体酸痛，并最终会努力到受伤的程度。你必须对自己负责，确保自己使用了正确的技术动作、有合适的进步速度和安全的举重室操作规程。虽然你仍然会受伤，但你会坦诚地接受它——当人们举起大重量的时候，他们就冒着受伤的风险。这是努力训练过程中固有的组成部分，你必须为这种情况的发生做好准备，并在它们发生时做出正确的处理。

酸痛现象得到了训练者广泛的认识和研究。虽然人类从创世开始就感受到了肌肉的酸痛，但对造成酸痛的原因仍然知之甚少。人们认为这是肌纤维中基本收缩单元的炎症造成的，肌肉酸痛对抗炎疗法的良好反应倾向于支持这个理论。因为太多人在很长一段时间内都感受到了肌肉的酸痛，所以很多有关它的误解也流传开来。可以确定的是，乳酸（肌肉收缩时产生的一种临时性副产品）与肌肉酸痛没关系。

当身体做了一些它还没有适应的事情时，肌肉酸痛通常就会产生。比如，如果你没有正确地安排第一次训练，那么在第一次训练结束后你可能会感到肌肉酸痛。另一个例子，如果你在一段很长时间的休息后没有安排好回归后的第一次训练，这次训练就会出现你经历过的最剧烈的酸痛。任何时候当你改变了训练计划——无论是提高了训练量，还是改变了训练强度和训练内容，通常都会产生酸痛。

人们开始感受到的酸痛感通常是延迟的，相对锻炼时间会延迟 12 ~ 48 小时，具体时间取决于训练者的年龄、训练水平、所完成的练习的性质和该练习的训练量以及强度。因此，在运动文献中，这被叫作**延迟性肌肉酸痛**。很多人观察到了某些肌肉群会比其他肌肉更快、更强烈地感受到酸痛，某些练习容易产生酸痛感，而其他练习即使以高强度完成，产生的酸痛感也很少。

一个练习中产生酸痛感最多的部分是离心阶段，或者说是收缩的“负向”阶段。因为在这个阶段肌肉是在负重条件下被拉长，而不是缩短。离心收缩可能产生了大多数的酸痛感，因为肌纤维中的收缩部分在负重下被拉伸开时受到了刺激。这一点解释了为什么一些练习相比其他练习会产生更多的酸痛感。在没有明显的离心收缩阶段的练习中，比如力量翻，重量是落回地面而不是被主动下放的，所以并不会产生与深蹲接近的酸痛感。深蹲、卧推、推举、硬拉和很多辅助以及补充练习都是同时包含离心阶段和向心阶段的，这样肌肉在负重条件下既会拉长，也会缩短。一些体育运动，比如骑自行车，只有向心收缩，因为蹬踏的所有过程都只涉及发力肌肉的缩短。所以，骑自行车，以及像推、拉雪橇这样的练习能在很高强度的训练情况下不产生（如果有的话）明显的酸痛感。因为酸痛感是一种炎症的反应，所以一位运动员越是能在不造成肌肉炎症和随之而来的不友好的激素反应的情况下努力训练，说明他的炎症恢复能力越好。以产生很高程度的酸痛感作为计划的固有特征的训练方法——因为对训练内容的随意选择妨碍了训练者对刺激的适应——会导致长期的系统性炎症，这会破坏训练者的健康状况，而不是带来健康和力量。酸痛是训练中无法避免的部分，但你不能把它当作一个主要的目标来追寻，并因为酸痛本身而感到光荣。

偶尔产生的强烈酸痛感——除非非常极端，其实对训练没有影响。实际上，很多纪录都是由身体处于酸痛状态的运动员创造的。如果你没有努力训练到偶然产生酸痛感的程度，并因为酸痛感的产生而停止训练，那你的训练就谈不上很努力。在做下一次训练之前等到酸痛感消退是一种保证每次都产生酸痛感的“好”方法，因为你永远不会适应足够的训练频率从而不再感到酸痛。影响到正常动作幅度的极端酸痛感必须区别对待，你在小心并充分地热身之后需要决定是否要带着酸痛感训练。但一般来说，如果热身活动使动作回复到了正常的动作幅度，你就可以继续这次训练。如果你确定这种酸痛感是由之前几次训练后身体累积的恢复不足所导致的，那么你可能需要改变训练计划或者身体恢复策略。

与正常的酸痛感（本质上，酸痛感会在训练之后延迟几个小时产生）不同，**伤病**可以被定义为在身体上产生的以某种方式导致疼痛的现象，它不是正确训练产生的正常结果。**急性损伤**是在运动停止后仍然存在的、立即可识别的结构性的疼痛或不适。这种伤病也许是肌腹、肌腱或者韧带的拉伤，又或者是不常见的椎间盘、膝盖半月板或者是一块关节软骨的结构破坏。大多数与训练相关的伤病都会影响软组织，但骨折在举重室里则非常罕见。如果在训练中，身体对某个动作产生了反应并立刻产生痛感，它就应该被看作是受伤，并应该按照相应的方式加以处理。**慢性伤病**通常是指由不良技术动作或者过量训练导致的某个关节以及与它相关的结缔组织的过度使用产生的炎症性反应。肌腱炎和滑囊炎是常见的诊断结果，这通常是因为这些组织重复暴露在不适应的刺激下造成的。培养辨别伤病疼痛和正常酸痛的能力是至关重要的，因为你的健康和长期的进步依赖于它。

当你停训了一段时间回归正式训练的时候，你必须考虑自己训练不足的状态。根据停训时间的长短，你需要采用不同的方法恢复自己的状态。如果你只是错过了少数几次训练（少于 5 次或 6 次），你需要重复停训前做的最后一次训练。尽管会有些困难，但你应该能做到。与明显的退回去训练相比，这种方法能够使你的进展损失较小，接下来的训练通常可以按照停训之前的顺序完成。

如果停训时间比较长，比如说一两个月甚至更长，那你就要谨慎地计划回归后的第一次训练。如果你的重量训练已经持续了很长时间，并且你已经变得非常强壮的话，那适应的过程应该不止在你的肌肉中产生了。神经肌肉系统——神经系统及其与肌肉的连接——变得能够更高效地动员运动单元，从而适应正常的训练；与受它支配的肌肉相比，神经受到训练不足的影响更慢。即使肌肉已经走样，神经依然记得如何举起大重量。当你的身体处于良好状态的时候，这种神经肌肉的效率是相当有用的；而当你处于训练不足的状态中时，它可以使你举起比体能状态所允许的更大的重量，并且不会产生负面效果。如前所述，剧烈的酸痛总会伴随着第一次回归训练，除非你在确定训练量以及训练强度时保持克制。当一个人在停训了一年后，还试图重复之前的个人纪录的话，我只能说这显示出了他的傲慢，而不是英雄主义——除非你在接下来的几天绝对没有其他重要的事情要做。当然，你可以这样做，但我认为你需要在重回健身房的第一次训练中做出正确的判断。

儿童的杠铃训练

太多的人会错误地认为重量训练对年轻的运动员是有害的，特别是尚未进入青春期的人群。儿科医师是一群很奇妙的人，但很不幸，他们通常对不同体育活动的受伤风险数据一无所知。他们也不情愿运用基本的逻辑来分析这些数据。

表 8-2 列出了不同体育运动项目的受伤概率。请注意，有组织的举重活动的受伤概率为每 100 参与小时，会发生 0.0012 起受伤事件，比大家最喜爱的有组织的儿童运动——足球，受伤概率为每 100 参与小时发生 6.2 起受伤事件——安全 5100 倍。体育课每 100 参与小时会发生 0.18 起的受伤事件，也要比有监管的重量训练危险得多。然而医学专家反对儿童做力量训练的现象仍然很普遍。只是粗略地看一下实际数据就能说明这种反对有多么愚蠢。

所以，为什么这种错误的认识会继续存在，而且它是如何开始的呢？他们最经常提出的问题是造成生长板损伤的骨骺骨折的概率，以及由此导致的相关组织的不对称生长。全部运动医学的文献中只有 6 起与举重有关的儿童生长板损伤的报告，但这些报告并没有详细地确认受伤是否发生在杠铃下（或者说伤者到底是不是在使用杠铃训练），是否是因为错误的技术动作或者不良教学指导所导致的摔倒产生的，或者是否是因为不明智的加重产生的。甚至在所有的这 6 起个例中，受伤并没有对这些儿童的身体产生任何长期的影响，从而不能说明生长板损伤不会像其他伤病那样可以自行痊愈。你自己清楚这一点，因为与关节有关的损伤在儿童身上很常见，并且现实生活中并不存在因为手脚不对

体育运动或活动	受伤概率
足球	6.2
英式橄榄球	1.92
篮球	1.03
美式田径	0.57
越野赛跑	0.37
英式田径	0.26
体育课	0.18
橄榄球	0.1
壁球	0.1
网球	0.07
羽毛球	0.05
体操	0.044
重量训练	0.0012
力量举（竞赛）	0.0008
举重（竞赛）	0.0006

受伤概率 = 每 100 参与小时的受伤次数

图 8-2. 不同运动项目中每 100 参与小时的受伤概率。数据来自《力量和健身研究杂志》（*Journal of Strength and Conditioning Research*），1994 年 第 8 卷第 1 期，53 ~ 57 页的《举重和重量训练的相对安全性》（*Relative Safety of Weightlifting and Weight Training*），作者汉米尔（Hamill）

称而到处匍匐前进并为他们的不幸寻求报复的人群。

最愚蠢的一个论点是，重量训练阻碍了儿童的正常生长。但搬运干草就不会吗？这样的无稽之谈实际上都不值得回应。在年纪小的时候进行重量训练不仅不会损伤正在发育的骨骼和关节，而且还能产生更粗大、更耐用的关节软骨表面，而且这些得到强化的部位会一直持续到成年之后，很可能有利于长期的关节健康。全动作幅度的杠铃训练所产生的力学及生物学状态对成年人以及儿童的骨骼组成产生了积极的影响——引自 2001 年卡特·丹尼斯（Cater Dennis R.）和盖里·博普雷（Gary S. Beaupre）的《骨骼的功能和形式》（*Skeletal Function and Form*），由剑桥大学出版社出版。

总结一下：重量训练可以根据每个训练者的年龄和能力被准确调节。我们有 11 磅（5 千克）重的杠铃杆——甚至扫帚柄——用于小孩子的起始举重练习，但与另一个 80 磅（36.3 千克）的孩子在球场上的全速撞击本质上是一个不可调节的事件。这样的逻辑适用于被视为“特殊人群”的每一类人——年老体弱的人、有着骨骼及肌肉伤病的人、完全久坐不动的人、病态肥胖的人、长跑运动员和懒惰的人。请注意女性没有被列入特殊群体，因为地球总人口的一半是女性。如果有人声称女性对训练的生理反应是如此的不同，以至于基础杠铃训练的准则不适合她们的话，这种想法要么是不理智的，要么就是从商业角度出发的。实际上，对重量训练的适应过程恰恰是这些特殊人群所需要的适应过程，有氧类型的长距离慢速训练只比下棋稍微有用点儿。

盲从于一位本该懂得更多的专家的无知且显然是错误的观点意味着错失机会、浪费时间和金钱。对很多稍有天赋的孩子来说，重量训练经常是一次获得奖学金的机会和大开销的高等教育之间的差异。很多人本来可以从力量、爆发力、平衡性、协调性、柔韧性、自信心，以及骨密度的增加中获益，但他们还是做了别人让他们做的事，并且最终一无所获。不是所有昂贵的建议都值那个价。

合著者

斯蒂夫·布拉德福德博士（Stef Bradford, PhD）是阿斯加特公司的执行经理和 www.startingstrength.com 网站的社区管理者。2004 年，她获得杜克大学药理学博士学位。她大部分时间都在做力量训练，并有数年作为一名有竞争力的奥林匹克举重运动员参赛的经历。她在全美各地教授杠铃训练课程。

致 谢

插图作者

杰森·凯利（Jason Kelly）是纽约市一名插图画家和私人教练。2007 年毕业于萨凡纳艺术设计学院，获得美术插图学士学位。他有超过 15 年的举重经验。

除非另外说明，所有插图都有杰森·凯利完成。

图 6–5、8–1 和 8–5 来自于《力量训练计划》第 3 版，阿斯加特公司，2014。

图 2–19 由朗·基尔戈和斯蒂夫·布拉德福德完成。

图 6–3 由斯蒂夫·布拉德福德完成。

图 4–45 中的插图和说明由马特·洛里格（Matt Lorig）完成。

图 8–3 中的肌电流以及力量数据图由马奎特大学的杰奎琳·林伯格（Jaqueline Limberg）和亚历山大·吴（Alexander Ng）友情提供。

图 8–10 中的框式深蹲架设计图由特里·杨完成。

摄影

除非另外说明，所有摄影图片都由托马斯·坎皮特利完成。

由托林·哈尔西（Torin Halsey）完成的摄影图片：图 2–16、2–17、2–20、2–21、2–24、2–34、2–40、2–57、2–58、2–60、3–15、4–6、4–45、4–48、4–49、4–50、4–51、5–4、5–5、5–6、5–10、5–21、5–22、5–27、5–28、5–29、5–32、6–17、6–39、6–42、6–44、6–45、6–46、7–3、7–13、7–14、7–21、7–25、7–36、7–37、7–38、7–39、7–40、7–41、7–42、7–48、7–49、7–50、7–51、7–53、7–59、8–6、8–7、8–8、8–11、8–12、8–13、8–14、8–15。

图 7–43、7–45、7–57、7–58、7–61 和 7–62 中的摄影图片由朗·基尔戈（Lon Kilgore）完成。

图 4–1、4–39 和 5–1 中的摄影图片由麦克·兰伯特（Mike Lambert）和《美国力量举杂志》（*Powerlifting USA magazine*）友情提供。

图 2–56 和 7–31 中的摄影图片由斯蒂夫·布拉德福德完成。

图 3–1、3–2 和 6–1 中的摄影图片由比尔·斯塔尔友情提供。

图 7–23 中的摄影图片由布鲁斯·克莱门斯（Bruce Klemens）完成。

图 4–47 中的摄影图片由特里瓦·斯莱格尔（Treva Slagle）完成。

图 6–37 中的摄影图片由汤姆·戈格比尔（Tom Goegebuer）完成。

模特

瑞安·休斯曼、安德烈亚·韦尔斯（Andrea Wells）、贾斯廷·布里姆霍尔（Justin Brimhall）、卡丽·克伦帕（Carrie Klumpar）、斯蒂夫·布拉德福德、乔希·韦尔斯（Josh Wells）、德利萨·穆尔（DeLisa Moore）、戴蒙·韦尔斯、马特·瓦纳特（Matt Wanat）、龙尼·汉密尔顿、罗兰·康德（Roland Conde）、保罗·托恩（Paul Ton）、乔尔·威利斯（Joel Willis）、塔拉·克里格（Tara Krieger）、米格尔·阿莱玛（Miguel Alemar）和那只大猩猩。

中文版特别致谢

真诚地感谢阿斯加特团队的执行顾问**矛盾（Troy May）**在本书的出版过程中给予的热情帮助和指导，感谢**徐熠捷**为本书的审校所做的认真细致的工作。